Information Retrieval

정보검색론

웹 검색 엔진 / 시맨틱웹 / 멀티미디어 검색

이병욱 지음

도서출판 그린

PREFACE

현대사회는 후기산업사회에서 지식정보사회로 전환되고 있다. 지식을 지속적으로 창출하고 확대 재생산할 수 있는 능력을 가진 사회가 세상을 주도하게 된다. 지식정보사회로 도약하기 위해서는 정보 검색의 대상이 단순한 정보가 아니라 지식을 창출하고 검색하는 것이므로 지식검색의 중요성이 강조되고 있다. 경제적으로도 산업의 주도권이 하드웨어를 만드는 회사에서 소프트웨어를 만드는 회사로 이전되고 이제는 정보를 검색하는 회사로 넘어가고 있다. 정보를 검색하는 것은 모든 학문과 산업의 시작이며 발전을 위한 수단이므로 인류 문명과 사회 발전의 원동력이다.

학문하는 사람들은 학문을 이해하고 증진하기 위하여 정보를 검색하고 기술자는 기술을 이해하고 발전하기 위하여 정보를 검색하고 사업가는 의사결정을 하기 위하여 정보를 검색한다. 새로운 지식이 필요하거나 새로운 일을 하거나 새로운 연구를 하고자 하면 자료를 잘 검색하는 것이 일을 잘할 수 있는 핵심 요소이다.

정보검색을 강의하고 연구하기 위하여 관련 교재와 자료를 검색하는 과정에서 이 책을 집필하게 되었다. 정보검색이라는 학문이 수십 년 전에 출현하여 그동안 많이 발전하였으나 인터넷과 모바일이 보급된 후에는 더욱 획기적으로 발전하고 있다. 초기에는 문자열을 검색하는 수준에서 출발하여 데이터베이스를 이용한 검색을 거쳐서 웹 검색 엔진으로 발전하였고 이제는 멀티미디어 검색과 시맨틱 웹으로 발전하고 있다. 유비쿼터스 환경의 출현과 함께 정보검색의 분야와 대상도 스마트폰과 모바일 검색으로 계속 진화하고 있다.

검색 기법은 키워드기반 검색을 거쳐서 내용기반 검색으로 발전하였으며 이제는 개념기반 검색으로 발전하고 있다. 이와 같은 검색 기법은 인터넷과 유비쿼터스 검색 환경과 결합하여 더욱 정교한 검색 시스템으로 발전하고 있다. 미래 디지털 사회를 대비하기 위하여 정보검색 기술은 더욱 진화하고 있다.

이 책의 구성은 2장, 3장, 4장에서 문자열 검색과 문서 검색에 대하여 기술하고, 5장과 6장에서 내용기반 검색을 위한 검색 모델과 검색 엔진을 기술한다. 7장에서 개념기반 검색 중심의 시맨틱 웹을 기술하고 8장에서 멀티미디어 검색을 기술한다. 마지막으로 9장에서 검색 성능을 평가한다. 이 책을 집필하는데 힘써준 그린 출판사 임직원에게 감사하며 원고를 처음부터 끝까지 여러 번 읽어준 아내에게 감사한다. 나름대로 열심히 자료를 수집하고 집필하였으나 부족한 점이 많아서 지속적으로 자료를 보강하여 더욱 좋은 책을 만들 것을 약속드린다.

2012. 08

복정동에서 저자

Contents

제1장 정보검색 개요

제2징 색인과 검색

제3장 질의 연산

제4장 문서 검색

제5장 정보검색 모델

제6장 웹 검색 엔진

제7장 시맨틱웹

제8장 멀티미디어 검색

제9장 검색 평가

제 1 장

정보검색 개요

제1장 정보검색 개요

학문을 하는 것은 옛 것을 익히고 새로운 것을 알아가는 과정이다. 기존의 정보들을 이해하고 새로운 지식을 쌓는 과정에서 정보를 공유하고 교류하는 것은 중요한 일이다. 같은 정보나 지식이라도 사람마다 서로 다르게 이해할 수 있기 때문에 [그림 1.1]과 같이 다른 사람들과 의견을 교환하는 의사소통이 중요하다. 사람들은 어떤 대상에 대하여 의문을 가지고 보다 상세한 내용을 알고자 하는 과정에서 정보를 검색하게 된다. 책을 읽는 것도 다른 사람들과 의사소통을 하는 과정이다. 학문을 하는 방법은 기존의 정보를 검색하는 것부터 시작하여 다른 사람들과 생각을 지속적으로 교류하는 것이다. 이와 같은 소통 행위의 목적은 정보검색을 통하여 다른 사람들의 생각을 이해하고 대화와 토론을 통하여 서로의 생각을 발전시키는 것이다. 정보를 검색하는 것은 지식수준이 낮거나 높거나에 관계없이 지적인 활동을 수행하는 사람들에게 필수적인 활동이다.

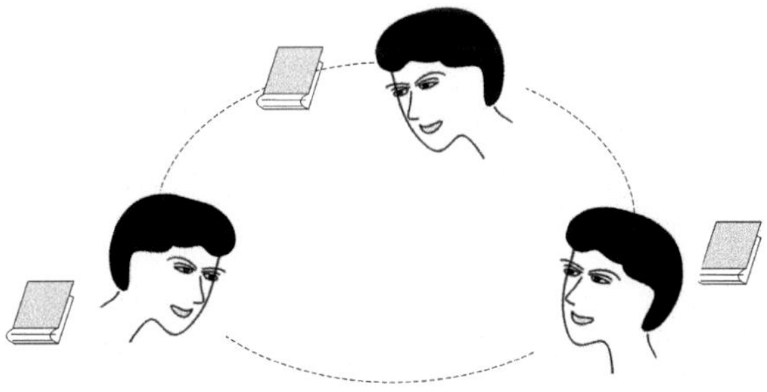

[그림 1.1] 정보검색과 대화를 통한 공부

유태인들이 공부하는 방법은 다른 사람들과 지식과 정보를 많이 교류한다는 점에서 정보검색과 관련이 깊다. 유태인들은 공부할 때 여러 명이 모여서 대화를 나누면서 토론을 벌인다. 유태인들이 공부하는 예시바(yeshivah)[1]에 들어서면 학생들이 떠들면서 토론을 하기 때문에 시끄럽다고 한다. 예시바의 책상들은 둘 이상이 마주 보고 앉아서 토론하도록 배치되어 있다. 외국 대학 도서관에는 여러 명의 학생들이 모여 토론할 수 있는 크고 작은 방들이 많이 설치되어 있어서 토론을 통하여 공부하는 것을 많이 볼 수 있다. 우리나라 학생들이 칸막이 안에서 혼자서 조용히 공부하는 것과 매우 대조적이다. 도서관에서 학문이 발전하는 이유는 정보를 찾고 교류하는 정보처리 작업이 편리하기 때문이다.

1.1 소개

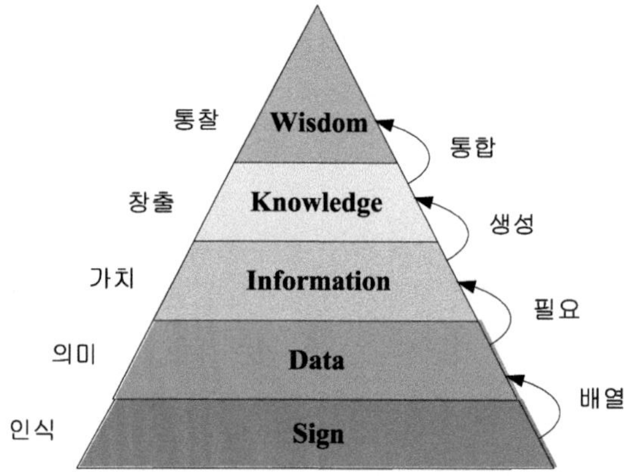

[그림 1.2] 정보의 계층

미셸 푸코[2]는 일찍이 "아는 것이 힘이다"라는 다소 진부한 주제로 지식 세계에 등장하면서 유럽 최고 지식인의 자리에 올랐다. 안다고 하는 것은 무엇을 의미하는가? 아는 것과 모르는 것의 차이는 무엇일까? 무엇을 안다고 하는 '앎'이란 나의 지식을 다른 사람의 것과 비교하고 소통을 통하여 확신하는 것을 의미한다. 즉 나의 지식이 그 사물의 개념을 정확하게 파악하여 다른 유사한 것들과 구별하고 식별할 수 있는 것을 의미한다. 무엇을 알려고 한다면 정보를 검색하는 작업부터 시작해야 하므로 정보검색은 학문 연구에 필수적이다. 내가 무엇을 알려고 한다면 다른 사람들의 지식들을 검색한

1) Yeshivah: 탈무드를 가르치는 유태인 교육기관과 도서관. 성서, 율법 해석과 응용을 가르침.
2) Michel Paul Foucault(1926-1984): 프랑스 철학자. 합리적 이성에 대한 논리를 비판하고 비이성적 사고인 광기와의 관계를 연구한 것으로 유명.

다음에 서로 비교하고 의사소통하면서 최종적인 내용으로 정리해야 한다. 현대 사회에서 첨단 분야를 연구하는 것도 오래 전부터 발전되어 온 정보와 지식을 공유하고 의사소통하면서 조금 더 진전하는 것이라고 볼 수 있다. '온고이지신'[3]이란 현대에도 변함없이 적용되는 말이며 학문과 지식이 발전하는 것은 정보검색의 기반 위에서 성립된다고 할 수 있다.

1.1.1 정보의 계층

우리가 무엇을 알려고 노력하는 것은 지적인 재료를 인식하고 사고하는 과정이므로 그 소재가 필요하다. 앎에 관한 가장 기본적인 소재는 기호(sign)다. 기호란 인간이 사물을 직접 인식할 수 있는 최소의 단위이다. 인간은 태어나서 기호부터 인식하게 된다. 기호가 모여서 자료가 된다. 기호가 적절히 배열되는 순서에 의해서 인간은 기호를 의미 있는 자료로 인식할 수 있다.

[표 1.1] 정보의 구성과 정의

정보 구분	정보 내역	비고
지혜 wisdom	상황을 빨리 인식하고 대책을 판단할 수 있는 능력	통찰력
지식 knowledge	기존 정보로부터 새로운 정보를 창출할 수 있는 능력	창의력
정보 information	기억할 필요가 있는 자료	가치
자료 data	기호로 구성되어 있으며 인간이 인식할 수 있는 사물	의미
기호 sign	사물의 내용이나 성질을 직접 나타내는 표시	인식

자료(data)는 인간이 일상생활을 수행하는데 필요한 인식 단위로서 문자, 소리, 영상, 동영상 등과 같이 인간에게 의미 있는 사물들이다. 자료를 구성하는 재료가 기호이고 자료 중에서 사용할 가치가 있는 자료를 정보라고 한다. 정보는 사용자에게 사용할 가치가 있기 때문에 선택된 자료이다. 기존 정보를 이용하여 새로운 정보를 만드는 능력을 지식이라고 한다. 지혜란 종합적으로 상황을 파악하여 다방면의 지식을 창출하고 대책을 세우는 능력이다. [표 1.1]은 정보와 관련된 용어들을 구분하고 정의한 것이다.

3) 온고이지신: "옛 것을 알고 새것을 알면 남의 스승이 될 수 있다(溫故而知新可以爲師矣)"라는 논어 위정편의 한 구절.

정보는 가치 있는 자료를 의미하므로 정보를 많이 가지고 있는 사람은 권력자를 의미한다. 과거로부터 역대의 '정보국(intelligence agency)'이라는 기관은 국가 최고의 권력기관을 의미했다. 컴퓨터가 보급되고 대중화되면서 정보의 발생 수량이 대폭 증가하고 저렴한 가격으로 시장에 보급되었다. 국가에서 군사시설을 보호하려고 사진 촬영을 금지해도 Google과 같은 검색 사이트에서는 전 세계의 모든 지역을 위성에서 촬영할 수 있다. 어떤 나라에서는 군사 기밀이라고 보호하는 자료지만 다른 나라에서는 거의 공개적으로 제공되는 자료가 될 수 있다.

[표 1.2] 정보의 구체적인 실례

정보 구분	정보 내역
지혜	체온이 갑자기 높아지면 병원 응급실에 가야 한다.
지식	체온이 너무 높으면 치료해야 한다.
정보	인간의 적정 체온은 36.5도이다. 체온이 적정 온도보다 5도 이상 높으면 생명이 위험하다.
자료	18도, 36도, 체온
기호	ㄱ, ㄴ, ㄷ, a, b, c, 1, 2, 3, +, -, *, /, %, ?

컴퓨터 기억 능력의 발전으로 인하여 정보 자체의 가치는 오히려 저하되었다. 정보 자체보다 더욱 중요해진 것은 기존 정보로부터 새로운 정보를 창출할 수 있는 지식이다. 지식이란 중요한 정보를 많이 알고 있는 것이 아니라 기존 정보를 잘 분석하고 활용하여 새로운 정보를 창출할 수 있는 정신적인 능력이다. 지식사회에서 중요한 것은 정보보다 지식을 창출할 수 있는 창의력이다. 창의력을 뒷받침하는 것은 지식의 총합으로서 정보 계층에서 최고의 자리에 있는 지혜이다.

[그림 1.2]는 정보의 계층 구조를 보여주고 있다. 지혜는 많은 분야의 지식을 통합하여 넓은 시야를 가지고 통찰할 수 있는 능력이다. 지혜가 있는 사람은 주어진 상황을 한 눈에 꿰뚫어보고 신속하게 대책을 세울 수 있는 능력이 있다. 종교분야에서 수도하는 성인들의 최고 목표는 지혜로운 사람이 되는 것이다.

정보를 구성하는 각 계층별로 구체적인 실례를 찾아보기로 한다. [표 1.2]와 같이 기호(sign)란 사물의 내용이나 성질을 직접 표현하는 표시이다. 기호는 문자를 구성하는 알파벳이나 그림 등이 대표적인 실례이다. 예를 들면 모든 언어의 알파벳과 특수 문자와 간단한 그림들이 이에 해당한다. 자료는 인간이 의미를 인식할 수 있는 사물이므로

'체온'이나 '36도' 등이 자료가 될 수 있다. 정보는 자료들 중에서 기억하거나 사용할 가치가 있는 자료를 의미하므로 '인간의 적정 체온은 36도'라는 것은 건강에 유익한 자료로서 정보가 된다. 여기에 인간의 체온이 매우 높으면 생명이 위독해진다는 건강 정보를 연결하면 '체온이 너무 높으면 치료해야 한다'와 같은 지식을 창출할 수 있다. 지혜는 여러 분야의 지식을 종합하여 신속하게 통찰하고 '빨리 병원 응급실로 가야한다'라고 판단할 수 있는 능력이다.

[표 1.3] 정보를 구성하는 매체

매체 구분	내 역
문자 text	책, 논문, 보고서, 서류, 잡지,
XML과 구조화된 문서	XML 웹사이트 자료
소리 sound	음성, 음향, 음악
영상 image	그림, 사진, 설계도
동영상 video	영화, 애니메이션
source code	C, Java, C# 언어로 작성된 프로그램
application/웹 서비스	실행 파일

사람들은 자료와 정보를 다루면서 일상생활을 하고 있으며 그 중에서 많은 사람들은 창의력을 갖춘 지식인이 되고자 하고 더 나아가서 지혜로운 사람이 되는 것을 꿈꾼다. 지식과 지혜를 갖춘 사람이 되기 위해서는 정보검색 능력을 갖추는 것이 필수적이다.

정보검색 초기에는 정보를 표현하고 전달하는 매체가 문자뿐이었으나 지금은 멀티미디어(multimedia)를 포함하여 인간이 인식할 수 있는 모든 자료들을 검색 대상으로 하고 있다. [표 1.3]은 정보를 구성하는 주요 매체들을 보여주고 있다.

1.1.2 정보검색

정보검색이란 데이터베이스에서 사용자가 원하는 정보를 찾아서 가져오는 일이다. 데이터베이스는 자료의 집합을 의미하므로 데이터베이스가 작을 때는 정보를 검색하는 일이 어려운 일이 아니지만 데이터베이스의 크기가 방대해 질수록 어려운 일이 된다. 경제 발전과 함께 경제 규모에 맞게 정보화가 진척되면서 정보의 발생이 기하급수적으로 증가하여 필요한 정보를 검색하는 일이 점차 중요한 일이 되었다. 정보가 시스템 안에 있어도 빨리 찾을 수 없으면 정보가 없는 것과 마찬가지가 된다. 실시간 서비스(real time service)는 사용자가 제한된 시간 안에 정보를 처리해야 하는 것을 의미한다. 실시간으로 정보를 서비스해야 하는 응용분야에서는 'Late answer is wrong answer'라는 말이 있을 정도로 요구한 정보를 신속하게 제공하는 것이 중요하다.

정보검색을 정의하면 다음과 같다.

> 1) 사용자가 원하는 정보를 데이터베이스에서 찾아오는 일
> 2) 문서에 있는 내용, 문서 자체, 메타자료 등을 데이터베이스에서 찾는 일

여기서 말하는 데이터베이스는 DBMS가 아니고 단순하게 '자료들의 집합'을 의미한다. 사용자가 원하는 정보를 신속하게 찾으려면 정보를 찾기 쉽게 저장해야 하고 정보를 찾기 쉽게 저장하려면 찾으려는 정보를 체계적으로 분류해야 하고 분류된 자료들을 검색에 적합한 구조를 갖추어 잘 축적해야 한다. 효율적인 검색을 위하여 원하는 정보를 찾는 알고리즘도 효과적으로 개발해야 한다. 이와 같이 여러 가지 기능을 효율적으로 지원하는 컴퓨터 처리 시스템을 정보검색 시스템이라고 한다. 정보검색의 목적을 달성하기 위해서는 여러 가지 문제점을 해결해야 한다.

[표 1.4] 정보검색의 4 요소

종 류	내 역
자료 집합	검색의 대상이 되는 자료들의 집합.
색인 index	원하는 정보를 신속하게 찾기 위한 보조적인 자료
순위 ranking	검색 결과를 정확성에 따라 보여주기 위한 순서
환류 feedback	검색 결과의 성능을 향상하기 위하여 다시 검색하는 기술

(1) 정보검색 요소

정보검색을 성공적으로 수행하기 위해서는 자료 집합, 색인, 순위, 환류 등의 4가지 요소가 효과적으로 구성되어야 한다.

1) 자료 집합

검색의 대상이 되는 자료는 데이터베이스에서 사용하는 구조적 자료와 문서에서 사용하는 비구조적 자료로 구분된다. 문서에서 사용하는 자료도 XML과 같이 어느 정도 형식을 갖춘 자료와 전혀 형식이 없는 자유로운 자료로 구분된다.

2) 색인(index)

비구조적 자료를 신속하게 검색하기 위한 색인 기법으로는 역 색인(inverted index)이 많이 사용된다. 역 색인은 키워드별로 해당 자료가 위치한 주소를 저장하는 방식의 색인이다.

3) 순위(ranking)

검색 결과가 매우 많으면 사용자의 편의를 위하여 사용자가 원하는 순서대로 검색 결과를 보여주기 위한 기술이 필요하다. 사용자 요구에 부응하도록 우선순위를 결정하는 알고리즘의 성능이 중요하다.

4) 환류(feedback)[4)]

정보검색은 애매한 내용을 질의하는 경우가 많으므로 사용자가 한 번의 검색으로 결과에 만족하기 어렵다. 따라서 검색 결과를 보고 원하는 결과가 나올 때까지 검색 조건을 개선하면서 다시 검색하는 기술이 필요하다.

(2) 정보검색의 문제점

정보검색 기술이 오랫동안 발전되어 왔지만 아직도 문제가 되는 것은 [표 1.5]와 같이 여러 가지가 이유가 있다.

[표 1.5] 정보검색의 문제점

문제점	내 역
방대한 데이터베이스	자료가 너무 많아서 검색에 시간이 많이 소요
대량의 검색 결과	검색 결과가 너무 많아서 원하는 결과를 찾기 곤란
지식검색 요구	단순한 검색은 잘 되지만 지식 검색은 곤란

4) 환류(還流, feedback): 출력의 일부를 입력으로 되돌리는 일. 시스템의 기능을 개선하기 위하여 자체의 중간 또는 최종 단계의 정보를 다음 단계의 계획에 반영하는 활동.

첫째, 데이터베이스가 너무 크고 방대해지면 사용자가 원하는 정보를 검색하는 시간이 많이 소요된다. 예를 들어 데이터베이스에 어떤 질의를 했더니 검색 결과를 얻는데 하루 종일 시간이 걸린다면 업무 수행이 어려울 것이다.

둘째, 질의 결과로 얻어진 정보들이 너무 많으면 그 중에서 원하는 정보를 찾는데 시간이 많이 걸릴 것이다. 예를 들어 원하는 정보를 얻으려고 질의를 했는데 20,000건 이상의 정보가 검색되었다면 그 중에서 어떤 것을 선택해야 할지 난감할 것이다. 검색해 온 정보들 중에는 사용자가 전혀 원하지 않는 정보들이 많이 포함되어 있고, 검색된 정보들 중에서 원하는 정보를 찾으려면 원하지 않는 정보도 모두 읽어야 한다는 점이다.

셋째, 사용자들의 검색 요구는 단편적인 정보검색에서 새로운 지식을 제공해주는 지식검색으로 이동하고 있지만 아직 지식 검색의 수준이 사용자들에게 만족을 주지 못하고 있다.

정보검색의 문제점은 데이터베이스에 많은 정보들이 지속적으로 증가하고 있기 때문에 정확한 검색에 시간과 노력이 많이 소요된다는 점이다. 사용자들의 검색 요구를 신속하게 해결하도록 검색 시스템을 구축하는 것이 정보검색의 과제이고 목표이다. 정보검색 시스템은 사용자의 검색 요구를 해결하기 위한 컴퓨터 소프트웨어 시스템이다. 여기서 시스템[5]이란 주로 컴퓨터 프로그램의 집합을 의미한다.

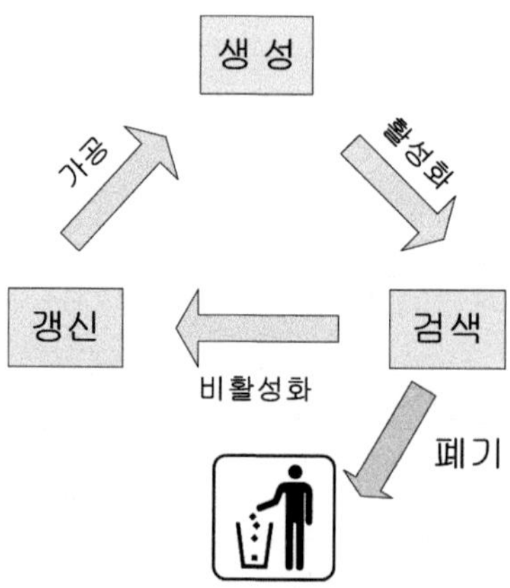

[그림 1.3] 정보의 순환 주기

5) 시스템(體制, system): 공동의 목적을 달성하기 위하여 함께 기능하는 요소들의 집합. 시스템의 특징은 개별 요소들이 통일적인 전체를 구성하면 전에 없었던 새로운 성질을 갖는다.

(3) 정보검색 시스템

정보검색이 문제가 되는 것은 정보의 수량이 지속적으로 증가하고 있기 때문이다. 산업화가 진행될수록 각 분야의 정보 수량과 검색 요구가 기하급수적으로 증가하고 있다. 라디오가 처음 방송된 이후 5,000만 명의 사용자를 확보하는데 30년이 걸렸지만 텔레비전은 13년 걸렸고 인터넷은 4년이 걸렸다. 이 과정에서 정보의 발생량은 엄청나게 증가하였다.

현재 인터넷에서 운영되고 있는 사이트의 수는 100억 개를 육박하고 있고 앞으로도 계속 증가하면서 사용자들의 검색 욕구를 야기하고 있다. 홍수가 발생하면 정작 사람이 마실 깨끗한 물은 구하기 어렵듯이 정보의 홍수 시대에는 쓰레기 같은 정보가 많아서 정작 좋은 정보를 구하기 어렵게 된다. 정보의 홍수가 정보검색의 중요성을 야기하는 것이다.

정보검색의 핵심은 사용자가 원하는 정보를 신속하게 가져오는 대신에 원하지 않는 정보는 가져오지 않는 것이다. 정보를 효율적으로 검색하기 위해서는 정보가 유통되는 과정을 정확하게 파악할 필요가 있다. 정보는 처음에 생성되어 시스템에서 사용되다가 새롭게 갱신되기도 하고 사용하는 과정에서 폐기되기도 한다. [그림 1.3]과 같이 생성된 정보는 활성화되어 사용되다가 어느 시기에 가면 갱신 과정을 거치면서 폐기된다. 정보검색을 위해서는 갱신과 폐기가 원활하게 이루어져야 한다. 정보는 갱신을 통하여 신선한 가치를 유지하고 폐기를 통하여 검색 성능을 향상할 수 있다.

정보검색의 목적은 사용자가 원하는 정보를 미리 저장했다가 검색 요구에 맞추어 신속하게 제공하는데 있다. 이 목적을 달성하기 위한 정보검색 시스템의 주요 목표는 [표 1.6]과 같다.

[표 1.6] 정보검색 시스템의 목표

순위	목 표	내 역
1	질의 작성	사용자 정보 요구를 기계 처리에 효율적인 내부 형식의 질의로 변환
2	색인 구축	검색 효율이 높은 색인을 효율적으로 구축
3	정확성	필요한 정보만 검색하고 필요 없는 정보는 검색하지 않기

1) 질의 작성

사용자 요구를 정보검색 시스템의 내부 질의 형식으로 변환한다. 사용자는 자신의 정보 요구를 자연 언어를 이용하여 쉽게 질의로 표현하지만 정보검색 시스템은 자연언어를 효율적으로 실행하기 어려우므로 시스템의 내부 질의 형식[6]으로 변환한다.

2) 색인 구축

색인은 신속한 검색을 위하여 지원되는 보조 파일로서 검색 시스템에서 가장 중요하다. 사용자의 검색 요구를 빨리 지원할 수 있도록 정보 데이터베이스를 재구성해서 체계적으로 저장한다. 이를 위해 효율적인 구조의 색인을 구축하여 색인에서 신속하게 검색을 수행한다. 응용분야에 적합한 색인 구조를 개발하여 효율적으로 구축한다.

3) 정확성

사용자에게 유용하거나 관련된 정보를 검색하고 관련이 없는 정보는 검색하지 않는다. 질의와 데이터베이스를 비교하는 함수를 개발하여 적합한 정보만을 검색하고 정확한 순서대로 정렬한다. 정확성을 향상할수록 원하는 정보를 많이 검색하지 못하는 문제점을 극복해야 한다.

1.2 정보검색의 역사

정보검색은 제2차 세계대전 이후 냉전으로 인하여 국방과학분야의 정보의 양이 방대해지면서 도서관에서 발전하기 시작하였다. 동서 진영의 경쟁과 더불어 도서관에 책과 논문과 잡지와 서류 등의 정보 자원이 산같이 쌓이면서 정보를 검색하는 일이 어려운 일로 등장하였다. 초기의 도서관에서는 자료에 관한 정보를 카드에 기록하여 카드를 관리하는 시스템이 발전하였다. 그 후 컴퓨터가 등장하자 컴퓨터를 이용하여 정보를 관리하는 정보검색 시스템이 발전하기 시작하였다. 인터넷이 등장하자 인터넷을 이용하여 전 세계 사이트에 올려진 정보를 검색하려는 사용자들의 요구가 분출되기 시작되었다.

학문의 발전과 출판물의 대량생산으로 인하여 도서관이 대형화 되면서 1940년대에 미국에서 정보검색 업무를 기계화하려는 노력이 진행되었다. Vannevar[7]는 문헌들을

6) 내부 질의 형식(internal query format): 사용자 질의는 SQL과 같은 관계 해석식이므로 효율적인 실행을 위하여 관계 대수식으로 변환.

7) Vannevar Bush(1890-1974): 미국 전기공학자, 발명자, MIT대학 교수. 행간자동조정 타자기, 자동 다이얼식 전화, 미분해석기 발명. 정보검색용 보조 기계 제안.

손쉽고 빠르게 검색하기 위하여 현재의 정보검색 시스템의 색인 기능을 가진 Memex[8]라는 기계를 제안하였다. Memex는 주제어나 주제코드를 조합하여 검색하는 연상 색인 기법(associative indexing)을 활용하는 보조 기계이다.

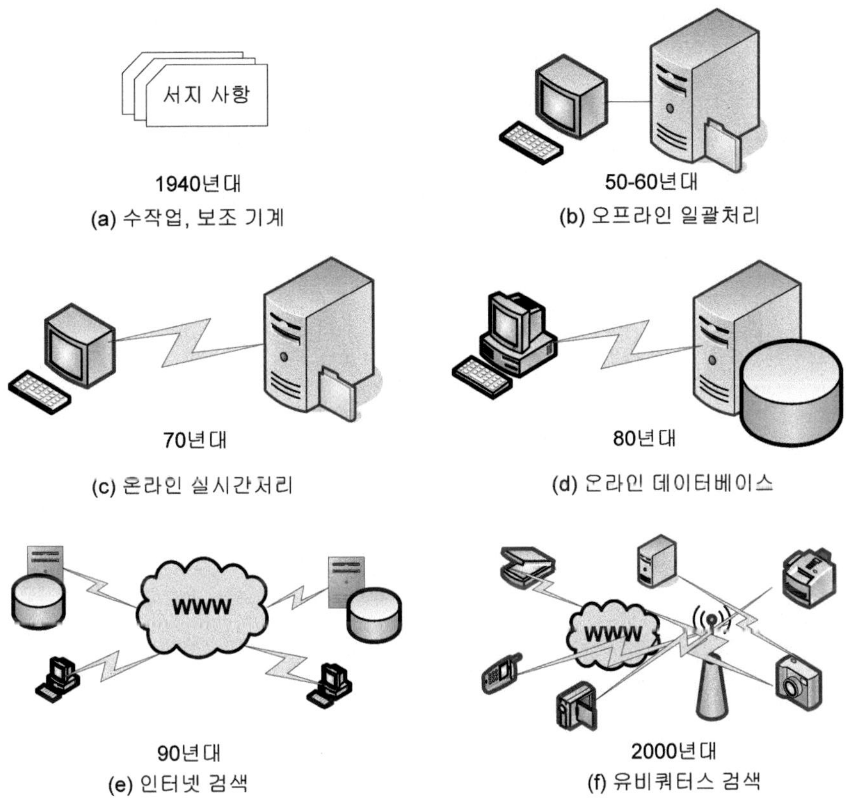

[그림 1.4] 정보검색의 시대적 특징과 역사

도서관의 규모가 점차 대형화되면서 정보검색 업무가 증대되어 [표 1.7]과 같이 1950년대에 이르면 정보검색 업무를 컴퓨터로 처리하기 위한 시스템이 개발된다. 1951년 Mortimer[9]는 연상 색인법을 기반으로 Uniterm이라는 검색 시스템을 구현하였다. Uniterm은 키워드 색인 방식을 기반으로 문헌에 관한 주제의 각 개념을 하나의 색인

8) Memex: Memory Index의 합성어. Vannevar가 1945년 제안한 이론적인 Proto-hypertext 컴퓨터 정보검색 기능을 보조.

9) Mortimer Taube(191-1965): 미국 도서관학자. 카탈로그에서 'uniterm'을 사용하는 Coordinate Indexing 기법 발명.

어(uniterm)로 선정하고 색인 카드에 관련 문헌번호와 함께 기재하여 문헌을 관리하는 색인 시스템이다.

1960년대에는 컴퓨터를 적극적으로 이용하여 정보검색 업무를 지원하는 시스템이 개발되었다. 당시의 컴퓨터 자료처리 기법은 일괄처리(batch process) 방식이었으므로 이 기법을 이용하여 1964년에 미국 의학도서관에서 MEDLARS(Medical Literature Analysis and Retrieval System)가 개발되어 서비스 되었다.

1970년대에는 컴퓨터 기술에서 온라인 처리(on line process) 기법이 개발되어 정보검색 시스템에 도입되었다. 1971년에는 MEDLARS가 온라인 처리 기법으로 발전되어 MEDLINE[10]이 개발되어 서비스 되었다. 이 시대의 특징 중의 하나는 데이터베이스 시스템이 개발되어 정보검색에 활용되기 시작하였다는 것이다. Lockheed 항공사의 DIALOG는 대표적인 데이터베이스 검색 시스템이다.

[표 1.7] 정보검색의 시대별 발전 과정

연 대	검색 시스템	비 고
1940	수작업, 보조기계	Memex
1950	컴퓨터 검색 시스템	Uniterm system
1960	오프라인 배치 시스템	MEDLARS. 대규모 검색 실시
1970	온라인 시스템 개발	MEDLINE, 온라인 서비스
1980	온라인 데이터베이스	다양한 데이터베이스 보급
1990	인터넷 검색 시스템	웹 검색 엔진
2000	유비쿼터스 검색 시스템	단말기들의 지능화, 소형화

1980년대에는 데이터 통신망이 발달하고 개인용 컴퓨터가 보급되어 기존의 단순 단말기(dumb terminal)[11]를 대체하게 되고 다양한 관계 데이터베이스가 개발되어 온라인 데이터베이스가 활발하게 보급되었으므로 원거리에서도 정보검색을 원활하게 수행하게 되었다. 서지[12] 정보 이외에도 수치, 사실 정보 데이터베이스와 전문 데이터베이

10) MEDLINE(Medical Literature Analysis and Retrieval System Online): 미국의 생명과학과 생의학에 관한 학술 데이터베이스.

11) dumb terminal: 기억장치와 CPU가 없어서 자료를 처리하지 못하고 자료를 입출력만 수행하는 단말기.

12) 서지(書誌, bibliography): 책이나 문서의 제목, 저자, 출판사, 발행 일자 등에 관한 문헌 목

스까지 다양한 종류의 데이터베이스가 급격하게 증가하였다.

1990년대에는 통신, 개인용 컴퓨터, 데이터베이스 등의 발전이 가속화되어 저렴하고 신속한 속도로 정보검색을 할 수 있게 되었다. 특히 인터넷이 등장하여 엄청난 양의 정보를 제공하였으므로 그 자체가 거대한 데이터베이스이자 정보 시스템이 되었다. 사용자들은 인터넷을 통하여 전 세계 도서관들의 온라인 데이터베이스와 상용 정보 서비스에 연결하여 간편하게 정보검색을 할 수 있게 되었다.

2000년대에는 인터넷과 멀티미디어 기술이 대폭 향상되어 다양한 형태의 정보들이 검색 대상이 되고 서비스되기 시작하였다. 텍스트뿐만 아니라 소리, 영상, 동영상 등의 다양한 정보 자원들이 디지털화되었으며 유비쿼터스 개념(ubiquitous concept)[13]과 통합되어 언제 어디서나 다양한 정보를 검색할 수 있게 되었다. [그림 1.4]는 정보검색의 역사를 컴퓨터 기술 발전에 맞추어 시대적 특징을 보여주고 있다.

1.3 정보검색 분류

초기의 정보검색은 도서관에서 서지 정보를 검색하는 것이 주요 업무였기 때문에 주로 대학과 연구소에서 학문에 관한 연구 논문과 자료를 중심으로 하는 텍스트 검색으로 시작되었다. 과학기술의 발전과 함께 공업화가 진척됨에 따라 학계와 산업계가 산학협동을 추진하면서 정보검색 업무는 학계와 산업계에 널리 보급되었다. 정보검색의 의미를 크게 해석하면 '모든 종류의 정보를 찾는 일'로 정의할 수 있고 좁은 의미로 해석하면 '비구조적인 자료를 찾는 일'로 정의할 수 있다.

[표 1.8] 자료의 종류

구 분	내 역		비 고
자료 검색	문자와 숫자 등으로 정형화된 자료(DBMS)		구조적 자료
문서 검색	문서 자료	자유 문자열	비구조적 자료
	웹 자료	자유 문자열, 이미지	
	멀티미디어 자료	자유 문자열, 소리, 이미지, 동영상	

록.

13) ubiquitous concept: 언제 어디서나 사용자가 필요한 정보와 서비스를 쉽게 이용할 수 있도록 시스템을 구축하는 개념. 1988년 Mark Weiser가 제안.

모든 종류의 정보란 텍스트를 위주로 하는 비구조적 자료(문서 자료)와 잘 정형화된 구조적 자료(DBMS 자료)를 모두 합한 것이다. 비구조적인 자료를 검색하는 것을 정보검색이라고 하고, 정형화된 구조적 자료를 검색하는 것을 자료검색이라고 한다.

정보검색은 모든 종류의 자료를 검색하는 것이지만 전통적인 의미에서 정보검색이란 비구조적 자료를 검색하는 것으로 사용되었다. 비구조적 자료는 [표 1.8]과 같이 문서, 웹, 멀티미디어 자료 등 세 가지 자료가 주류를 이루고 있다.

1.3.1 자료검색과 정보검색

지료검색은 데이터베이스에 있는 구조적 자료를 검색하는 일이고, 정보검색은 데이터베이스와 관계없이 비구조적 자료를 검색하는 일이며, 지식검색은 기존 정보 집합에서 새로운 정보를 검색(창출)하는 일이다.

(1) 자료검색

자료검색은 구조화된 자료를 대상으로 하며 형식화된(수학적) 모델을 기반으로 명확하게 의미가 있는 것들을 검색하려고 한다. 검색어(색인어) 자체가 명확하게 정형화되어 있는 것을 의미한다. 따라서 질의는 형식적으로 정의된 완성된 질의 형태를 갖추어야 한다. 질의 결과는 질의 언어와 데이터베이스 자료가 (형식적으로)정확하게 일치해야 하기 때문에 질의는 단 한 번의 상호작용을 통하여 결과를 도출한다. 검색 자체는 연역적인 추론을 통하여 처리되며 검색 모델 자체가 결정적이므로 작은 오류에도 결과가 민감하게 반응한다. 자료검색의 대상은 잘 정의된 구조와 의미를 가진 자료이므로 주로 DBMS를 이용한다.

(2) 정보검색

정보검색은 비 구조화된 자료를 대상으로 하며 질의나 주제에 연관된 메타 자료와 자유 문자열을 검색하려고 한다. 질의 자체가 자연 언어로 구성되기 때문에 의미가 정확하지 않으며 애매하고 정교하지 않고 불완전하다. 질의 결과도 정확하게 일치하는 것이 아니라 관련이 있는 자료들과 부분적으로 관련이 있는 자료들과 유사한 자료들이 검색된다. 검색 수단이 완벽하지 않으므로 검색은 한 번에 이루어지지 않고 여러 차례의 상호작용(환류)을 통하여 완성된다. 검색 모델이 확률적이므로 정보검색은 문헌의 내용을 해석하고 확인해야 하는 귀납적인 방식이다. 따라서 질의 오류에 대해서 검색 결과가 민감하게 달라지지 않는다. 문헌 텍스트로부터 구문/의미 정보를 추출하고 이 정보를 이용해서 사용자 정보 요구와 일치하는 것을 확인한다. 정보검색은 사용자가 제시한 질의와의 연관도에 따라 순위를 부여한다.

[표 1.9] 자료검색과 정보검색의 비교

구분 \ 검색방법	자료검색	정보검색
대상 자료	구조화 자료	대부분 비 구조화 자료
자료 구성	형식 모델 기반의 명확한 의미	메타 자료와 자유 문자열
질 의	형식적으로 정의된 완성된 질의	애매하고 비정교한 불완전한 질의
결 과	정확한 일치	때대로 관련, 부분적으로 관련
상호작용	한 번의 질의	여러 번 질의(상호작용을 위한 환류)
추론	연역적	귀납적
모델	결정적	확률적
오류	민감	둔감
사용 도구	DBMS	IRS

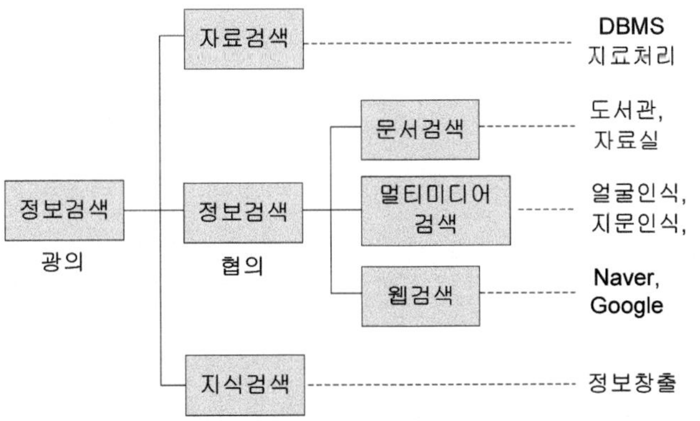

[그림 1.5] 정보검색의 분류

[표 1.9]는 자료검색과 정보검색의 내용을 비교한 것이며 [그림 1.5]는 정보검색의 분류 내용을 실례와 함께 설명한 것이다. 광의의 정보검색을 분류하면 자료검색과 협의의 정보검색으로 분류되고 협의의 정보검색은 다시 문서검색, 멀티미디어검색,

웹 검색 등으로 분류할 수 있다. 자료검색은 데이터베이스에서 주로 다루는 주제이므로 이 책에서 다루고자 하는 정보검색은 협의의 정보검색을 의미한다

(3) 지식검색

정보검색이 기존의 정보 집합에 있는 정보 중에서 사용자가 원하는 유사한 정보를 찾아주는 방식이라면, 지식검색은 기존의 정보 집합에서 새로운 정보를 창출해주는 창조적인 검색 방식이다. 지식검색을 수행하는 과정은 기존의 정보를 분석하여 사용자가 원하는 지식의 형태로 가공하여 정보와 지식을 함께 제공하는 방식이다. 지식검색의 목적은 검색 시스템이 지식과 의사결정의 중간에서 새로운 정보와 지식을 응용할 수 있는 형태로 사용자에게 제공하려는 것이다. 지식 검색의 핵심 기술은 지능형 검색, 자동분류, 지능형 에이전트 등의 3 가지로 다음과 같이 나눌 수 있다.

1) 지능형 검색

지능형 검색이란 검색하려는 주제와 문서, 사용자에 대한 지식을 근거로 검색 이용자에게 가장 적합한 결과를 제공하는 검색 방식이다. 기존의 불리언 검색 방식은 검색 엔진의 90%를 점유하고 있는데 검색 속도는 좋으나 정확도가 부족하고 부분 검색이 곤란하고 환류(feedback)가 어렵다는 단점을 갖고 있다. 특히 OR 연산은 검색되는 결과가 너무 많고, AND 연산은 결과가 너무 적어서 문제가 된다.

기존 문제점들에 대한 대안은 확률 검색, 가중치 검색, 퍼지 집합 검색, 추론 검색, 자연어 검색 등이 있다. 이 기법들은 적용분야별로 장점과 단점이 있으므로 이들을 부분적으로 통합하여 지식 검색의 목적을 달성하려고 한다.

2) 자동 분류 기법

기존 검색 방식이 검색결과를 자체 랭킹 기법을 이용하여 순차적으로 제공하는 것이라면 자동분류 기법은 추출된 검색 결과들 중에서 의미적으로 유사한 결과들을 묶어서 보여주는 기법이다. 일종의 구룹핑하는 기법이다. 오프라인에서 자동분류를 수행하는 방식과 실시간 자동분류 방식이 있으며 속도가 중요하기 때문에 실시간 자동분류 방식이 요구된다. 이 기술은 분류와 범주화 기법으로 구현된다. 분류(classification)는 새로운 문서가 들어올 때 이미 정의된 그룹으로 분류하는 기능이며, 범주화(categorization)란 분류된 그룹에 대해서 대표 키워드나 문장을 찾아주는 기술이다.

3) 지능형 에이전트

지능형 에이전트 방식은 학습, 추론, 계획 능력 같은 지능적 특성을 가진 에이전트 프로그램을 검색에 활용하는 기법이다. 여기에는 학습, 추론, 계획 기법이 포함된다. 학습이란 사용자 행위 패턴을 분석하여 행위를 예측하고 반복되는 작업을 방지하는 능력이다. 추론은 새로운 형태의 작업에 대해서 다른 에이전트와의 통신을 통해 경험과 지식을 바탕으로 검색을 수행하는 능력이다. 계획은 분산협동처리 이전에 통신과 작업 방식에 대한 계획 능력을 의미한다.

지식 검색의 또 다른 의미는 인터넷에서 누리꾼들이 서로 묻고 답하면서 정보를 만들어가는 공동체 서비스가 있다. 대표적으로 네이버의 지식iN 서비스가 있다. 이와 비슷한 개념으로 사용자들이 자발적으로 정보를 만들어가는 위키피디아[14]가 있다. 그러나 위키피디아가 정보 하나하나마다 개념을 만들어 가는데 비하여, 지식 검색은 그때 그때 사용자들의 질문에 답하는 형식으로 진행된다는 점이 다르다. 모두 대화와 토론을 통하여 참여자들의 기존 정보를 기반으로 새로운 정보를 창출하는 것이므로 지식 검색이라고 한다.

1.4 정보검색 시스템

정보검색 시스템이란 사용자들의 요구 정보를 검색하는 컴퓨터 응용 프로그램을 의미한다. 정보검색 시스템은 사용자 요구를 충족하는 검색 기능을 효과적이고 효율적으로 수행해야 한다. 효과적이란 사용자가 요구하는 정보를 정확하게 제공하는 것이고 효율적이란 검색에 소요되는 시간과 공간을 최소화함으로써 검색 서비스를 경제적으로 제공하는 것이다. 이를 위해 시스템은 [표 1.10]에서 다음과 같이 몇 가지 요건을 다음과 같이 갖추어야 한다.

첫째, 효율적 저장: 정보검색 시스템은 정보의 양이 매우 크기 때문에 효율적으로 공간을 활용하고 저장하는 방법을 갖추어야 한다. 실제 자료를 대표할 수 있는 색인을 효과적으로 설계하여 정보를 재편성하지 않고도 다양한 질의에 응답할 수 있도록 지원한다.

둘째, 접근 용이: 사용자들이 원거리에서 검색하는 경우가 많으므로 통신망을 잘 갖추고 상호작용을 효과적으로 제공해야 한다.

---

14) Wikipedia: Jimmy Wales(미국)가 설립한 위키미디어 재단에서 2001년 1월 15일부터 운영. 누구나 자유롭게 글을 쓸 수 있는 사용자 참여의 온라인 백과사전.

[표 1.10] 정보검색 시스템의 필요 조건

순위	내 역	비 고
1	효율적 저장	정보의 재편성
2	접근 용이	상호작용과 통신망
3	질의 용이	사용자 요구 -> 질의 형식 변환
4	보기 용이	인터페이스

셋째, 질의 용이: 전문가가 아닌 일반 사용자들이 쉽게 질의할 수 있도록 질의 작성 방법을 쉽게 설계해야 한다. 사용자가 질의를 잘못 작성하면 오류를 수정하고 보완하여 다시 질의할 수 있는 기능이 필요하다.

넷째, 보기 용이: 정보검색은 애매한 질의에 대하여 보다 정확한 결과를 요구하는 경향이 있으므로 원하지 않는 검색 결과가 많이 나올 수 있다. 복잡한 검색 결과에서 원하는 결과를 찾을 수 있도록 인테페이스를 제공한다.

[표 1.11] 정보검색 시스템의 5 요소

순위	내 역	비 고
1	데이터베이스	정보: 문자, 소리, 영상 , 동영상
2	검색 연산	키워드 검색, 내용기반 검색, 의미기반 검색,
3	검색 언어	자연어, 인공어, 기계어
4	검색 인터페이스	상호작용
5	색인	신속한 검색을 위한 보조 파일

정보검색 시스템을 성공적으로 구축하기 위해서는 [표 1.11]과 같은 다섯 가지 구성 요소들을 완비해야 한다. 첫째 데이터베이스는 귀중한 정보를 축적해두는 창고이다. 이 창고는 지속적으로 자료를 유입하고 낡은 자료를 갱신하고 삭제하는 기능이 필요하다. 둘째 검색 연산은 사용자가 원하는 질의에 적합한 문서를 신속하게 찾아주는 프로그램으로 성능 유지에 중요하다. 키워드기반, 내용기반, 의미기반 검색이 모두 지원되어야 한다. 셋째 검색 언어는 사용자들이 쉽고 효율적으로 원하는 결과를 기술하기 위한 수단이므로 질의 표현과 자료 변환에 중요하다. 사용성은 자연어에 가깝고 효율성은 기계어에 가까운 인공어가 좋다. 넷째 정보검색은 자료검색처럼 한 번의 검색에 의하여 종결되는 서비스가 아니고 여러 차례 원하는 결과를 얻을 때까지 환류

(feedback)를 통하여 반복되는 작업이므로 검색 인터페이스는 중요한 이용 수단이다. 검색 인터페이스를 위하여 HCI[15] 기술이 적극적으로 활용되어야 한다. 다섯째 색인은 검색 대상을 신속하게 찾아주기 위한 보조 파일이다.

1.4.1 검색 시스템의 기능

정보검색 시스템의 기본 구조는 데이터베이스와 질의와 이들을 연결해주는 검색 프로그램으로 구성된다. 정보검색 시스템의 데이터베이스는 문서들의 집합으로서 검색 대상인 키워드(keyword)들의 집합으로 이해할 수 있으며 사용자들의 질의도 키워드 집합으로 볼 수 있고 질의 결과는 문서들에 우선순위가 부여된 문서 목록이 될 수 있다. 여기서 정보검색 기능과 성능을 결정하는 것은 정보검색 프로그램이며 이것은 정보검색 모델에 의하여 결정된다. [그림 1.6]과 같이 정보검색 프로그램은 사용자 질의와 문서 집합을 연결하여 관련성이 많은 우선순서대로 문서 목록을 보여준다. 정보검색 과정에서 사용자는 원하는 결과가 나오지 않으면 나올 때까지 질의 문장을 변경하면서 검색 작업을 반복한다.

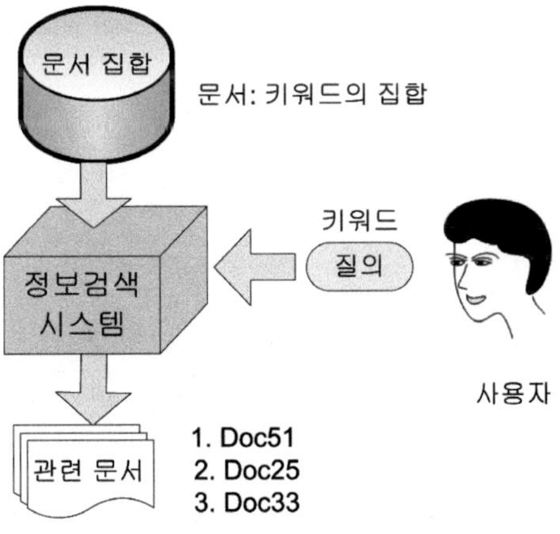

[그림 1.6] 정보검색 시스템의 기본 구조

15) HCI(Human Computer Interaction): 제록스사에서 개발자가 아닌 사용자 중심의 컴퓨터 시스템을 개발하면서 구체화된 시스템 설계 기법. 인간과 컴퓨터간의 상호작용에 관한 연구를 하는 학문

(1) 검색 시스템의 자료 흐름

정보검색 시스템의 구성은 우선 자료를 축적하여 데이터베이스를 구축하는 작업과 사용자들이 정보를 검색하는 작업으로 구분되며 이 과정에서 자료의 흐름이 발생한다. 좋은 정보검색 시스템이 되기 위해서는 첫째 좋은 자료를 많이 수집하여 체계적으로 구축해야 하고 둘째 효율적으로 검색해야 한다. [표 1.12]는 정보검색 시스템의 입력과 출력과의 관계를 연결하는 검색 처리 프로그램을 기준으로 설명하고 있다.

[표 1.12] 정보검색 시스템의 입·출력

구분	내 역	비 고
입력	자연언어 문자열로 구성된 문서 파일	데이터베이스
	문자열로 구성된 질의	질의
검색 처리	데이터베이스와 질의의 비교, 우선순위 결정	검색 프로그램
출력	질의와 관련이 있는 문서 목록	우선순위

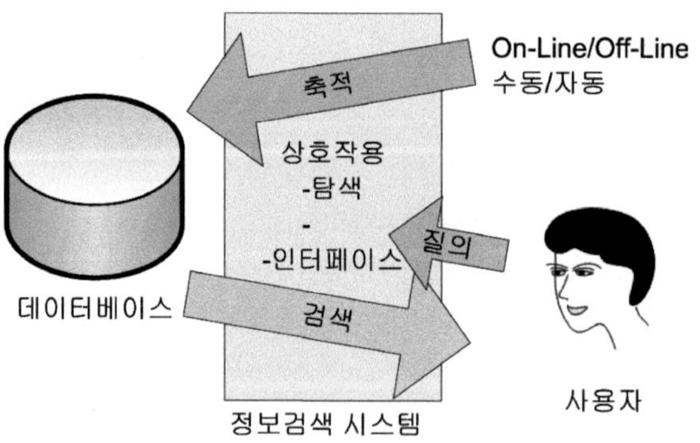

[그림 1.7] 정보검색 시스템의 자료 흐름

정보검색 시스템에서의 자료 흐름은 [그림 1.7]과 같이 자료의 축적으로 시작되어 자료 검색으로 종료된다. 자료의 축적은 온라인과 오프라인으로 모두 가능하며, 수동적인 입력과 자동적인 입력도 모두 사용되고 있다. 자료를 검색하는 작업은 검색 프로그램이 사용자와 데이터베이스 사이에서 탐색을 위하여 상호작용하는 과정이다. 이를 위해 시스템 설계에서 사용하는 인터페이스 설계가 중요한 역할을 수행한다. 인터페이스에서 사용되는 질의는 자연 언어를 이용하여 간결하면서 상세한 탐색이 가능하도록 설계해야 한다.

정보검색 시스템의 구조는 [그림 1.8]과 같이 색인을 구축하는 모듈과 색인을 탐색하는 모듈들로 구성된다. 검색 시스템이 운영되는 절차는 [표 1.13]과 함께 다음과 같이 4 단계로 구성된다.

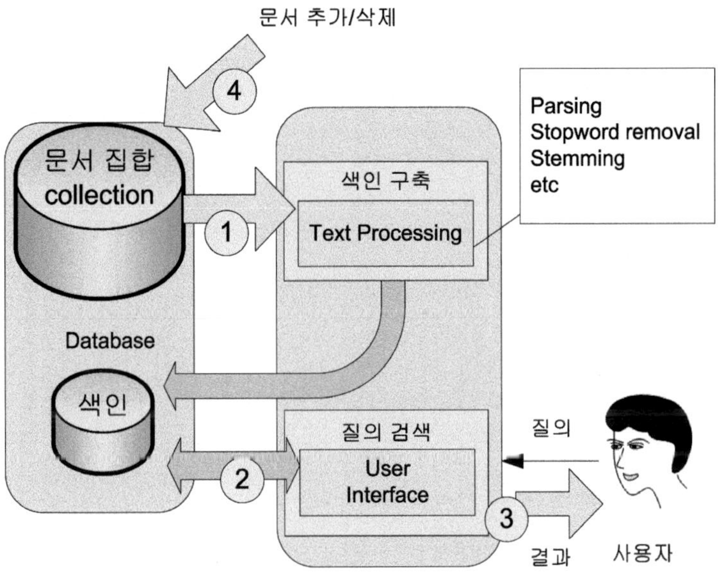

[그림 1.8] 정보검색 시스템의 처리 절차

[표 1.13] 정보검색 시스템의 처리 절차

단계	작 업	작업 내 역
1	색인 구축	문서 집합에서 용어를 추출하고 색인을 구축
2	질의 처리	질의를 분석하여 최적화된 코드로 색인을 검색
3	결과 작성	검색 결과에 우선순위 부여
4	문서 집합 갱신	문서 집합을 색인과 함께 갱신

1) 색인 구축

문서 집합에서 용어를 추출하여 색인을 구축한다. 문서를 읽어서 텍스트 처리 과정을 통하여 색인 용어를 추출하고 색인에 추가한다. 이 과정에서 구문 분석, 불용어 제거, 어간 추출 등의 기법이 사용된다.

2) 질의 처리

사용자의 질의를 내부 형식으로 변환하고 최적화한 후에 실행 코드를 생성한다. 코드를 실행하여 색인을 검색하고 검색 결과를 추출한다.

3) 결과 작성

검색 결과에 우선순위를 부여한다. 사용자가 원하는 문서를 찾아보기 쉽게 정렬해준다.

4) 문서 집합 갱신

문서 집합에 새로운 문서가 추가될 때마다 문서에서 용어를 추출하여 색인에 추가하고 문서가 삭제될 때마다 색인을 갱신한다.

이상과 같은 처리를 하기 위하여 검색 시스템은 색인 구축/정비 프로그램, 검색 프로그램, 우선순위 부여 프로그램, 문서 갱신/추가 프로그램 등으로 구성된다.

(2) 검색 시스템의 주요 기능

사용자의 질의가 주어지면 검색 프로그램은 검색 효율을 위하여 데이터베이스를 직접 접근하지 않고 색인 파일에서 1차적으로 키워드를 검색한다. 색인 파일에서 검색에 성공하면 비로소 데이터베이스에서 직접 자료를 가져오게 된다. 검색에 소요되는 시간의 대부분은 색인에서 발생하므로 색인 검색에 성공하면 데이터베이스 검색은 단순한 작업이다. 데이터베이스의 크기는 매우 크고 색인은 작으며, 질의와 색인을 연결하는 방법이 검색 성능을 결정하는 요인이기 때문에 정보검색 시스템에서 색인의 역할은 매우 중요하다.

정보검색 시스템의 주요 기능은 색인 데이터베이스를 생성하는 기능과 질의하고 검색하는 두 가지 기능으로 구성된다.

1) 색인 데이터베이스 구축

정보검색 시스템의 색인은 문서 자료의 집합인 데이터베이스에서 만들어진다.

데이터베이스는 자연 언어로 작성된 문자열의 집합이므로 문자열 처리를 통하여 색인으로 사용할 단어 즉 키워드들을 선택한다. 선택된 키워드들을 알파벳 순서대로 정렬하고 그 키워드들이 들어있는 문서의 번호를 저장한 것이 색인이다. 색인 구축 과정에서 프로그램은 구문을 분석(parsing)하고 검색에서 중요하지 않은 불용어[16]들을 제거하고, 명사를 추려내기 위하여 어간을 추출[17]하는 등의 작업을 통하여 주요 단어(용어, 색인어)들을 추출한다.

2) 질의와 검색

사용자 요구가 질의 형태로 시스템에 제공되면 검색 프로그램은 질의에 있는 키워드를 추출하고 색인 파일에서 유사한 키워드들을 찾아내서 이들을 우선순위대로 정렬하여 사용자에게 문서 목록 형태로 제공한다. 사용자가 요구하는 질의에서 키워드를 찾아내는 작업도 문자열 처리 프로그램이므로 색인 구축 작업의 기능과 유사하다. 중요한 것은 검색 작업이 효율 향상을 위하여 색인에서 이루어진다는 사실이다. 정보검색 시스템의 검색 성능은 색인의 구성에 따라 결정된다고 할 수 있다.

검색 시스템의 기능은 색인 데이터베이스를 구축하는 기능과 색인을 검색하는 기능으로 구성되므로 시스템의 성능도 이들의 성능에 의해서 결정된다고 할 수 있다.

1.4.2 새로운 검색 분야

[그림 1.9]에서 보는 바와 같이 경제가 발전하면서 사람들의 의식구조가 변화하고 있다. 산업사회가 발전하면서 물질적 풍요가 개인 생활의 중요성을 일깨워주고 소품종 대량생산체제에서 다품종 소량생산체제로 이동한다. 기술이 발전하면서 생산보다 마케팅이 중요하고 제품의 기능보다 감성이 중요하게 인식된다. 소비자들은 제품의 성능보다 다른 사람들이 갖고 있지 않은 다른 제품을 갖고자 하고 개인의 감성이 중요시된다. 개인의 가치와 인권이 존중되면서 개인화가 촉진되고 있다. 이러한 현상들은 검색 시장에도 큰 영향을 주고 있다.

16) 불용어(stopword): 검색할 때 검색 대상 용어로 의미가 없는 단어. 관사, 전치사, 조사, 접속사 등 내용을 검색하는데 의미가 없는 단어.
17) 어간 추출(stemming): 예를 들어 computer, computing, computed 등의 단어에서 'comput'를 어간으로 추출하는 작업. 어미가 달라도 모두 같은 의미로 검색하려는 의도.

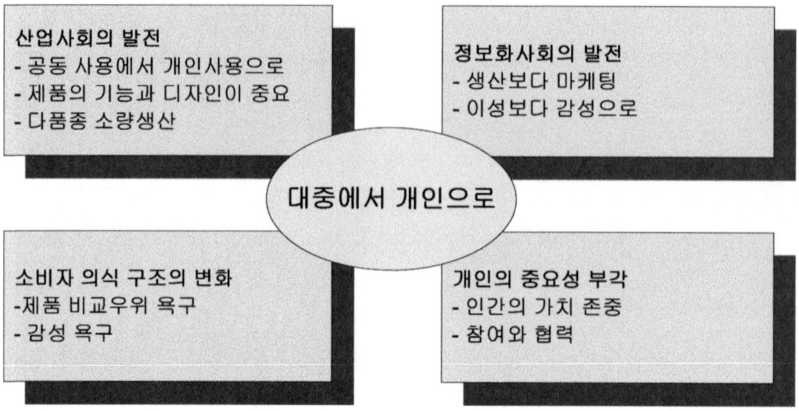

[그림 1.9] 정보사회의 변화

지금까지 검색의 목표는 크게 두 가지이다. 첫째, 많은 자료 집합에서 원하는 정보를 찾아주는 정보검색과 둘째, 많은 기존의 정보 중에서 새로운 정보나 지식을 찾아주는 지식검색에 집중되었으며 현재는 어느 정도 목표를 달성하고 있다. 그러나 사람이 기계를 이용하여 직접 자료를 확인하고 필요한 정보를 찾아보는 수준에서 크게 벗어나지 않았다.

[표 1.14] 새로운 검색 기술

구분	작업 내 역
의미 검색	정보의 의미와 개념을 파악하여 사용자가 원하는 정보를 검색
개인화 검색	사용자 개인의 관심과 특성에 따라서 적합한 정보를 검색
소셜 검색	소셜 네트워크를 이용하여 정보를 검색
빅데이터	초대형 자료와 이들로부터 가치를 창출하고 분석하는 기술

최근의 검색 기술 동향은 [표 1.14]와 같이 세 가지 측면에서 새로운 방향을 모색하고 있다. 첫째, 사용자가 요구하는 정보의 의미를 기계가 이해하고 문서 집합에서 그 의미에 적합한 정보를 검색하려고 한다. 둘째, 정보를 요구하는 개인의 관심과 특성에 따라 개별적인 검색 서비스를 제공하려고 한다. 셋째, 사용자가 요구하는 정보를 소셜 네트워크를 통하여 대중적으로 정보를 찾아주려고 한다. 넷째, 기존 자료관리 도구로는 해결할 수 없는 초대형 자료(Big data)를 분석하여 새로운 지식 정보를 얻으려는 노력이다.

(1) 의미 검색(개념기반 검색)

정보 기술의 발전과 정보 산업의 확산으로 인하여 정보의 발생량이 크게 증가하였으므로 사람이 수많은 자료를 검색하고 일일이 확인하기 어려운 상태에 이르렀다. 이제는 컴퓨터가 스스로 자료의 의미를 파악하고 필요한 자료를 조합하여 검색할 필요가 대두되었다. 의미 검색(semantic search)은 사용자가 제시하는 질의의 의미를 기계가 파악하고 문서 집합에서 그 개념에 적합한 정보를 찾아주는 것을 말한다. 질의의 의미를 파악하고 검색하기 위해서는 모든 용어의 의미를 개념 단위로 파악하고 관리해야 하는 과정이 요구되어 개념기반 검색(concept-based information retrieval) 기법이 요구된다.

의미 검색은 시맨틱 웹(semantic web) 기술로 발전하고 사용자 검색 질의에 대해 키워드 기반이 아닌 의미를 분석하여 원하는 결과를 추론하여 검색한다. 예를 들어 "11명이 팀을 이루어 공을 발로 차는 운동 경기는 무엇인가?"와 같은 검색이다. 의미 검색의 구체적인 사항에 대해서는 제7장 시맨틱 웹에서 상세하게 논의한다.

(2) 개인화 검색

개인화 검색(personalized search)은 서비스 사용자 개인의 성향이나 의도를 파악하여 사용자 관점에서 그 사용자만을 위한 상품과 서비스를 제공하는 검색 방식이다. 지금까지는 검색 시스템이 정보 요구에 대해 일률적인 검색 서비스를 지원해주었으나 이제는 정보를 요구하는 개인의 관심에 따라서 적절한 정보를 제공해준다. 개인화 검색의 첫째 방식은 사용자 질의를 수정하여 검색하는 것이고, 둘째 방식은 검색 결과의 우선순위를 다시 부여하는 것이다.

많은 검색 엔진들이 일반적으로 사람에 대한 정보나 특정 소속 그룹에 대한 정보를 이용하므로 개인화 검색은 개인에게 고유한 사용자의 신상명세를 기반으로 검색한다. 그러나 사용자가 제공하는 신상명세는 수집하기 매우 어렵다는 문제가 있다. 실제로 이와 관련된 개인 신상 정보 유출이 사회적으로 문제가 되고 있다. 예를 들어 피자집에서 고객의 전화를 받으면 전화번호를 키로 그 고객이 과거에 주문했던 주요 메뉴가 나타나서 고객이 원하는 것을 추천할 수 있는 검색과 같다.

(3) 소셜 검색

소셜 검색(social search)은 알고리즘에 의해 주어지는 검색 결과보다는 공유된 정보 또는 네트워크를 통해 연결된 사람들에 의한 검색 결과를 보여주는 방식이다. 소셜 검색은 검색 질의를 기동하는 사람의 사회적 인맥 관계(SNS: Social Network Service)[18]를 기반으로 웹 검색을 수행하는 검색을 의미한다. 웹 검색에 적용했을 때, 관련성에 대한 사회적 관계의 접근 방식은 각 문서의 텍스트나 문서들의 연결 구조를 분석하여 결정하는 알고리즘이므로 기계기반의 접근방식과 매우 대조적이다.

지금까지는 정보를 요구하는 사용자가 있고 정보를 제공하는 정보 검색 시스템이 별도로 존재하였으나 이제는 정보를 요구하는 사람과 정보를 제공하는 사람이 서로 구분 없이 사회적으로 인적 관계가 형성된 많은 사람들이 참여하여 정보를 만들어서 공유하고 좋은 정보를 서로 찾아주는 서비스를 의미한다. 예를 들어 "서울 변두리에서 등심구이를 싸고 맛있게 먹으려면 어디로 가야지?"와 같은 검색이다.

(4) 빅데이터 Big data

현대사회는 정보화 단계를 넘어서 자료 활용 단계로 넘어가고 있다. 1990년대에는 개인용 컴퓨터의 보급과 더불어 '정보의 홍수'라는 말을 만들어 냈지만 2010년대부터는 다양한 스마트 기기들이 만들어 내는 빅데이터 시대에 살고 있다. 사물 인터넷[19], 스마트 기기, 소셜네트워크 등으로 인하여 자료 증가 추세가 계속되고 있다. IDC[20]에 의하면 우리는 이미 제타바이트(약 1조 8,000억 기가바이트) 시대에 돌입했으며 2020년에는 디지털 정보의 양이 35.2 제타바이트에 달할 것으로 전망했다. 제타바이트의 많은 정보는 기존 방식으로 저장하거나 분석하기 어려울 정도의 큰 규모의 자료이다. 작은 규모의 자료에서도 좋은 정보를 창출하듯이 큰 규모의 자료를 잘 관리하면 더 유용한 정보를 창출할 수 있으므로 자료 활용 차원에서 빅데이터라고 한다.

빅데이터란 초대형 용량의 자료를 수집, 저장, 관리, 분석, 사업화하는 일련의 과정을 말한다. 기존의 데이터와 다른 점은 기존의 장비로는 처리할 수 없을 정도의 대용량의 자료를 취급한다는 것이다. 초대형 자료들은 인간의 행동 양식들을 기록하고 있기 때문에 이들을 잘 분석하면 현황을 파악하고 미래를 예측할 수 있는 좋은 도구가 될 것이다.

---

18) 사회적 인적 관계(social network service): 웹상에서 사용자들이 인적 네트워크를 형성할 수 있게 해주는 서비스. 실례: 트위터, 페이스북, 싸이월드 등.

19) Internet of Things: 사물들의 정보를 얻고 사물들이 필요한 것을 알고 적절한 지원을 해줄 수 있는 컴퓨터 통신망 체계.

20) IDC(International Data Corporation): ICT 시장조사기관으로, IDG(International Data Group)의 자회사.

빅데이터의 정의는 다음과 같이 다양하다.

- 전통적인 데이터베이스로 저장, 관리, 분석할 수 없는 대규모의 자료
- 대용량의 자료를 저장, 수집, 발굴, 분석, 비즈니스화 하는 일련의 과정
- 다양한 종류의 대용량 자료를 초고속으로 수집하고 분석하여 가치를 추출할 수 있는 기술
- 기존 자료관리 도구의 역량을 넘어서는 대량의 정형 및 비정형 자료와 이들로부터 가치를 추출하고 결과를 분석하는 기술

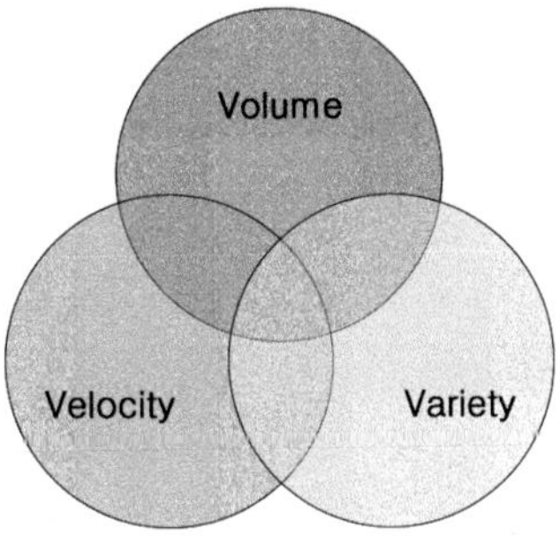

[그림 1.10] 빅데이터의 3대 요소

WTO 시대에 세계화하는 과정에서 기업들은 급변하는 시장 환경에 대응하기 위해 소비자의 요구를 빠르게 파악하고 능동적으로 대처해야 한다. 기업들은 기업 내부의 구조화된 자료와 비정형 자료 그리고 외부의 다양한 정보들을 통합하여 의미있는 정보를 창출하려는 노력이 빅데이터를 출현하게 하였다. 기업들은 이미 경영정보의 중요성을 알고 있어서 데이터베이스와 데이터웨어하우스 등을 통하여 기업경영에 적극적으로 활용하여 왔다. 비즈니스 인텔리전스[21]와 같은 기존의 경영정보에서는 주로 구조적인 자료들과 정제된 자료들을 취급한 반면에 빅데이터는 비정형 분석 위주로 취급한다는 점이 다르다. 예를 들어 단순히 ERP, CRM, SCM 등을 통해 수집된 자료를 기반으로 기업의 의사결정을 논의하는 것은 빅데이터의 목적을 이루기에는 너무 역부족이다. 빅데이터는 기업 안팎에 산재하는 방대한 비구조적인 자료를 하나의 목적으로 분석한다는 점이 다르다 .

21) Business Intelligence: 기업에서 자료를 수집, 정리, 분석, 활용하여 효율적인 의사결정을 할 수 있는 방법을 연구하는 학문.

빅데이터 분석을 통하여 기업은 관계된 사건의 징후와 전개과정을 감지하고 신속하게 기업경영에 반영하려고 한다. 특정 유형의 사건이나 지역에서 발생한 사건들이 어떻게 전개되고 어떤 유형의 패턴을 따라가는지 비교하고 예측함으로써 사전 대응책 마련에 유용하게 활용하려고 한다. 글로벌 기업들은 빅데이터 시장을 선점하고 주도권을 잡기 위하여 자료 분석 중심으로 조직을 개편하여 역량을 강화하고 있다.

빅데이터 기술은 초대형 용량의 자료에서 통찰력을 얻기 위하여 사용되는 기술이다. 자료의 규모가 방대하고(volume), 다양한 종류의 자료(variety)를 융합하며, 자료처리와 예측을 적시(velocity)에 해결하는 것이 [그림 1.10]과 같이 빅데이터 기술의 3대 요소이다. 빅데이터에서 가장 중요한 것은 분석 대상이 되는 빅데이터의 선정이다. 기업은 산업의 특성이나 운영하고 있는 비즈니스 모델의 형태에 따라 수익 모델, 가치 범위가 다르기 때문의 자료의 선정과 활용 방안도 차별화되어야 한다.

경제와 더불어 사회가 고도로 발전하면서 의미 검색, 개인화 검색, 소셜 검색, 빅데이터의 중요성이 날로 높아지고 있다. 실제로 고객관리 시스템(DRM)을 도입한 기업은 고객관리 운영에 있어서 10% 이상의 생산성 향상을 가져왔다는 보고가 있다. 개인화 도구를 사용하는 사이트는 다른 사이트에 비해 수익이 39% 증가되었다는 보고도 있다. 이와 같이 새로운 검색 기술이 경제적으로 실질적인 도움이 되고 있다. 구글, 야후, 아마존, 이베이 등 주요 닷컴 기업들이 개인화를 차세대 핵심 서비스로 보고 경쟁하고 있다.

연습문제

1.1 다음 용어들을 정의하시오.

1) 정보	2) 지식	3) 의미 검색	4) 자료검색	5) 질의
6) 구조적 자료	7) 환류	8) 색인	9) 개인화	10) 소셜 검색

1.2 무엇을 안다고 하는 것이 무엇인지 설명하시오.

1.3 앎과 정보검색의 관계를 설명하시오.

1.4 정보검색의 필요성과 목적을 설명하시오.

1.5 색인의 역할과 기능을 설명하시오.

1.6 기호와 자료의 역할과 차이점을 설명하시오.

1.7 정보와 지식의 역할과 차이점을 설명하시오.

1.8 구조적 자료와 비구조적 자료의 특성과 용도를 설명하시오.

1.9 자료검색과 정보검색의 용도를 비교하시오.

1.10 정보검색의 문제점과 대책을 설명하시오.

1.11 지식검색의 주요 검색 기법을 설명하시오.

1.12 지식검색의 응용분야와 전망을 기술하시오.

1.13 지식검색의 문제점과 대책을 전망하시오.

1.14 검색 시스템의 기능과 검색절차를 기술하시오.

1.15 검색 시스템의 발전 역사에서 대표적인 특징들을 기술하시오.

1.16 정보검색 시스템의 주요 기능을 설명하시오.

1.17 유비쿼터스 시대의 검색 시스템을 전망하시오.

1.18 정보검색 시스템의 요건을 설명하시오.

1.19 정보검색 시스템의 주요 구성 요소들을 설명하시오.

1.20 정보검색 시스템의 구조와 기능을 설명하시오.

1.21 소셜 검색과 여론 조사의 관계를 설명하시오.

1.22 개인화 검색이 가장 효과적인 분야를 실례를 들어 설명하시오.

1.23 어느 분야에서 의미 검색의 필요성이 가장 중요한지 설명하시오.

1.24 미래 정보 검색 시장의 핵심 주제에 대하여 기술하시오.

1.25 기존 정보검색과 빅데이터의 역할을 비교하시오.

1.26 비즈니스 인텔리전스와 빅데이터의 차이점을 설명하시오.

[Information Retrieval]

제2장

색인과 검색

제2장 색인과 검색

2.1 소개
2.2 역색인
2.3 Trie 색인
2.4 Tree 색인
2.5 요약 색인

문서 파일(document file)에서 정보를 검색하는 가장 간단한 방법은 문자열을 처음부터 끝까지 순차적으로 읽는 것이다. 파일을 직접 읽으며 탐색하는 것을 온라인 탐색(on line search)이라고 하며, 파일을 처음부터 끝까지 순차적으로 읽는 방식은 순차 탐색(sequential search)이라고 한다. 온라인 탐색이나 순차 탐색은 파일의 크기가 작을 때는 유용하지만 파일의 크기가 커질수록 탐색 시간이 많이 소요되어 효율이 저하된다. 파일이 커지면 검색이 예상되는 정보들로 작은 색인(index) 파일을 만들어서 색인부터 검색하는 방식이 효율적이다. 따라서 파일의 크기가 커질수록 색인은 검색에서 중요한 요소가 된다.

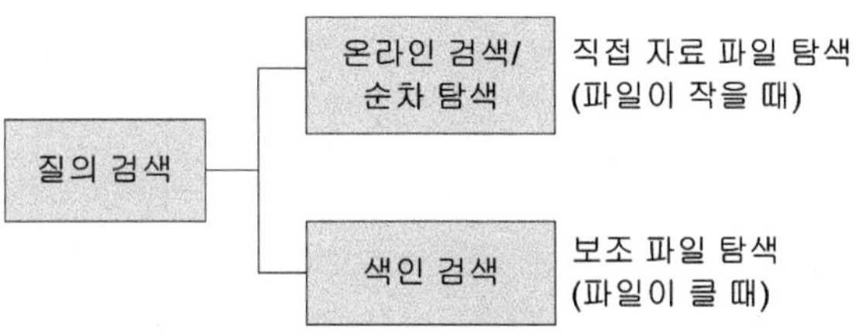

[그림 2.1] 질의 검색 방법

파일의 내용이 자주 갱신되고 삭제될 때는 색인을 유지하고 정비하는 부담이 크기 때문에 온라인 검색이 적합하다. 파일의 크기가 작으면 색인 파일을 만드는 공간도 부담이 된다. [그림 2.1]과 같이 파일이 크고 문서의 내용이 자주 변경되지 않을 때는 색인을 만드는 것이 유리하다. 색인을 만들면 공간 부담이 있지만 검색 속도가 향상되는 이점이 있다.

파일의 크기가 클 때는 탐색 속도를 향상하기 위하여 색인(index), 해싱(hashing), 요약(signature) 등의 다른 개선 방법을 사용한다. 색인은 데이터 파일에 추가적인 자료 구조를 만들어서 검색 속도를 향상하는 보조 파일이다. 색인은 검색할 키워드(keyword)[22]와 그 키워드가 들어 있는 파일의 주소로 구성된다. 색인 파일은 크기가 작기 때문에 원하는 키워드를 빨리 찾을 수 있고 색인에서 데이터 파일의 주소를 알 수 있으므로 신속하게 원하는 파일을 검색할 수 있다. 이와 같이 정교한 색인 파일을 이용하여 크기가 큰 자료 파일에서 원하는 정보를 신속하게 찾는 것이 핵심 기술이다.

2.1 소개

두터운 영어 사전을 보면 책갈피에 알파벳으로 a, b, c 등이 기재되어 있어서 원하는 단어를 빨리 찾을 수 있도록 하는데 이것을 '색인' 또는 '찾아보기'라고 한다. 파일 캐비닛이 많이 있는 사무실에는 캐비닛을 열고 닫는 손잡이 옆의 쪽지에 캐비닛 안에 들어 있는 내용을 알려주는 문자들이 있는데 이것도 일종의 색인이다. 이와 같이 색인을 잘 이용하면 자료들을 체계적으로 보관할 수 있고 자료들을 빨리 찾을 수 있다. 색인은 정보검색이나 컴퓨터 분야 이외의 일상생활에서도 많이 사용하고 있다. 만약 색인이 없다면 자료들을 처음부터 끝까지 직접 찾아보아야 하는데 이것은 수작업이나 컴퓨터 작업에서도 동일하게 적용된다.

(1) 색인의 역할과 정의

자료검색에서 사용되는 색인과 정보검색에서 사용되는 색인은 사용 형태와 용법이 매우 다르다. 자료검색에서는 주로 기본 키(primary key)를 위주로 검색하고 정보검색에서는 주로 보조키(secondary key)로 검색한다. 정보검색에서의 색인은 주로 찾고자 하는 문자열로 구성된 질의와 문서를 연결해주는 보조 역할을 수행한다. 정보검색에서 사용되는 색인의 역할은 [표 2.1]과 같다.

색인이란 문서를 신속하게 찾아주기 위하여 문서의 색인어와 문서의 위치를 저장하는 보조 파일이다. 정보검색에서 색인을 정의하면 다음과 같다.

1) 검색하려는 단어를 문서에서 추출하여 작성한 파일
2) 문서에서 중요한 단어들을 추출하여 그 단어의 본문 위치를 기록한 파일

22) keyword: 문서의 내용이나 제목을 요약한 핵심적인 단어.

[표 2.1] 정보검색에서 색인의 역할

순서	역 할	내 역
1	검색 수단	사용자 질의와 문서 집합을 연결하는 매개체
2	키워드	질의와 문서의 주제를 표현하는 단어(키워드)
3	속도 향상	문서 탐색 속도를 향상하는 보조 파일
4	자료 목록	문서의 특정 문자의 위치를 포함하는 자료 목록

(2) 색인의 주요 주제

색인을 만드는 것은 두 가지 부담이 따른다. 첫째 색인을 위한 별도의 파일을 만드는 것이므로 공간 부담이 따르고, 둘째 자료 갱신에 따라서 색인 파일의 내용을 갱신해야 하는 정비 부담이 따른다. 색인의 소요 공간과 탐색 속도를 향상하기 위해 해결해야 하는 과제들은 [표 2.2]에 기술하였으며 내용은 다음과 같다.

[표 2.2] 검색을 위한 색인의 주요 주제

순서	내 역	비 고
1	색인 구조	계층 구조, 해싱
2	색인 생성	수동, 자동
3	색인 저장	파일 편성, 압축 기법
4	색인 처리	정적 및 동적 검색 기법

첫째, 색인 구조는 B-tree 계열의 계층 구조의 색인과 직접 탐색 기능이 강한 해싱과 같은 형식이 있다. 둘째, 색인을 생성하는 기법은 수동 방식(manual indexing)과 자동 방식(automatic indexing)이 있으며 자료의 규모가 클수록 자동 방식의 역할이 매우 중요하다. 색인을 생성하는 일은 지적인 작업과 기계적인 작업으로 구분된다. 지적인 작업은 인간이 수동으로 수행하는 것이 정설로 되어있으며 기계적인 작업은 색인 자체의 자모순 배열과 형태를 조정하는 일이다. 자동 색인이란 인간의 지적인 작업과 기계적인 단순한 작업을 모두 컴퓨터가 수행하는 색인 작업이다. 문서의 크기와 수량이 많을 때는 자동으로 색인을 생성해야 한다. 셋째, 색인 저장 기법은 색인을 저장하는 파일 편성 기법과 색인의 크기를 줄이기 위한 압축 기법 등이

있다. 넷째, 자료의 발생 형태에 따라 색인을 정적으로 또는 동적으로 재구성하는 다양한 알고리즘들이 있다.

2.1.1 색인의 분류

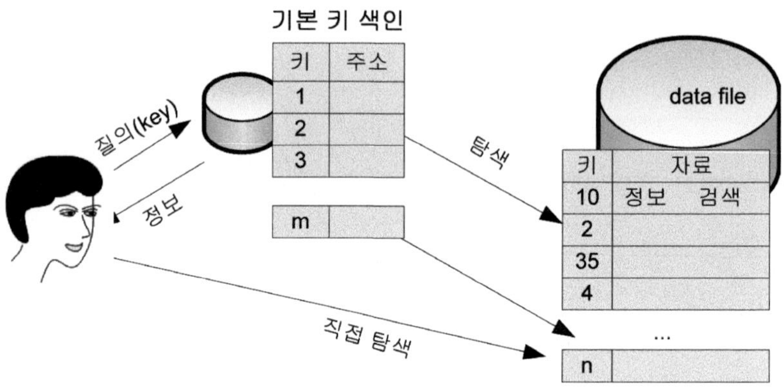

[그림 2.2] 기본 키 색인의 구조

색인의 종류는 자료구조만큼 수없이 많이 있으나 이 장에서는 주로 문자 문서와 관련된 정보검색에 사용되는 색인들을 분류하고 논의한다. [표 2.3]은 색인을 분류한 기준과 내용이다.

(1) 키에 의한 분류

자료검색에서 사용되는 키들은 기본 키(primary key index), 보조 키(secondary key index), 외부 키(foreign key index), 슈퍼 키(super key index) 색인 등의 여러 가지가 있으나 이중에서 자료검색과 정보검색에 사용되는 대표적인 키들을 살펴본다.

1) 기본 키 색인

기본 키(primary key index)는 개체를 고유하게 식별할 수 있는 속성이므로 후보 키(candidate key)[23] 중에서 대표 키로 선정된다. 예를 들어 학번, 군번, 주민등록번호 등이 사용된다. 따라서 기본 키를 색인으로 하는 경우에는 사용자 자신

23) 후보 키(candidate key): 개체를 유일하게 식별할 수 있는 속성. 후보 키들 중에서 기본 키가 선정됨.

이 기본 키 값을 정확하게 알고 있어야 한다. 기본 키 값은 색인 값으로 암기하거나 기억하기 쉽지 않으므로 정보검색 분야에서 기본 키를 검색에 사용하는 일은 드물고 자료검색 분야(DBMS)에서 주로 사용한다.

2) 보조 키 색인

보조 키(secondary key index)는 기본 키 이외에 다른 필드로 빠른 검색을 수행할 때 필요하다. [그림 2.3](a)와 같이 사번이 기본 키로 구성된 운수회사의 인사파일에서 사원들의 면허번호를 자주 검색하고자 할 때 면허번호를 보조 키로 사용할 수 있다. 이 때 인사파일은 사번 순으로 정렬되어 있을 수도 있고 다른 순서로 정렬되어 있을 수도 있다.

[그림 2.3](b)와 같은 보조 키는 개체를 중복적으로 식별할 수 있는 속성이므로 기본 키와는 다른 용도로 사용한다. 이 보조 키는 기본 키가 존재하는 파일에서 중복을 허용하는 속성이다. 운수회사의 인사부에서는 사원들의 소속부서에 따라 파일을 검색할 필요가 자주 있으므로 소속부서별로 보조 색인을 구축할 필요가 있다. 사원들의 소속부서는 중복이 가능하므로 보조 키 색인의 구조가 복잡하다.

사용자가 기본 키 값을 몰라도 보조 키가 설정되어 있으면 보조 색인의 자료 값을 이용하여 원하는 정보를 찾을 수 있다. 보조 키 값은 소속부서, 직종, 전공 등 잘 알려져 있는 값이므로 기존 DBMS에서 많이 사용된다.

[표 2.3] 색인의 분류

분류 기준	색인 종류	내 역
키	기본 키 색인	기본 키를 색인으로 구성: 한 파일에 한 개만 가능
	보조 키 색인	보조 키를 색인으로 구성: 한 파일에 복수 개 가능
	클러스터링 색인	키가 아닌 필드로 정렬된 파일에서 이 필드로 만든 색인
주제	키워드 색인	문서의 자체의 개념(주제)을 기준으로 색인 구성
	속성 색인	문서를 만든 정보를 기준으로 색인 구성 실례: 출판사, 출판년도, 저자,
추출 방식	유도 색인(자연어)	문서에 있는 단어로 색인을 구성
	할당 색인(통제어)	인위적으로 필요한 용어들을 기반으로 색인을 구성

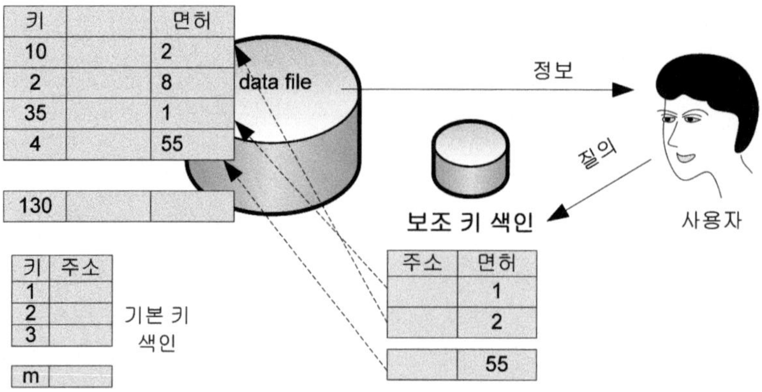

(a) DBMS의 유일 값을 가진 보조 키

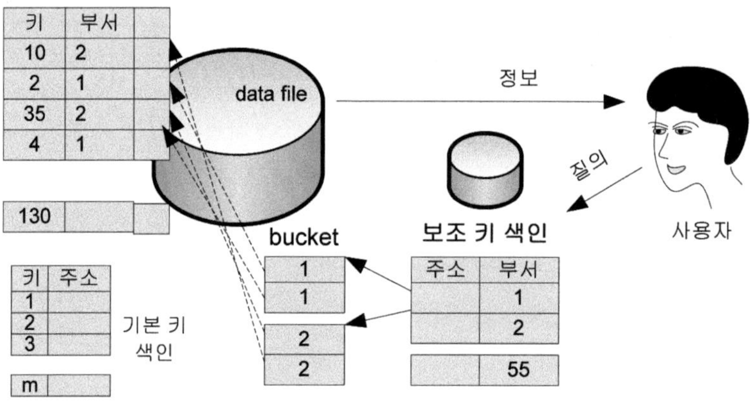

(b) DBMS의 중복 값을 가진 보조 키

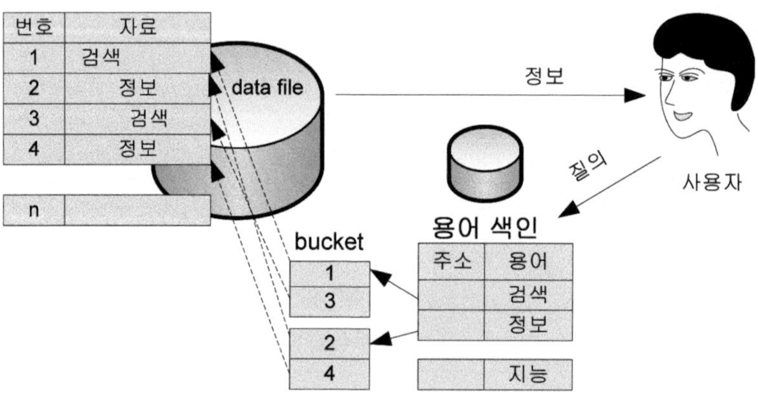

(c) 정보검색의 보조 키

[그림 2.3] 보조 키 색인의 구조

정보검색에서는 특정한 용어들이 포함된 문서를 찾기 위하여 [그림 2.3](c)와 같이 보조 키의 기능을 이용한다. 문서 검색에서 보조 키는 문서 안에 있는 단어들을 키워드(keyword)로 사용하므로 일명 키워드 색인이라고도 한다. 색인으로 사용되는 단어를 키워드, 핵심어, 주제어 또는 색인어(index term)라고 한다. 색인어는 문서 안에 있는 단어들 중에서 선정하는데 이렇게 선정하는 작업을 색인화(indexing)라고 한다. 색인화 과정을 간단히 설명하면 문서에서 색인어를 선정하고 색인어와 색인어가 포함된 문서를 연결하는 작업이다.

[표 2.3]에서 클러스터링 색인은 클러스터링 필드를 보조 키로 만드는 색인이다. 클러스터링 필드는 기본 키가 아닌 필드로 파일을 정렬했을 때의 정렬하는 필드이다. 예를 들어 소속부서별로 파일을 정렬하여 구축하고 소속부서를 보조 키로 설정하면 소속부서 색인을 클러스터링 색인이라고 한다. 운수회사에서는 소속부서별로 사원들을 관리하기 때문에 파일을 부서별로 정렬하지만 소속부서는 중복이 허용되므로 기본 키로 설정할 수 없다. 기본 키는 사원번호로 지정해야 사원 검색이 편리하기 때문이다.

(2) 주제에 의한 분류

정보검색이란 사용자가 원하는 주제를 제시하면 그 주제가 포함된 문서를 찾는 작업이다. 사용자가 어떤 주제를 포함하고 있는 문서를 검색하려면 자신이 원하는 문서의 주제를 질의 주제로 표현해야 한다. 검색이란 사용자의 질의 주제와 문서의 주제를 색인으로 연결하여 주제의 값이 같으면 해당 문서를 찾아오는 것이다. 주제를 이용하여 색인을 만드는 주제 색인 기법 이외에도 다음과 같이 속성을 이용하여 색인을 만드는 방법이 있다.

1) 주제 색인(키워드 색인)

주제 색인 기법에서는 문서의 내용을 분석하여 대표적인 주요 개념을 추출하고 색인어를 선정한다. 색인어를 선정할 때는 사용자 관점에서 어떻게 검색에 응답할 것인지를 염두에 두어야 한다.

2) 비주제 색인(속성 색인)

비주제 색인은 문서 자체의 내용에 기반을 두는 것이 아니라 문서의 속성 정보를 기반으로 색인어를 선정하는 방식이다. 예를 들어 문서를 작성한 저자의 이름, 출판 기관 이름, 출판년도, ISBN[24)] 등을 기준으로 문서를 검색하는 방식이다. 속성 색인은 DBMS 시스템에서 자료를 검색하는 것과 같은 방법이다.

(3) 색인어 추출 방식에 의한 분류

정보검색에서 색인어를 추출하는 방법은 다음과 같이 두 가지이다. 첫째 본문에 있는 내용에서 키워드를 추출하는 방법과 둘째 외부에서 검색에 중요하다고 판단되는 어휘들을 선정하여 색인을 만드는 방식이다.

1) 자연언어/유도 색인

유도 색인은 문서의 본문에서 단어를 추출하여 색인어로 만드는 색인이다. 문서의 저자가 사용한 용어가 해석 없이 그대로 색인어로 사용되므로 검색 효과가 좋다. 이 방식의 단점은 동의어나 유사어가 검색에서 누락될 수 있다는 점이다. 따라서 재현율과 정확률이 저하될 수 있다.

2) 통제언어/할당 색인

할당 색인은 문서의 외부에서 동일한 개념이나 의미상 관련 있는 용어들을 모으고 어형을 통일하여 통제 어휘(controlled vocabulary)[25]를 만들고 통제 어휘 중에서 체계적으로 색인어를 만드는 방식이므로 검색 효과가 좋다. 통제 어휘로는 분류표[26], 주제명표목표[27], 시소러스(thesaurus)[28] 등이 있다. 단점으로는 개념을 분석한 후에 한 단계의 작업을 추가하는 것이므로 추가 비용이 든다는 점이다.

이상과 같이 색인은 여러 가지 방식으로 분류할 수 있으며 분류 방식은 응용분야에 따라 결정된다. 키에 의한 분류는 주로 구조적 자료를 다루는 DBMS에서 사용되고 주제에 의한 분류와 추출 방식에 의한 분류는 주로 문서 검색에서 사용된다.

---

24) ISBN(국제표준도서번호, International Standard Book Number): 국제적으로 표준화된 방법에 따라 전 세계에서 생산되는 도서에 부여된 고유번호.

25) 통제어휘: 검색을 위하여 색인어를 구성하는 방법. 정보를 표현하고 검색하기 위해 어휘, 구문, 의미 사용이 제한된 인공언어.

26) 분류표: 지식의 인위적 구조에 따라 만들어진 통제어휘. 실례: Dewey의 10진 분류표(DDC). 전통적으로 단행본 정보의 표현과 검색에 사용.

27) 주제명표목표: 자연어로 된 용어들의 통제어휘. 융통성이 분류표보다 낫고 시소러스만 못하다. 단행본 이외의 정보 표현과 검색에 사용.

28) 시소러스(thesaurus): 검색어의 동의어와 반의어, 계층적 관계, 종속성 등을 보여주는 용어사전. 단행본 이외의 정보 표현과 검색에 가장 보편적으로 사용.

2.1.2 내용기반 검색

자료검색이 키 값을 가지고 내용을 검색하는 방식이라면 정보검색은 키워드를 가지고 그 키워드가 포함되어 있는 문서를 찾는 것이므로 문서의 내용을 기반으로 하는 검색 방식이라고 할 수 있다. 이와 같이 작은 내용으로 그 내용이 포함된 파일을 찾는 검색 방식을 내용기반 검색(CBR, content-based retrieval)이라고 한다. 내용기반 검색은 검색하려고 설계한 정확한 키 값으로 검색하는 것이 아니고 불확실한 상태에서 유사한 내용을 찾는 것이므로 정확한 결과보다는 유사한 결과를 기대하게 된다. 따라서 유사한 검색 결과가 많이 나올 수 있으므로 유사도 검색이라고 한다.

내용기반 검색과 유사한 검색 방식 용어로 전문 검색(full text retrieval)이 있다. 전문 검색은 텍스트로 구성된 파일의 집합에서 키워드로 원하는 파일을 찾는 방식이다. 실제로는 문서 전체의 내용을 색인 형태로 제공하고 키워드로 원하는 문서 파일을 색인에서 검색하는 시스템이다. 자료검색에서 사용하는 보조 키 탐색도 내용이 들어있는 보조 키를 이용하여 원하는 내용을 찾는 방식이므로 일종의 내용기반 검색이라고 할 수 있다.

전문 검색을 정의하면 다음과 같다.

1) 전체 문서의 내용을 색인 형태로 제공하여 원하는 문서를 찾는 방식.
2) 주어진 질의 내용으로 문서 전체를 검색하여 원하는 문서를 찾는 방식.

전문 검색은 문서에서 모든 키워드를 추출하여 색인을 만들기 때문에 문서와 색인이 논리적으로 동일하다. 그러므로 색인을 검색하는 것은 문서를 직접 탐색하는 것과 같다.

내용기반 검색을 정의하면 다음과 같다.

1) 주어진 질의 내용과 유사한 내용을 포함하고 있는 문서를 찾아오는 검색 방식.
2) 문서의 내용을 색인으로 구축하고 원하는 색인에서 문서를 찾는 검색 방식.

내용기반 검색을 하기 위해서는 찾으려는 내용으로 미리 색인을 구축해야한다. 내용기반 색인은 문서 분석을 통하여 문서를 대표하는 주제를 선정하고 이들 주제에 적합한 색인어를 선정해야 한다. 이와 함께 선정된 색인어의 문서 안의 위치, 발생 빈도, 저자 인용 사항 등을 저장한다. 내용기반 색인의 목적은 [표 2.4]와 같이 사용자로 하여금 원하는 내용의 문서를 쉽게 검색하게 하는데 있다.

[표 2.4] 내용기반 색인의 목적

순서	내 역
1	특정 주제를 포함하는 문서를 쉽게 검색
2	주제 영역을 정의함으로써 문서 간의 연계 기능 제공
3	검색된 문서의 적합성 여부에 대한 예측 기능 제공

내용기반 색인을 작성하는 방법은 문서의 본문을 분석하여 부수적인 문자들을 제거하고 핵심적인 명사만을 간추리는 작업으로서 수작업 방식과 자동생성 방식이 있다. 문서에서 용어를 추출하고 색인을 생성하는 기법은 제4장 문서 검색에서 상세하게 기술하기로 한다.

2.2 역색인

역색인(inverse index)은 작은 내용을 알면 키 값과 함께 자세한 내용을 알 수 있는 색인이므로 기존 색인(primary index)과 정반대 기능을 수행하기 때문에 붙여진 이름이다. 자료검색의 검색 방식은 키 값을 알면 내용을 찾아오는 방식으로서 수식으로 표현하면 (식 2-1)과 같다.

$$y = f(x) \quad \text{(식 2-1)}$$

x: 키 값
y: 사용자가 원하는 결과(문서 파일의 주소 또는 레코드 번호)
실례: 학번 x를 알면 학생의 자세한 인적 정보 y를 알 수 있다.

내용기반 검색에서의 검색 방식은 작은 내용을 알면 그 내용이 포함된 문서 파일을 찾아오는 방식이므로 자료검색 방식의 역함수(inverted function)로서 (식 2-2)와 같이 표현할 수 있다.

$$x = f^{-1}(y) \quad \text{.........................} \quad (\text{식 } 2\text{-}2)$$

y: 사용자가 검색하려는 내용

x: 원하는 문서의 키 값

실례: 학생의 이름 y를 알면 학생의 학번 x를 알 수 있고 x를 알면 학생의 자세한 정보를 알 수 있다.

내용기반 검색 방식은 내용기반 색인을 구축하여 구현할 수 있으므로 (식 2-2)와 같은 기능을 가진다. 내용기반 색인이란 문서 파일에서 탐색 속도를 향상하기 위하여 용어와 용어의 주소로 만든 파일이다. 정보검색에서 역색인을 정의하면 다음과 같다.

1) 사용자가 원하는 정보를 제시하면 그 정보가 포함된 파일을 찾아주는 색인.
2) 주어진 키워드에 대하여 그 키워드가 나타난 문서를 알려주는 색인.
3) 작은 질의 내용으로 문서의 위치를 알려주는 색인
4) 검색어로부터 검색어가 있는 문서의 위치를 사상하는 정보를 저장한 파일.

역색인에서 사용자가 제시하는 정보는 문서의 대표성을 의미하는 색인어(주제어)로 간주되며 역색인에는 색인어와 함께 그 색인어가 포함되어 있는 문서의 위치가 저장되어 있다.

2.2.1 역색인 구조와 검색

역색인 파일은 색인 파일(index file), 포스팅 파일(posting file), 문서 파일(document file)의 3단계로 구성된다. 역색인의 구조와 역색인을 구축하는 과정을 살펴보기로 한다.

(1) 역색인의 구조

역색인은 색인어를 입력받아서 문서 파일의 위치를 찾아줄 수 있는 기능을 수행해야 하므로 색인 파일과 정반대의 색인 구조를 갖추어야 한다. 일반적으로 역색인 파일에서는 [표 2.5]와 같이 색인어 순서로 편성된 색인 파일과 포스팅 파일 그리고 문서 파일로 구성된다.

역색인 파일 구조에서 색인과 포스팅 파일을 분리하는 이유는 색인 파일의 크기를 작게 만드는데 있다. 색인을 작게 만드는 이유는 검색 시에 색인 파일을 주기억장치(main memory)에 적재하고 신속하게 처리하기 위한 것이다.

[표 2.5] 역색인 파일 구조

파일 이름	내 역	구성 요소
색인 파일	어휘를 사전 순으로 저장	키워드, 관련 문서의 수, 포스팅 파일 주소
포스팅 파일	키워드를 포함한 파일의 주소 저장	키워드 발생 빈도, 가중치, 키워드 주소
문서 파일	실제 문서 파일	문자열

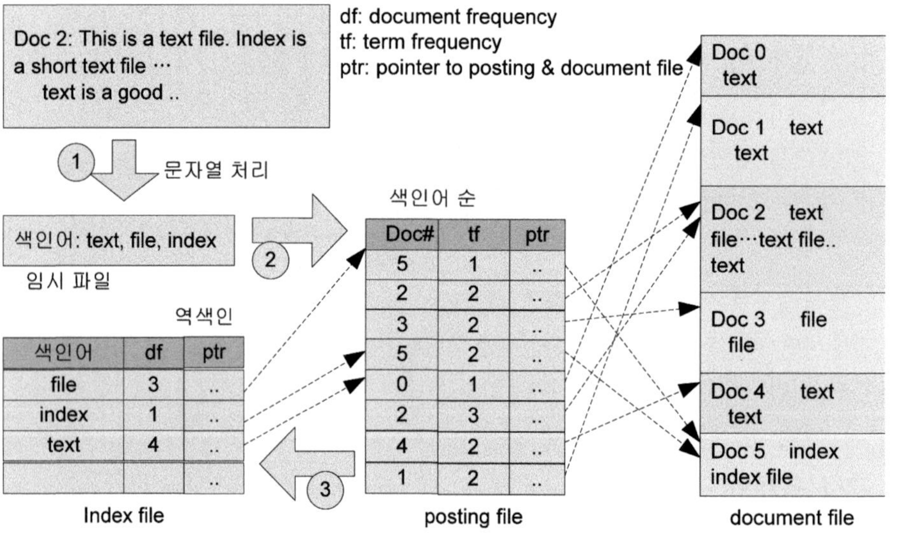

[그림 2.4] 역색인 파일 구조

[그림 2.4]에서 역색인을 구축하는 절차를 살펴본다. 첫째, 그림의 ①과 같이 2번 문서(Doc 2) 파일을 읽어서 색인어를 추출한 결과 'text' 3개, 'file' 2개, 'Index' 1개 등을 얻었다. 둘째 ②와 같이 추출된 색인어 집합에서 문서번호와 용어빈도수, 문서 파일의 주소(포인터) 등을 색인어 순서대로 구축한 것이 포스팅 파일이다. 셋째, ③과 같이 포스팅 파일을 읽어서 같은 색인어들을 한 레코드로 묶어서 문서 빈도수와 포스팅 파일에 대한 주소를 정렬하여 만든 파일이 색인 파일이다.

색인 파일에는 그림의 index file과 같이 색인어가 사전 순서대로 정렬되어 있으며 색인어마다 포함된 문서의 수(df: document frequency)가 각각 3개, 1개, 4개로 저장되어 있다. 색인 파일은 색인어별로 포스팅 파일의 해당 레코드들의 시작 주소(ptr: pointer)를 가리키고 있다.

포스팅 파일은 색인어와 문서번호 순서대로 정렬되어 있으며 각 문서에 포함된 색인어의 수(tf: term frequency)와 해당 문서 파일의 주소가 저장되어 있다. 예를 들어 색인 파일을 보면 'index'라는 색인어는 한 개의 문서에 포함되어 있으며, 포스팅 파일에는 Doc 5번 문서에 2번의 빈도를 가지고 있고 문서 파일의 포인터(ptr)는 Doc 5번 문서를 가리키고 있다.

(2) 역색인 구축과 검색

역색인 구축은 [표 2.6]과 함께 [그림 2.5]의 원 안의 번호와 같이 3단계로 진행된다. 첫째, ①과 같이 문서 파일을 읽어서 색인어를 추출하고 이와 함께 해당 문서 번호, 용어 빈도수, 용어 위치 등을 파악한 결과를 색인어별로 파일을 임시로 만든다. 둘째, ②와 같이 이 임시 파일을 이용하여 포스팅 파일을 구축하고, 셋째, ③과 같이 포스팅 파일을 변환하여 색인 파일을 만든다. 문서 파일에서 색인어를 추출하는 과정에서 형태소[29]를 분석하고 색인어를 조합하여 색인어별로 다음과 같은 레코드로 임시 파일을 구축한다.

임시 파일: {(색인어, 문서번호, 색인어 빈도수, 문서 위치)}

임시 파일을 사전 순서대로 정렬하여 다음과 같은 포스팅 파일을 만든다.

포스팅 파일: {(색인어, 문서번호, 색인어 빈도수, 문서 위치)}

포스팅 파일을 다시 읽어서 색인어별로 문서의 수를 계산하여 다음과 같은 색인 파일(lexicon)을 만든다.

색인 파일: {(색인어, 문서의 수, 포스팅 레코드 위치)}

29) 형태소(形態素, morpheme): 한 언어에서 의미를 내포하고 있는 가장 작은 단위. 더 분해하면 의미를 상실한다.

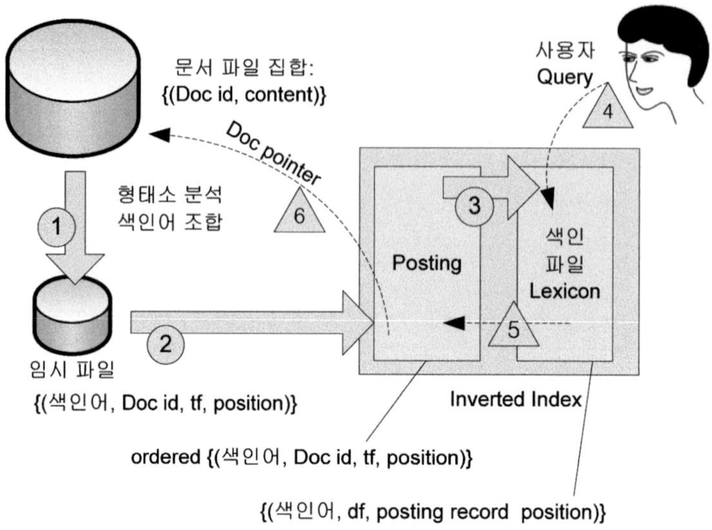

[그림 2.5] 역색인 구축 및 검색 과정

정보검색 과정은 [표 2.6]과 [그림 2.5]에서 ④번에서 ⑥번까지 3단계로 진행된다. 첫째, ④와 같이 사용자가 질의를 요청하면 질에 있는 색인어로 색인 파일을 검색하고, 둘째, ⑤와 같이 검색된 색인어로 포스팅 파일에서 문서 파일의 주소를 찾고, 셋째, ⑥과 같이 문서 파일의 주소를 이용하여 문서 집합에서 문서 파일을 검색한다.

[표 2.6] 역색인 구축과 검색 과정(그림 2.5 참조)

순서	작업 과정	내 역	비 고
1	색인 구축	임시 파일 생성	문서 집합에서 색인어를 추출
2		포스팅 파일 구축	임시 파일에서 포스팅 파일을 구축
3		색인 파일 구축	포스팅 파일에서 색인 파일 구축
4	질의 (검색)	질의: 색인 파일 탐색	사용자가 질의하면 색인 파일 탐색
5		포스팅 파일 탐색	색인 파일에서 얻은 정보로 포스팅 파일 탐색
6		문서 파일 탐색	포스팅 파일에서 얻은 정보로 문서 검색

2.2.2 역색인의 실례와 장 · 단점

하나의 문서 파일을 대상으로 역색인을 구축하는 실례를 살펴보기로 한다. 역색인은 문서 파일 전체를 하나의 주소로 관리하는 전문 역색인과 문서 파일을 여러 개의 블록으로 나누어 관리하는 블록 역색인으로 구분할 수 있다.

(1) 역색인의 실례

역색인에는 전문 역색인(full text inverted index)과 블록 역색인(block inverted index)이 있으며 각각 응용분야에 따라 장·단점이 있으므로 용도에 맞추어 사용해야 한다.

1) 전문 역색인

[그림 2.6]과 같이 문서 파일에서 모든 단어마다 주소를 파악하고 단어마다 단어의 위치를 기록하여 사전 순서로 정렬한 것이 역색인이다. 역색인을 구축할 때 문서의 문장에서 대명사 동사, 부사, 전치사들은 대부분 의미가 적기 때문에 이 단어들은 색인 구축에서 제외하였다. 역색인에서 전체 파일에 있는 모든 단어들의 위치를 직접 검색할 수 있으므로 전문 역색인(full inverted index)이라고 한다. 역색인 리스트(inverted list)는 색인을 사전 순서의 리스트 자료구조로 구성한 것이다.

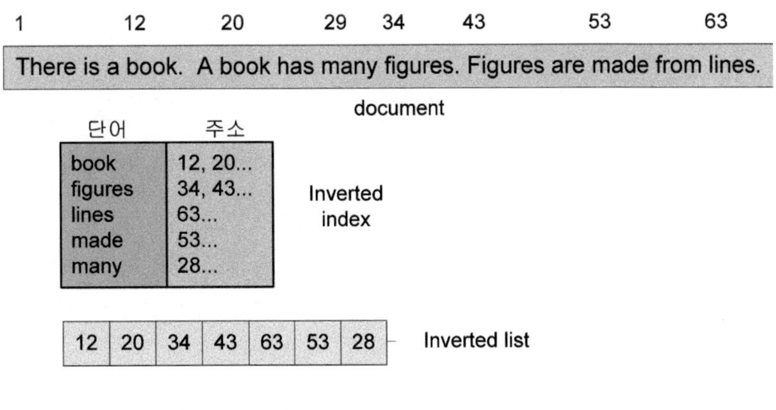

[그림 2.6] 전문 역색인의 실례

2) 블록 역색인

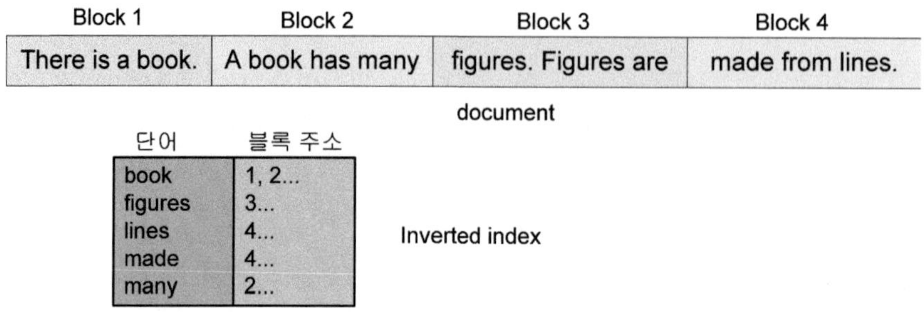

[그림 2.7] 블록 역색인의 실례

전문 역색인이 문서 파일을 하나의 주소 단위로 구분하는데 반하여 블록 역색인(block inverted index)은 문서를 블록 단위로 나누고 역색인에 있는 단어의 위치에 블록의 위치를 저장하는 방식이다. [그림 2.7]의 블록 역색인은 문서 파일을 4개의 블록으로 나누고 각 단어가 포함되어 있는 블록의 위치만을 주소로 저장하는 방식이다. 블록 역색인을 사용하면 블록의 수가 단어의 수보다 적기 때문에 공간을 절약할 수 있는 장점이 있다. 그러나 블록 역색인에서는 블록을 찾더라도 블록 안에서 단어들을 재검색하는 작업이 필요하고 원격 사이트에서는 블록 안의 위치를 검색하기 어려운 단점이 있다.

(2) 역색인의 장·단점

역색인은 키 값을 몰라도 사용자가 원하는 검색어(내용)를 알고 있으면 문서를 찾을 수 있다는 장점과 함께 몇 가지 단점이 있다.

1) 장점

역색인의 장점은 구현이 용이하고 처리 속도가 빠르고 동의어를 쉽게 지원할 수 있으며 대다수의 검색 엔진에서 사용하고 있다.

2) 단점

역색인의 단점은 공간 소요량이 자료 파일의 300%에 이를 정도로 많다는 점과 키워드를 위하여 많은 정보를 유지해야 한다는 점이다. 또한 색인을 유지하고 정비하는데 비용이 많이 소요된다.

역색인을 구현하는 대표적인 기법으로는 다음 절에서 논의할 접미사 Trie 색인, 접미사 Tree 색인, 요약 색인 등이 있다. [표 2.7]은 세 가지 대표적인 색인 기법들의 특징을 서술하였다.

[표 2.7] 역색인 종류

색인 이름	특 징
접미사 Trie 색인	키의 길이에 따라서 가변적으로 키를 구성하는 트리 구조의 색인
접미사 Tree 색인	키를 구성하는 문자를 생략하여 트리의 높이를 낮춘 트리 구조의 색인
요약 색인	키의 길이가 길 때 짧은 코드로 대치하여 효율을 높인 색인

2.3 Trie 색인

자료검색에서는 키의 길이가 학번, 사번, 주민번호 등과 같이 항상 일정하지만 정보검색에서는 사용자가 요구하는 색인어가 문자열로 구성된 스트링이므로 길이가 일정하지 않다. 색인어의 길이가 다양하기 때문에 검색 시스템은 검색에 사용하는 키의 길이를 최대 크기로 확보해야 한다는 문제점이 있다. 즉 검색하려는 키 값의 길이가 사용자가 요구하는 키워드의 길이에 따라 결정되는 것이다. 이와 같은 가변길이의 키를 설계하기 위하여 트라이(trie)라는 자료구조가 고안되었다. 트라이라는 용어는 트리의 일종이고 정보검색용이라는 의미를 살리기 위해 'retrieval'이라는 용어의 중간에서 'trie'를 발췌하여 만든 용어이다.

트라이는 가변길이의 색인을 탐색하는 용도로 사용되고 있다. 메모리 용량에 제한이 있는 이동통신 전화기 등에서는 전자사전의 검색용으로 사용되고 있다. 특히 삽입, 삭제, 탐색 등에서 장점을 보이고 있다. 여러 가지 형태의 트라이 중에서 접미사 트라이(suffix trie)가 많이 사용되는 것은 접두사를 공동 노드로 이용하고 접미사만으로 색인어를 구분하기 때문이다.

2.3.1 접미사 트라이

트라이는 가변 길이의 키 값(문자열)을 경제적으로 탐색하기 위하여 키 값의 문자 하나마다 트리의 하위 노드를 배정하여 만든 트리 형태의 자료구조이다. 키 값을 탐색할 때는 키 값 전체를 비교하는 것이 아니라 문자별로 비교하고 적합한 노드로 분기하면서 단어를 탐색하는 방식이다. 트라이의 노드들은 분기 노드(branch node)와 정보 노드(information node)로 구성된다. 분기 노드는 문자 값이 달라질 때 하위 노드로 분기하는 역할을 하고 정보 노드는 전체 키 값을 저장하는 잎 노드이다. 한 분기 노드의 종속자들은 모두 공동의 접두사를 갖는다는 것을 의미한다.

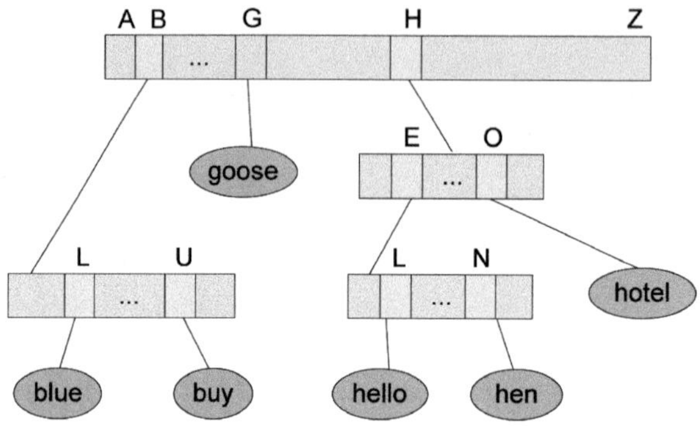

[그림 2.8] 트라이의 기본형

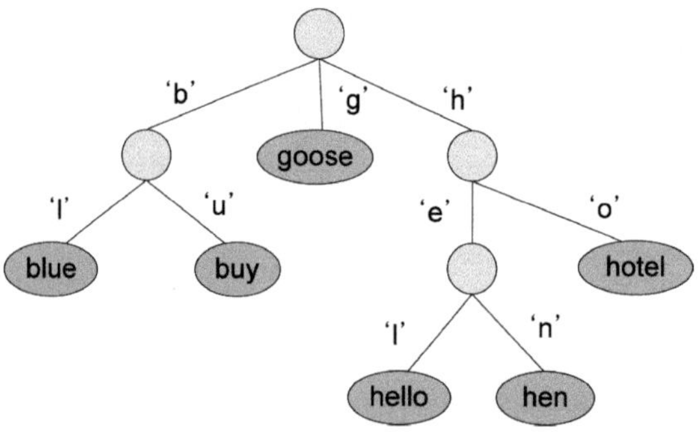

[그림 2.9] 트라이의 단순 형태

트라이를 정의하면 다음과 같다.

키가 스트링인 연관적인 배열을 저장하기 위하여 사용되는 순서화된 트리.

트라이는 분기 노드와 정보 노드의 두 가지 형태의 노드로 구성된다. 키 값은 알파벳의 문자 값으로 구성되며, 잎 노드에는 키 값의 전체 문자열과 해당 문서의 주소를 저장한다.

[그림 2.8]은 키 값이 blue, buy, goose, hello, hen, hotel 등으로 구성된 트라이이다. 각 분기 노드는 a부터 z까지 설정할 수 있으며 잎 노드에 색인어가 저장되어 있다. 검색할 때는 뿌리 노드부터 사전 순서에 따라 하위 분기 노드로 내려가며 다른 단어들은 분기 노드에서 분기된다. [그림 2.9]는 [그림 2.8]의 트라이를 간편하게 작성한 그림이다.

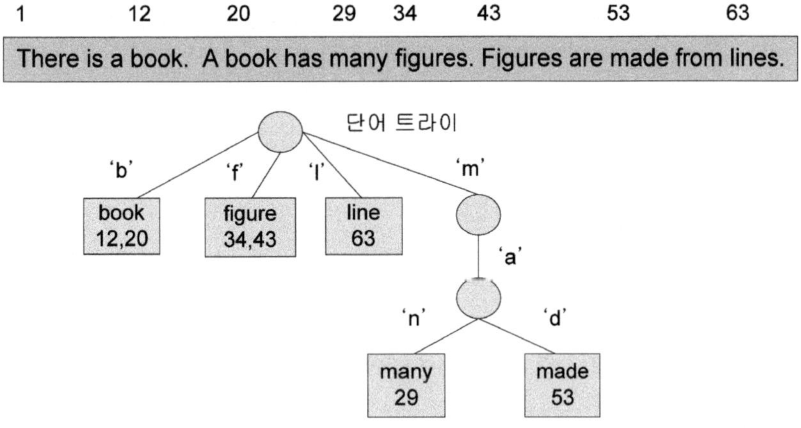

(a) fox가 추가 되기 전

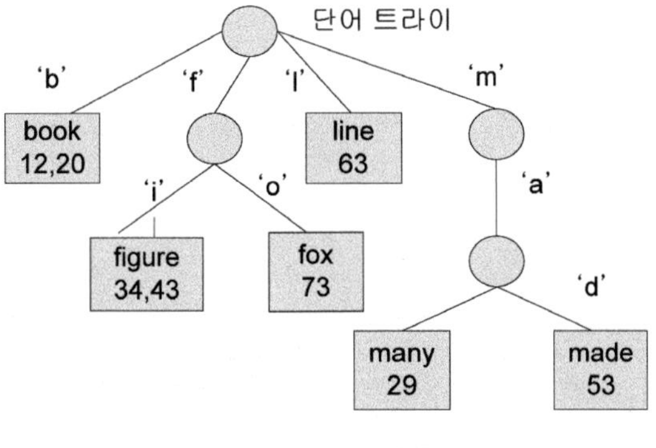

(b) fox가 추가 된 후

[그림 2.10] 트라이의 색인어 추가 실례

2.3.2 접미사 트라이의 실례와 장 · 단점

[그림 2.10]은 [그림 2.6]의 문서를 대상으로 트라이를 이용하여 역색인을 구축한 것이다. 트라이의 중간 노드들은 분기하는 노드이고 잎 노드들은 색인어와 색인어의 주소를 기억하고 있다. 분기 노드의 문자들은 잎 노드 문자열의 공동 접두사가 되기 때문에 트라이를 접두사 트리(prefix tree)라고도 한다. [그림 2.10]의 (a)는 색인어 'fox'를 추가하기 전이고 (b)는 추가한 후의 트라이의 구조이다.

(1) 트라이의 장단점

트라이의 공간 효율의 장점과 과다한 구축비용의 단점은 다음과 같다.

1) 장점

트라이의 장점은 공간을 효율적으로 사용한다는 것과 복잡한 질의를 효율적으로 처리할 수 있다는 점이다. 자료구조가 효율적이어서 이동통신 전화기의 전자사전 또는 유전자 데이터베이스와 같이 광범위한 응용분야에 적합하다.

2) 단점

트라이는 구축비용이 과다하게 많이 소요되며, 질의 시점에서 텍스트가 필요하다는 단점이 있다. 질의 결과가 위치 순서대로 나타나지 않는 점이 불편하다. 따라서 복잡하지 않은 질의에는 역색인이 편리하다.

2.4 Tree 색인

접미사 트라이는 트리의 높이가 높아지기 쉬우며 높이가 높아질수록 탐색 효율이 저하되는 문제가 있다. 접미사 트라이의 탐색 속도를 향상하기 위해서 트리의 높이를 낮춘 자료구조가 접미사 트리(suffix tree)[30]이다. 접미사 트리로 구현할 때 사용하는 방식이 접미사 배열(suffix array)이다. 이 절에서는 접미사 트라이와 접미사 트리를 비교하고 접미사 배열을 검토하기로 한다.

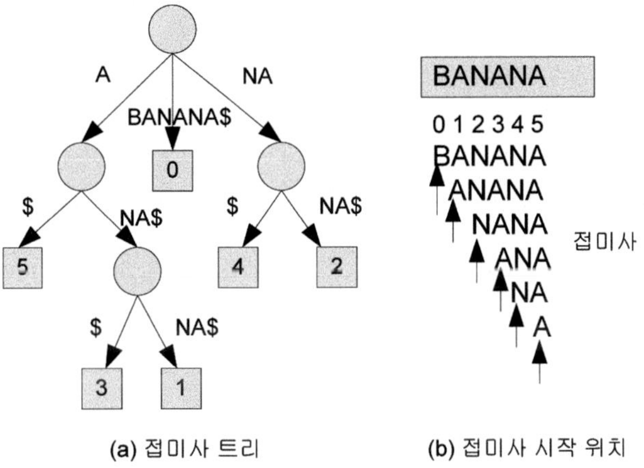

[그림 2.11] 접미사 트리

2.4.1 접미사 트리

접미사 트리는 일종의 위치 트리(PAT 트리)로서 주어진 스트링의 접미사를 스트링 연산 기법으로 처리하는 자료구조이다. 접미사 트리는 연결선에 문자열을 부여하고 시작 문자에서 끝까지를 하나의 단위로 취급한다.

[그림 2.11]은 'BANANA'라는 문자열로 접미사 트리를 구축한 실례이다. 이 문자열의 위치는 0으로 시작하므로 (b)에서 0번째 접미사는 'BANANA'를 의미하며 5번째 접미사는 마지막 'A'를 의미한다. 'BANANA' 문자열에서 각 부 문자열은 '$' 문자로 종

30) suffix tree: 1973년 Weiner가 위치 트리로 처음 소개. by 위키피디아.

결된다. 뿌리 노드에서 잎 노드까지는 A$, NA$, ANA$, NANA$, ANANA$, BANANA 등의 6개의 경로가 구성된다. 접미사 트리의 사각형 노드 안의 숫자는 해당 접미사의 위치를 의미한다.

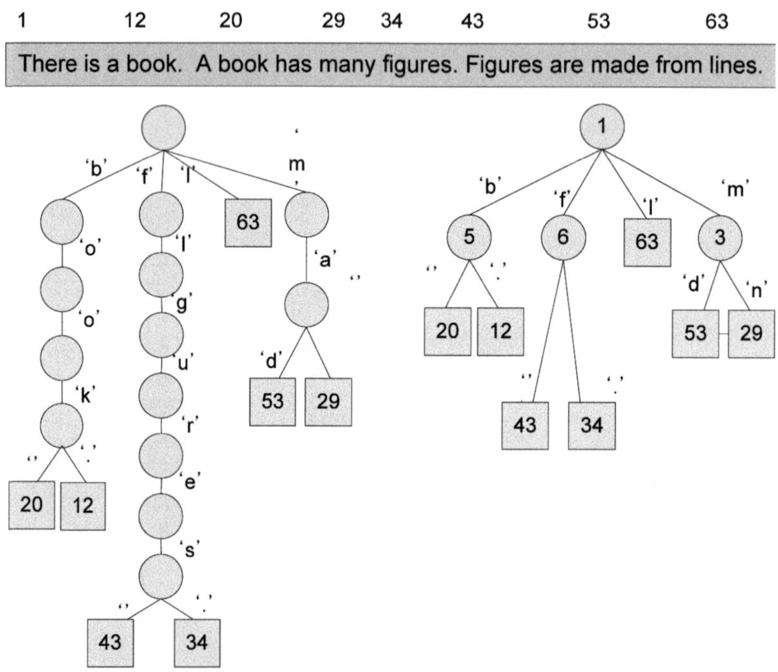

(a) 접미사 트라이 (b) 접미사 트리

[그림 2.12] 접미사 트라이와 접미사 트리

[그림 2.12]는 같은 문서 파일을 대상으로 접미사 트라이와 접미사 트리를 비교한 것이다. 접미사 트리는 텍스트의 모든 접미사에 대해 만들어진 트라이 자료구조이다. 접미사들에 대한 포인터는 잎 노드에 저장하며 공간 이용률을 개선하기 위하여 래딕스 트리(Radix tree)[31]를 구성한다. 접미사 트라이의 높이가 높은 반면에 접미사 트리의 높이는 상대적으로 낮은 것을 알 수 있다.

31) Radix tree(또는 Patricia tree): 래딕스 트리는 하나의 자식만 가진 각 노드가 자신의 자식과 병합되는 공간이 최적화된 트라이(trie)이다. 결과적으로 모든 내부 노드들은 최대로 두 개의 자식만 가질 수 있다. 연결선에 문자를 할당함으로써 작은 집합에 효율적이다.

2.4.2 접미사 배열

접미사 트리를 구현한 방식 중의 하나가 접미사 배열(suffix array)이다. [그림 2.12]의 접미사 트리를 왼쪽에서 오른쪽으로 순회한다면 텍스트의 모든 접미사들은 알파벳 순서대로 탐색된다. 접미사 배열은 [그림 2.13]과 같이 알파벳 문자 순서대로 나열된 텍스트 접미사들에 대한 모든 포인터를 포함하는 하나의 배열이다. 색인된 각 접미사마다 하나의 포인터를 저장하기 때문에 공간 소요는 역색인의 크기와 유사하다. 텍스트 크기에 대해 약 40%의 추가 부담이 있다.

접미사 배열은 배열의 이점을 활용하여 탐색 시에 이진 탐색(binary search) 알고리즘을 이용할 수 있게 설계한다. 접미사 배열의 크기가 커지면 디스크 저장장치를 이용해야 하므로 이진 탐색(binary search)의 효율이 저하될 수 있다. 이와 같은 효율 문제를 해결하기 위하여 [그림 2.14]와 같은 상위(다단계) 색인을 구축하면 효과적이다.

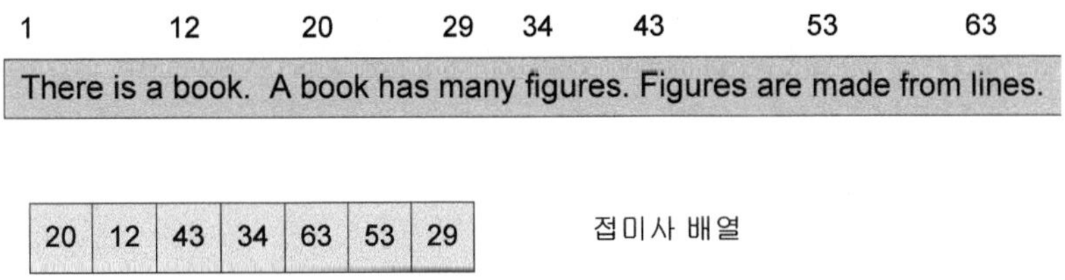

[그림 2.13] 접미사 배열

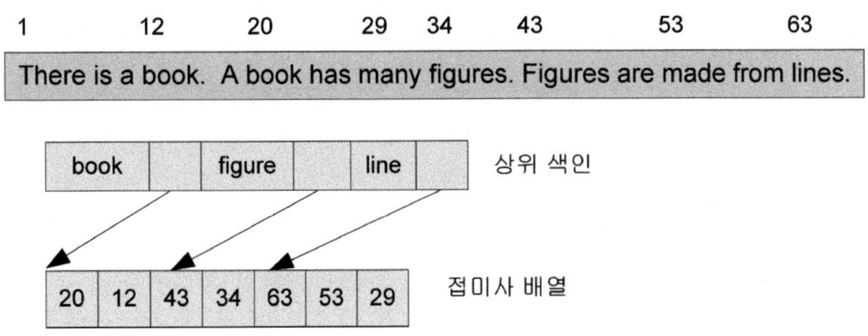

[그림 2.14] 상위(다단계) 색인의 접미사 배열

상위 색인인 접미사 배열은 사전 편집 순서대로 작성되지만 역색인은 검색 목적상 색인어의 출현 빈도에 따라서 위치가 결정된다. 이 문제를 해결하기 위하여 [그림 2.15]와 같이 포인터로 사전 순서와 출현 빈도 사이를 연결한다.

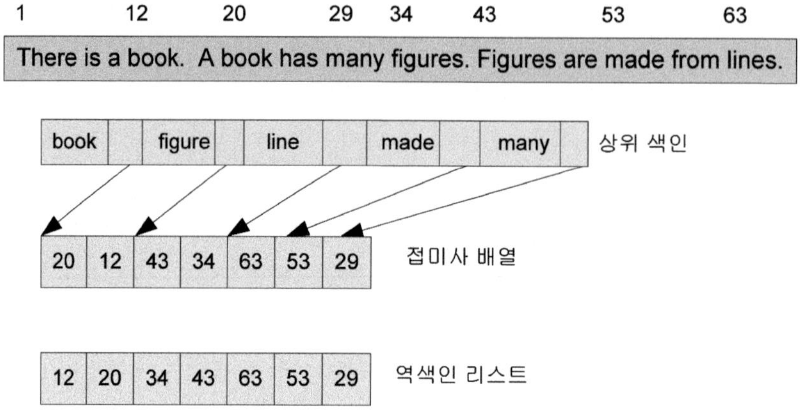

[그림 2.15] 역색인 리스트와 접미사 배열의 관계

2.5 Signature 색인

텍스트를 검색하기 위한 내용기반 검색에서는 검색하려는 내용(색인어) 자체를 키 값으로 사용하므로 색인어의 길이가 다양하게 되어 검색 시간과 공간 효율이 저하된다. 검색하려는 색인어가 아주 길면 당연히 검색 속도가 저하될 것이므로 길이가 긴 키 값을 짧은 키 값으로 대치하여 해결하려는 것이 요약 색인(signature index)이다. 요약 색인은 해시 함수[32]를 기반으로 한 단어 기반 색인 구조이다.

요약(signature)이란 단어를 표현하는 일종의 코드(기호)이므로 문서 파일은 요약의 집합으로 이해할 수 있다. 요약 색인의 핵심은 검색하려는 질의어를 코드로 변환하고 문서 파일도 코드의 집합으로 바꾸어 저장하고 질의로 문서를 검색할 때 서로 간단한 코드끼리 비교하는 것이다. 요약 색인 기법을 이용하면 크기가 짧은 코드끼리 비교하는 것이므로 순차 탐색 비용보다 10-20% 정도의 효율이 향상된다.

32) 해시 함수(hashing function): 해시 함수 h(k)는 어떤 값 k에 대한 난수 값을 계산하는 수학 식. 문자열을 찾을 때 문자열에서 해시 값을 계산하고 그 값에 해당하는 장소에 문자열을 저장해 두면, 찾을 때는 한 번의 해시 값 계산만으로 검색할 수 있다.

2.5.1 요약 구성 방법

요약 색인을 구성하고 검색하는 절차는 [그림 2.16]과 같이 단어들로부터 요약을 생성하는 것으로 시작된다. [그림 2.16]에서 요약 변환 프로그램은 단어를 입력하고 해시 함수를 이용하여 비트 값으로 바꾸는 것이다. 문서 파일은 모든 색인어들을 요약으로 변환하고 이들을 모두 ORing하여 블록 요약을 만든다. 사용자가 질의를 입력하면 질의 프로그램은 마찬가지로 해시 함수를 이용하여 질의 요약을 만든다. 검색 프로그램은 블록 요약과 질의 요약을 ANDing하고 그 결과가 질의 요약과 같다면 문서 파일 안에 원하는 색인어가 있다는 것을 의미하므로 문서 파일을 검색할 수 있다.

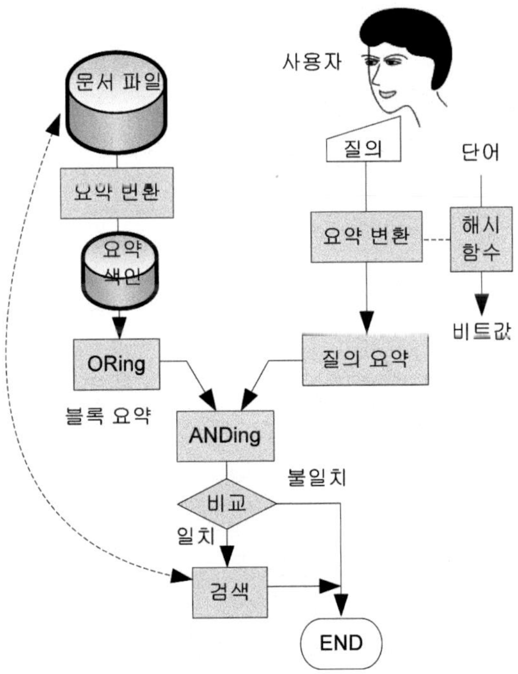

[그림 2.16] 요약 색인의 구성과 검색 절차

[그림 2.17]은 실제 문서 파일을 대상으로 블록 요약을 만들고 검색을 수행하는 절차를 보여준다. 문서 파일에서 색인어를 찾아서 각각 해시 함수를 이용하여 요약 코드를 생성하고 다시 이들을 모두 ORing 비트 작업을 수행하여 6비트 길이의 블록 요약

'111101'을 생성한다. 사용자가 색인어 'letters'를 입력하면 해시 함수를 이용하여 질의 요약 '100001'을 생성한다. 다시 블록 요약과 질의 요약을 ANDing 비트 작업으로 수행하면 결과로 '100001'을 얻는다. 이렇게 얻은 '100001'은 질의 색인어 'letter'와 같으므로 검색에 성공한 것이다.

[그림 2.17]의 요약 검색에서 색인어들이 주어지면 색인어의 수에 따라 가장 적합한 요약 코드의 길이가 결정된다. 그림에서 요약의 길이는 6비트 크기이다. 요약 비트의 크기가 결정되면 그 안에서 '1'로 설정될 비트의 수를 결정한다. 그림에서는 '1' 비트의 수가 2개이다. 요약 색인에서 중요한 것은 요약 코드의 길이와 그 안의 비트 '1'의 수이다.

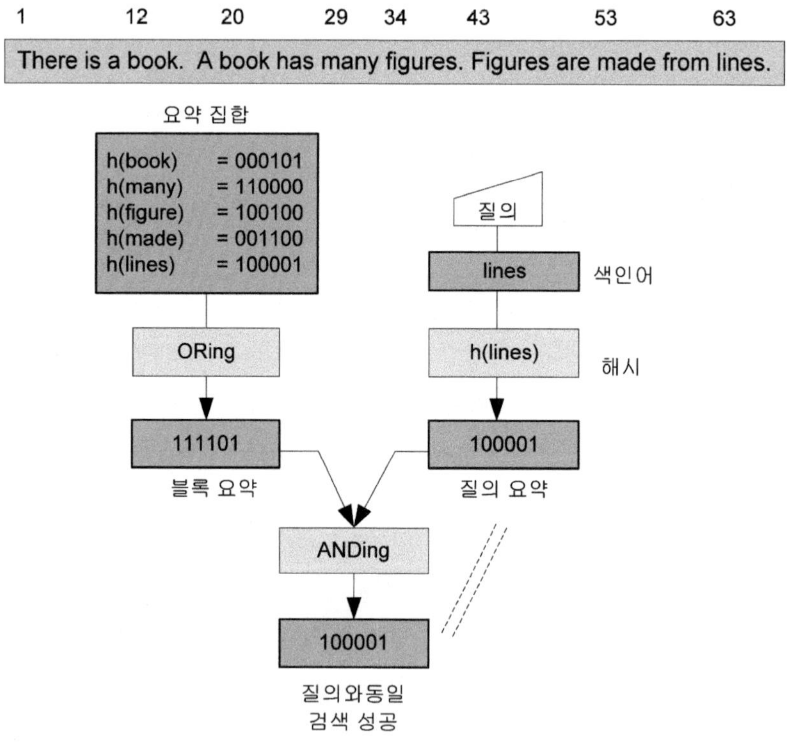

[그림 2.17] 요약 파일 검색 절차

2.5.2 요약 색인의 실례와 장단점

앞에서 사용한 문서 파일을 대상으로 요약 색인의 생성과 검색 절차의 실례를 보여주고 장·단점을 논의한다.

(1) 요약 색인의 실례

[그림 2.18]과 같이 문서 파일에서 발췌한 색인어 text, made, many, letters, words 등을 대상으로 해시 함수를 이용하여 요약 값 '101010', '110001', '011010', '000111', '101100'을 얻고 이들을 ORing하여 블록 요약으로 '111111'을 얻는다. 여기서 요약 색인의 길이는 6비트이고 '1'비트의 수는 3개이다. 색인어마다 요약 값과 해당 주소를 저장하고 질의가 입력되면 질의어의 요약과 블록 요약을 ANDing한 결과가 질의 요약과 일치하면 검색된 것이다.

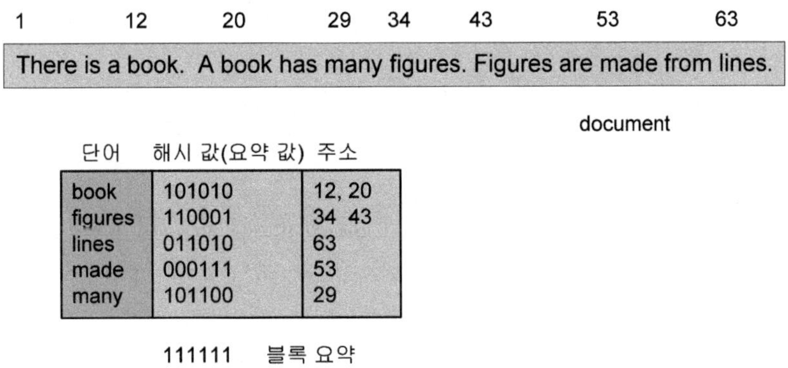

[그림 2.18] 텍스트 문서에 대한 요약 색인

[그림 2.19]는 문서 파일을 일정한 길이의 블록으로 나누고 각 색인에는 블록 번호를 저장한다. 질의 색인어로 해당 블록이 검색되면 다시 블록 안에서 색인어를 검색한다.

(2) 요약 색인의 장단점

요약 색인의 시간상의 장점과 해싱으로 인한 중복의 단점은 다음과 같다.

1) 장점

요약 색인의 장점은 전문 검색보다 약 2배 정도 속도가 빠르며 추가로 10-15% 정도의 공간이 소요된다. 참고로 역색인 기법에서는 추가로 소요되는 공간이 50-300%에 이르기 때문에 요약 색인의 공간 부담이 상대적으로 적은 편이다. 삽입 연산은 추가적인 것만 허용하므로 삽입 연산이 간단하다. 전반적인 검색 효율은 균형트리(b-tree) 보다 우수하다.

2) 단점

요약 색인의 단점은 해싱 함수를 이용할 때 해싱의 특징인 중복이 발생한다는 점이다. 따라서 검색 시에는 중복 오류(false drop)라는 중복의 발생 여부를 확인하고 검색해야 한다. 중복으로 인하여 약간의 추가 비용이 발생한다.

요약 색인은 대규모 데이터베이스에서 속도가 저하되기 때문에 중소 규모의 데이터베이스에 적합하다. 개인용 컴퓨터에서 사용되는 중소규모 데이터베이스와 병렬처리 데이터베이스에 적합하다.

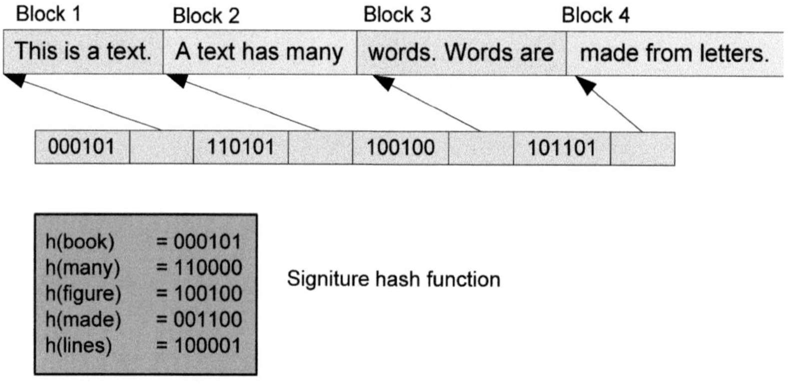

[그림 2.19] 블록으로 구성된 텍스트에 대한 요약 파일

지금까지 역색인, Trie 색인, Tree 색인, 요약 색인 등 현장에서 사용되고 있는 주요 색인 기법에 대하여 기능과 성능을 살펴보았다. 이들 색인들은 다양한 분야에서 다양하게 사용되고 있으므로 정보검색 시스템을 설계할 때는 응용분야에 적합한 색인 기법을 선택하는 것이 중요하다.

연습문제

2.1 다음 용어들을 정의하시오.

1) 기본 키	2) 보조 키	3) 색인어	4) 전문 검색	5) 역색인
6) 포스팅 파일	7) 형태소	8) 트라이	9) 접미사 배열	10) 요약 파일

2.2 온라인 검색과 색인 검색의 용도를 설명하시오.

2.3 색인이 검색에서 중요한 이유를 설명하시오.

2.4 기본 키와 보조 키의 목적과 용도를 설명하시오.

2.5 색인의 종류별로 용도를 설명하시오.

2.6 내용기반 검색과 전문 검색의 관계를 비교하시오.

2.7 내용기반 검색과 보조 키의 관계를 비교하시오.

2.8 전문 검색에서 사용하는 색인의 구조와 기능을 설명하시오.

2.9 검색에서 역색인의 필요성을 설명하시오.

2.10 역색인의 구조를 설명하고 구축 방법을 설명하시오.

2.11 색인 파일 외에 포스팅 파일을 만드는 이유는 무엇인가?

2.12 다음 문단을 보고 전문 역색인과 블록 역색인을 작성하시오.

> 색인은 다른 자료를 거쳐서 원하는 자료를 검색한다. 색인은 일종의 보조 파일이다.

2.13 앞의 문단을 보고 접미사 배열을 생성하시오.

2.14 다음 자료로 접미사 트라이를 생성하시오.

boy boat gate goose goto gom

2.15 앞의 자료로 접미사 트리를 생성하시오.

2.16 요약 색인의 목적과 응용분야를 기술하시오.

2.17 다음 용어들의 요약을 보고 실례를 들어서 검색 절차를 기술하시오.
요약의 길이는 7비트이고, 1의 수는 3개이다. 검색하려는 용어는 '파일'이다.

색인: 1110000 자료: 1010100 검색 0110010 파일: 1011000

2.18 트라이를 사용하는 이유는? 사용분야를 설명하시오.

2.19 접미사 트라이, 접미사 트리, 접미사 배열의 필요성과 차이점을 설명하시오.

2.20 자료 검색과 정보 검색의 색인은 어떻게 다른지 설명하시오.

2.21 다음의 문서 파일을 보고 적합한 자료구조를 만드시오.

16 25 38 47 74

There are many books in the library. The computer book is to be placed on the shelf.

1) 명사만으로 접미사 Trie를 만드시오.
2) 명사만으로 접미사 트리를 만드시오.
3) 명사만으로 접미사 배열을 만드시오.
4) 명사만으로 시그니처 색인을 만드시오.(시그니처의 길이: 6비트, '1'의 수: 2개)
블록 시그니처를 만들고 임의로 한 단어를 검색하는 과정을 설명하시오.

제3장

질의 연산

제3장 질의 연산

질의(query)는 데이터베이스에서 정보를 검색하기 위하여 요구하는 한 줄의 문장(a statement)으로 시작되었다. 데이터베이스 시스템의 발전과 더불어 정보검색 기능이 강화되면서 질의는 하나의 문장에서 확장되어 원하는 정보를 요구하는 프로그램까지 포함하게 되었다. 질의 연산은 질의와 문서의 내용이 유사한지를 검사하는 연산 절차이다. 정보검색 기능이 정확하고 효율적으로 수행되기 위해서는 질의 연산이 적절하고 정교하게 처리되어야 한다. 질의를 수행하면서 항상 문제가 되었던 것은 검색 결과가 너무 적으며 검색 결과 중에서도 사용자가 원하는 관련 문서가 너무 적다는 점이다. 사용자 질의에 대하여 검색된 문서 자체가 적을 수 있고, 검색된 문서의 수가 적지 않더라도 질의와 관련된 문서의 수가 적은 것이 문제가 된다.

질의 연산의 목적은 다음 두 가지이다.

첫째 검색되는 문서의 수를 증가시키는 것 둘째 관련된 문서의 수가 많아지도록 검색 프로그램을 작성하는 것

질의 연산의 목적은 사용자가 원하는 문서들을 많이 검색해 주는 것이다. 검색 결과 또는 관련된 검색 결과가 부족하다는 질의의 문제점을 해결하기 위해서 두 가지 방향으로 개선 기법이 개발되고 있다. 첫째, 질의와 문서의 내용을 정확하게 연결하기 위하여 키워드기반, 내용기반, 개념기반 등의 다양한 질의 표현 기법들을 개발하고 있다. 둘째, 검색된 결과들이 만족스럽지 않을 때 다시 검색하는 방식이 개발되고 있다. 그 중의 하나가 관련 환류(relevant feedback)이다. 처음에 질의를 수행한 검색 결과를 보고 질의를 수정하여 다시 검색하는 것이다. 질의를 수정하는 과정에서 사용자에게 관심이 많은 용어에 가중치를 조정하거나 질의를 확장하여 다시 질의하면 향상된 결과를 얻을 수 있다.

3.1 소개

질의는 사용자의 정보 요구를 수식화한 문장이나 프로그램으로서 검색 시스템에서 사용되는 형태가 다양하다. 질의 연산을 잘 이해하기 위하여 질의와 연산을 정의하면 다음과 같다.

1) 질의는 데이터베이스에서 정보검색을 요구하는 문장.
2) 질의는 사용자의 정보 요구를 수식화한 문장(프로그램).
3) 연산(operation)은 어떤 집합의 원소들 사이에 일정한 조작을 적용하여 다른 원소를 이끌어내는 절차.
4) 연산은 문제 해결을 위하여 명령어(instruction)를 실행하는 것.

이들을 기반으로 질의 연산을 정의하면 다음과 같다.

1) 관련된 문서들을 검색하도록 문서 집합과 질의의 유사도를 계산하는 절차.
2) 질의를 해석하고 문서 집합에 적용하여 관련 문서를 검색하는 절차.

질의 형태는 기본적으로 시스템이 채택한 검색 모델에 의하여 결정된다. 이 절에서는 질의 종류, 질의 절차, 질의 형태 등을 소개한다.

3.1.1 질의 종류

정보를 검색하기 위하여 사용자가 사용하는 기법은 탐색(search), 검색(retrieve), 둘러보기(browse) 등의 3가지가 있다. 이들 기법들은 일상적으로 유사하게 사용되고 있으나 내용적으로 많은 차이가 있으므로 [표 3.1]과 같이 설명하기로 한다.

(1) 둘러보기

둘러보기(browse)는 사용자가 데이터베이스에 있는 정보들을 저장된 순서대로 읽는 작업을 말한다. 백화점에서 상품을 눈으로 쇼핑하는 것처럼 어디에 무엇이 있는지를 확인하는 것이므로 'from where to what'이라고 할 수 있다. 사용자가 컴퓨터에서 디렉토리를 따라가면서 모든 파일들을 읽는 작업도 일종의 둘러보기라고 할 수 있다. 둘러보기에서 중요한 것은 전체 데이터베이스를 모두 읽어야 하므로 전체 정보를 효율적으로 읽어나가는 순서가 작업의 핵심이다.

둘러보기는 자원 공간의 조직과 내용을 구축된 대로 찾아가는 방법이므로 작업 성능이 조직의 품질에 크게 의존한다. 둘러보기는 대체로 정보를 찾는 처리 효율이 느리다. 모든 관련 정보를 다 찾는 것이 어려울 수도 있고 정보 공간에서 길을 잃어버릴 수도 있다.

[표 3.1] 정보를 보는 방법

구 분	둘러보기	탐 색	검 색
입 력	범위	색인어	색인어
자료 이동	no	no	yes
결 과	없음	위치	원하는 정보
작업량	전체 읽기	읽기	자료 전송
속 도	보통	빠름	느림
특 징	from where to what	from what to where	from what to get

(2) 탐색

탐색(search)은 사용자가 원하는 정보를 데이터베이스에서 찾아서 정보의 위치를 알려주는 작업을 말한다. 원하는 정보가 데이터베이스에 존재하지 않으면 찾아줄 위치 자체가 없으며 정보가 존재한다면 존재하는 위치를 알려주는 것이다. 인공위성에서 지구에 있는 광물 자원을 탐사하는 것과 같이 원하는 광물의 3차원 좌표(위치)를 찾는 것과 같으므로 'from what to where'라고 할 수 있다. 탐색에서 중요한 것은 정보의 존재 유무로서 존재 시에 위치를 파악하는 것이 작업의 핵심이며 정보를 전달하는 것은 중요하지 않다.

탐색은 둘러보기보다 효율이 높지만 정보가 색인이 구축되어 있다는 전제가 있어야 한다. 인터넷에서는 크롤러(crawler)가 수많은 서버들을 찾아다니면서 정보를 탐색하여 색인을 구축한다.

(3) 검색

검색(retrieval)이란 사용자가 원하는 정보를 데이터베이스에서 찾아서 가져오는 작업을 말한다. 고생물학자가 화석을 발굴하는 작업과 같이 예상한 지점까지 찾아가서 원하는 화석을 물리적으로 운반하여 가져오는 것이므로 'from what to get'이라고 할 수 있다. 검색에서 중요한 것은 정보를 찾아서 신속하게 사용자가 원하는 장소로 물리적으로 이동하는 것이 작업의 핵심이다.

인터넷에서 크롤러는 정보의 위치(URL)를 찾아주지만(탐색) 정보 자체를 가져오지 않는다. 사용자는 크롤러가 제공한 URL을 이용하여 원하는 정보를 가져온다(검색).

정보검색은 데이터베이스에서 사용자가 원하는 자료를 가져오는 것이므로 세 가지 기능 중에서 검색을 주로 사용한다.

3.1.2 질의 절차

질의처리는 정보검색 업무를 수행하기 위한 프로그래밍 과정이다. 구조적 자료를 다루는 자료 검색에서는 질의의 기본이 SQL 문장이고, 비구조적 자료를 다루는 문서검색에서는 질의의 기본이 검색하려는 문자열이다. 검색 기능을 자료검색과 문서검색으로 구분하여 절의처리 절차를 논의한다.

(1) 자료 검색

자료검색을 수행하는 DBMS는 [그림 3.1]과 같이 사용자 정보 요구(질의)를 충족하기 위하여 SQL 문장을 입력받는다. DBMS는 SQL 문법(syntax)과 문장의 의미(semantics)를 검사하고, 오류가 없으면 내부형식으로 변환한다. SQL 문장은 비 절차언어[33]이므로 효율을 향상하기 위하여 절차언어[34]인 관계 대수식(relational algebra expression)[35]으로 변환한다. 이 작업 과정을 구문분석(syntax analysis)라고 한다. 이렇게 얻어진 관계 대수식을 질의 계획(query plan)이라고 한다.

---

33) 비 절차언어(non-procedural language): 원하는 자료를 얻기 위하여 자료의 이름만 지정하는 언어. ex. C, C++, Java.

34) 절차언어(non-procedural language): 원하는 자료를 얻기 위하여 자료의 이름을 지정하고 자료를 접근 방법을 기술하는 언어. ex. SQL, QBE.

35) 관계 대수식(relational algebra expression): 관계에서 원하는 관계를 얻기 위한 대수 기반의 질의식.

[표 3.2] 자료 검색용 질의처리 절차

순서	기 능	내 역	산출물
1	구문 분석	질의문(SQL)의 문법과 의미를 검사. 질의를 내부 형식(관계 대수식)으로 변환	질의 계획 (관계 대수식)
2	최적화	여러 가지 실행 절차 중에서 최선의 전략을 선택	실행 계획
3	코드 생성	실행 계획을 기계어로 생성	실행 코드
4	질의 실행	데이터베이스를 접근하여 자료 처리	질의 결과

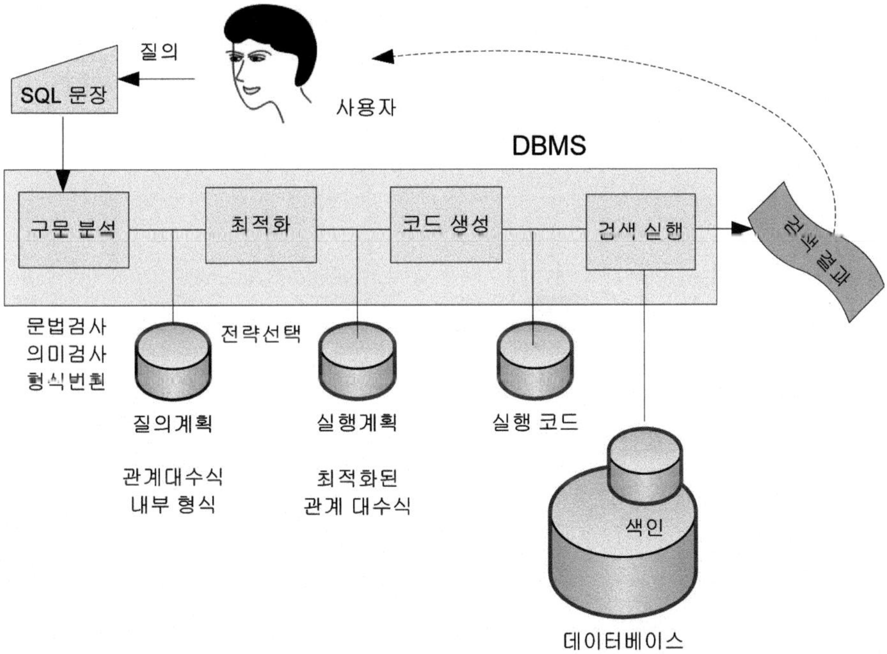

[그림 3.1] 자료 검색을 위한 질의 절차

구문분석으로 얻어진 질의식은 사용자 요구를 단순하게 변환한 것이므로 처리 효율이 낮을 수 있다. DBMS는 질의식의 처리 효율을 향상하기 위하여 질의식을 최적화시킨다. 최적화는 동일한 결과를 도출하면서 처리 성능을 향상시키도록 코드 순서를 바꾸거나 코드를 다른 코드로 변경하고, 자료를 접근하는 과정에서 가장 효율적인 색인을 선택하도록 코드 개선 작업을 수행한다. 질의식(관계 대수식)이 최적화된 것을 실행 계획(execution plan)이라고 한다. 실행 계획을 다시 기계어로 실행 코드를 생성하고 실행 단계에서는 실행 코드로 검색을 수행한다. 검색은 색인을 통하여 데이터베이스에서 사용자가 원하는 정보를 가져오는 일이다. [표 3.2]는 DBMS가 처리하는 질의 절차이다.

[표 3.3] 문서 검색용 질의처리 절차

순서	기 능	내 역	산출물
1	전처리	질의문을 분석하여 색인어를 추출	색인어 목록
2	특징 생성	색인어 목록을 이용하여 질의 특징 생성	질의 특징
3	코드 생성	질의 특징으로 실행 코드를 생성	실행 코드
4	질의 실행	문서 집합에 접근하여 문서 검색 실행	검색 결과

(2) 문서 검색

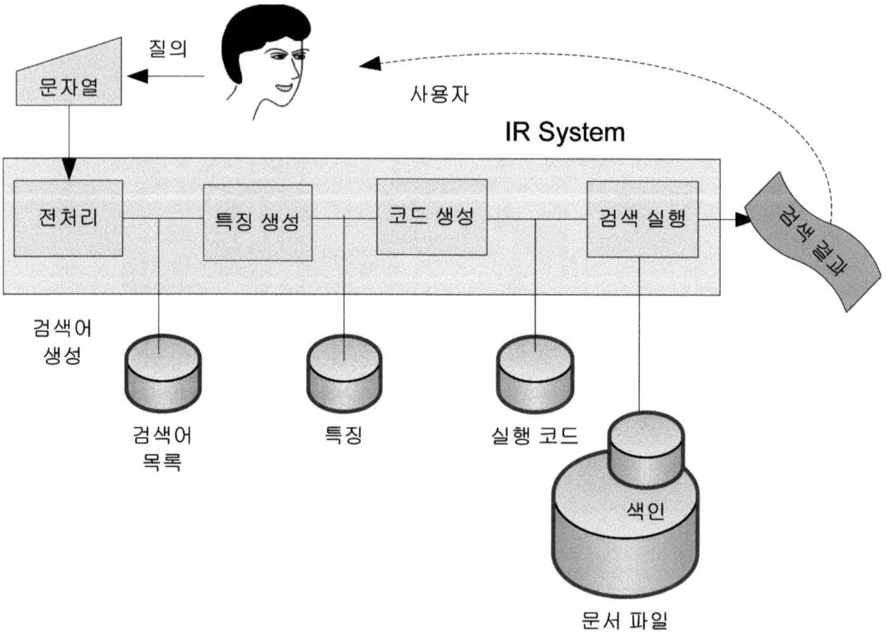

[그림 3.2] 문서 검색을 위한 질의 절차

문서 검색에서는 질의를 수행하기 전에 정보검색 시스템이 문서 파일을 대상으로 전처리(preprocess) 과정을 수행하여 핵심 용어들로 구성된 특징(feature)들을 만들고 특징으로 구성된 색인을 구축한다. 특징은 한 문서를 대표할 수 있도록 문서의 일부분으로 구성된 작은 자료로서 멀티미디어 자료 검색에서 많이 이용된다(제8장 멀티미디어 검색 참조). 문서검색을 수행하는 정보검색 시스템(IRS)은 [그림 3.2]와 같이 사용자의 정보 요구(질의)를 수행하기 위하여 문자열을 입력받는다. 정보검색 시스템은 문자열을 대상으로 전처리 과정을 수행하여 문자열 중에서 명사를 찾아내고 명사의 어간을 추출하여 검색어(색인어, 키워드) 목록을 생성한다. 특징 생성 모듈은 검색어(키워드) 목록을 이용하여 색인을 검색할 수 있는 특징(feature)[36]들을 생성한다. 특징들을 기반으로 색인을 검색할 수 있는 실행 코드를 생성하고, 문서 파일의 색인을 대상으로 검색어로 문서 검색을 수행한다. 색인에서 검색어가 검색되면 문서 파일을 찾아서 검색 결과를 생성한다. [표 3.3]은 문서를 검색하기 위한 질의 절차이다.

자료검색이 DBMS에서 구조적 자료를 검색하는 것이라면 정보검색은 문서 파일에서 비구조적 자료를 검색하는 것이다. 자료검색의 질의 연산은 DBMS가 SQL로 작성된 사용자의 질의를 처리하는 작업이고 정보검색의 질의 연산은 질의에서 검색어를 추출하고 특징을 생성하여 문서 집합의 특징 색인을 검색하는 작업이다.

3.1.3 질의 형태

정보검색 시스템이 제공하는 검색 서비스의 질의 형태는 크게 두 가지로 구분할 수 있다. 질의 형태의 문제점을 살펴보고 대책을 논의한다.

(1) 질의 형태

정보검색의 질의 형태는 사용자들의 요구에 따라서 정보검색을 실행하여 정보를 제공하는 주문형 서비스(pull service)와 사용자들의 예상되는 요구에 따라서 미리 정보를 제공하는 선지원 서비스(push service)로 구분된다.

1) 주문형 서비스

주문형 서비스(pull service)는 사용자의 요구(on demand)에 응하여 정보와 자

36) 특징(feature): 문서를 구성하는 일부 자료들의 조합으로 자신이 소속된 문서를 대표하고 식별할 수 있는 자료.

료 검색 업무를 수행하고 결과를 제공하는 서비스이다. 인터넷에서 대부분의 정보 서비스는 주문형 서비스로 시작되었다. 전자상거래 사이트에서 사용자가 상품을 구매하는 것도 주문형 서비스의 일종이다. 사용자가 정보 둘러보기를 원할 때에 대비하여 시스템이 둘러보기 기능을 제공한다.

2) 선지원 서비스

선지원 서비스(push service)는 사용자들의 요구가 없어도 주기적으로 사용자에게 유용한 정보를 제공하는 방식이다. 사용자에게 가장 적합한 정보를 제공하기 위하여 사용자의 프로파일과 정보검색 내역을 활용하여 많은 정보들 중에서 여과(filtering) 작업을 수행하여 제공한다. 이메일이나 휴대폰으로 사용자가 관심을 가지는 주식 정보를 실시간으로 제공하는 것도 선지원 서비스의 하나이다.

(2) 질의 문제점과 대책

질의의 대표적인 문제점은 사용자가 원하는 정보를 충분하게 제공하지 못한다는 점이었다. 정보를 검색할 때 정확하게 검색되는 관련 문서의 수가 너무 적기 때문이다. 사용자의 요구를 정확하게 질의로 표현하지 못하면 정확하게 정보를 검색하기 어렵다. 따라서 사용자의 요구를 정확하게 질의로 표현하는 질의 언어 개발이 중요하다.

사용자가 초기에 제시한 질의를 사용하여 관련 정보를 검색하고 검색 효과를 평가하여 다시 검색하는 환류 기법이 효과적이다. 이미 검색된 문서들을 대상으로 질의를 다시 작성하여 검색하면 보다 정확하게 정보를 검색할 수 있다. 검색 효과를 높이기 위하여 다시 질의하는 기법은 다음과 같이 질의를 확장하는 방법과 가중치를 부여하는 두 가지 방식이 있다.

1) 질의 확장

이미 수행된 질의에 검색 조건을 새롭게 부여함으로써 정보검색의 정확성을 향상하는 방식이다. 질의 확장에는 새로운 용어를 원래 질의에 추가하는 방법과 질의에 포함되어 있는 용어들을 변경하는 방법이 있다. 이 방식은 검색되지 않은 관련 문서를 검색하는데 도움이 된다.

2) 가중치 부여

이미 수행된 질의에 여러 개의 용어가 포함되어 있다면 그 중에서도 사용자가 원하는 용어의 비중이 다를 것이므로 새롭게 가중치를 부여하거나 조절하여 정확성을 향상하는 방식이다. 이것은 검색되지 않은 관련 문서를 검색하는 것 보다는 검색된 문서들 중에서 더 관련성이 높은 문서를 가려내는데 도움이 된다.

질의 확장 기법은 검색 결과가 부족할 때 유익하며 가중치 부여는 검색 결과가 많을 때 유용한 방식이다. 질의의 문제점을 해결하려는 이상과 같은 대책들은 제3장 4절의 관련성에서 상세하게 논의한다.

3.2 질의 표현

사용자가 요구하는 정보를 효율적으로 검색하기 위해서는 요구 정보를 질의로 적절하게 표현해야 한다. 질의를 표현하는 방식에 따라서 기계에서 가장 효율적으로 실행할 수 있는 실행 코드를 생성할 수 있다. 사용자가 질의를 표현하는 방법은 기본적으로 키워드 기반 질의(keyword-based query)가 있으며 질의를 해석하는 시각에 따라서 불리언 질의(Boolean query), 내용 기반 질의(content-based query), 순위 질의(ranking query), 개념 기반 질의(concept-based query) 등으로 구분할 수 있다. 그러나 이러한 분류의 기준이 조금씩 서로 중복되기도 한다. [표 3.4]는 대표적인 질의 표현 기법들을 정리한 것이다.

[표 3.4] 대표적인 질의 표현 기법

구분	질의 기법	특 징
1	키워드 기반 질의	문서의 주제를 나타내는 단어들로 구성된 색인을 이용하는 질의
2	불리언 질의	불 논리를 이용하여 연산 조건에 맞는 결과를 계산하는 질의
3	내용기반 질의	문서 자체 내용의 유사성을 기반으로 원하는 결과를 검색하는 질의
4	순위 질의	검색 결과에 우선순위를 부여하는 질의
5	개념기반 질의	질의와 문서의 의미가 같은 개념을 비교하여 결과를 검색하는 질의

3.2.1 키워드 기반 질의

키워드 기반 질의는 문서의 주제를 이루는 단어들로 키워드 색인을 만들고 사용자가 제시하는 단어들로 질의를 작성하여 질의와 키워드 색인을 비교하는 질의 기법이다. 학회나 대학에서 논문을 작성할 때는 다른 사람들의 논문 검색을 용이하게 하기 위하여 논문의 초록(abstract) 아래에 키워드 난을 만들고 그 논문을 대표할 수 있는 단어들을 기재하도록 규정하고 있다. 이 기법의 핵심은 키워드에 있으므로 키워드를 구성하는 방법이 중요하다.

키워드는 문서의 핵심이 되는 내용으로서 다음과 같이 정의할 수 있다.

1) 문서의 내용이나 제목을 요약한 핵심적인 단어
2) 정보검색 시에 텍스트 자료의 탐색 대상이 되는 값
3) 원하는 문서가 포함되어 있다고 간주하고 질의하는 대표적인 단어

정보검색의 질의를 정의하면 다음과 같다.

1) 데이터베이스에 있는 정보의 검색을 요구하는 문장이나 프로그램
2) 문서를 찾기 위한 사용자의 요구

키워드 기반 질의가 성립하기 위해서는 다음과 같은 두 가지 전제가 있다.

1) 질의 내용이 문서 안에 그대로 나타나 있다.
2) 질의에 있는 단어들은 순서에 관계없이 문서에 자주 나타난다.

정보검색을 수행하려는 대상 문서들은 키워드들의 집합으로 구성된 파일이며 색인도 키워드로 구성되어 있으므로 질의는 사용자가 원하는 키워드들로 구성해야 검색을 효율적으로 수행할 수 있다. 따라서 문서 집합에서 키워드들을 선택하여 색인어로 추출하고 색인을 구축한 다음에 사용자의 질의에서 용어들을 추출하여 키워드 색인에서 검색한다.

(1) 키워드기반 질의의 문제점

키워드기반 질의의 문제점은 동의어(synonym)를 검색하기 어렵다는 점이다. 다음과 같이 비슷한 의미를 가진 단어들의 실례를 살펴보자.

- ‘restaurant' vs 'cafe'
- 'ROK' vs 'Korea'

이상과 같이 내용은 같으면서 단어가 다른 키워드들이 많이 있으므로 원하는 문서를 정확하게 검색하는 것이 어렵다. 그 밖에도 동음이의어(homonym)와 같이 발음은 같지만 전혀 의미가 다르게 사용되는 키워드들이 있으므로 정확하게 검색하는 것이 어렵다.

- 'bat'(baseball vs mammal)
- 'Apple'(company vs fruit)
- 'bit'(unit of data vs act of eating)

이상과 같이 동의어 또는 동음이의어를 해결하기 위해서는 해당 분야에 적합한 시소러스(thesaurus)를 만들어야 한다. 시소러스는 단어의 의미를 유형별로 잘 정리해 놓은 일종의 사전이다.

3.2.2 불리언 질의

불리언 질의는 불 대수(Boolean algebra)를 제안한 불(Boole)[37]의 이름을 따라 명명되었다. 불 대수는 불이 제안한 논리 대수와 집합 이론에 기반을 둔 간단하고 명확한 모델의 질의 식(query expression)이다. 불리언 질의는 일반 사용자들도 쉽게 이해할 수 있고 질의식을 작성하는데 간단하게 적용할 수 있기 때문에 오랫동안 많이 사용되었다. 불 대수 모델을 적용하면 검색 시스템 구현도 비교적 간단하다. 불 대수를 이용하는 정보검색 시스템의 질의식은 주로 논리적(AND, *), 논리합(OR, +), 논리차(NOT, -)의 세 가지 연산자(operator)들을 이용한다. 연산자 기호 '*', '+', '-' 등은 검색 초기에 집합론에서 사용한 것이다. 세 연산자의 용법은 다음과 같다.

1) AND: query(e_1 AND e_2)는 e_1과 e_2를 모두 만족시키는 문서
2) OR: query(e_1 OR e_2)는 e_1 또는 e_2를 만족시키는 문서
3) NOT: query(e_1 NOT e_2)는 e_1을 만족시키지만 e_2를 만족시키지 않는 모든 문서
 * 여기서 e_1, e_2는 불리언 식이다.

37) George Boole(1915-1864): 영국 기호논리학자. Queen's College 수학교수. 불 논리 대수 제안.

논리적 연산자 AND는 질의식에 있는 두 개 이상의 색인어를 결합하여 두 색인어가 모두 들어있는 문서를 검색한다. 논리합 연산자 OR은 질의식에 있는 색인어들 중에 하나라도 포함되어 있는 문서 파일을 가져온다. 논리차 연산자 NOT은 질의에서 NOT 연산자 다음에 열거된 용어가 포함된 문서들을 검색 결과에서 제거한다.

이들 세 연산자를 이용하여 작성한 질의식은 다음을 만족시켜야 하며 이를 이용하여 구문 트리를 작성한다. [그림 3.3]은 'information'과 'retrieval'을 모두 포함하거나, 'system'을 포함하고 그 중에서 'model'이라는 색인어가 없는 문서를 검색하는 질의식의 구문 트리(syntax tree)이다.

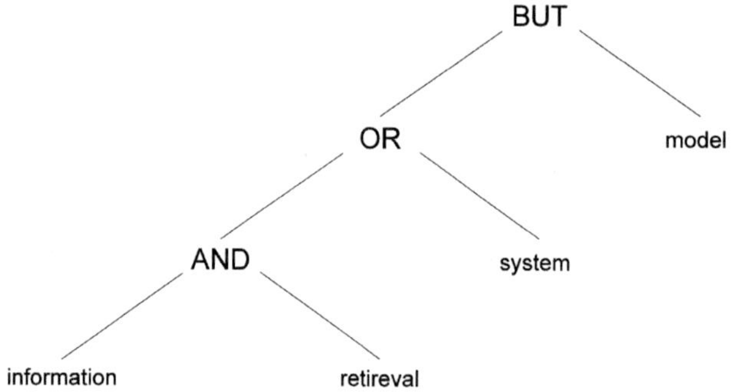

[그림 3.3] 불리언 질의식의 구문 트리

3.2.3 내용 기반 질의

자료검색의 일반적인 형태는 키 값으로 내용을 검색하는 것이다. 대부분의 데이터베이스 파일에는 기본 키(primary key)가 설정되어 있으므로 기본 키로 자료를 검색한다. 학교에서는 학번, 군대에서는 군번, 회사에서는 사번 등이 자료를 검색하는 기본 키로 사용된다. 기본 키는 유일하게 존재하는 자료(튜플, 레코드)를 검색하기 위해서 학번이나 사번같이 임의로 만드는 경우가 많다. 그러나 어떤 응용분야에서는 기본 키 대신에 실제로 사용되는 자료들을 기반으로 정보를 검색할 필요가 있으므로 기본 키 외에 보조 키(secondary key)가 사용된다. 예를 들어 사번(기본 키) 대신에 면허번호(보조 키)로 검색할 필요가 있다.

보조 키는 실제로 사용하는 자료 값을 사용하기도 하고 중복을 허용하기도 한다. 예를 들어 취미가 '축구'인 학생들을 검색하고자 한다면 DBMS에서 취미 속성을 보조 키로 설정하고 검색을 수행한다. 자료검색에서 보조 키와 같이 실제 내용을 가지고 자료를 검색하는 것을 내용기반 검색이라고 할 수 있다. 마찬가지로 정보검색에서 키워드를 이용하여 정보를 검색하는 것도 일종의 내용기반 검색이라고 할 수 있다.

내용기반 검색(CBR: content-base retrieval)을 사용해야 하는 분야 중의 하나가 멀티미디어 검색이다. 어떤 그림을 검색하려면 원하는 그림의 일부를 기반으로 검색하는 것이 편리하다. 특정한 곡조를 가진 음악을 검색하려면 그 곡조의 일부를 기반으로 검색해야 하고, 특정한 모양을 가진 그림을 검색하려면 그 모양의 일부를 기반으로 검색해야 한다. 멀티미디어 데이터베이스에서는 소리, 영상, 동영상들을 검색해야 하는데 검색을 위한 질의에 소리, 영상, 동영상의 내용 일부를 포함하여 검색하므로 내용기반 질의(CBQ: content-base query)라고 한다.

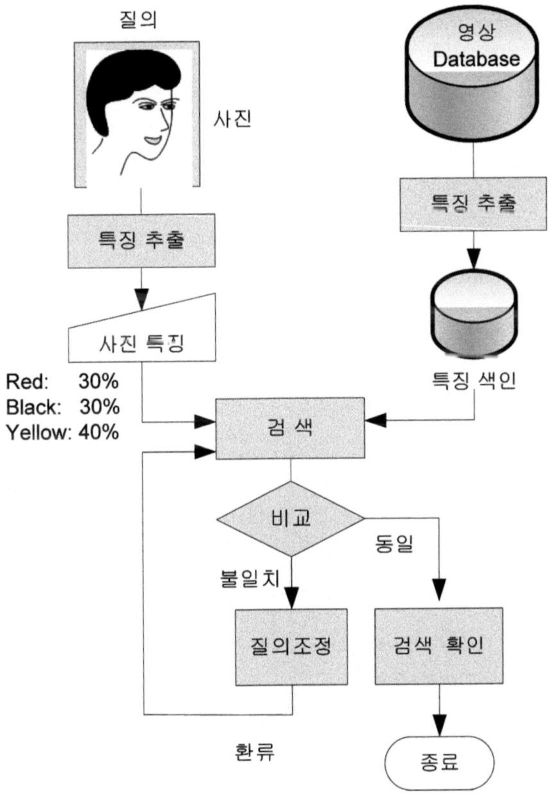

[그림 3.4] 내용기반 질의의 검색 절차

멀티미디어 데이터베이스에서 내용기반 질의를 하기 위해서는 멀티미디어 자료들의 크기가 방대하기 때문에 자료들을 그대로 검색에 사용할 수 없으므로 자료들의 작은 특징(feature)만을 추출하여 특징으로 색인을 만들고 특징 색인으로 검색을 수행하는 것이 효율적이다. 내용기반 검색에서는 자료의 특징 추출(feature extraction)이 중요한 주제가 된다(제8장 멀티미디어 검색 참조).

[그림 3.4]는 내용기반 검색의 처리 과정을 보여준다. 그림과 같이 사진과 같은 인물을 영상 데이터베이스에서 검색하고자 한다면 사진의 영상에서 특징을 추출하여 질의를 만들고 그 질의를 영상 데이터베이스의 모든 사진들을 대상으로 만든 특징 색인과 비교하여 검색하면 원하는 사진이 데이터베이스에 존재하는지 파악할 수 있다. 질의의 사진 특징과 동일한 색인이 있다고 해도 특징만 동일하고 실제 내용이 다를 수 있으므로 실제 데이터베이스에 있는 정보를 검색하고 확인해 보아야 한다.

내용기반 검색에서 사용하는 특징 추출 기법은 다양하지만 많이 사용한 기술 중의 하나가 색상 분포이다. 사진을 구성하고 있는 색상의 분포가 붉은색 30%, 검은색 30%, 노란색 40%라면 그런 분포의 특징을 가진 색인을 검색하면 결과로 얻어지는 여러 가지 사진들 중에서 원하는 사진을 찾을 수 있다. 색상 이외에도 그림의 모양이나 질감 등을 이용하여 특징 추출에 사용하기도 한다.

내용기반 검색을 정의하면 다음과 같다.

> 질의에서 얻은 특징 정보를 이용하여 데이터베이스에서 유사한 특징을 가진 정보를 검색하는 기술.

내용기반 질의를 수행하려면 질의하는 정보의 특징을 추출해야 한다. 추출하려는 특징은 문서 파일에서는 단어의 조합이 될 수 있고, 소리 파일에서는 주파수의 조합이 될 수 있고, 영상 파일에서는 색상과 질감의 조합이 될 수 있다. 그러나 내용기반 질의에 의하여 주어지는 결과들은 정확하게 같은 것이 드물고 질의 특징과 유사한 것들이 대부분이므로 다시 확인하고 선택해야 한다. 특징을 잘 추출할 수 있어야 내용기반 질의가 효율적으로 성공할 수 있다.

내용기반 검색은 이미 'QBE(Query by Example)[38]'라는 질의 언어로 자료검색에서 오래전부터 사용되고 있다. 인터넷과 멀티미디어 시대에 부응하여 더욱 다양하게 발전하고 있다.

38) QBE(Query by Example): 1975년에 IBM에서 개발한 관계 데이터베이스 질의 언어. 화면상 필드에 검색 조건을 기입하는 것만으로 검색을 실행함.

3.2.4 Ranking 질의

자료검색과 달리 정보검색에 의하여 얻어지는 결과들은 질의와 정확하게 같은 것이 드물기 때문에 유사한 결과들이 많이 검색된다. 인터넷에서 한 번의 검색에 의하여 수만 건의 자료가 검색되었다면 사용자는 너무 많은 자료에 당황할 것이다. 그 자료들을 모두 찾아본다는 것은 사실상 어려운 일이다. 사용자들은 많이 검색되는 자료들을 질의 자료와 유사도를 계산하여 유사도 순위대로 제공해주기를 바란다. 이와 같이 검색 결과에 우선순위를 부여하여 제시하도록 만드는 질의를 ranking 질의라고 한다.

Google에서는 우선순위를 부여하는 페이지랭크 함수를 개발하여 큰 호응을 얻었으며 이로 인하여 검색 시장에서 지배적인 위치에 서게 되었다. Google의 영향으로 검색 분야에서는 유사도 함수를 개발하려는 노력이 더욱 집중되고 있다. Ranking 질의는 제6장 웹 검색 엔진의 제4절 사례연구의 구글에서 더 기술한다.

3.2.5 개념 기반 질의

자동차 정비에 관한 정보를 얻으려고 '자동차 정비'라는 질의를 수행하면 검색되지 않는 문서들도 '차량 수리'라는 질의를 수행하면 검색될 수 있다. 사용자들이 사용하는 키워드들은 실제 사회에서는 여러 가지 의미로 쓰일 수 있으므로 정보검색 시스템이 단어의 의미를 다양하게 파악하지 못하면 정보검색이 어려울 수 있다. 예를 들어 자동차 중에서 '재규어'를 검색했는데 자동차가 나오지 않고 '재규어'라는 동물이 검색되면 당연히 불편할 수밖에 없다. 이와 같이 단어는 같은데 뜻이 다른 동음이의어와 단어는 다른데 뜻이 같은 동의어 때문에 정보검색이 어렵다. 이와 같은 문제는 단어의 개념을 명확하게 파악하지 못해서 야기되는 문제이므로 이를 개선하기 위하여 개념기반 질의가 출현하였다. 개념기반 검색은 단어의 의미를 파악하여 의미에 맞는 정보를 검색하는 것이므로 의미 검색이라고도 한다.

(1) 의미 검색 개요

키워드 기반 질의의 문제점은 앞에서 언급한 것과 같이 동의어와 동음이의어 등을 감안하지 않아서 사용자가 원하는 정보를 검색하지 못한다는 단점이 있다. 개념 기반 질의(CBR: concept-base query)는 단어의 개념들을 명확하게 정의한 후에 단어들의 관계를 이용하여 질의를 수행할 때 단어들 간의 관계를 폭넓게 활용하는 질의 방식이다. 개념을 기반으로 정보를 검색하기 위해서는 문서 집합의 모든 단어들의 개념을 정확하게 정의하고 자신이 질의하는 단어의 개념도 정확하게 사용해야 한다. 개념기반 질의는 개별 단어의 개념뿐만 아니라 다른 단어들과의 관계도 명확하게 정의하는 기반 위에서 가능하다.

[그림 3.5]는 단어들 사이의 협의어, 광의어, 반의어(antonym), 동의어 등의 관계를 보여주는 시소러스의 실례이다. 어떤 단어가 특정한 내용을 의미한다면 그보다 더 넓은 의미를 포함하는 광의어가 있을 수 있고 그보다 더 좁은 의미의 협의어가 있을 수 있다. 의미가 정반대인 반의어가 있을 수 있고, 또한 넓은 의미의 반의어와 좁은 의미의 반의어도 있을 수 있다. 특정한 단어와 전혀 유사하거나 반대 의미를 갖지 않는 다른 의미의 단어들도 있을 수 있는데 이들은 정보검색의 대상이 아니다.

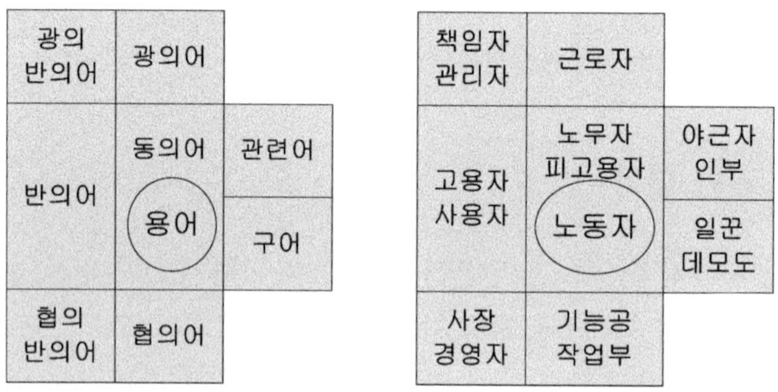

(a) 시소러스 구성도 (b) 시소러스 실례

[그림 3.5] 단어의 의미 관계도

검색 시에 원하는 문서가 조금밖에 검색되지 않으면 광의어로 질의해야 하고 원하는 문서가 너무 많이 검색되면 협의어로 질의해야 할 것이다. 이와 함께 반의어가 있어서 반대되는 개념을 포함한 문서들은 검색되지 않도록 질의해야 한다. 반의어에도 광의의 반의어와 협의의 반의어를 적절하게 선정해야 관련 문서를 효과적으로 검색할 수 있다. 이와 같이 단어들의 의미를 정확하게 정의한 용어집을 시소러스(thesaurus)라고 하며 개념기반 검색에서는 필수적으로 갖추어야 하는 요소이다.

(2) 개념기반 질의 절차

개념을 기반으로 하는 질의 표현은 전형적으로 [표 3.5]와 같이 4단계로 진행된다. 질의 절차를 이해하기 쉽게 설명하기 위하여 "Smart phone으로 야기되는 주제를 검색하되 정보기술에 관한 내용은 제외하시오"라는 질의를 선택하였다. 개념기반 질의를 이해하기 위하여 이 실례를 중심으로 설명하기로 한다.

[표 3.5] 개념 기반 질의 절차

순서	처리 내역	
1	개념 분석	질의를 개념 집단 또는 작은 개념(용어)으로 분해
2	개념 적용	식별된 용어(개념)의 동의어, 광의어, 협의어를 고려
3	용어 변환	통제 어휘가 있으면 용어들을 통제어휘로 변환
4	연산 실행	동의어는 OR, 관련된 용어는 AND, 불필요한 용어는 NOT 연산자로 제거

1) 개념 분석

질의 내용이 smart phone의 사회적인 주제(issue)를 검색하되 정보기술(information technology)에 관한 내용은 제외하려고 한다. 개념분석이란 질의에서 핵심적인 단어의 개념들을 추출하는 것이다. 일차적으로 개념 분석을 하는데 개념 분석을 통하여 이 질의에는 [표 3.6]과 같이 세 가지 개념이 있다는 것을 확인할 수 있다.

[표 3.6] 질의에 대한 개념 분석 결과

개념 1	개념 2	개념 3
smart phone	issue	information technology

2) 개념 적용

세 가지 개념에 대하여 시소러스에서 광의어, 협의어, 반의어를 수집하여 적용하면 [표 3.7]과 같은 개념 집단을 얻을 수 있다. 각 개념 집단에는 주로 동의어와 광의어와 협의어만을 추가하였다. 이들은 용어의 다양한 변형을 보여주며 다양한 키워드로 다양한 검색이 가능하도록 도와준다.

3) 용어 변환

정보검색을 수행하기 위한 질의 언어로 통제어휘가 사용된다면 [표 3.7]의 용어들을 통제어휘로 변환해야 한다. 통제어휘를 사용하지 않는다면 다음 단계로 이동할 수 있다. (여기서는 통제 어휘를 사용하지 않는다.)

[표 3.7] 질의 표현을 위한 개념집단

개념 1	개념 2	개념 3
smart phone	issue	information technology
telephone mobile phone PDA phone cellular phone feature phone	controversy problem subject	computer technology internet technology network technology

4) 연산 실행

[표 3.7]이 올바르게 적용되어 변환되었다고 가정하면 연산을 위하여 불리언 수식을 만들어 실행해야 한다. 불리언 연산자 수행에는 다음과 같이 세 가지 규칙이 적용된다.

1. 동일 개념 집단의 용어에는 OR 연산자를 적용한다.
2. 질의 요구에 있는 모든 개념에는 AND 연산자를 적용한다.
3. 제거시키기 위한 개념은 NOT 연산자를 적용한다.

개념1 / 개념2 / 개념3

([Smart phone OR other terms] AND [issue OR other terms]) NOT [information technology OR other terms]

[그림 3.6] 불리언 연산자 구성

[그림 3.6]은 [표 3.7]의 개념 집단에 대한 검색을 수행하기 위한 연산 수식을 보여준다. 'smart phone'에 관한 주제가 있는 문서를 찾으면서 'issue'되고 있는 분야이면서 'information technology'에 속하지 않는 문서를 찾기 위하여 불리언 식을 만든다.

이 식은 'smart phone'과 'issue'를 AND와 큰 괄호로 묶고 'information technology'를 NOT으로 제외한다. 각 개념 1, 2, 3의 키워드들은 동의어들과 OR 연산을 수행하도록 작은 괄호로 묶으면서 연산식을 작성한 것이다. 이와 같은 개념기반 질의를 수행하기 위해서는 시소러스가 잘 작성되어 있어야 한다.

개념기반 질의는 적용분야의 모든 단어들을 대상으로 시소러스를 만들고 각 개념들을 이용하여 논리적인 추론을 개발해야 하므로 많은 연구와 기술이 요구된다. 특히 인터넷 분야의 시맨틱 웹(semantic web)과 관련이 깊기 때문에 앞으로 수요가 크게 증가할 것으로 예상되므로 많은 연구가 필요하다.

3.3 관련성

자료검색에서는 사전에 철저하게 만들어 놓은 특정한 데이터베이스에서 원하는 자료를 정확하게 찾는 것이 주요 목적인 반면에 정보검색에서는 단순한 자료의 집합에서 원하는 것이 있는지 없는지도 모르는 상태에서 유사한 자료를 찾는 것이 목적이다. 정보검색에서 질의 결과가 사용자를 만족시켰는지를 결정하는 기준은 질의와 검색된 문서와의 관련성(relevance)이다. 검색된 문서가 질의와 매우 관련성이 크다면 사용자는 만족할 것이다. 관련성을 간단히 설명하면 검색 용어 t와 문서 d와의 관련된 정도이며 달리 표현하면 질의 Q와 문서 d가 의미적으로 관련되는 정도이다. 사용자를 만족시키기 위해서는 질의와 문서 사이의 관련성을 정확하게 계산해야 하므로 관련성을 측정할 수 있는 유사도 계산 기법이 정확해야 한다.

3.3.1 유사도

문서의 관련성을 계산하기 위해서 질의와 문서 사이의 유사도(similarity)를 정의하여 쉽게 계산하도록 한다. 유사도 계산에는 용어 빈도수(tf: term frequency) 또는 역문헌 빈도수(idf: inverse document frequency) 등의 평가 개념을 이용한다. 관련성 우선순위란 질의에 의하여 검색된 문서들의 관련성 크기에 따라서 순위를 부여한 숫자를 말한다. 질의와 문서의 관련성을 계산하기 위하여 다음과 같이 주요 관련 용어들을 정리한다.

유사도를 정의하면 다음과 같다.

1) 질의와 문서가 키워드를 기준으로 비슷한 정도를 나타내는 수치.
2) 용어와 용어 간의 관련성을 나타내는 수치.

유사도를 계산하기 위하여 통계적으로 각종 자료의 지표를 계산해야 하므로 이와 관련된 각종 자료 지표들을 살펴본다.

(1) 용어 출현수

용어 출현수(frequency)는 특정한 용어가 특정 문서에 물리적으로 나타난 횟수를 의미한다. 용어 출현수 $freq_{i,j}$는 문서 d_j에서 용어 t_i가 출현한 횟수이다. 이 값은 단순하게 한 문서 안에 있는 용어의 수를 표시한 것으로 문서의 크기에 크게 좌우된다. 따라서 이 값이 크다는 것은 문서 파일의 크기가 크다는 것을 의미하는 것이지 관련성이 많다는 것을 의미하지는 않는다.

(2) 용어 정규화 빈도수

용어 정규화 빈도수(normalized term frequency)는 특정한 용어가 특정한 문서에서 얼마나 많이 나타는지를 비율로 표시한 것이다. 정규화 빈도수 $f_{i,j}$는 (식 3-1)과 같이 문서 d_j의 용어 t_i의 출현수를 그 문서에서 최대 출현수를 나타내는 용어의 수 max_l 로 나눈 값을 말한다.

$$f_{i,j} = \frac{freq_{i,j}}{max_l\,[freq_{l,j}]} \qquad \text{.................................... (식 3-1)}$$

max_l : 문서 d_j 안에 있는 용어 중에서 빈도수가 가장 큰 용어의 수.

(3) 용어 빈도수

용어 빈도수(tf: term frequency)는 특정한 문서에 나타나는 특정 용어의 수를 그 문서의 전체 용어들의 수로 나눈 값이므로 그 용어의 출현 비율을 의미한다. 문서 d에 나오는 전체 용어들 중에서 특정 용어 t가 나타나는 비율이다. 용어 빈도수의 값은 (식 3-2)로서 문서 d에 나오는 용어 t의 수를 d에 있는 전체 용어의 수 $n(d)$로 나눈 값에 1을 더하여 로그를 취한 값이다.

$$tf(d,t) = \log(1 + \frac{n(d,t)}{n(d)}) \qquad \text{.................................... (식 3-2)}$$

$n(d, t)$: 문서 d 에 나오는 용어 t 의 빈도수

$n(d)$: 문서 d 에 있는 전체 용어의 수

용어 빈도수 *tf*가 높다고 관련성이 높은 것은 아니다. 한 문서에서 너무 많이 사용되는 단어는 보편적으로 사용하는 단어로서 특정한 질의와 관련성이 적을 가능성이 높다. 오히려 문서에서 드물게 사용되는 용어가 전문성이 있으므로 질의와 관련되기 쉽다.

(4) 역문헌 빈도수

역 문헌 빈도수(inverse document frequency)는 특정한 용어가 나타나는 문서의 수의 역수이다. 따라서 특정 용어가 나타나는 문서의 수가 많을수록 역 문헌 빈도수는 낮아지며 질의와의 관련성이 낮아진다. 질의와 관련성이 높은 문서를 검색하기 위하여 역 문헌 빈도수를 이용한다. 역 문헌 빈도수가 낮은 단어들은 주로 불용어들이다. 역문헌 빈도수는 Sparck Jones가 특정 문헌에 출현한 용어의 가중치를 산출하기 위하여 1972년에 제안한 공식이다. 역문헌 빈도수가 낮은 단어가 높은 중요도를 부여한다.

역 문헌 빈도수(*idf*)는 (식 3-3)과 같이 용어 t를 포함하는 문서들의 수의 역수 값이다.

$$idf(t) = \frac{1}{n(t)} \qquad \text{.................................... (식 3-3)}$$

$n(t)$: 전체 문서 N매 중에서 용어 t를 포함하는 문서의 수

역문헌 빈도수가 높을수록 관련성이 높다. 그 이유는 만약 특정 용어가 많은 문서에 포함되어 있다면 그 용어는 매우 보편적으로 사용하는 단어일 것이다. 오히려 특정 용어가 포함된 문서의 수가 적을수록 그 용어는 전문성을 가지고 있어서 관련성이 높을 수밖에 없다.

(5) 용어-역문헌 빈도수

용어-역문헌 빈도수(*tf-idf*)는 (식 3-4)와 같이 용어 빈도수 (식 3-2)와 역문헌 빈

도수 (식 3-3)을 곱한 값이다. 이것은 용어 빈도수의 관련성과 역 문헌 빈도수의 관련성을 곱하여 질의와 문서와의 관련성을 향상하기 위한 수식이다. Salton이 1976년 제안하였다.

$$tf - idf(t) = \frac{\log(1 + n(d,t) / n(d))}{n(t)} \quad \text{(식 3-4)}$$

질의 Q와 문서 d의 관련성을 용어-역문헌 빈도수 *tf-idf*로 계산하면 다음과 같다.

$$r(d,Q) = \sum_{t \in Q} tf(d,t) * idf(t) \quad \text{(식 3-5)}$$

tf-idf 값이 높을수록 질의와 문서의 관련성이 높다.

(6) 용어 가중치

용어 가중치(term weight) W는 문서 전체의 수 N을 용어 t를 가진 문서의 수 df_i로 나눈 값의 로그이다. 로그를 취하는 이유는 문서의 수가 너무 많을 것을 대비한 것이다. 이것은 해당 용어가 소수의 문서에만 포함될 때 관련성을 갖는다는 의미이다.

$$W = \log(\frac{N}{df_i}) \quad \text{(식 3-6)}$$

df_i : 용어 i를 가진 문서의 수

(식 3-6)은 스파크 존스(Sparck Jones 1972)가 제시한 가중치 공식으로서 가장 일반적으로 사용되어 왔다. 이 수식의 의미는 내용상 역 문헌 빈도수 가중치 공식이라고 하며 전체 문서에서 용어 i의 가중치를 의미한다.

(식 3-2) 용어 빈도수에 (식 3-6)용어 가중치를 곱하면 특정 문서 안에서의 용어의 비율과 가중치를 모두 포함하는 것을 의미하며 수식은 (식 3-7)과 같다.

$$W_{i,j} = tf_{i,j} * \log(\frac{N}{df_i}) \quad \text{(식 3-7)}$$

$W_{i,j}$: 문서 j에서 용어 i의 가중치

질의 Q에 대한 문서 d의 관련성에 가중치를 반영하면 (식 3-8)과 같이 계산할 수 있다.

$$r(d,Q) = \sum_{t \in Q} tf(d,t) * idf(t) * \log(\frac{N}{df}) \quad \text{......................} \quad (식\ 3\text{-}8)$$

(7) 기타 유사도 종류

문서 D와 질의 Q 사이의 유사도를 계산하는 방식은 응용분야와 목적에 따라서 다양하게 많이 개발되었다. 다음은 주로 이용되고 있는 유사도 정의의 종류이다.

Dot product
$$Sim(D,Q) = \sum (a_i * b_i)$$

Cosine
$$Sim(D,Q) = \frac{\sum_i (a_i * b_i)}{\sqrt{\sum_i a_i^2 * \sum_i b_i^2}}$$

Dice
$$Sim(D,Q) = \frac{2\sum_i (a_i * b_i)}{\sum_i a_i^2 + \sum_i b_i^2}$$

Jaccard
$$Sim(D,Q) = \frac{\sum_i (a_i * b_i)}{\sum_i a_i^2 + \sum_i b_i^2 - \sum_i (a_i * b_i)}$$

>>> 예제 5.1:

문서 j에 있는 전체 용어의 수 $n(j)$는 200이며, 그 중에서 용어 A, B, C의 용어 출현수 $f_{i,j}$는 각각 $f_{A,j}$= 40, $f_{B,j}$= 20, $f_{C,j}$= 10 이다. 전체 문서의 수 10,000개 중에서 각 용어 A, B, C가 포함된 문서의 수는 각각 df_A =$n(A)$ = 400, df_B = $n(B)$ = 300, df_C = $n(C)$ = 200이다.

1) 세 용어 A, B, C에 대한 용어 정규화 빈도수 $f_{i,j}$ /$\max_l$ 를 계산하시오.

2) 세 용어 A, B, C에 대한 용어 빈도수 $tf_{i,j}$ = log(1 + $n(d,t)/n(d)$)를 계산하시오.

3) 세 용어 A, B, C에 대한 역문헌 빈도수 $idf(t) = 1/n(t)$를 계산하시오.
4) 세 용어 A, B, C에 대한 용어-역문헌 빈도수 $tf\text{-}idf(t) = \log(1 + n(d,t)/n(d))*1/n(t)$를 계산하시오.
5) 세 용어 A, B, C에 대한 가중치 $W_i = \log(N/df_i)$를 계산하시오.
6) 세 용어 A, B, C에 대한 용어 빈도수 가중치 $tf_{i,j}*\log(N/df_i)$를 계산하시오.

[표 3.8] 유사도 관련 용어

용어	내 역
용어 출현수	어떤 문서에서 특정 용어가 나타난 횟수
용어 정규화 빈도수	어떤 문서에서 특정 용어의 수와 최대 용어 수에 대한 비율
용어 빈도수	어떤 문서에서 특정 용어의 출현수와 전체 용어 수의 비율
역 문헌 빈도수	특정 용어가 나타난 문서 수의 역수
용어-역 문헌 빈도수	용어 빈도수와 역 문헌빈도수를 곱한 값
역 문헌 빈도수 질의 유사도	역 문헌 빈도수를 이용한 질의와 문서와의 유사도
용어 가중치	전체 문서의 수와 특정 용어를 가진 문서 수의 비율
용어 빈도수 가중치	용어 빈도수와 가중치를 곱한 값
가중치 질의 유사도	역 문헌 빈도수와 가중치를 이용한 문서와의 유사도

>> 풀 이:

1) $f_{A,j}/\max_l = 40/200 = 0.2$, $f_{B,j}/\max_l = 20/200 = 0.1$, $f_{C,j}/\max_l = 10/200 = 0.05$
2) $tf_{A,j} = \log(1 + n(j,A)/n(j)) = \log(1.2) = 0.079$,
   $tf_{B,j} = \log(1 + n(j,B)/n(j)) = \log(1.1) = 0.041$,
   $tf_{C,j} = \log(1 + n(j,C)/n(j)) = \log(1.05) = 0.021$
3) $idf(A)=1/400 = 0.0025$, $idf(B)=1/300 = 0.0033$, $idf(C)=1/200 = 0.005$,
4) $tf\text{-}idf(A) = 0.079*0.0025$
   $tf\text{-}idf(B) = 0.041*0.0033$
   $tf\text{-}idf(C) = 0.021*0.005$
5) $W_A = \log(N/df_A) = \log(10{,}000/400) = 1.3979$,

W_B = log(N/df_B) = llog(10,000/300) = 1.5224,

W_C = log(N/df_C) = log(10,000/200) = 1.6989

6) $tf_{A,j}$*log(N/df_A) = 0.079*1.3979

$tf_{B,j}$*log(N/df_B) = 0.041*1.5224

$tf_{C,j}$*log(N/df_C) = 0.021*1.6989

>>> 예제 5.2:

문서 j에 있는 용어 A, B, C의 용어 출현수 $f_{i,j}$는 각각 다음과 같다.

$f_{A,j}$= 40, $f_{B,j}$= 20, $f_{C,j}$= 10

문서 집합체에는 10,000개(N)의 문서가 있고 이들 용어들의 문서 빈도수 df_i는 각각 다음과 같다.

df_A= 50, df_B= 1,300, df_C= 250

각 용어에 대하여 용어-역 문헌 빈도수 tf-idf를 계산하시오.

단 계산의 편의상 용어 빈도수 tf는 $f_{i,j}/\max_l$ 로 대신하고, 역 문헌 빈도수 idf는 log(N/df_i)로 대신하시오.

>> 풀 이:

A: tf_A = 40/40, idf_A = log(10000/50) = 2.301, tf-idf = 2.301

B: tf_B = 20/40, idf_B = log(10000/1300) = 0.886, tf-idf = 0.443

C: tf_C = 10/40, idf_C = log(10000/250) = 1.6020, tf-idf = 0.4005

문서 j에서 용어 A, B, C의 용어-역문헌 빈도수는 각각 2.301, 0.443, 0.4005이므로 용어 C의 중요성이 이 비율만큼 가장 높다고 할 수 있다.

3.3.2 관련 환류

관련 환류(relevance feedback)는 정보검색 시스템의 검색 성능을 향상하기 위하여 질의를 재실행하는 기능이다. 관련 환류의 아이디어는 주어진 질의에 의하여 얻어진 초기의 검색 결과를 이용하여 새로운 질의를 작성하여 다시 검색하면 더 좋은 결과를 얻을 수 있다는 가정에 있다.

정보를 검색할 때의 일반적인 문제점은 다음과 같이 두 가지가 있다.

첫째 검색되는 문서의 수가 적다.
둘째 사용자 요구를 정확하게 질의로 표현하기 어렵다.

첫째 검색되는 문서의 수가 적으면 한 번의 검색으로 원하는 정보를 모두 얻지 못하는 경우가 있을 수 있다. 따라서 여러 차례 정보검색을 시도하게 되는데 다시 시도할 때는 목표를 달성하기 위하여 더욱 정교하게 질의를 작성할 필요가 있다.

둘째 대부분의 사용자는 만족한 결과를 얻기 위하여 질의 작성에 많은 시간을 소비한다. 한 번의 질의로 만족할 수 없으면 다시 질의를 수정하여 검색을 수행한다. 다시 질의를 작성할 때는 먼저 작성한 질의의 결과를 참고하는 것이 바람직하다.

다시 작성한 질의로 정보검색을 수행한 결과가 미흡할 때는 원하는 결과가 나올 때까지 질의를 정교하게 수정하여 정보를 다시 검색하는 과정이 반복된다. 이와 같이 더 나은 정보검색 결과를 얻기 위하여 질의를 재작성하여 실행하는 과정을 관련 환류라고 한다. 사용자의 질의를 관련 환류 시키는 과정은 [그림 3.7]과 같이 유사도를 기준으로 수행된다. 사용자 질의 내용과 문서의 내용을 유사도로 비교하여 검색 결과를 제시하는데 사용자는 결과에 만족하지 못하면 여러 가지 방법을 동원하여고질의를 다시 작성하여 실행시킨다.

(1) 관련 환류 기법

환류(feedback) 목적을 달성하기 위하여 질의를 재작성하는 기법에는 다음과 같이 세 가지 방법이 있다.

1) 사용자 관련 환류

사용자는 검색 결과를 보고 만족도를 표시하고 추가하고 보완할 내용을 제시한다. 검색 시스템은 사용자가 작성한 정보를 기반으로 질의를 다시 작성하여 검색을 실행한다. 관련 환류에서 또 다른 방법은 사용자가 검색된 문서 목록을 보고 관련된 문서를 선택하는 것이다. 사용자가 선택한 문서에 포함된 용어들은 모두 중요한 용어로 취급된다. 사용자가 선택한 새로운 질의를 실행하면 관련된 문서들의 우선순위가 좋아지고 관련성이 적은 문서의 우선순위는 낮아진다. 따라서 관련 환류를 사용하면 정확률은 좋아진다.

2) 지역 환류

지역 환류는 초기에 검색된 문서 집합으로부터 생성된 정보에 기반을 두어 질의를 다시 작성한다. 초기에 검색된 정보를 이용하여 용어 가중치를 가감하거나 질의를 수정하여 정확율을 향상한다. 정보를 검색할 때 '결과 내 재검색'이라는 기능이 여기에 속한다.

3) 전역 환류

전역 환류는 문서 집합에서 생성된 정보를 기반으로 예상 결과를 추정하고 원하는 결과가 나올 때까지 질의를 다시 작성하여 검색을 실행한다. 문서 집합에 대한 사전 정보가 있어야 한다.

사용자 관련 환류는 [그림 3.7]과 같이 사용자가 질의를 검색 시스템에 제공하면 검색 시스템이 질의와 문서들의 유사도를 측정하여 문서들을 검색한다. 사용자는 검색된 문서들을 보고, 관련성 여부를 조사하고, 관련된 문서들에 수작업으로 만족도를 표시한다. 검색 시스템은 자동적으로 선택된 문서에 있는 용어들을 중요한 용어로 선택하고 용어의 가중치를 결정하고 질의 확장과 용어 가중치 재부여 기술을 이용하여 질의를 다시 작성한다. 다시 작성된 질의로 검색을 수행하고 검색 결과를 제공한다. 사용자는 다시 질의 과정을 반복하면서 원하는 문서를 찾을 때까지 검색을 수행한다.

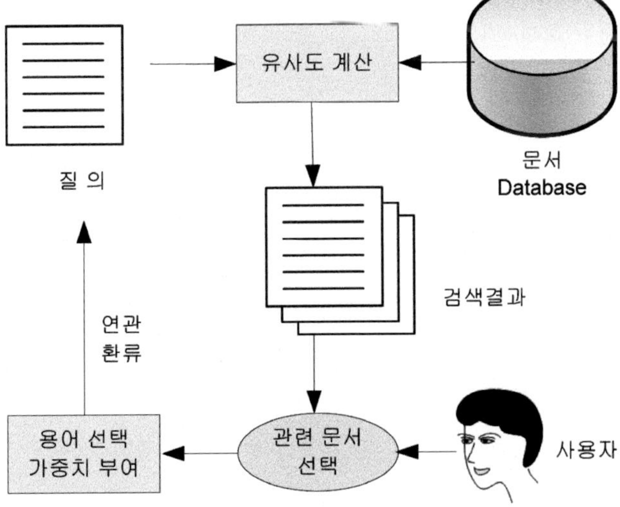

[그림 3.7] 사용자 관련 환류 절차

사용자 관련 환류 기법의 장점은 다음과 같다.

1. 질의 재작성 과정의 세부적인 내용이 사용자에게 숨겨진다.
2. 전체 검색 과정을 작은 단계로 나누어 처리한다.
3. 관련 용어는 강조하고 비관련 용어는 강조하지 않는다.

(2) 질의 재작성 기술

관련 환류를 이용하여 질의를 재작성하는 방법은 다음과 같이 질의 확장과 용어 가중치 부여 두 가지이다.

1) 질의 확장

질의 확장은 질의에 포함된 용어를 변경, 추가, 삭제하는 것을 의미한다. 질의 확장은 용어를 변경함으로써 검색되지 않은 관련 문서들을 검색하는데 도움이 된다. 예를 들어 초기 질의가 'database'이었다면 확장 질의는 'database or retrieval'로 변경되고 'database'만으로 검색하던 것에 'retrieval'을 추가하였으므로 당연히 새로 검색되는 문서들이 증가할 것이다. 따라서 이 기법은 검색 결과가 적을 때 유익한 방법이다.

2) 용어 가중치

질의 용어의 가중치를 변경하면 검색 결과로 얻어지는 문서의 순위가 변경된다. 이것은 관련 문서에 출현하는 질의 용어의 가중치를 증가시키는 것으로서 검색 결과 문서의 순위가 변경된다. 따라서 이 기법은 검색 결과가 많을 때 유익한 방법이다. 그러나 검색되지 않은 문서들을 검색하는데는 도움이 되지 않는다.

정보검색의 기본적인 전제는 사용자 질의와 정확하게 일치하는 문서들이 많지 않을 것으로 예상하고 검색하는 것이다. 따라서 질의와 유사한 문서들을 찾기 위하여 여러 차례 다양한 질의를 통하여 검색을 시도하게 되며 검색 효과를 높이기 위하여 새로운 질의를 개발해가는 과정이 계속된다. 이런 이유들이 질의를 재작성하여 다시 환류 시키는 원인이다.

연 습 문 제

3.1 다음 용어들을 정의하시오.

1) 탐색 2) 둘러보기 3) 질의 연산 4) 자료 검색 5) 내용기반 검색
6) 키워드 7) 유사도 8) 용어 빈도수 9) 환류 10) 시소러스

3.2 검색에서 질의 연산의 중요성을 설명하시오.

3.3 검색, 탐색, 둘러보기의 특징과 적용 업무를 각각 설명하시오.

3.4 주문형(pull) 서비스와 선지원(push) 서비스의 가장 적합한 용도를 실례를 들어 설명하시오.

3.5 자료검색과 문서검색의 질의와 질의 절차가 어떻게 다른지 설명하시오.

3.6 키워드 검색과 내용기반 검색의 관계를 설명하시오.

3.7 키워드 기반 질의의 장단점을 설명하시오.

3.8 내용기반 질의의 필요성과 문제점을 설명하시오.

3.9 개념기반 질의의 필요성과 처리 방법을 설명하시오.

3.10 시소러스는 왜 필요한가? 적용 실례를 들어 설명하시오.

3.11 일반적인 질의의 문제점과 대책을 설명하시오.

3.12 '자료'라는 단어는 포함되지 않으면서 '인터넷'이나 '네트워크'를 포함하면서 '검색'을 반드시 포함하는 불리언 식을 구문 트리로 작성하시오.

3.13 유사도의 필요성과 측정 방법을 설명하시오.

3.14 용어 빈도수의 필요성과 계산 방식을 설명하시오.

3.15 역 문헌 빈도수가 무엇이며 왜 필요한지 설명하시오.

3.16 용어 가중치 개념을 설명하시오.

3.17 용어 빈도수가 다음과 같은 문서가 있다.
A(5), B(3) C(2)
문서 집합체는 10,000개가 있으며 이들 용어들의 문서 빈도수는 다음과 같다.
A(100), B(200) C(500)
역문헌 빈도수 tf-idf를 계산하시오.

3.18 검색에서 유사도가 중요한 이유와 유사도 계산 방식을 설명하시오.

3.19 자료검색과 달리 정보검색에서 환류를 많이 사용하는 이유를 설명하시오.

3.20 관련 환류를 통하여 무엇이 어떻게 개선될 수 있는지 설명하시오.

3.21 사용자 관련 환류의 특징을 설명하시오.

제4장

문서 검색

제4장 문서 검색

컴퓨터 시스템이 보급되면서 컴퓨터로 처리할 수 있는 수치 자료가 중시되고 문자로 작성된 일반 문서의 처리 비중은 상대적으로 낮아졌다. 종이 없는 사회[39]를 추구하는 것이 정보화의 추세이므로 경영정보, 금융업무, 전자정부, 전자 상거래, e-book, 사이버 교육 등 각 행정과 산업분야에서 종이 문서들이 계속 사라지고 있다. 그러나 컴퓨터 시대에도 공공기관과 산업계뿐만 아니라 다양한 조직체에서 수많은 문서를 생성하고 있다. 이들은 문서를 통하여 기본 업무를 수행하고 행정 기록을 유지하기 때문에 문서 검색(document retrieval)은 사무관리 뿐만 아니라 모든 검색의 기반이 되고 있다.

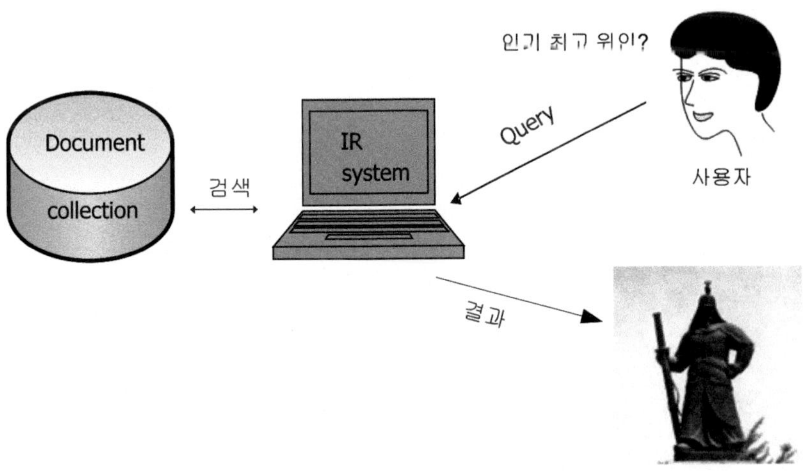

[그림 4.1] 문서 검색 개요

39) paperless society: 이메일, e-book, 전자 무역, 전자 결제, 인터넷 뱅킹, 전자 항공권(e-ticket) 등으로 인하여 종이 문서가 사라지는 사회. 대신에 문서 검색 업무가 증가함.

문서 검색이 중요한 이유는 문서가 앞으로도 계속 사용될 것이며 사회 발전에 따라 문서의 양이 폭발적으로 증가하고 있기 때문이다. 과거에 작성되었던 종이 문서들까지 점차 컴퓨터 파일 문서로 변환되고 있고 멀티미디어 등의 기술발전과 함께 문서관리 업무가 발전할수록 전자 문서를 사용하는 범위가 점차 증가하고 있다. 그 결과 컴퓨터를 이용하는 문서의 수량과 함께 문서 검색도 계속 증가할 것이다.

문서 검색은 정보검색과 거의 동일한 의미로 사용되고 있다. 문서 검색이 특정 문자를 포함하는 문서를 찾는 일이라면 최근의 정보검색은 주로 인트라넷과 인터넷을 대상으로 문자로 작성된 정보를 찾는 일이므로 내용상 유사한 작업이다. 정보검색이 문자 정보뿐만 아니라 소리, 영상, 동영상 등 모든 것을 검색하기 때문에 문서 검색을 포함한다고 할 수 있다. 문서 검색에서 사용되는 이론과 기술이 거의 동일하게 정보검색에도 사용되기 때문에 문서 검색을 잘 이해하는 것이 중요하다.

4.1 소개

문서 검색은 문서 집합(collection, a set of documents)에서 사용자가 원하는 용어(term)가 포함된 문서들을 검색하는 작업이다. 여기서의 문서는 문자를 위주로 작성된 컴퓨터 문서 파일이며 사용자는 질의(query)를 통하여 원하는 용어를 검색 시스템에 제시한다. 질의는 사용자가 원하는 문서를 찾기 위하여 자신이 요구하는 용어들을 포함하는 문장이다. 사용자가 찾으려는 용어는 색인으로 구성되어야 검색이 용이하므로 모든 정보검색 시스템은 어떤 형태로든지 색인을 구축하고 있다. 문서 검색에서 색인으로 사용되는 용어를 색인어, 주제어, 검색어, 핵심어, 키워드 등으로 부른다. 색인으로 사용되는 단어들은 주로 명사가 사용되는데 그 이유는 명사의 의미 전달 능력이 크기 때문이다.

제2차 세계대전 이후에 과학기술 정보가 폭증함에 따라 문서 검색의 필요성이 증대되었으며 검색 기술이 발전하였다. 문서검색은 제2차 세계대전 이후에 도서관에서 수작업으로 사용되기 시작하였으며 기술 발전에 따라서 점차 컴퓨터 응용분야로 확대되었다. 도서관에 수장된 많은 서적과 논문과 각종 서류에서 신속하게 원하는 정보를 찾으려는 욕구가 정보검색으로 발전한 것이다. 문서 검색의 목표는 [그림 4.1]과 같이 대형 문서 집합에서 질의(원하는 내용)와 관련된 문서들을 정확하고 신속하게 찾는 일이다. 이 절에서는 문서 검색의 주요 주제와 함께 문제점을 논의하기로 한다.

(1) 문서 검색의 주요 주제

문서 검색과 관련하여 정보검색의 주요 주제들을 [표 4.1]에서 다음과 같이 살펴보기로 한다.

첫째 정보검색의 주제는 질의에 대한 문제이다. 그 이유는 문서를 모두 색인어로 표현하고 색인어로 질의와 유사도(similarity)를 비교하기 때문이다. 따라서 '색인어 공간에서 표현되는 문서와 질의를 어떻게 연결할 것인가'가 핵심 주제이다. 두 번째 이유는 '검색 결과가 생성되었을 때 거기에서 가장 적합한 문서를 어떻게 결정하는가?'에 있기 때문에 '문서 집합에 어떻게 질의를 잘 작성하여 제시할 것인가'가 쟁점이 된다. 질의가 중요한 것은 사용자가 원하는 것이 무엇이고 어떻게 표현해야 정확한지를 확인해야 하기 때문이다.

둘째 정보검색의 주제는 문자 문서에 대한 검색에 관한 문제이다. 요즈음 IT업계에서는 월드와이드웹에서 원하는 페이지를 찾는 것이 가장 최근의 '인기 응용(killer application)[40]'이다. 이 과정에서 중요한 것은 질의와 관련된 문서를 정확하게 검색하는 방법론을 찾는 것이다. 검색 방법론은 검색 모델을 통하여 확인할 수 있다.

[표 4.1] 문서 검색의 주요 주제

구분	주 제	내 역
1	질의	질의와 문서를 무엇으로 어떻게 연결할 것인가?
		가장 적합한 문서인지를 어떻게 결정하는가?
2	검색 방법론	사용자가 원하는 관련된 문서를 어떻게 찾을 수 있는가?
3	색인	효율적인 검색이 가능한 색인을 어떻게 구축하는가?
4	키워드	문서를 개념 기반으로 어떻게 검색하는가?

셋째 정보검색의 주제는 문자 문서에 대한 색인에 관한 문제이다. 가장 큰 검색 대상은 월드와이드웹인데 사이트의 수가 너무 많아서 검색 시간이 너무 많이 소요된다는 문제가 있다. 대형 문서 집합에서 원하는 문서를 효율적으로 검색하기 위해

40) killer application: 특정한 운영 체제를 보급시키는 계기가 될 정도로 경쟁 제품을 몰아내고 인기를 얻는 응용 소프트웨어.

서는 우수한 색인을 구축해야 한다. 색인 구축 방법에 따라 검색 효율이 결정된다.

넷째 정보검색의 주제는 키워드(keyword)로 사용되는 단어들이 동의어와 동음이의어 때문에 검색에 문제가 된다는 점이다. '차량 정비'라는 질의를 수행한 것이 '자동차 수리'라는 질의를 수행할 때의 결과와 같아야 하지만 실제로는 다른 결과를 초래하기 때문이다. '테이블'이라는 키워드를 검색했을 때 가구가 검색될 수도 있고 자료를 저장하는 양식이 검색될 수도 있기 때문에 검색을 위해서는 좀 더 질의의 내용을 명확하게 정의할 필요가 있다. 여기서 개념기반 검색(concept-based retrieval, 제3장 2절 5과 참조))의 필요성이 야기된다. 하나의 단어(용어, 키워드)에도 여러 가지 의미가 있을 수 있기 때문에 키워드의 개념을 정확하게 파악할 수 있으면 검색을 잘 할 수 있다는 것이 개념기반 검색의 핵심 요소이다.

[표 4.2] 문서 검색의 주요 문제점

구분	문제점	내 역
1	문서 색인	문서 내용을 색인으로 어떻게 잘 표현할 수 있는가?
2	질의 평가	질의를 문서와 비교할 수 있도록 어떻게 표현할 것인가?
3	시스템 평가	시스템이 얼마나 우수한가? 정확률: 검색된 문서들 중에 관련된 문서는 몇 개인가? 재현율: 관련 문서들 중에서 얼마나 검색되었는가?

(2) 문서 검색의 문제점과 대책

문서 검색의 주요 주제들을 실현하기 위해서는 색인, 질의, 검색 모델 등을 잘 설계해야 한다. 이들을 설계할 때 예상되는 [표 4.2]와 같은 문제점들을 다음과 같이 효율적으로 해결해야 한다.

1) 문서 색인

문서 집합에서 원하는 문서를 찾는 수단은 문서를 용어로 표현하고 질의와 문서의 용어를 비교하는 것이다. 문서를 하나의 용어로 표현하는 것보다 여러 개의 용어로 벡터를 구성하면 문서의 특징을 더 잘 표현할 수 있으므로 문서의 색인은 용어 벡터로 구성한다. 벡터로 구성된 색인을 다차원 색인이라고 하며 용어 벡터를 특징 벡터라고 한다.

2) 질의 평가

문서 집합에서 사용자가 원하는 문서를 정확하게 모두 검색하기 위해서는 문서와 질의가 같은 방식으로 정확하게 표현되어야 한다. 문제는 '질의를 어느 정도까지 문서의 색인과 상응할 수 있도록 잘 표현할 수 있는가?'에 있다.

3) 시스템 평가

제작된 문서 검색 시스템의 기능과 성능이 얼마나 우수한지 평가하려면 적절한 평가 기준을 마련하는 것이 중요하다. 첫째, 정확률(precision)은 검색된 문서들 중에서 질의와 관련된 문서가 차지하는 비율을 의미한다. 둘째, 재현율(recall)은 문서 집합에 있는 질의와 관련된 모든 문서들 중에서 검색된 문서의 비율을 의미한다. 이 문제들은 제9장 검색 평가에서 상세하게 논의한다.

정확률과 재현율의 실례를 들어보자. 경찰이 어떤 지역에서 마약단속을 벌여서 용의자들을 잡았을 때 잡힌 사람들의 2/3가 실제로 마약범들이었다면 검거 정확률이 67%이다. 체포된 마약범들의 수가 그 지역 마약범들의 절반이라고 가정하면 검거 재현율은 50%에 해당한다고 할 수 있다.

문서 검색의 주요 문제점을 해결하기 위한 대책은 문자열 처리와 색인이라는 관점에서 [표 4.3]과 같은 방식으로 해결하는 것이다.

[표 4.3] 문서 검색의 주요 문제점 해결 방식

해결 방식	대 책
문자열 처리	문자열을 비교하여 문서의 유사성을 결정. 문자열 처리 속도 향상 필요
색인 구축	색인을 구축하고 정비하는 부담을 개선
개념기반 검색	단어의 의미를 파악하여 사용자의 질의 의도에 적합하게 검색
지능형 검색	에이전트 등을 이용하여 사용성, 신뢰성, 정확성 등을 향상한다.

1) 문자열 처리

어떤 문서가 질의에서 원하는 문서인지를 확인하는 방법은 문서 내용의 문자열과 질의의 문자열을 비교하는 것이다. 문자열을 비교하는 작업은 문서에서 선형 탐색을 하는 것이므로 처리 속도가 느리다. 이 방법은 알고리즘을 개선하기 어렵기 때문에 새로운 문자열 처리 대책이 필요하다.

2) 색인 구축

문서를 대표하는 키워드를 미리 추출하여 색인에 저장하고 질의에 있는 키워드와 비교하는 검색 방식은 비교적 복잡하지 않은 기술이다. 문서의 키워드들로 색인을 만들고 질의의 키워드로 검색하는 방법은 탐색 속도가 빠른 기법들이 많이 있기 때문에 효율적이다. 반면에 색인을 구축하고 정비하는 부담이 따른다.

3) 개념기반 검색

'자동차 정비'라는 질의와 '차량 수리'라는 질의는 개념적으로 유사하지만 두 가지 질의로 검색하면 전혀 다른 결과를 가져온다. 이것은 제3장 질의 연산에서 논의한 바와 같이 동의어, 광의어, 협의어, 동음이의어, 반의어 등의 개념을 정의하는 시소러스를 활용하는 기법을 이용함으로써 해결한다.

4) 지능형 정보검색

인공지능 기법을 이용하면 문서 검색을 효과적으로 수행할 수 있다. 정보검색에서는 다음과 같은 분야에서 인공지능 기법을 도입하여 문제를 해결하고 있다.

1) 사용되는 단어들의 의미를 고려한다.
2) 질의에 있는 단어들의 순서를 고려한다.
3) 직접 또는 간접적인 환류를 적용한다.
4) 원시 자료의 권위인 정확성과 신뢰성을 고려한다.
5) 에이전트 기법으로 분산처리 기능을 확대한다.

인공지능의 에이전트(agent) 기법을 이용하여 문서 집합으로부터 핵심 용어들을 추출하여 색인을 구축할 수 있으며 사용자 질의로부터 원하는 문서를 추론하고 검색할 수 있다. 대용량의 문서 집합에서는 용어 추출과 해석 그리고 모든 검색 작업을 자동으로 수행해야 하므로 인공지능 기법을 다양하게 적용할 필요가 있다.

문서 검색은 도서관에서 카드 시스템[41]으로 발전하기 시작하였지만 컴퓨터 시스

41) 카드 시스템(card system): 종이 카드에 서적과 자료 등의 분류 기호, 제목, 저자, 발행 연

템의 발전과 더불어 다양한 기술이 적용되어 첨단 기술이 활용되고 있다. 유비쿼터스 환경에 접목되어 언제 어디서나 쉽게 멀티미디어 정보를 검색할 수 있는 첨단 시대에도 문서 검색은 여전히 많은 사용자들에게 쉽지 않은 응용분야이다.

멀티미디어 시대가 도래한 이후에는 문서 검색이 상대적으로 단순한 응용으로 인식되고 있지만 모든 검색의 기초가 되기 때문에 중요한 분야이다. 문자열, 소리, 영상, 동영상 등을 통합적으로 검색할 때는 이들에 대한 속성 자료와 주석이 문자열로 작성되기 때문에 문서검색은 여전히 중요한 과제이다.

4.2 색인어 처리

색인을 사용하는 목적은 검색하기 쉬운 작은 크기의 보조 파일을 만들어서 원하는 정보를 신속하게 찾기 위한 것이다. 크기가 큰 문서에서 문서를 대표할 수 있는 용어들을 추출하여 색인 파일을 만들면 질의에 있는 용어들과 신속하게 비교할 수 있다. 사용자기 원하는 질의 용어(키워드)와 문서의 용어들로 구성된 색인 파일을 비교하면 상대적으로 빠른 검색이 가능하다. 색인을 만들기 위해서는 문서 집합에서 용어(색인어)를 추출하는 작업이 필수적이다. 문서에서 용어를 추출하는 작업을 문서 전처리(document preprocess)라고 한다. 전처리 작업을 이용하여 질의에서 용어도 추출한다.

4.2.1 색인어 추출(문서 전처리)

색인어 추출은 [그림 4.2]와 같이 문서 파일을 읽어서 문서를 대표할 수 있는 핵심 용어들을 선발하는 작업이다. 우선 문서에서 특수문자와 같은 보조적인 문자들을 제외하고 필요한 단어들을 추려내고, 단어들 중에서 의미를 전달할 수 있는 명사들을 찾아내고, 복합 명사들을 분리하고, 명사들 중에서 어간을 추출하는 문자열 처리 과정을 수행한다. 명사들은 빈도수에 따라 가중치를 부여한다. 이 과정을 거쳐서 얻은 명사들을 대상으로 색인을 구축한다. 색인어 처리는 문서에서 검색에 활용될 수 있는 용어를 추출하는 과정이다. [그림 4.2]는 문서에서 색인어를 추출하는 절차를 보여주며 [표 4.4]에서 다음과 같이 처리 과정을 설명한다.

도, 키워드 등을 기재하여 책장에 제목순서와 저자 순서 등으로 나열해 놓고 필요한 자료를 찾게 했던 체제.

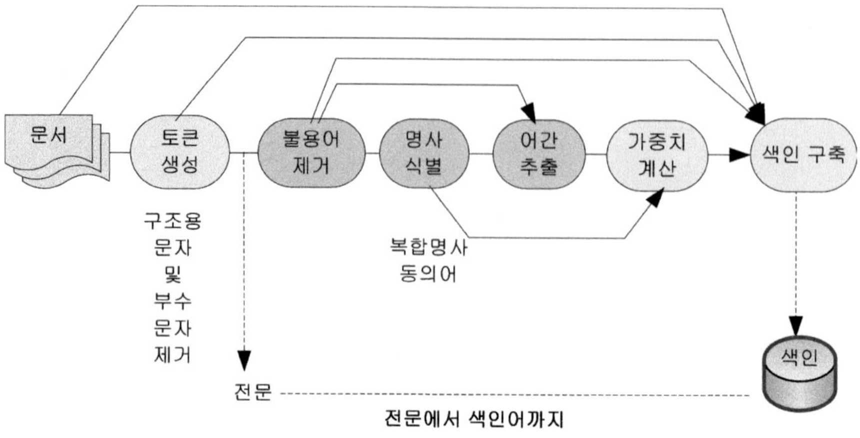

[그림 4.2] 색인(어) 추출 절차

[표 4.4] 색인어 추출 및 색인 구축 절차

구분	작업	내 역
1	토큰 생성	문서의 전체 문자열에서 단어를 식별.
2	불용어 제거	관사, 전치사, 동사 등의 의미 없는 단어 제거
3	복합명사, 동의어 식별	복합명사 분리, 시소러스를 이용하여 동의어 식별
4	어간 추출	접두사, 접미사, 파생어, 활용어 들을 감안하여 어간을 추출
5	가중치 계산	색인어의 빈도수와 가중치를 계산
6	색인 구축	용어와 가중치를 포함하여 역색인 구축

1) 토큰 생성

문서를 처음부터 읽으면서 문서 구조에 사용되는 특수 문자들과 강조, 띄어 쓰기, 콤마, 느낌표, 숫자, 문장부호, 대소문자 등의 보조적인 문자들을 걸러내고 단어들로 구성된 토큰(token, 키워드)을 생성한다. 인터넷 검색에서는 웹 로봇이 웹 사이트의 HTML 문자들을 읽어서 태그 등의 부수적인 문자들을 걸러내고 실제 의미가 있는 단어들만 추려낸다.

[표 4.5] 불용어 실례

a, about, after, afterward, again, all, also, an, and, another, any,,,

2) 불용어 제거

문서 집합에서 80% 이상이 공통적으로 출현하는 단어라면 검색할 필요가 없는데 이런 단어들을 불용어(stopword)라고 한다. [표 4.5]와 같이 전치사, 관사, 대명사, 접속사 등의 문서 분력별이 떨어지는 단어들을 걸러낸다. 보조적으로 일부 동사와 부사 그리고 형용사들도 불용어로 취급할 수 있다. 불용어를 제거하면 색인의 크기가 40% 이상 작아진다는 부수적인 효과도 있다. 일반적으로 인쇄된 텍스트의 약 20-30%가 불용어이다.

3) 복합명사와 동의어 식별

복합명사들을 개별 단어로 분리한다. 예를 들어 '현대정보기술'이라는 단어는 '현대', '정보', '기술'이라는 세 개의 단어로 분리한다. '사동차징비'라는 단어는 '자동차'와 '정비'라는 두 단어로 나누고 다시 동의어를 찾아서 '차량'과 '수리'라는 용어들을 식별해 놓는다. 이 과정에서 시소러스(제4장 2절 2과 참조)를 잘 활용할 필요가 있다.

4) 어간 추출

사용자가 질의에 어떤 용어들을 명시하였고 문서 집합에 그 용어를 포함한 문서가 있으나 전혀 검색되지 않을 수 있다. 그 이유는 실제 문서에는 그 용어의 변형만 존재할 수 있기 때문이다. 예를 들어 사용자 질의에 'computer'라는 용어가 있으나 문서에는 'computed', 'computing', 'compute' 등의 단어만 존재한다면 검색되지 않을 수 있다. 따라서 문서의 용어와 질의 용어는 모두 접두사와 접미사 등을 제거하고 어간만을 추출(stemming)하고 검색할 필요가 있다.

5) 가중치 계산

같은 용어가 사용되어도 문서에 따라서 사용되는 비중이 다를 수 있기 때문에 사용자들은 자신이 원하는 비중으로 사용된 문서를 검색하려고 한다. 문서 검색을 효과적으로 수행하기 위해서는 용어 빈도수와 가중치 등을 계산하여 색인 생성 시에 같이 저장하여 검색 시 우선순위 부여에 활용한다. '자료'나 '정보'와 같이 모든 분야에서 많이 사용되는 단어들은 빈도수는 많지만 문서를 식별하는 능력이 부족하므로 가중치를 낮출 필요가 있다(용어 빈도수와 가중치 계산은 제3장 질의 연산을 참조)

6) 색인 구축

모든 색인어가 추출되면 문서 검색에 적합한 자료구조의 역색인(inverted index) 형태를 선정하고 색인을 구축한다. 색인의 구조와 형태를 결정하는 것은 파일 구조와 편성에 관한 분야이다.

이상과 같이 색인어를 추출하는 문서 전처리 작업은 질의문을 처리할 때도 색인어를 찾기 위하여 사용되는 작업이다. 사용자 질의가 입력되면 구문 분석을 하고 문자열을 처리하여 색인어를 추출하고 색인을 탐색하기 위한 작업을 수행한다.

4.2.2 시소러스

문서를 검색할 때 시스템이 동의어를 지원하지 않으면 사용자가 모든 동의어를 질의에 추가하여 검색을 반복하여 수행해야 한다. 예를 들어 '자동차 정비'를 검색할 때 시스템이 동의어를 지원하지 않으면 사용자는 '차량 수리', '차량 정비', '자동차 수리', '승용차 정비', '승용차 수리' 등의 다양한 동의어와 관련어들을 질의에 포함해 보아야 한다. 검색 시스템이 동의어를 지원하게 하려면 시스템이 동의어 사전을 구비하고 질의를 검색해야 한다. 이렇게 검색에 사용되는 동의어, 관련어 등이 들어있는 자료집을 시소러스(thesaurus)라고 한다.

(1) 시소러스의 정의와 구성

시소러스라는 말은 그리스어로 '지식(단어)의 보고'라는 의미였으며 지금은 용어 사전, 유의어 사전, 관련어집 등을 의미한다. 문자를 검색할 때 검색어의 동의어/반의어, 계층적 관계(광의어, 협의어), 단어 간의 종속성 등을 보여주는 용어 사전이다. 시소러스를 정의하면 다음과 같다.

1) 용어 상호 간의 관계를 정의한 사전
2) 용어들 사이의 관계 정보를 제공하는 어휘 도구
3) 용어들을 뜻의 관점에서 분류하여 체계화한 자료집

첫째, 용어 간의 관계로는 동의어, 유사어, 광의어, 협의어, 관련어, 반의어 등이 있으므로 이들의 관련성을 명확하게 기술한다.

둘째, 용어들 사이의 관계는 계층 구조로 표현하고 용어는 단어(word)의 어간과 어미 변화를 기술하며 구(phrase)를 모두 관리한다.

셋째, 용어들의 의미를 정확하게 분류하여 잘 활용할 수 있도록 만든 사전이라는 뜻이다.

가장 간단한 형태의 시소러스는 다음 두 가지로 구성된다.

> 1) 주요 단어 목록: 주어진 영역의 범위 안에서 수집하여 작성한 용어들의 모음
> 2) 관련어 목록: 각 단어별로 관련성이 있는 단어들의 모음

시소러스의 가장 단순한 형태는 동의어, 반의어, 유사어 등이 잘 기재된 사전과 같은 것이다. 이와 같은 시소러스를 만드는 목적은 다음과 같이 세 가지로 요약할 수 있다.

> 1) 동의어나 유사어를 질의에서 사용할 때 단어의 변형으로 처리한다.
> 2) 문서를 작성하고 관리할 때 어휘를 통제하기 위해서 사용한다.
> 3) 질의 과정에서 질의의 검색 범위를 확대하기 위해서 사용한다.

시소러스의 가장 큰 목적은 대형 문서 집합에서 사용자가 원하는 관련 문서를 효과적으로 검색하기 위한 것이다. [그림 4.3]은 현재 사용되는 시소러스의 실례로서 INSPEC Thesaurus[42]에서 'abstract data types'라는 용어의 다양한 관련어들에 대한 설명을 보여준다. 예를 들어 BT는 광의어로서 'data structure'를 의미하고, NT는 협의어를 의미하고, USE는 대체어를 의미하고 CC는 분류 코드로 작성 일자이며 DI는 입력 자료를 의미한다. 시소러스는 이와 같은 단어 설명들의 집합체이다.

42) INSPEC Thesaurus: INSPEC은 1967년부터 Institution of Engineering and Technology (IET)가 제작한 과학과 기술 분야의 색인 데이터베이스. 물리학, 컴퓨터, 제어, 기계공학 분야에 중점.

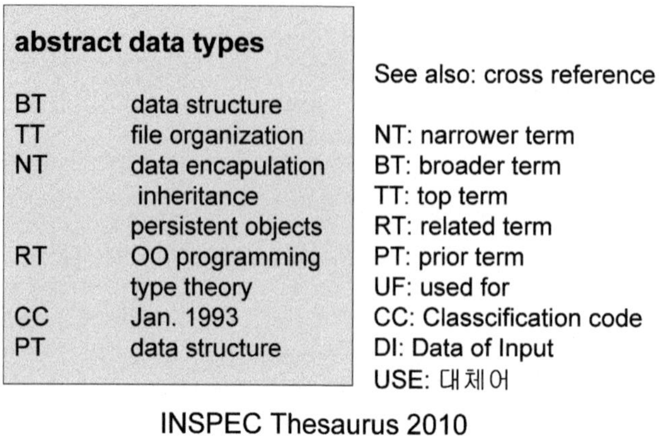

[그림 4.3] 시소러스의 실례: INSPEC Thesaurus 2010

(2) 시소러스의 역할

[그림 4.4]는 색인을 구축하는 과정과 사용자 질의를 처리하여 결과를 출력하는 과정에서 시소러스가 사용되는 역할을 보여준다. 시소러스는 용어집이므로 문서 검색 시스템에서 다음과 같이 크게 세 가지의 역할을 수행한다.

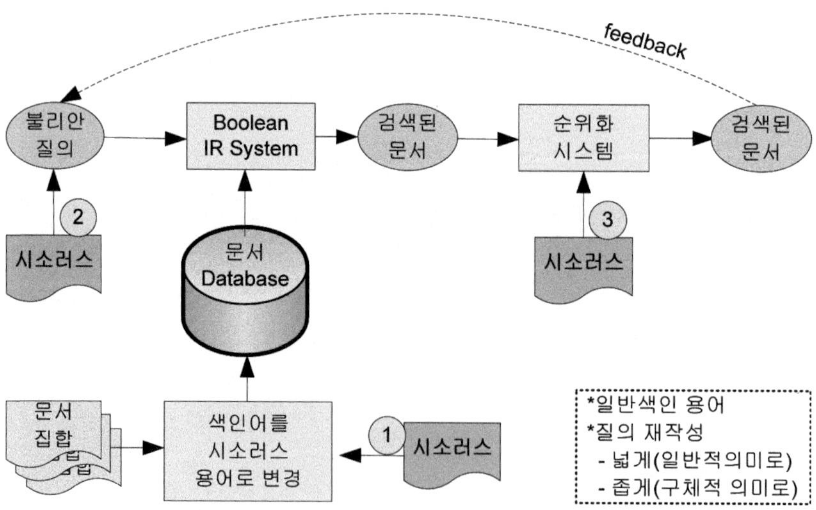

[그림 4.4] 시소러스의 역할

첫째 ①에서는 문서 집합에서 색인어를 추출하여 색인을 구축할 때 문서에 있는 용어들이 정확한 용어인지 확인하기 위하여 시소러스를 이용한다.

둘째 ②에서는 사용자가 질의문에서 키워드를 선택할 때 정확성을 확인하기 위하여 시소러스를 사용한다. 사용자가 질의에 의한 검색 결과를 보고 질의를 재작성하여 환류 시킬 때 광의어 또는 협의어 등을 선택하는 과정에서 시소러스를 사용한다.

셋째 ③에서는 사용자에게 제공하는 검색 결과에 우선순위를 부여할 때 질의 시에 사용되었던 용어와 같은 의미인지 확인하기 위하여 시소러스를 사용한다.

문서 검색 시스템에서 시소러스의 역할은 용어들이 다양한 의미로 사용되는 것을 확인하고 정확한 의미로 사용하도록 도와주는 것이다. 시소러스는 이와 같이 키워드와 관련된 작업에 필수적이다.

색인어 처리는 문서 집합을 위한 색인 구축과 질의에서 용어를 추출하기 위한 질의어 처리 과정에서 모두 사용되기 때문에 정보검색 시스템 구축에서 가장 중요한 작업이다. 색인이 정보검색 효율을 결정하는 첫 번째 요소이기 때문이다.

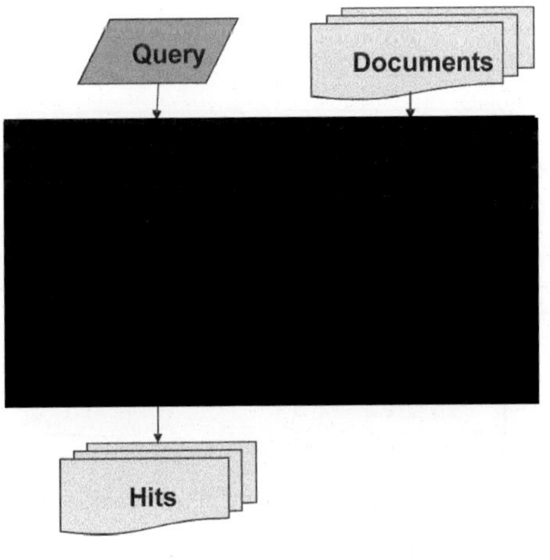

[그림 4.5] 문서 검색 시스템의 기능

4.3 문서 검색 시스템

문서 검색 시스템은 넓은 의미에서 문서를 검색하는데 필요한 문서 집합(collections), 질의, 검색, 색인 등 문서 검색과 관련된 모든 프로그램과 사용 규칙과 관련 자료 체제들을 의미한다. 좁은 의미에서의 문서 검색 시스템은 문서를 검색하는데 필요한 프로그램을 의미한다. 이 절에서는 좁은 의미의 문서 검색 시스템인 검색 프로그램의 기능과 구조를 살펴본다.

4.3.1 문서 검색 시스템 기능

문서 검색 시스템의 프로그래밍 기능은 [그림 4.5]와 같이 일종의 블랙박스로 간주할 수 있다. 검색 시스템에 문서 집합(documents)과 질의(query)를 제공하면 질의와 관련된 문서(hits)들을 검색 결과로 제공해주는 기능이다. 따라서 검색 시스템은 질의를 입력받아서 주어진 문서 집합을 이용하여 효율적으로 최적의 검색 결과를 제공하는 프로그램과 보조 자료(색인)의 집합이다.

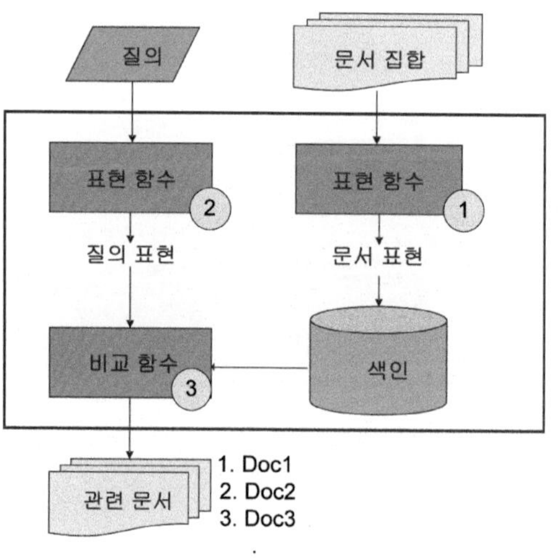

[그림 4.6] 문서 검색 시스템의 세 가지 기능

[그림 4.6]은 문서 검색 시스템의 세 가지 기능을 수행하기 위해 구성된 내부 구조를 보여준다. 첫째 ①의 표현 함수 기능에서는 문서 집합으로부터 색인어를 추출하여 색인을 구축한다. 이 기능은 문자열을 처리하는 것으로서 문서 전처리(색인어 추출) 기능이 핵심이다. 문서가 추가, 삭제 갱신될 때마다 검색 시스템은 색인을 정비해야 한다. 문서를 등가의 색인으로 변환하는 것이므로 표현 함수라고 한다. 둘째 ② 기능에서는 사용자가 요구하는 정보의 내용을 색인에서 검색할 수 있는 질의문으로 표현한다. 질의문을 작성하는 과정도 질의에서 용어를 추출하는 것이므로 문서 전처리 과정과 동일하다. 셋째 ③ 기능에서는 검색 프로그램이 사용자의 정보 요구가 반영된 질의문으로 작성된 질의 표현과 문서 표현으로 작성된 문서 색인을 탐색하여 유사한 문서들을 검색하고 검색 결과를 유사도 순위에 따라 사용자에게 제공한다.

4.3.2 문서 검색 시스템 구조

문서 검색 시스템의 내부 구조는 검색 시스템의 세 가지 기능을 달성하기 위하여 [그림 4.7]과 같이 색인을 구축하는 프로그램과 색인을 검색하는 프로그램 등 두 개로 구성된다. 색인 구축 프로그램은 색인을 사용하면서 문서 파일의 변동 사항을 반영하는 정비 업무도 포함하며, 색인 검색 프로그램은 검색 결과에 우선순위를 부여하는 기능을 포함한다.

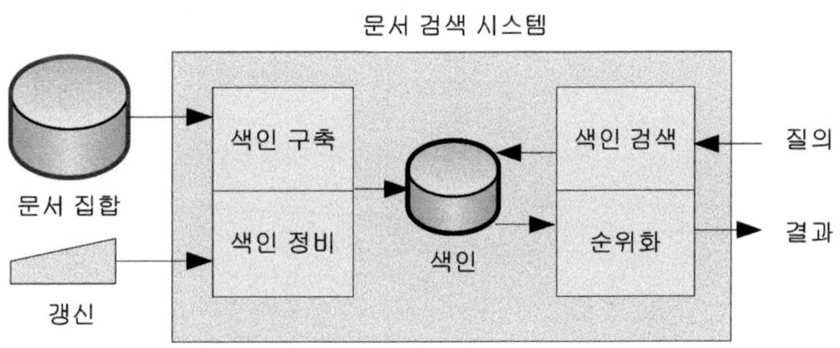

[그림 4.7] 문서 검색 시스템의 주요 모듈

[그림 4.8]의 문서 검색 시스템에서 색인 구축 프로그램은 첫째 문서 집합을 읽어서 문자열을 처리하여 색인어를 추출하는 프로그램과 둘째 추출된 색인어들로 색인을 생성하는 프로그램으로 구성된다. 첫째 문자열 처리 과정은 [그림 4.2]와 같이 색인 구축 과정에서 구문분석(parsing), 불용어 제거(stopword removal), 어간 추출(stemming)

등의 작업순서로 진행되고, 둘째 색인 생성 과정은 추출된 색인어들을 이용하여 검색에 효율적인 색인 데이터베이스를 구축하는 작업이다.

[그림 4.8]의 색인 검색 프로그램은 네 개의 모듈로 구성된다. 첫째 사용자들이 질의를 제시하고 검색 결과를 제공받는 사용자 인터페이스 프로그램과 둘째 사용자 질의를 검색 시에 실행할 수 있는 명령문으로 만드는 질의 처리(query process) 프로그램과 셋째 검색 명령문을 실행하여 색인에서 원하는 정보를 검색하는 탐색 프로그램과 넷째 검색된 결과들을 대상으로 우선순위를 부여하는 프로그램으로 구성된다.

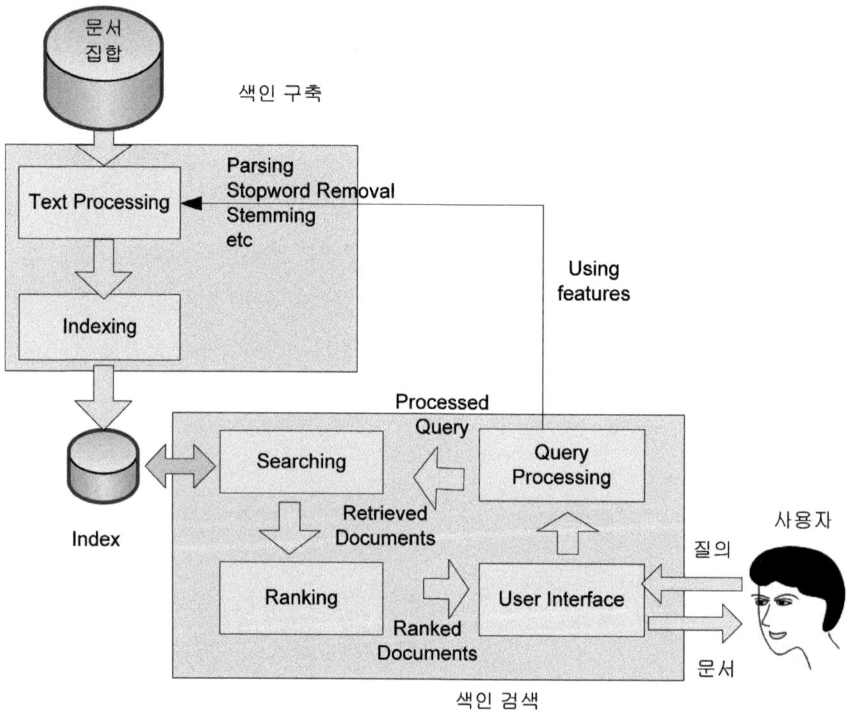

[그림 4.8] 문서 검색 시스템의 구조

문서 검색에서는 문서의 문자들을 대상으로 색인을 만들고 문자열로 질의를 만들어 검색하므로 문자열 처리가 가장 중요하다. [그림 4.9]는 문자열 처리를 중심으로 구성한 문서 검색 시스템의 구조이다. 사용자가 제시하는 질의문도 문자열 처리(text process) 과정을 거치고, 문서 집합에서 색인어를 추출하는 과정도 문자열 처리 과정을 거쳐야 한다. 사용자 질의는 실행 가능한 질의 명령어로 변환되어 색인을 대상으로 검색을 수행하게 되고 그 검색 결과로 문서들이 얻어진다. 검색 결과로 얻어진 문서들은 우선순위가 부여되어 사용자에게 제시되며 사용자는 결과를 검토하고 다시 질의를 수정하여 재검색(환류)을 요구할 수 있다. 재검색 과정에서 재 작성되는 질의 과정을 사용자 환류라고 한다. [그림 4.9]에서 질의 검색은 사용자가 언제든지 검색 시스템을 직접 접근해야 하기 때문에 온라인으로 운영하고, 색인을 구축하는 부분은 검색 시스템 운영자가 관리하기 때문에 오프라인으로 운영해도 지장이 없다. 색인을 구축하는 부문은 자동과 수동 처리 그리고 온라인과 오프 라인이 모두 가능하다.

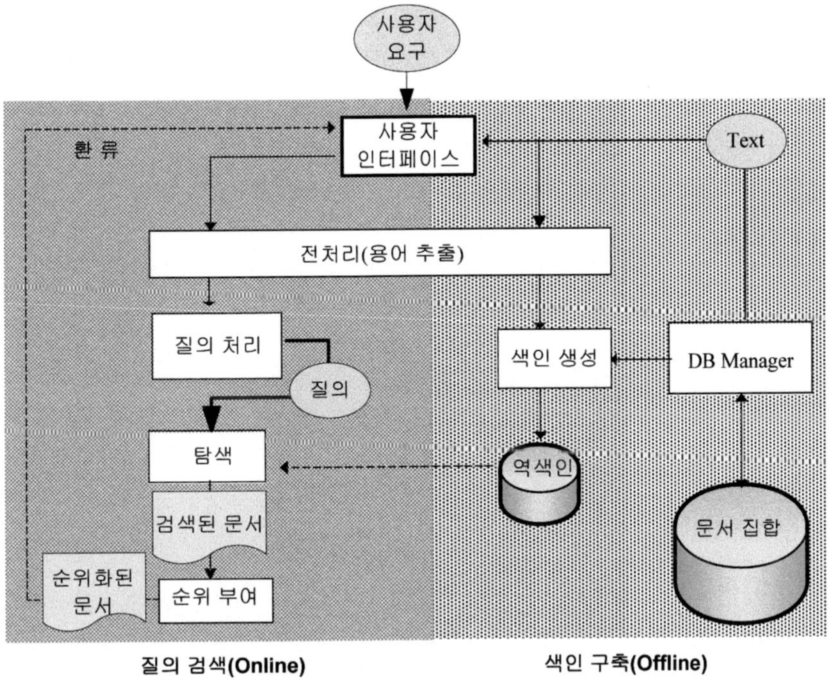

[그림 4.9] 문자열 처리 중심의 검색 시스템 구조

4.4 문자열 탐색 알고리즘

구조화되지 않은 문자열로 구성된 문서에서 사용자가 원하는 키워드를 찾는 순차 탐색 알고리즘은 간단하지만 실제로 사용되는 구현 알고리즘은 다양하다. 문서에서 문자열을 탐색하는 알고리즘은 질의 안의 색인어와 정확하게 일치하는 단어를 찾는 정보검색 분야에서 주로 사용된다. 이 알고리즘은 길이가 *n*인 긴 문자열 *t*에서 길이가 *m*인 작은 패턴[43] *P*가 나타나는 모든 문자열의 위치를 찾는 것으로서 패턴 정합(pattern matching) 알고리즘이라고도 한다. 패턴 정합 알고리즘은 매우 간단하고 기본적인 Brutal Force 알고리즘에서 복합한 Boyer-moore 알고리즘까지 다양하게 개발되어 있다. 그 중에서도 동시에 여러 개의 패턴을 탐색하는 다중패턴(multipattern) 알고리즘이 효율적이므로 널리 사용되고 있다.

4.4.1 Brutal Force(BF) 알고리즘

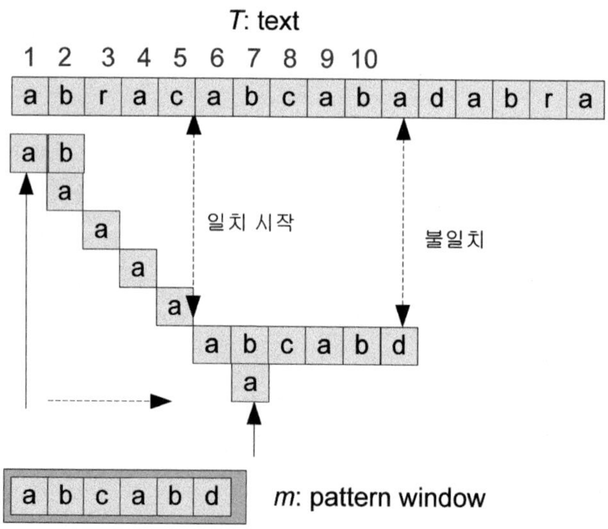

[그림 4.10] Brutal Force 알고리즘 개요

43) pattern: 프랑스어 patron에서 온 말. 되풀이 되는 물체로서 물건을 만들 때 가장 기초가 되는 형태. 여기서는 반복적으로 나타나는 문자열로 검색하려는 단어를 의미.

Brutal Force 알고리즘은 가장 간단한 패턴 정합 알고리즘이다. 긴 텍스트 t 위에 짧은 패턴 P를 창문(window)처럼 올려놓고 왼쪽 문자부터 한 문자씩 차례대로 비교한다. 만약 일치하지 않는 문자가 나타나면 패턴 창문을 오른쪽으로 한 칸 이동하고 다시 창문의 왼쪽 문자부터 비교하기 시작하여 오른쪽 텍스트의 끝가지 반복적으로 진행한다. 창문의 모든 문자가 일치하면 창문의 위치가 찾으려는 문자열의 위치이다.

```
#include "stdafx.h"
#include <string.h>                  // strlen() 함수를 사용하기 위한 헤더 파일

void BrutalForce(char *pat, int m, char *text, int n)
{                                    // n: text 길이, m: 패턴 길이
  int i, j, k, count=0; // i: text 변수, j: 윈도우 변수

  for (i=1; i<=n-m+1; i++) {
    k = i;                           // k: text의 현재 위치
    for (j=1; j<=m && text[k] == pat[j]; j++) {
      k++;
      count++;                       // 비교 횟수
    }
    if (j >= m) {
      printf("찾은 위치: %d, 비교횟수 = %d₩n",k-m+1, count);
      j = 1;                         // 패턴 창무의 초기화
    }
  }

}

int main(int argc, char* argv[])
{
    char text[] = {"aabcabdkskabcadgkabcababbadabcabbdabcababcadgjgjabcabasjhgabc
                   abdababcabcadabcabbabcabd"};
    char pat[]  = {"abcabd"};
    BF(pat, strlen(pat), text, strlen(text));
    printf("₩n Hello World! ₩n");
    return 0;
}
```

[그림 4.11] Brutal Force 패턴 정합 프로그램

[그림 4.10]에서 짧은 패턴인 'abcabd'로 구성된 창문 P를 긴 텍스트 t 위에 올려놓고

창문의 왼쪽 문자부터 하나씩 비교하면서 오른쪽으로 이동한다. 창문 안에서 1번째와 2번째 문자가 일치하지만 3번째 문자가 불일치하므로 창문 자체를 1칸 이동하며 계속 비교한다. 4번째 문자가 일치하지만 5번째 문자가 불일치하여 창문이 또 이동한다. 6번째 문자부터 일치하기 시작하여 10번째 문자까지 모두 일치하고 11번째 문자에서 불일치한다. 그러면 알고리즘은 창문을 한 칸 이동하여 7 번째 문자 b에서 다시 탐색을 계속한다. 따라서 BF 알고리즘은 문자열 t의 처음부터 끝까지 한 칸씩 창문을 이동하면서 문자를 비교한다.

[그림 4.11]은 이 알고리즘을 구현한 C 언어 코드로서 복잡도(complexity)[44]를 살펴보기로 한다. 텍스트 t의 전체 길이 n을 처음부터 끝까지 읽어야 하므로 $O(n)$이 소요되고, 텍스트 t의 매 문자마다 패턴의 창문을 비교해야 하므로 $O(m)$이 중복되어 최악의 경우에 O(mn)이 된다. 그러나 패턴이 텍스트 t의 모든 문자마다 일치하는 경우가 거의 드물기 때문에 평균적으로는 O(n)이 된다. 그 이유는 매 문자마다 $O(1)$ 비교 후에 불일치가 주로 발견되기 때문이다. 특히 이 알고리즘은 패턴 전처리 과정이 필요 없기 때문에 상대적으로 효율적이다. 패턴 정합의 많은 알고리즘들은 이 알고리즘의 수정본이라고 할 수 있을 정도로 이 알고리즘이 가장 기본적인 형태이다.

대부분의 새로운 알고리즘은 패턴 창문 안에서의 문자를 비교하는 방식이나 패턴 창문 자체를 이동하는 방식을 개선하여 효율을 향상한 것이다.

4.4.2 Knuth-Morris-Pratt(KMP) 알고리즘

KMP 알고리즘은 Knuth와 Morris, Pratt 세 명이 BF 알고리즘을 변형하여 개발한 것이다. 이 알고리즘은 창문 안에서 문자를 비교하다가 불일치하면 창문을 이동할 때 한 문자씩 이동하지 않고 기존의 읽은 정보를 이용하여 더 멀리 이동함으로써 탐색 효율을 개선하는 방식이다.

알고리즘의 핵심은 이미 읽은 정보를 이용하는 것으로서 텍스트에 패턴이 일치하는 접두사가 존재한다면 이를 이용해서 일치되지 않는 텍스트의 첫 위치를 추론하는 것이다. 이를 위해서 탐색을 시작하기 전에 전처리 과정에서 패턴 안의 앞뒤 문자들이 같고 다름에 따라서 탐색 시에 불일치할 때 뒤로 이동하는 자릿수를 계산하여 배열 next[]에 저장해둔다. 이 알고리즘은 전처리 과정에 의하여 탐색 시에 비교하는 횟수를 줄임으로써 효율이 향상된다.

44) 복잡도(complexity): 계산 문제를 해결하기 위하여 알고리즘을 수행하는데 소요되는 시간과 메모리 사용량을 측정하는 전산학의 이론.

[그림 4.12](a)와 같이 긴 문자열 *t*에서 검색하려는 패턴 m이 다음과 같이 주어지면 전처리(preprocess) 과정에서 얻으려는 배열 next의 값은 '0 0 0 1 2 0'과 같다. 1은 한 문자가 같다는 뜻이고 2는 두 문자가 연속하여 같다는 의미이므로 패턴 안에 동일한 문자열이 있으면 불일치가 발생했을 때 그 문자열만큼 비교하지 않고 이동하려는 것이다.

전처리 과정을 살펴보면 [그림 4.12](b)와 같이 패턴 m의 'abcabd'에서 접두사와 접미사를 구분하고 접미사와 일치하는 최장 접두사의 끝자리 위치가 불일치 시에 이동하는 위치를 찾는 것이다. 그 이유는 문자열 전체가 불일치할 때 이동해야 하는데 앞에서 이미 일치한 부분은 비교하지 않고 이동하려는 것이다. 따라서 패턴 m에서 접두사의 몇 자리가 접미사와 일치하는지를 검사한다.

```
index:  1 2 3 4 5 6 7 8 9 10
t:      a z f b d a b c a d f t
m:      a b c a b d
next[]  0 0 0 1 2 0
```

(a) 패턴과 next[]

```
a b c a b d           ........   접미사
      a b c a b d     ..........  접두사
```

(b) 접두사와 접미사

[그림 4.12] KMP 알고리즘의 자료구조

[그림 4.12](b)에서 윗 패턴을 접미사로 보고 아래 패턴을 접두사로 보면 접미사와 접두사의 두 문자가 중복된다. 따라서 중복되는 첫 문자 a 다음에서 불일치하면 불일치 앞으로 1칸을 이동하고, 두 번째로 중복되는 ab 다음에서 불일치를 만나면 앞으로 두 칸을 이동하도록 전처리 배열 next[]값을 '0 0 0 1 2 0'으로 설정한다. 즉 중복되는 첫 문자 a의 next 값은 1이고 두 번째로 중복되는 b의 next 값은 2로 설정한 것이다.

[그림 4.13]에서 텍스트 *t*의 첫 문자와 두 번째 문자가 일치하지만 세 번째 문자가 불일치하므로 창문을 이동하고, 4번째 문자에서 일치하였으나 5번째 문자에서 불일치하여 또 창문을 이동하하고, 다시 6번째 문자에서 일치하기 시작하여 11번째 문자에서

불일치가 발생하였다. 이 때 일치한 문자 'b'의 next[5]의 값이 2이므로 불일치한 11번째 문자의 2칸 앞인 9번째 문자로 이동하여 다시 비교를 시작한다. 즉 창문이 6번 문자에서 비교를 시작하다가 중간에 불일치가 발생하여 BF 알고리즘 같으면 7번 문자로 한 칸 창문을 이동해야 하지만 KMP 알고리즘에서는 6번에서 9번 문자로 많이 이동하여 효율을 향상한 것이다.

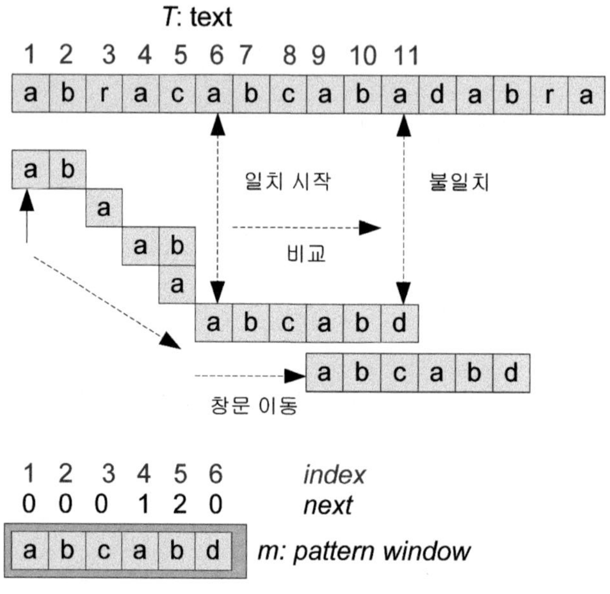

[그림 4.13] KMP 알고리즘의 창문 이동 절차

[그림 4.14]는 KMP 알고리즘을 C 언어로 작성한 프로그램이다. KMP() 프로그램에서는 탐색을 시작하기 전에 전처리 모듈 preKMP()에서 next[] 배열의 이동 값을 설정해둔다. KMP 프로그램에서는 첫 문자부터 패턴 창문을 올려놓고 비교하기 시작하여 불일치가 발생하면 next[]에 설정된 이동 값만큼 이동하면서 비교를 진행한다. 이 알고리즘은 텍스트 *t*의 각 문자마다 창문을 한 번씩 비교하므로 최대로 2n번을 수행한다. KMP 알고리즘의 복잡도는 평균적으로 $O(n)$이지만 실제로는 BF 알고리즘보다 우수하다.

```
void KMP(char *pat, int m, char *text, int n)
{
  int next[10];
  int i, j, k, lim, count=0;
```

```
    printf("n=: %d, m = %d₩n",n, m);
    preKMP(pat, m, next);

    i = j = 0;
    while ( i < n ) {                                   // i: text 변수, j: 패턴 변수
       while (j>-1 && pat[j] != text[i])
          j = next[j];                     //접미사와 접두사 문자가 다르면 j 값 재설정
       i++;
       j++;
       count++;                                      // 비교 횟수
       if ( j >= m ) {
          printf("찾은 위치: %d, 비교횟수 = %d₩n",i-j+1, count);
                j = next[j];                      // 패턴 창문의 초기화
       }
    }
}
```

(a) KMP의 검색 프로그램

```
void preKMP(char *pat, int m, int next[])
{
  int i, j;

   i = 0;
   j = next[0] = -1;
   while ( I < m ) {
      while (j>-1 && pat[i] != pat[j])
         j = next[j];
      next[++i] = ++j;
   }
   for (i=1; i<m+1; i++) printf("%d", next[i]);
}
```

(b) KMP의 전처리 프로그램

[그림 4.14] KMP 알고리즘의 코드

4.4.3 Boyer-Moore(BM) 알고리즘

BM 알고리즘은 1977년에 Boyer와 Moore가 개발한 패턴 정합 알고리즘이다. 지금까지 알려진 특정 문자열 탐색 알고리즘 중에서 가장 탐색 속도가 빠르다. 현재 문서

편집기(document editor) 등 문자열을 탐색하는 프로그램에서 가장 많이 이용되고 있다. 이 알고리즘은 KMP 알고리즘과 마찬가지로 패턴 창문 안에서 본문의 문자열을 비교하다가 불일치가 발견되었을 때 패턴의 내부 정보를 이용하여 보다 많이 창문을 오른쪽으로 이동하는 것이다.

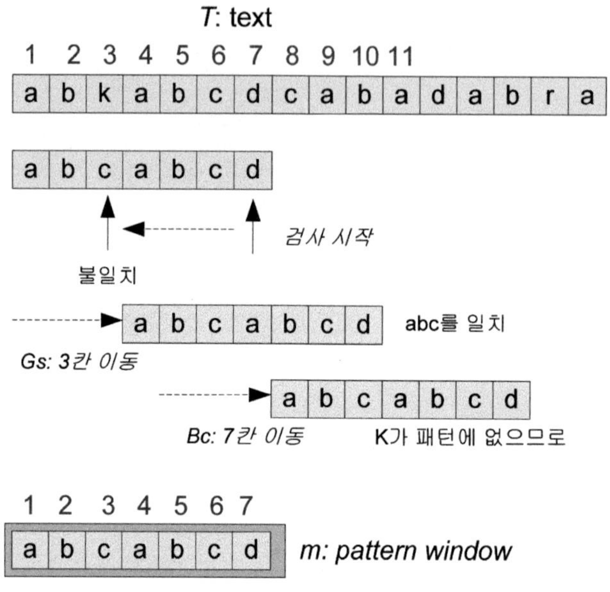

[그림 4.15] BM 알고리즘의 문자 비교 절차

BM 알고리즘의 핵심은 다음 두 가지 이다.

1) 패턴의 오른쪽부터 문자를 비교하기 시작하여 왼쪽으로 탐색을 한다.
2) 불일치 시에 오른쪽으로 이동할 길이를 패턴의 문자별로 미리 계산해둔다.

KMP 알고리즘과 마찬가지로 불일치 시에 이동할 위치를 계산하는 전처리 과정이 필요하다. BM 알고리즘은 [그림 4.15]와 같이 불일치 시에 오른쪽으로 이동하는 위치를 두 가지 방식으로 계산한다. 두 가지 방식 중에서 더 큰 값만큼 오른쪽으로 이동한다. 두 가지의 전처리 과정은 나쁜 문자 방식(Bc, bad character method)과 좋은 접미사 방식(Gs, good suffix method)이다. 불일치가 발생했을 때 패턴 문자의 Bc와 Gs 배열에 저장된 이동 길이를 비교하여 더 큰 쪽의 값을 선택하여 창문을 오른쪽으로 이동한다.

(1) 나쁜 문자 방식

나쁜 문자 방식(bad character method)은 패턴 창문의 오른쪽 문자부터 왼쪽으로 비교하다가 불일치가 발견되면 Bc 배열에 저장된 길이(패턴의 길이)만큼 오른쪽으로 창문을 이동하는 방식이다. 이 기법은 텍스트와 패턴의 오른쪽 문자부터 비교하며 이동 방식은 다음과 같다.

> 1) 두 문자가 같으면 왼쪽으로 이동한다.
> 2) 두 문자가 다르고 패턴에 없으면 패턴 길이만큼 이동한다.
> 3) 두 문자가 다르지만 패턴에 있으면 두 문자를 일치시킨다.

```
A  STAR  ASGEASTH  STING
STING
     STING
         STING
              STING
                   STING
```

[그림 4.16] Boyer-Moore 알고리즘의 나쁜 문자 방식

[그림 4.16]의 실례에서 패턴 'STRING'을 텍스트 위에 올려놓고 비교를 시작한다. 처음 비교하는 텍스트의 A와 패턴의 G가 다르며 A가 패턴 안에 없으므로 패턴을 패턴의 길이 5만큼 오른쪽으로 이동한다. G가 일치하지만 S와 N이 일치하지 않으므로 이동해야 하는데 S가 패턴에 있으므로 두 S가 일치하도록 패턴을 이동한다. 이번에는 S와 G가 일치하지 않으므로 S가 일치하도록 패턴을 이동한다. 이번에도 S가 일치하지 않으므로 S가 일치하도록 이동하면 문자열이 일치하는 것을 찾을 수 있다.

(2) 좋은 접미사 방식

좋은 접미사 방식(good suffix method)은 KMP 알고리즘과 유사한 방식으로 패턴 문자열에 있는 중복을 이용하여 오른쪽부터 왼쪽으로 비교한다. 접미사란 패턴 안에 반복되는 문자열이 있으면 그 정보를 이용하여 그만큼 더 이동하려는 중복된

문자열이다. 이 방식은 문자를 비교하기 전에 전처리 과정에서 중복 문자열을 찾는다. 창문의 오른쪽부터 검색을 시작하고 불일치가 발견되면 오른쪽으로 창문을 이동한다. 이 방식에서도 오른쪽부터 한 문자씩 비교하며 왼쪽으로 이동하는데 이동 절차는 다음과 같다.

1) 두 문자가 같으면 왼쪽으로 이동한다.
2) 두 문자가 다르고 패턴과 일치하는 부분이 있으면 이동하여 일치시킨다.
3) 두 문자가 다르고 패턴과 일치하는 부분이 없으면 패턴 길이만큼 오른쪽으로 이동한다.

[그림 4.17]의 실례에서 패턴 'abcab'를 텍스트 위에 올려놓고 비교를 시작한다. 패턴의 두 문자 ab가 뒤에 반복되는 것을 이용한다. 창문 오른쪽의 첫 번째 문자인 b가 일치하고 두 번째 문자 b가 패턴의 a와 불일치하므로 패턴에 있는 앞의 b가 텍스트에 일치하도록 패턴을 두 칸 이동한다. 이번에는 두 문자가 일치하고 b와 패턴의 c가 불일치하므로 패턴의 앞 ab가 일치하도록 패턴을 3칸 이동한다. 이번에는 첫 문자 b가 같고 b와 a가 다르므로 패턴의 b를 일치하도록 3칸을 이동한다. 이번에도 a와 패턴의 c가 다르므로 접미사 ab를 일치하도록 3칸을 이동하면 패턴과 일치하는 것을 확인할 수 있다.

```
a b c b b a b b b b a a b c a b
a b c a b
    a b c a b
          a b c a b
                a b c a b
                      a b c a b
```

[그림 4.17] Boyer-Moore 알고리즘의 좋은 문자 방식

```
void preBc(char *pat, int m, int bmBc[]) {
   int j;
   for (j = 0; j < ASIZE; ++j)          // 초기화
      bmBc[j] = m;
   for (j = 0; j < m - 1; ++j)          // pat 배열의 bmBc값 확인
      bmBc[pat[j]] = m - j - 1;
```

```
}
```

(a) BC 프로그램

```
void suffixes(char *pat, int m, int *suff) {
  int f, g, j;

  suff[m - 1] = m;                                   // suff[m-1]값 위치에 m = 8
  g = m - 1;                                         //g값은 x의 배열 크기에서 - 1
  for (j = m - 2; j >= 0; --j) {            //suff[j] 값을 7,6,5,4,3,2,1,0으로 저장
    if (j > g && suff[j + m - 1 - f] < j - g)
      suff[j] = suff[j + m - 1 - f];
    else {
      if (j < g)
        g = j;       // j와 g의 인덱스 값이 틀릴 경우 0을 나오게 하기위해 j값 치환
        f = j;       //else 문에서 false가 나왔을 경우 i의 값을 이동시키기 위해
        while (g >= 0 && pat[g] == pat[g + m - 1 - f])      //x[g]
          --g;
        suff[j] = f - g;         //while문이 flasc가 되면 ture 개수만큼 i배열의 값을 입력
      }
  }
}
```

(b) 접미사 계산 코드

```
void preGs(char *pat, int m, int bmGs[]) {
  int i, j, suff[XSIZE];

  suffixes(pat, m, suff);                      // suff 값
  for (j = 0; j < m; ++j)                      //bmGs 배열값을 전부 m+1로 초기화
     bmGs[j] = m;
  i = 0;
  for (j = m - 1; j >= 0; --j)
     if (suff[j] == j + 1)        //for문을 통해 suff의 0번 인덱스에는 0 or 1밖에는 들어갈
        for (; i < m - 1 - j; ++i)         // 위if문에서 같은 값을 확인하면 진입하여
          if (bmGs[i] == m)        // 최초 굿 서픽스 값은 8로 초기화 했기 때문에 true가
             bmGs[i] = m - 1 - j;  //suff 값의 배열위치의 들어간 값이 그대로 들어

  for (j = 0; j <= m - 2; ++j)                // 다시 최초 bmGs값의 재배열 실시한다.
     bmGs[m - 1 - suff[j]] = m - 1 - j;
```

```
}
```

(c) GS 프로그램 코드

```
void BM(char *pat, int m, char *text, int n) {
   int i, j, bmGs[XSIZE], bmBc[ASIZE];        // i: text 변수, j: pat 변수

   preGs(pat, m, bmGs);          // Gs 값
   preBc(pat, m, bmBc);          // Bc 값
   i = 0;
   while (i <= n - m) { // n: text 길이, m: pat 길이
      count++;
      for (j = m - 1; j >= 0 && pat[j] == text[i + j]; j=j) {
                   --j;
                   count++;
      }
      if (j < 0) {                              //if j<0, pat 검색 성공
         OUTPUT(i);
         i += bmGs[0];                          // Gs만큼 이동
      }
      else                                      // 불일치 발견 시
        i += MAX(bmGs[j], bmBc[text[i + j]] - m + 1 + j); //Gs와 Bc 중 큰 값으로 이동
   }
}
```

(d) BM 탐색 프로그램

[그림 4.18] BM 프로그램의 코드

[그림 4.15]는 'abcabcd'로 구성된 패턴 창문을 텍스트 t의 시작 위치에 놓고 검사를 시작한다. 패턴 창문 안에서는 오른쪽 문자부터 검사를 시작하여 왼쪽으로 이동하다가 불일치한 문자를 만나면 이동 위치를 계산하여 창문을 이동한다. 그림에서는 창문의 오른쪽 끝에서 비교를 시작하여 텍스트 t의 접미사 'abcd'가 일치하고 다시 3번째 문자가 다르기 때문에 패턴 창문은 Gs 배열에 의하여 3칸 이동한다. 만약 첫 문자에서 불일치하면 Gs 방식의 3칸과 Bc 방식에 의하여 7칸을 이동해야하는데 더 큰 크기인 7칸만큼 이동한다.

[그림 4.18]은 BM 알고리즘을 C 언어로 구현한 프로그램이다. 이 알고리즘도 KMP와 마찬가지로 불일치 발견 시에 이동 위치를 미리 계산하는 전처리 과정을 처리하는 preGs(), preBc() 등의 모듈이 필요하다. 이 알고리즘의 전처리 시간은 $O(m+c)$이며 탐색 시간은 평균 $O(nlogn/m)$이고 모든 문자열을 비교하지 않으므로 부분적으로 선형이며 최악의 경우에는 $O(mn)$이 된다. 평균 복잡도는 $O(n)$이지만 실제로는 KMP보다 우수하다.

(3) 세 알고리즘의 비교

[그림 4.11]의 실험용 text[]의 문자수는 100개이고 패턴 m의 문자열 'abcabd'의 문자수는 6개이며 이들을 대상으로 BF, KMP, BM 알고리즘을 실험하였다. 패턴 'abcabd'가 텍스트 문자열의 처음과 중간과 마지막에 세 곳에 위치한 상태에서 BF, KMP, BM 프로그램을 수행한 결과 비교횟수는 각각 166번, 100번, 58번이었다. 따라서 KMP 알고리즘을 기준으로 BF 알고리즘은 66%가 더 소요되었으며 BM 알고리즘은 42%가 감소되었다. 이것은 아주 작은 시험 자료로 특별한 자료의 경우에 해당되지만 효율의 차이를 가늠할 수 있다. 그러나 전처리 과정에서 패턴의 문자를 비교하는 횟수가 4개인 것을 감안하면 결과적으로 각각 57%, 31%, 36%가 향상된 것이다. 전처리에 소요되는 비용을 계산할 때 패턴의 크기 strlen(pat)는 텍스트 문자열에 비하여 크기가 매우 작으므로 큰 파일에서는 효율에 영향을 주지 않을 것이다.

연습문제

4.1 다음 용어들을 정의하시오.

1) 문서 검색 2) 불용어 3) 시소러스 4) 가중치 5) 알고리즘
6) 패턴 매칭 7) 개념기반 질의 8) 복잡도 9) 패턴 정합

4.2 문서 검색의 중요성과 핵심 주제를 설명하시오.

4.3 문서 검색의 가장 큰 문제점과 대책을 설명하시오.

4.4 색인어 추출 과정을 설명하시오.

4.5 시소러스를 만드는 방법을 기술하시오.

4.6 시소러스가 사용되는 분야와 역할을 설명하시오.

4.7 문서 검색의 발전 과정을 기술하시오.

4.8 문서 검색과 정보검색의 관계를 설명하시오.

4.9 문서 검색을 위한 색인을 만드는 방법을 설명하시오.

4.10 문서 검색에서 인공지능이 필요한 분야와 내용을 설명하시오.

4.11 색인을 추출할 때 불용어를 제거하는 이유는 무엇인지 설명하시오.

4.12 색인 구축 시에 가중치를 반영하는 이유를 설명하시오.

4.13 문서 검색 시스템의 기능과 구조를 설명하시오.

4.14 문자열 탐색 알고리즘이 필요한 응용분야를 모두 설명하시오.

4.15 문자열 탐색 알고리즘의 아이디어를 설명하시오.

4.16 KMP 알고리즘이 BM 알고리즘보다 얼마나 더 우수한지 설명하시오. 그 이유를 설명하시오.

4.17 텍스트 파일을 만들고 BF, KMP, BM 알고리즘으로 프로그램을 만들어서 탐색 효율을 비교하시오.

4.18 문서 검색이 가장 많이 적용되는 응용분야들을 순서대로 기술하시오.

4.19 멀티미디어 검색에서 문서 검색의 역할을 설명하시오.

4.20 문서 검색의 미래를 전망하시오.

[Information Retrieval]

제5장

정보검색 모델

제5장 정보검색 모델

정보검색에서 요구되는 과제는 정보를 요구하는 질의 형식이 쉬워야 하고, 검색 결과가 사용자의 요구를 충분히 반영해야 하며, 검색 속도가 빨라야 한다. 그러나 현실에서는 정보검색 시스템이 사용자의 요구를 대체로 만족시키지 못하고 있다. 사용자들은 검색 결과가 정확하지 못해서 많은 시간을 소비하고 있다고 생각한다. 사용자가 제시하는 질의와 검색하려는 문서 집합을 연결하는 수단과 방법이 우수할수록 검색 결과와 검색 만족도는 향상될 것이다. 사용자의 검색 만족도를 높이려면 정보검색 시스템을 제작하는 기술을 향상시켜야 하는데 그 대표적인 수단이 정보검색 모델이다.

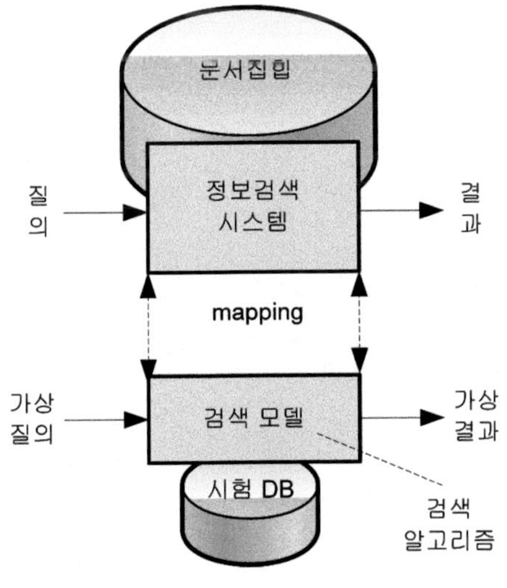

[그림 5.1] 정보검색 모델과 시스템의 관계

정보검색이란 용어를 매개로 사용자 질의에 의하여 문서 집합에서 원하는 문서를 찾아오는 것이고 모델(模型, model))이란 대상 객체를 가상적으로 만드는 설계 수단이다. 따라서 정보검색 모델은 용어를 매개로 사용자 질의와 문서 집합을 연결하는 과정을 가상적으로 만드는 것이며 그 핵심에는 질의문으로 색인(문서 표현)을 찾는 검색 알고리즘이 있다. 검색 알고리즘이 우수하다면 검색 결과가 우수할 것이고 그렇지 않다면 역시 결과도 우수하지 않을 것이므로 정보검색 모델은 매우 중요하다. 정보검색 모델은 [그림 5.1]과 같이 질의가 어떤 문서와 관련되는지를 가상적으로 결정하는 도구이다. 검색 모델은 정보검색 시스템에서 질의와 문서 집합을 연결할 수 있는 핵심 알고리즘을 가상적으로 만드는 것뿐만 아니라 시험 자료를 이용하여 모델의 기능과 성능을 시험하는 기능도 수행한다.

5.1 소개

모델이란 특정한 목적물을 만들기 위하여 대상을 미리 가상적으로 만든 객체를 말한다. 모델을 사용하는 이유는 구축하려는 객체를 정확하게 완성하기 위한 것이다. 모델 없이 목적물을 만드는 것은 설계도 없이 건물을 짓는 것과 같다. 모델링(modeling)은 설계도 없이 목적물(건물)을 만들었을 때 야기될 수 있는 실패를 미연에 방지하기 위한 작업이며 제작 과정에서 관련자들 사이에 의사소통을 하기 위한 수단이 된다. 특히 복잡한 시스템이나 프로그램은 만들어도 성능과 기능을 정확하게 확인하기 어렵기 때문에 적절한 모델을 만드는 것이 매우 중요하다. 모델을 만드는 것은 [표 5.1]과 같이 목적을 달성하기 위한 좋은 수단이기 때문이다.

[표 5.1] 모델의 목적과 기능

순서	목 적	기 능
1	설계	설계 목적을 정확하게 반영하고 확인
2	의사소통	관련자들 사이의 의사소통 수단
3	시험	예상 시험 자료를 준비하여 미리 시험
4	교육 훈련	제품 개발 이후를 대비한 사용자 교육

모델을 잘 만드는 것은 제품이 완성되었을 때의 기능과 성능을 미리 예측할 수 있고 모의실험을 통하여 확인할 수 있다. 비행기를 새로 만들 때는 모델을 설계하고 모의실험기(simulator)를 만들어서 시험 조종사들을 훈련시킨 다음에 실제 비행기를 만들어

서 시험 비행하는 것이 필수적인 과정으로 자리잡고 있다.

정보검색 모델은 정보검색 시스템을 구축하기 위하여 특정한 검색 목적에 맞추어 가상적으로 만드는 설계도이다. 이론적으로 우수한 정보검색 모델을 설계하면 실제로 구현된 검색 시스템도 우수할 것이다. 정보검색 시스템에 관해서 제4장까지 많은 논의를 하였으므로 지금부터는 정보검색 모델에 대하여 논의하기로 한다.

정보검색이란 사용자가 제시하는 용어를 통하여 데이터베이스에서 그 용어와 관련된 정보를 찾는 일이다. 사용자는 질의를 제시하는데 그 질의 안에 용어들이 포함되어 있으며, 그 용어들과 관련이 되는 문서들을 문서 집합에서 찾아오는 일이다. 따라서 검색 수단으로서 질의와 문서를 연결하는 용어(키워드)와 검색 조건을 잘 선정하는 일이 중요하다.

5.1.1 검색 모델의 정의와 구성

정보검색 모델에 대한 논의에 앞서서 검색 모델의 기초와 정의를 살펴보기로 한다.

(1) 정보검색 모델의 정의

정보검색 모델을 설명하기 위하여 모델에 대한 정의부터 살펴보기로 한다. 모델을 설명하기 위하여 관련 전문가들의 주장을 정리하면 다음과 같은 다양한 기술이 가능하다.

1) 특정한 목적을 위하여 대상의 모양이나 기능을 가상적으로 만든 객체.
2) 대상을 경제적이며 부분적으로 추상화하여 만든 객체.
3) 이론이나 시스템에 대해 알려진 속성을 모두 설명하는 잠정적 서술.
4) 대상의 특정 부분들을 집중적으로 조명하기 위한 추상화 기술.
5) 특정한 목적을 위하여 대상을 가상적으로 만드는 수단.

이상과 같은 모델의 정의를 더 정리하면, 모델은 특정한 대상을 간단하게 만든 객체이거나 간단하게 만드는 기술(수단)이라고 할 수 있다. 이를 기반으로 정보검색 모델을 다음과 같이 간략하게 정의할 수 있다.

1) 용어를 매개로 질의와 문서의 관련성을 결정하는 도구.
2) 용어를 통하여 질의와 문서를 연결하는 알고리즘.

첫째 정의는 질의와 문서가 용어를 매개로 어떻게 유사한지를 결정하는 원리를 중시하는 정의이다. 둘째 정의는 정보검색 모델이 사용자 질의에 어떤 문서가 적합한지 또는 부적합한지를 결정하는 논리(프로그램)의 기능을 중시하는 정의이다.

정보검색 모델에 대한 정의에 의하여 정보검색을 효과적으로 수행하려면 다음 두 가지 기능이 요구된다.

1) 용어 공간으로 표현된 문서와 질의가 어떻게 관련되는가?
2) 질의와 문서가 얼마나 관련된다고 표현할 것인가?

첫째 기능은 문서와 질의를 모두 용어로 표현하고 표현된 용어들의 유사성에 의하여 관련성을 연결할 수 있다고 결정하는 방법이 있다. 여기에는 용어들이 질의와 문서를 대표할 수 있다는 가정이 전제된다.

둘째 기능은 검색된 문서들이 질의와 얼마나 관련되는지를 정도에 따라 순위로 나타내는 일이다. 질의와 문서마다 관련된 용어들의 유사한 정도를 수치화하고 그 수치에 따라서 우선순위를 결정한다.

(2) 정보검색 모델의 구성

정보검색 시스템을 구현하는 검색 모델은 [그림 5.2]와 같이 몇 가지의 핵심 요소들로 구성되어 있다. 문서 집합의 정보는 컴퓨터 프로그래밍에 의하여 정확하게 검색할 수 있도록 특정한 검색 언어에 의하여 일정한 정보 표현 방식으로 변환하여 색인 데이터베이스에 저장한다. 정보 사용자들은 이 정보 표현 방식과 검색 언어를 이용하여 색인 데이터베이스에 질의를 던진다. 사용자가 작성한 질의는 사전에 구축된 검색 논리를 적용하여 데이터베이스를 검색하고 검색 결과를 반환한다. 문서 집합의 문서 자료와 이용자가 제시하는 질의 자료는 인터페이스를 통하여 일정한 규격으로 데이터베이스 정보와 대응되고 비교할 수 있어야 한다.

검색 논리는 [표 5.2]와 같이 두 가지 종류의 부합(matching)에 의하여 수행된다. 부합은 용어 간에 형성되거나 용어 빈도수 같은 유사도 간에 형성된다. 용어 부합이 질의와 문서의 용어 사이에서 직접 수행되는데 반하여 유사도 부합은 간접적인 계산을 통하여 얻어진 측정치에 대해 수행된다.

용어 부합과 유사도 부합은 다음과 같이 수행된다.

1) 용어 부합

용어 부합은 완전(exact) 부합, 부분(partial) 부합, 위치(position) 부합, 범위(range) 부합 등으로 분류할 수 있다.

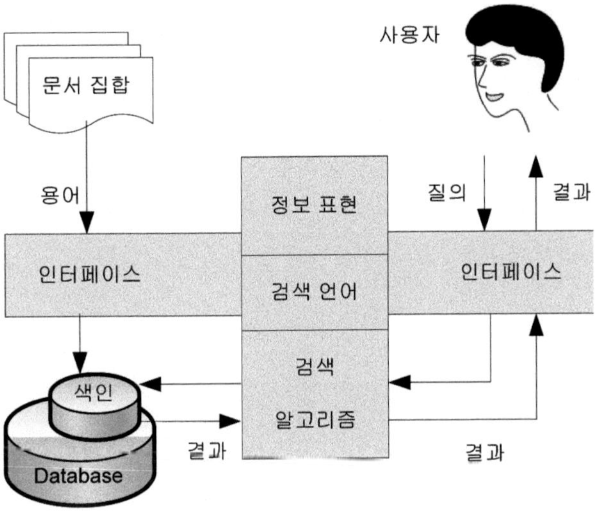

[그림 5.2] 정보검색 모델의 구성요소

완전 부합은 질의 표현이 데이터베이스 안의 문서 표현과 완전히 일치하는 것을 의미하고, 부분 부합은 데이터베이스 안의 문서 표현의 일부분만 질의 표현과 일치하는 경우이다. 예를 들어 SQL에서 "김*"라는 질의 표현은 데이터베이스에서 '김'으로 시작하는 문자열을 찾는 경우이다. 위치 부합은 질의 표현과 같은 내용이 존재하는 위치를 고려하여 검색한다. 원하는 질의 표현이 같은 문장 안에 있든가 또는 같은 문단 안에 있는 경우에만 검색을 필요로 하는 경우이다. 예를 들어 'information and retrieval within sentence'는 'information'과 'retrieval'이라는 두 단어가 같은 문장 안에 있을 경우에만 검색하라는 요구이다. 범위 부합은 숫자로 표현하거나 순서적으로 표현하는 경우에 적용할 수 있다. 예를 들어 나이가 '20 - 40'이라면 20에서 40 사이의 나이를 가진 모든 사람들을 검색하라는 의미이다.

2) 유사도 부합

유사도 부합(similarity match)은 질의와 문서가 비슷한 것을 검색하려는 것으로서 정확하게 일치하는 문서가 드믈 때 사용하는 수단이다. 응용분야와 검색 모델에 따라서 여러 가지 방법으로 수행된다. 불리언 모델에서는 집합 연산 방식에 의하여 질의 조건에 부합하는 검색을 수행하며, 벡터공간 모델에서는 문서와 질의 벡터 간의 거리나 각도를 기반으로 부합 정도를 측정하고, 확률 모델에서는 질의와 문서 사이의 적합 확률을 결정하기 위하여 용어 빈도를 기반으로 유사도를 계산한다.

유사도 부합의 특징은 용어 자체가 아니라 용어들의 분포에 따라 유사도를 계산하고 유사도 수치에 의하여 검색이 결정되는 것이다. 유사도를 계산하는 방식은 용어의 출현수, 빈도수 등을 이용하는 기법에 따라 다양하지만 부합은 정보검색의 기본적인 요소이다. 실제 정보검색 시스템에서는 유사도를 계산하는 방법에 따라서 검색 성능이 결정되기 때문에 매우 중요하다.

[표 5.2] 검색의 논리

검색 논리	종 류	내 역
용어 부합	완전 부합	질의와 완전히 일치하는 용어 검색
	부분 부합	질의와 부분적으로 일치하는 용어 검색
	위치 부합	검색하는 용어들의 위치 관계에 따라 검색
	범위 부합	질의에서 허용하는 범위의 내용을 검색
유사도 부합	간접 검색	질의와 문서의 유사한 정도에 따라 검색. 간접적인 요인들을 계산하여 유사도를 기준으로 검색

5.1.2 정보검색 모델의 분류와 형식

이 절에서는 정보검색 모델들을 분류하고 대표적인 표현 형식들을 논의한다.

(1) 정보검색 분류

정보검색 시스템은 도서관을 중심으로 경험적으로 발전되어 왔으나 학문적으로는 집합론, 대수론, 확률론의 기반위에 성장하였다. 정보검색 모델은 전통적으로 불리언, 벡터, 확률 모델이 주축을 이루고 있다. 정보검색 모델을 체계적으로 분류하면

[그림 5.3]과 같이 크게 검색과 브라우징으로 구분되고 검색은 다시 축적과 여과로 구분된다. 검색이 데이터베이스에서 사용자가 원하는 문서를 가져오는 것이라면 브라우즈는 데이터베이스에서 문서들이 있는 그대로 구조를 따라가면서 읽는 것이다. 정보검색은 [표 5.3]과 같이 축적과 여과, 브라우즈 등으로 분류할 수 있다.

[표 5.3] 정보검색의 분류

분 류	내 역
축적 ad hoc	문서 집합은 변함이 없고 질의는 변화
여과 filter	사용자 질의는 변함이 없으나 문서 집합이 변화
브라우즈 browse	문서의 구조를 따라서 정보를 읽어 오는 것

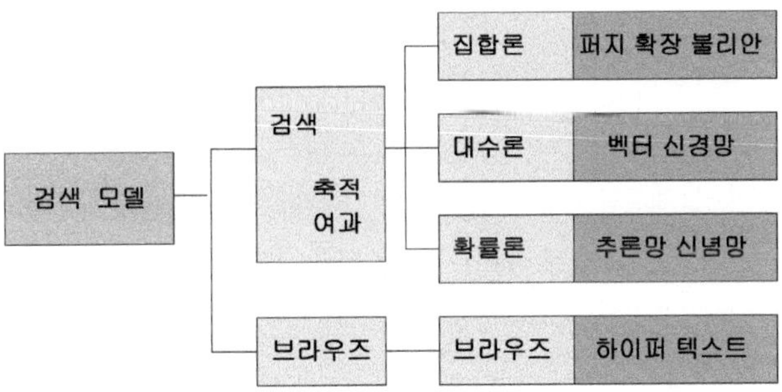

[그림 5.3] 정보검색 모델의 분류

축적(ad hoc)이란 문서 집합은 변함이 없는 상태에서 질의가 계속 변화하면서 정보검색을 수행하는 형태이다. 예를 들어 조선왕조실록의 경우에는 실록 자체가 역사적인 자료이므로 변할 수 없는 특성이 있으나 검색을 하는 사용자들의 요구는 시간에 따라서 지속적으로 변화할 수 있다.

여과(filtering)는 사용자들의 질의는 변함이 없으나 문서 집합이 지속적으로 변화하는 경우의 검색을 의미한다. 예를 들어 주식 시장의 정보나 신문 기사 정보는 내용이 수시로 변화하지만 사용자들의 요구는 상당 부분이 변함없이 반복된다.

브라우즈(browse)는 사용자가 원하는 정보를 가져오는 것이 아니라 데이터베이스에 있는 그대로 데이터베이스의 구조를 따라서 정보를 읽는 것이다. 주기적으로 특정 보고서 전체를 읽어야 하는 사람들은 보고서를 브라우즈한다고 말한다. 예를 들어 매주 경제 동향 보고서를 점검하는 신문사 담당과 정부 관료들은 항상 보고서 전체를 목차에 따라 브라우즈한다.

검색 모델은 수학의 집합, 대수, 확률론을 이론적인 기반으로 하여 여러 가지 모델들이 개발되었다. 집합론을 기반으로 불리안(boolean) 모델과 퍼지(fuzzy) 모델이 개발되었고, 대수론을 기반으로 벡터공간(vector space) 모델과 신경망(neural network) 모델이 개발되었으며 확률론을 기반으로 추론망(inference network[45]))과 신념망(belief network)[46]이 개발되어 사용되고 있다. 이들에 대한 자세한 내용은 본 장의 2절, 3절, 4절에서 각각 논의하기로 한다. 대표적인 브라우즈는 인터넷을 서핑(surfing)하는 것으로 하이퍼텍스트(hypertext)를 따라서 웹 사이트들의 정보를 읽는 방법이 있다.

(2) 정보검색 모델의 형식

정보검색 모델을 정의하고 분류한 것을 시작으로 정보검색 모델을 표현하는 기법에 대하여 논의한다. 정보검색 시스템을 구축하기 위해서는 적용분야에 알맞는 검색 시스템을 설계해야 하는데 설계의 첫 단계가 정보검색 모델의 특성을 설계하는 것이다. 정확한 설계를 위하여 정보검색 모델을 표현하는 기법을 설명한다.

정보검색 모델은 다음과 같이 /*D, Q, F, R(qi, dj)*/의 4가지 구성 요소로 정의된다.

1) D : 문서 집합
2) Q : 사용자의 질의
3) F : 질의와 문서의 유사성을 연결하는 함수
4) $R(q_i, d_j)$: Q에 속하는 질의 q_i를 문서 d_j에 연관시켜주는 순위 결정 알고리즘

문서 집합(document set, collection) *D*는 검색 대상이 되는 모든 문서들의 집합이다. 질의 Q는 사용자가 요구하는 정보를 문서 집합 *D*에서 찾기 위한 질의이다. 함수 *F*는 사용자의 요구인 Q와 문서 집합 D에서 유사도를 계산하여 유사한 문서를 검색하

45) 추론망: 확률에서 경험론이 아닌 인식론적 관점에서 통계 실험이 필요 없는 신념도로 해석하는 확률 모델.

46) 신념망: 1996년 Ribeiro-Neto와 Muntz가 제안. 확률의 인식론적 관점에서 추론망과 유사한 모델. 명확하게 정의된 표본 공간을 적용함.

는 함수(function)이다. 질의와 문서의 관련성을 의미하는 $R(q_i, d_j)$는 질의 Q와 유사하다고 인정되는 문서 d_j들을 우선순위대로 나열하는 알고리즘이다.

5.2 불리언 모델

불리언 모델은 수학의 집합론과 불 대수론(boolean algebra)을 기반으로 작성한 질의 식을 문서 집합에 적용하여 관련 문서를 추출하는 단순한 검색 모델이다. 모든 구성 요소들은 집합으로 표현된다. 질의는 사용자가 원하는 용어들을 매개로 AND, OR, NOT 등의 집합 연산자를 이용하여 질의 식(query expression)을 만들고 관련된 문서를 정의한다. 문서 집합에서 질의 식을 연산하여 얻은 결과는 문서들이 관련이 있거나 없다는 2분법적인 사실로 제시된다. 집합의 논리상 부분 정합이나 순위는 부여되지 않는다.

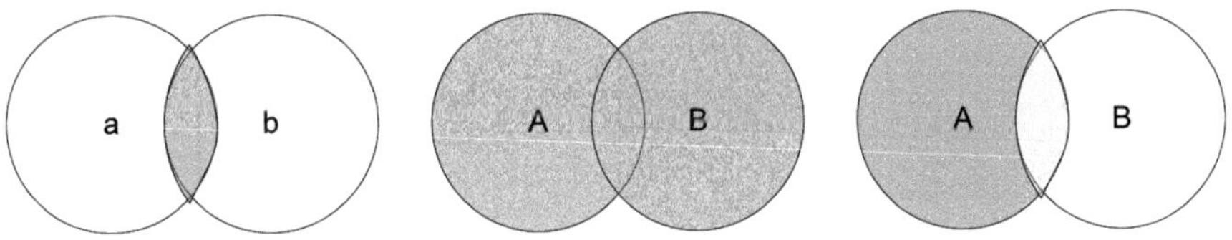

(a) a AND b (b) a OR b (c) a AND NOT b

[그림 5.4] 불리언 대수와 집합

불리언 모델은 이미 제3장 질의 연산의 불리언 질의에서 연산 절차를 논의하였다. [그림 5.4]는 세 가지 불리언 대수의 연산자들에 대하여 다음과 같은 내용을 간단하게 설명한 것이다.

가) AND: AND는 두 개의 피연산자에 대한 교집합(intersection) ∩를 의미하며 두 개의 용어를 모두 포함하는 문서를 검색한다. 검색 시스템에서는 기호 '*'나 '&'를 사용하기도 한다.

나) OR: OR는 두 개의 피연산자에 대한 합집합(union) ∪를 의미하며 두 개의 용어 중에서 하나라도 포함하는 문서를 검색한다. 검색 시스템에서는 기호 '+'를 사용하기도 한다.

다) NOT: NOT은 한 개의 피연산자에 대한 차집합(difference) '–'를 의미하며 특정 용

어가 포함되지 않은 문서를 검색한다. NOT을 단독으로 사용하는 경우는 거의 없다. 검색 시스템에서는 기호 '!, -'를 사용하기도 한다.

불리언 질의 식은 AND, OR, NOT으로 연결된 대수식으로서 범위를 지시하는 괄호를 이용하여 표현한다. 예를 들어 "'data'나 'sign'이 존재하고 'boy'가 포함되는 문서 또는 'hotel'이 존재하고 'Hilton'이 포함되지 않는 문서를 찾아라"라고 한다면 다음과 같이 표현할 수 있다. [그림 5.5]는 다음 식을 질의 트리로 표현한 것이다.

((data OR sign) AND boy) OR hotel AND not Hilton

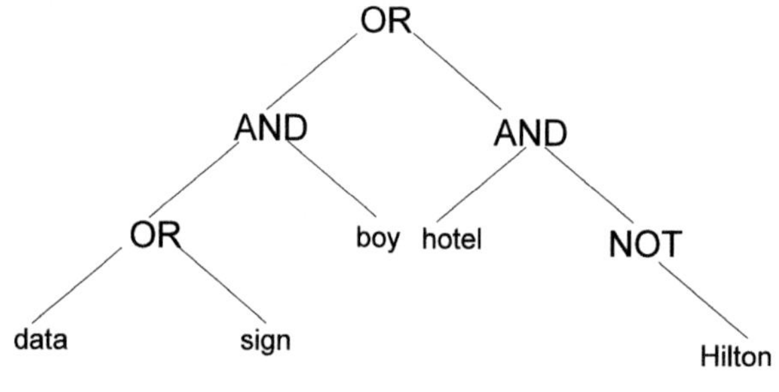

[그림 5.5] 불리언 질의 트리

불리언 모델은 검색 논리가 단순하고 질의를 이해하기 쉽기 때문에 인기 있는 검색 모델이다. 질의 형식이 명확하기 때문에 질의를 표현하는데 오류가 적다는 이점이 있다. 불리언 모델은 우선순위를 부여할 수 없으나 확장형 불리언 모델(extended Boolean model)은 순위를 부여할 수 있어서 합리적이고 효율적인 구현이 가능하다.

(1) 불리언 모델의 실례

불리언 모델의 기능을 살펴보기 위하여 실례를 적용하여 설명하기로 한다. [그림 5.6]의 문서 집합은 문서번호 DID를 기본 키(primary key)로 구축하였으며 용어를 색인으로 구축하였다. 문서번호를 기본 키로 하는 문서 집합을 용어로 구성된 질의를 이용하여 내용기반 검색 기법으로 검색할 수 있는 데이터베이스이다. 색인은 용어를 기본 키로 설정하고 이 용어가 포함된 문서들의 문서번호 DID를 모두 기억함으로써 용어를 이용하여 내용기반 검색을 수행할 수 있다. 이 실례에서는 'curve'와

'time'을 용어로 하는 색인을 예로 들었다.

질의에서 'curve'와 'time' 모두를 포함하는 문서를 검색하고자 하면 (curve AND time) 질의를 실행한다. 'curve'와 'time'을 모두 포함하는 문서는 다음 집합 연산을 수행한 결과일 것이다.

({12, 25, 36, 77, 125, 334} ∩ {11, 12, 34, 56, 76, 125})을 수행한 결과는 {12, 125} 이다.

질의에서 'curve' 또는 'time' 중의 한 단어를 포함하는 문서를 검색하고자 하면 (curve OR time) 질의를 실행한다. 'curve'나 'time'을 모두 포함하는 문서는 다음 집합 연산을 수행한 결과일 것이다.

({12, 25, 36, 77, 125, 334} ∪ {11, 12, 34, 56, 76, 125})를 수행한 결과는 다음과 같다.

{12, 25, 36, 77, 125, 334, 11, 12, 34, 56, 76, 125}

이것은 집합이므로 중복을 제거하면 다음과 같이 축소된다.

{12, 25, 36, 77, 125, 334, 11, 34, 56, 76}

질의에서 'curve'를 포함하고 'time'을 포함하지 않는 문서를 검색하고자 하면 (curve AND NOT time) 질의를 실행한다. 'curve'를 포함하고 'time'을 포함하지 않는 문서는 다음 집합 연산을 수행한 결과일 것이다.

({12, 25, 36, 77, 125, 334} - {11, 12, 34, 56, 76, 125})를 수행한 결과는 다음과 같다.

{25, 36, 77, 334}

불리언 모델에서는 합집합, 교집합, 차집합 등의 집합 연산자들을 이용하여 간단한 형태의 질의를 해결할 수 있다.

DID	문서
11	time …… curve
12	curve ….. Time….
25	Curve…..
34	…. time
36	curve
56	time
76	time
77	curve
125	curve time
334	curve

(a) 문서 집합

용어	문서 번호(DID)
curve	12, 25, 36, 77, 125, 334
time	11, 12, 34, 56, 76, 125

(b) 색인

(curve AND time) = 12, 125
(curve OR time) = 11, 12, 25, 34, …, 334
(curve AND NOT time) = 25, 36, 77, 334

(c) 질의 식

[그림 5.6] 불리언 모델의 검색 실례

(2) 확장 불리언 모델

불리언 모델은 용어 가중치를 적용하지 못하는 단점이 있고 벡터 공간 모델은 단순한 논리를 표현하지 못하는 단점이 있다. 확장불리언 모델은 불리언 논리를 유지하면서 용어에 가중치를 부여할 수 있게 설계되었다. 이 모델에서는 인접성, 위치, 빈도수, 인지된 유사도 등과 같은 변수들의 결합에 따라서 용어 가중치를 할당할 수 있다. 따라서 용어 가중치에 의하여 검색 결과에 우선순위를 부여할 수 있으므로 검색 결과들을 통제할 수 있다. 기본적으로 불리언 대수를 기반으로 하는 모델이므로 표현이 간단하다는 장점을 유지한다.

확장불리언 모델은 다음과 같이 여러 가지 단점이 수반되기 때문에 널리 활용되지 못하고 있다. 첫째, 벡터 공간 모델의 한계처럼 용어 가중치의 효과를 정확하게 할당하기 어렵다. 둘째, 논리적으로 동일한 질의에서 용어 가중치가 다르게 할당되면 동일한 결과를 산출하지 못한다. 이와 같은 이유로 인하여 널리 보급되지는 못하였지만 AltaVista와 같은 검색 시스템에서 사용하고 있다.

(3) 퍼지 집합 모델

퍼지 집합 모델(fuzzy set model)은 불리언 모델이 부분적인 적합성을 표현하지 못하는 단점을 개선하기 위하여 개발된 모델이다. 전통 집합 이론에서 한 객체는 어떤 집합에 속하거나 집합에 속하지 않는다. 불리언 모델에서도 한 문서가 질의에 적합하거나 부적합하다. 그러나 정보검색에서는 정확하게 적합한 문서만 찾는 것이 아니라 유사한 문서를 찾는 것이 목적이다. 따라서 부분적인 적합성을 표현할 수 있다면 정보검색을 더 정밀하게 반영할 수 있으므로 퍼지 집합 모델이 제안되었다.

Zadeh[47)]가 제안한 퍼지 모델은 질의와 문서를 키워드의 집합으로 구성된 색인어로 표현하는 것을 질의와 문서에 대한 부분적인 표현으로 간주한다. 질의와 문서가 일치한다는 것은 부분적인 가능성에 대한 확률이라는 가정에서 출발한다.

어느 회사에서 우수 사원에게 포상을 하려고 한다. 우수 사원은 10억 원 이상의 매출을 올린 사원들의 집단이다. 전통 집합 이론에서는 규칙에 의하여 10억 원 이상의 매출을 올린 사원들만 회원 등급이 1.0이 되어 포상을 받는다. 그러나 퍼지 집합에서는 5,000만원의 매출을 올린 사원들은 0.5의 등급을 받을 수 있으므로 우수 사원의 절반의 포상을 받을 수 있다. 이렇게 함으로써 1억 원 이상의 매출을 못 올리더라도 사원 등급을 세분화하여 우수 사원 집합과의 관계를 나타내면서 집단에 포함될 수 있는 것이 퍼지 집합이다.

퍼지 집합의 정보검색 모델은 질의어에 가중치를 할당하지 못하기 때문에 유연성이 떨어진다. 어떤 용어가 질의나 문서에 포함되어 있어도 존재 여부만으로 검색에 활용하기 때문이다. 다만 여러 용어들 중에서 몇 개를 포함하고 있는지에 따라서 부분적인 적합성을 표현할 수 있을 뿐이다.

(4) 불리언 모델의 장·단점

불리언 모델의 장점과 단점을 살펴보기로 한다.

1) 장점

첫째, 질의와 문서를 분해하여 얻은 여러 가지 패싯(facet)들을 관계 연산자를 이용하여 조작할 수 있다. AND 연산자는 두 개의 단순한 패싯을 결합시켜 복합 패싯을 형성함으로써 탐색 범위를 좁혀준다. OR 연산자는 탐색의 범위를 넓혀주

47) Lotfali A. Zadeh(1921-): 러시아 출생 미국 수학자, 전기공학자, 컴퓨터 과학자. Columbia 및 Berkeley 대학 교수. 1973년 퍼지 논리 제안.

고, NOT 연산자는 복합 패싯을 단순 패싯으로 분리함으로써 원하지 않는 패싯이 나타나지 않도록 제외시킨다. 이와 같은 조작으로 인하여 검색의 유연성과 검색 효과가 높다.

둘째, 불리언 논리는 비용효과면에서 다른 정보검색 모델들에 비하여 우수하다. 가장 오랫동안 개발되어 사용되어 왔기 때문에 새로운 검색 모델이 출현할 때마다 재평가되어 더욱 정교하게 발전하였으므로 만족도가 높다. 질의가 명확하고 이해하기 쉽다는 장점이 있어서 많은 상업용 검색 시스템에서 사용하고 있다.

셋째, 불리언 논리는 알고리즘이 단순하기 때문에 시스템 구축이 비교적 용이하다.

2) 단점

첫째, 불리언 논리는 간단하게 보이지만 실제로 사용자들이 많은 훈련과 연습을 해야 사용할 수 있다. AND와 OR 연산자가 주는 혼동 때문에 사용자들의 노력이 필요하다. AND는 '더하기'의 뜻으로 이해되고 OR는 '둘 중 하나'라는 뜻으로 이해되기 때문에 혼동을 야기한다.

둘째, 불리언 이외의 인과관계와 같은 용어간의 관계를 표현하는 것이 어렵다. 예를 들어 '교육에서의 컴퓨터 응용'이라는 정보를 얻으려면 질의는 '컴퓨터 AND 교육 AND 응용'과 같이 작성될 것이다. 그러나 결과는 예상과 달리 컴퓨터와 교육과 응용에 관한 내용이 나올 것이므로 원하는 것을 얻으려면 더욱 복잡한 연산을 필요로 한다.

셋째, 검색 기능이 이진 값(참 또는 거짓)에 근거하여 관련성이 있거나 없다는 두 경우 중에서 양자택일하기 때문에 결과가 너무 많거나 너무 적다는데 문제가 있다. 따라서 검색 결과에 대한 우선순위를 부여하기 어렵다는 문제도 따른다. 불리언 대수의 특성 상 부분적으로 일치하는 문서에 대한 검색이 곤란하다.

5.3 벡터 모델

벡터 모델(vector model)은 문서와 질의를 각각 용어들의 벡터(vector)[48]로 표현하고 두 벡터 간의 거리가 문서와 질의 사이의 유사도를 결정한다고 보고 유사도 값으로 우선순위를 계산하는 모델이다. 이 모델은 Salton[49]과 동료들이 정보검색 시스템을 구

48) vector: 크기와 방향을 동시에 나타내는 물리량. 두 가지를 모두 화살표로 표현 가능. 여러 개의 사물을 하나로 묶어서 사용하는 것. 실례: $(x_1, x_2, \dots, x_n)$

49) Gerald Salton(1927-1995): 미국 코넬대학 컴퓨터학과 교수. Smart 정보검색 시스템 개발.

축하고 시스템을 확장하는 과정에서 개발되었다. 이 과정에서 용어가중치, 출력의 우선 순위 부여, 적합성 환류 등의 기법들이 고안되었으며 벡터 모델은 정보검색 발전에 가장 큰 영향을 주었다. 벡터 모델은 실제로 벡터 공간 모델과 신경망 모델로 적용되어 사용되고 있다.

5.3.1 벡터 공간 모델

벡터 공간 모델(vector space model)은 같은 색인어 공간에서 문서와 질의의 용어들을 벡터로 표현하고 두 벡터 간의 유사도를 기준으로 관련 문서를 검색하는 방식이다. 문서 벡터와 질의 벡터는 각각 용어들의 목록으로 구성되며 각 용어의 값은 가중치(weight)로 표현한다. 각 용어의 가중치는 양의 실수로서 용어의 상대적 중요성을 의미한다. 용어의 가중치를 계산하는 방법에서는 용어 위치, 용어 근접성, 용어 출현빈도수(*tf*), 역문헌빈도수(*idf*), 개별적인 판단 등 여러 가지 알고리즘이 사용되고 있다(제3장 질의 연산의 3절 참조).

문서 d_j와 질의 q에서 용어 i의 가중치는 w_{ij}로 표현한다. 따라서 문서 d_j와 질의 q는 가중치를 이용하여 t-차원 벡터로 다음과 같이 표현할 수 있다.

$$d_j = (w_{1j}, w_{2j}, ..., w_{tj})$$
$$q = (w_{1q}, w_{2q}, ..., w_{tq})$$

문서 d_j와 질의 q의 벡터를 구성하고 있는 용어들의 가중치 값을 이용하여 화살표로 그리면 [그림 5.7]과 같이 표현할 수 있다. 문서 d_j와 질의 q의 벡터를 이루는 각도 θ가 0이라면 두 벡터는 동일한 벡터이고 0보다 클수록 상이한 벡터라고 판단할 수 있다.

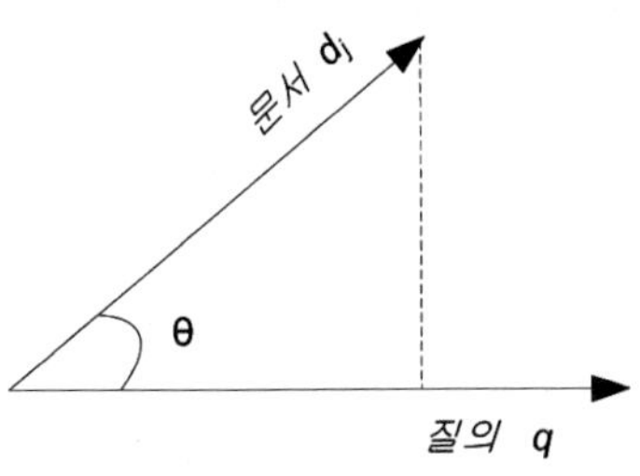

[그림 5.7] 유사도 계산

색인어를 위한 벡터 공간은 문서에 나타나는 색인어의 수 N으로 이루어진 N 차원의 벡터이다. 만약 D_1과 D_2 두 개의 문서와 질의 Q 안에 색인어의 수가 t_1, t_2, t_3의 세 개라면 [그림 5.8]과 같은 3차원의 벡터 공간으로 표현할 수 있다. 문서와 질의를 구성하는 용어들의 가중치에 따라서 문서와 질의 벡터를 그린 화살표가 있을 때 질의 Q와 문서 D_1과의 각도는 θ_1 이고 질의 Q 와 문서 D_2와의 각도는 θ_2 이다. 그림에서 θ_1 보다 θ_2가 크기 때문에 D_2 보다는 D_1이 질의 Q와 더 유사하다고 판단할 수 있다.

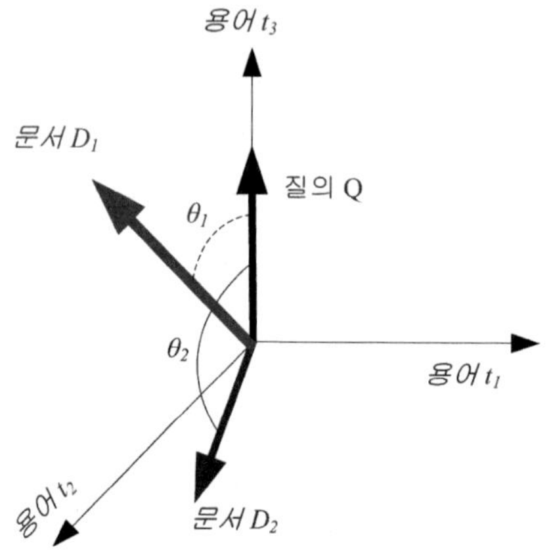

[그림 5.8] 문서와 질의의 벡터 공간

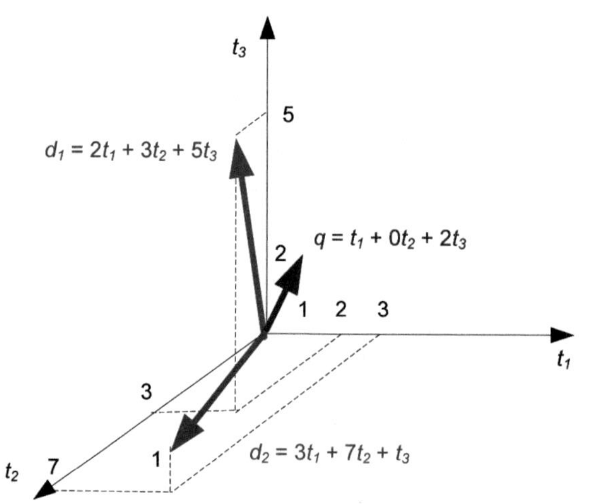

[그림 5.9] 두 문서와 질의 벡터의 유사도 실례

벡터 공간 모델을 실제 자료에 적용하여 구체적으로 질의와 문서들 간의 유사도가 얼마나 계산되는지를 논의한다. [그림 5.9]에서 나타난 질의 q와 두 문서 d_1, d_2 의 벡터 값은 다음과 같다.

$$q = t_1 + 0t_2 + 2t_3 = [1, 0, 2]$$
$$d_1 = 2t_1 + 3t_2 + 5t_3 = [2, 3, 5]$$
$$d_2 = 3t_1 + 7t_2 + t_3 = [3, 7, 1]$$

이들 벡터 간의 유사도를 그림으로 확인하고 측정할 수는 없으므로 여러 가지 유사도 함수들 중에서 (식 5-1)의 간단한 유사도 함수를 이용하여 산술식으로 계산하기로 한다.

$$S(d_i, q) = \sum t_{ik} * q_k \qquad \text{(식 5-1)}$$

$$S(d_1, q) = [2, 3, 5] * [1, 0, 2] = 1 + 0 + 10 = 12$$
$$S(d_2, q) = [3, 7, 1] * [1, 0, 2] = 3 + 0 + 2 = 5$$

두 계산식의 유사도 S의 값에 따라서 12 대 5의 비율로 d_1이 d_2보다 질의 q와 더 유사하다고 판단한다.

벡터 공간 모델에서 탐색을 수행하는 것은 공간상의 질의 벡터와 문서 벡터 사이의 각도로 나타나는 거리를 조사하는 것을 의미한다. 벡터 공간 모델은 질의와 문서 사이의 유사성을 cosine 계수와 같은 유사도 측정치를 산출함으로써 유사성을 판단한다. 각도가 크면 상이한 문서이고 작으면 유사한 문서이다.

5.3.2 신경망 모델

1950년대부터 컴퓨터 과학자들은 인간의 두뇌를 모방하여 학습할 수 있는 기계를 연구해왔다. 인간의 두뇌는 약 1,000억 개의 신경세포(neuron)들이 시냅스(synapse)[50]

50) 시냅스(synapse): 다른 신경세포와 정보를 교환하는 심경세포의 돌기. 수상돌기는 정보를 수신하고 축색돌기는 정보를 송신한다.

로 연결되어 정보를 처리하는데 기계와 달리 학습을 할 수 있는 것이 특징이다. 컴퓨터가 할 수 없는 학습을 두뇌가 할 수 있다는 사실에 착안하여 인공적으로 뉴런을 만들고 학습할 수 있는 기계를 만들려고 연구한 분야가 인공신경망 모델(neural network model)이며 간략하게 신경망이라고 부른다. 신경망은 두뇌의 신경세포 망을 흉내 내서 만든 정보처리체계이며 신경망 모델은 두뇌의 뉴런들의 연결 특성을 컴퓨터 모의실험으로 표현하는 수학 모델이다.

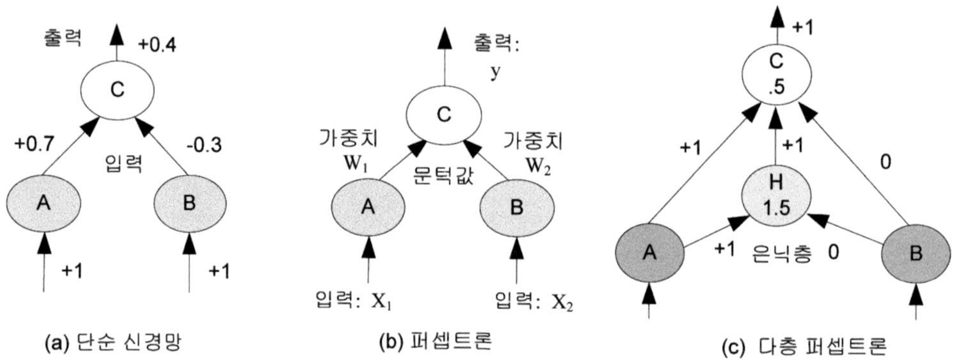

[그림 5.10] 신경망의 발전

신경망 모델은 단순하게 입력 정보들이 가중치를 반영하여 출력으로 전달하는 신경망에서 출발하여 문턱 값을 이용하여 학습을 강화할 수 있는 퍼셉트론(perceptron)을 거쳐서 은닉층(hidden layer)을 두어 XOR과 같은 복잡한 기능을 수행할 수 있는 다층 퍼셉트론으로 발전하였다.

신경망은 [그림 5.10]과 같이 단순한 신경망에서 퍼셉트론을 거쳐서 다층 퍼셉트론으로 발전하였다. 단순 신경망은 [그림 5.10](a)와 같이 단순하게 각 입력에 가중치를 곱한 값의 합계가 출력으로 전달하게 한다. 퍼셉트론은 [그림 5.10](b)와 같이 각 입력을 가중치에 곱한 값의 합계가 문턱 값을 넘고 못 넘는 것에 따라서 출력을 결정하고 가중치를 조절하여 원하는 출력을 만들게 하여 학습이 가능하게 하였다. 다층 퍼셉트론은 [그림 5.10](c)와 같이 은닉층을 이용하여 XOR 기능을 수행하게 하여 더욱 정교한 학습을 가능하게 하였다.

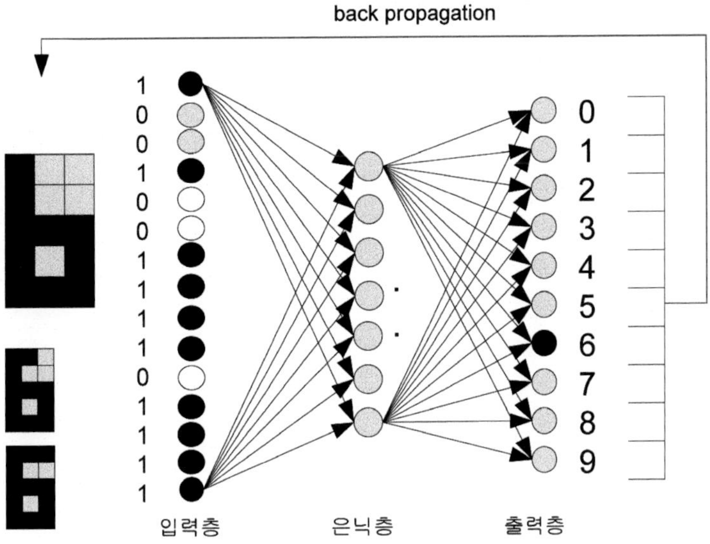

[그림 5.11] 신경망의 실례

[그림 5.11]은 문자를 인식하는 신경망의 실례를 보여준다. 숫자를 기억하는 기억 소자는 3 * 5 = 15개로서 바이너리 값으로 숫자 '6'을 표현하면 '100100111101111'이 된다. 이것이 입력층이 되어 자료를 입력하면 은닉층을 거치면서 출력이 생성되어 십진수가 표시되는 LED에 불이 들어온다고 가정하자. 입력 값이 조금 바뀌어 '110100111101111'이 되어도 신경망은 6을 출력할 것이며 '111100111101111'이 되어도 6을 출력할 것이다. 그 이유는 출력층의 값을 다시 입력층으로 역전파(back propagation)하여 결과가 정확한지를 확인하기 때문이다. 출력 값이 틀리면 다시 정답을 입력층에 보내서 은닉층의 회로를 변경하여 정답을 가리키도록 스스로 조정하는 기능이 있다. 이렇게 정답과 오답을 파악하게 하여 스스로 정답을 가리키도록 수정해나가는 것을 학습[51] 효과라고 한다. 신경망은 컴퓨터와 달리 학습 기능이 있다는 것과 오류에 강하다는 것이 중요한 특징이다.

정보검색 알고리즘을 개발하는 과정에서 신경망 모델을 적용하는 이유는 질의와 문서가 모두 여러 개의 용어들로 구성되어 있어서 벡터 모델을 적용할 수 있기 때문이다. 문서와 질의가 자신들의 색인어를 같은 공간에서 사용할 수 있으므로 벡터 공간 모델을 적용할 수 있다.

51) 학습(learning): 경험에 의하여 상당 기간 지속되는 행동의 변화.

[그림 5.12]는 정보검색을 위하여 입력층에 질의 용어 벡터를 배치하고 은닉층에 문서 용어 벡터 그리고 출력층에 문서를 배치하고 각 계층을 연결하는 신경망을 구성한다. 질의 용어 집합은 문서 용어 집합의 부분 집합이므로 입력층과 은닉층은 1대1 관계를 구성하도록 연결한다. 은닉층의 문서 용어들은 이 용어가 포함된 모든 문서들과 연결하여 다대다 관계를 구축한다. 예를 들어 질의 용어 k_a는 문서 용어 계층의 k_a와 1대1로 연결되고 은닉층의 k_a는 k_a를 포함하고 있는 모든 문서들과 1대다 관계로 연결된다.

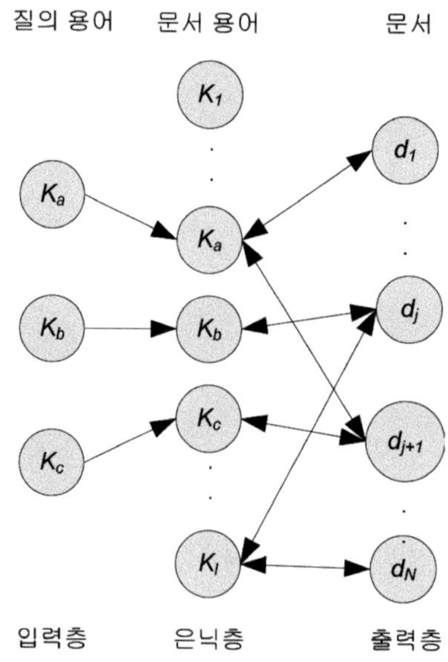

[그림 5.12] 정보검색을 위한 신경망 모델

[그림 5.13]은 질의 용어 벡터가 [Cat, Mouse, Play]이고 문서 벡터는 6개의 용어로 구성되어 있다. 문서 집합은 d_1에서 d_n까지 n개의 문서가 이들 문서 벡터의 용어들을 색인으로 구성하고 있다. 예를 들어 질의가 (Cat or Play)로 문서를 검색하면 두 질의 용어가 문서 용어 벡터에 연결되어 이와 관련된 문서 d_1, d_3, d_k, d_n을 검색된다. 만약 질의가 (Cat and Play)라면 검색 결과는 d_k가 될 것이다.

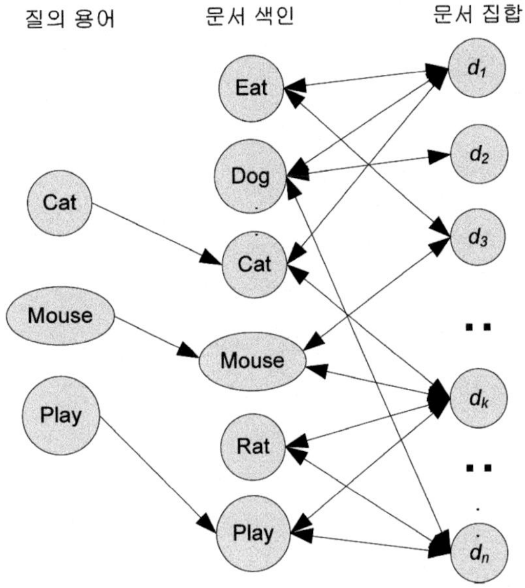

[그림 5.13] 문자 검색 신경망의 실례

5.3.3 벡터 모델의 장·단점

벡터 공간 모델과 신경망 모델을 중심으로 벡터 모델의 장점과 단점을 살펴본다.

(1) 장점

첫째, 벡터 모델로 탐색하면 불리언 논리 등을 이해하거나 사용할 필요 없이 사용자가 단순하게 몇 개의 용어를 선택하기 때문에 사용이 편리하다.

둘째, 벡터 모델에서는 질의와 문서를 표현하기 위하여 가중치를 부여할 수 있다. 질의가 '컴퓨터 교육'이라면 컴퓨터에 높은 가중치를 부여하고 교육에 낮은 가중치를 부여할 수가 있다. 그러므로 질의와 문서에 적절한 표현을 만들어서 검색할 수 있다.

셋째, 불리언 논리처럼 이분법을 사용하지 않고 적합성을 수치로 나타내기 때문에 검색 결과에 우선순위를 부여할 수 있다.

넷째, 검색 성능을 개선하기 위하여 연관 환류(feedback)를 사용할 수 있다. 이전에 검색된 결과에 자동으로 질의 벡터를 수정함으로써 더욱 적합한 결과를 얻을 수 있다.

다섯째, 벡터 모델은 단순하고 수학적인 기반이 있으므로 논리가 정연하다. 지역 개념인 용어 빈도수(tf)와 전역 개념인 역문헌빈도수(idf)를 모두 반영한다.

(2) 단점

첫째, 불리언 모델과 달리 벡터 모델은 용어 간에 존재하는 어떤 관계도 나타낼 수 없다. 벡터 공간에서는 모든 용어들이 서로 독립적인 것으로 가정한다. 같은 문서에 나타나는 용어들은 어떤 관계가 있기 마련인데 이런 관계를 무시하기 때문에 많은 비판을 받는다.

둘째, 관계 연산자나 인접 연산자가 없으므로 동의어나 인접 연산을 지원하지 못한다. OR 연산자가 없으므로 동의어(예, car OR automobile)를 나타내기 어려우며, WITH 연산자가 없으므로 구문을 활용하기 어려운 문제가 있다.

셋째, 연관 환류를 사용하지 않으면 성능을 개선하기 어렵다.

벡터 모델은 특정 질의에 적합한 문서들이 함께 집단을 이루고 있으며 공간상에서 분리되어 나타나지 않도록 문서 벡터가 위치해야 한다. 벡터 모델은 인터넷 검색이 출현하기 전까지 구현되지 못했으나 Salton의 Smart 검색 시스템이 처음으로 벡터 모델을 실험적으로 완성하였다. 벡터 모델로 인하여 정보검색이 크게 발전하였다.

5.4 확률 모델

확률이란 같은 원인에서 특정한 결과가 나타나는 비율을 의미한다. 즉, 하나의 사건이 일어날 수 있는 가능성을 수로 나타내는 것이다. 확률 모델은 발생할 가능성이 있는 사건의 발생 비율을 계산하고 추정하여 정보를 검색하는 방식이다. 여기서 사건(event)이란 질의와 문서 사이의 적합성을 나타내는 확률을 의미한다. 따라서 질의와 적합성 확률이 높은 문서를 검색하려는 것이 확률 모델의 목적이다.

확률을 계산하는 방식은 수학적(선험적)인 것과 통계적(경험적)인 방식으로 나눌 수 있다. 통계는 집단의 상태를 나타내는 수치이다. 수학적 확률은 주사위의 눈과 같이 던져보지 않아도 결과(1/6)가 명확하게 예상되는 확률이고, 통계적 확률은 불량품 생산 확률과 같이 생산된 제품을 확인(경험)해야 하는 확률이다. 정보검색에서 확률 모델은 수학적 방식과 통계적 방식으로 구분된다. 베이지안 모델은 사전 확률의 조건에 따라서 결과가 달라지므로 전자에 속하고, 추론망 모델은 질의와 문서들이 용어들을 포함하고 있다는 명확한 사실을 바탕으로 검색 결과를 결정할 수 있으므로 후자에 속한다. 이 절에서는 대표적인 확률 모델로서 베이지안 모델과 추론망 모델을 설명하기로 한다.

확률 모델의 근본적인 아이디어는 사용자 질의가 주어졌을 때 확실히 연관된 문서들의 집합이 존재하고 이를 이상적인 해답 집합이라 하며, 이 이상적인 해답 집합을 서술할 수 있다면 그 문서들을 검색할 수 있을 것이라고 가정한다. 따라서 질의 과정은 이상적인 해답 집합의 특징을 규정하는 작업으로 볼 수 있다. 문제는 이 특성이 정확히 무엇인지를 모르고 이 특성을 규정하는데 사용된 의미를 가진 색인어만 알고 있다는 점이다. 이 특성은 질의 시점에서는 알 수 없으므로 그것이 무엇인지 초기에 추정할 필요가 있으며 이 초기 추정은 초기 문서 집합을 검색하는데 사용될 예비 확률 표현을 생성하고, 사용자와의 상호작용을 통해 이상적인 해답 집합의 확률적 표현으로 개선하여 답을 찾는다.

확률 모델의 진행 과정은 다음과 같다.

1. 확률 표현을 추정하여 생성하고 검색한다.
2. 사용자는 검색된 문서 중에서 어떤 것이 관련되고 안 되는지를 제시한다.
3. 시스템은 이 정보를 이용하여 이상적인 해답 집합 표현으로 수정한다.

   다시 2, 3번을 반복하여 수행한다.

   표현은 점점 이상적인 해답 집합 표현에 가까워진다.

확률 모델(probability model)은 수학의 확률 이론을 정보검색에서 질의와 관련된 문서를 연결하는 수단으로 사용하는 기법이다. 확률이란 같은 원인에서 특정한 결과가 나타나는 비율이므로 동일한 질의에 의하여 관련된 문서가 검색되는 것을 확률 기법으로 추정하고 관련 비율을 향상시키려는 것이다. 1976년에 Robertson과 Sparck는 확률 모델을 정보검색에 처음 적용하기 시작하였다.

확률 모델의 목적은 문서가 질의에 적합할 확률과 부적합할 확률을 계산하여 적합한 확률이 부적합한 확률보다 큰 문서를 검색하려는 것이다. 정보검색에서 확률 모델을 도입하는 이유는 정보검색이 자연어를 다루는데 자연어가 너무 부정확해서 특정 질의에 적합한 문서를 명확하게 검색할 수 없기 때문이다. 확률 모델의 가정은 질의가 주어졌을 때 질의에 적합한 문서들의 집합이 존재하고 이 집합의 특징을 명확하게 서술할 수 있다면 이 집합에 소속된 문서들을 검색할 수 있다는 이론이다. 그러나 검색하기 이전에 질의에 대한 적합한 문서와 부적합한 문서에 대한 판정이 문서 집합에 대하여 이미 결정되어 있어야 한다.

[그림 5.14]는 문서 집합 D에서 질의 q에 적합한 문서 R이 있을 확률이 0%에서 100%까지 존재하고, 부적합한 문서 $\neg R$이 그 역수만큼 있다고 가정한다. 적합한 문서 R을 서술할 수 있다면 질의 q로 검색할 수 있고 그 확률을 추정할 수 있으며 환류를 이용하여 확률을 개선할 수 있다고 가정하는 기법이다. 확률 모델에서 질의에 대한 문서의 적합성 판단은 문서에서 색인어의 출현 여부에 기반을 둔다.

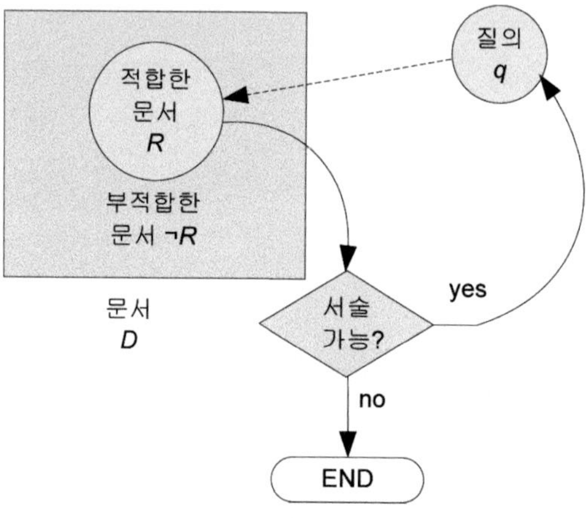

[그림 5.14] 적합한 문서의 서술과 질의

확률 모델에서 어려운 점은 검색하기 이전에 적합한 문서에 대한 판정을 해야 하는데 초기에 문서 집합의 특성을 알 수 없으므로 추정을 해야 한다는 점이다. 초기에 가능성을 보고 예비적으로 확률을 추정하여 검색을 수행한 다음에 결과의 관련성을 확인하고 다시 확률 표현을 점차 이상적인 방향으로 개선해 나가는 것이다.

확률 모델을 정의하려면 다음과 같은 전제가 필요하다.

1) 색인어 가중치 변수는 이진 값(1, 0)으로 출현 여부를 의미한다.
2) 질의 q는 색인어의 부분 집합이다.
3) R은 초기에 추정한 적합한 문서 집합이고,
   $\neg R$은 R의 여집합으로 부적합한 문서 집합이다.
5) $P(R|d_j)$는 문서 d_j가 질의 q에 연관될 확률이다.
6) $P(\neg R|d_j)$는 문서 d_j가 질의 q에 연관되지 않을 확률이다.

질의 q와 문서 d_j의 유사도 sim(d_j, q)는 (식 5-2)와 같이 정의된다. (식 5-2)에서 분모 $P(\neg R|d_j)$는 문서 d_j가 선택되었을 때 연관되지 않는 확률을 의미하고 분자 $P(R|d_j)$는 문서 d_j가 선택되었을 때 관련될 확률을 의미한다. 이 식은 연관되지 않는 문서들 중에서 연관되는 문서들의 비율을 의미한다.

$$sim(d_j, q) = \frac{P(R \mid d_j)}{P(\neg R \mid d_j)} \qquad \text{(식 5-2)}$$

확률 모델을 구현하기 위해서는 사전에 관련 문서가 검색될 확률을 알아야 하는데 초기에는 문서의 특성을 알 수 없으므로 확률을 추정해야 한다. [그림 5.15]와 같이 초기에는 확률을 추정한 상태에서 확률을 표현하고 일단 검색을 수행한다. 검색 결과에 따라서 확률 표현을 개선하고 다시 검색을 수행하여 확률 결과가 만족스러울 때까지 확률 표현을 개선하는 절차를 반복한다.

확률 모델에는 베이지안 모델과 추론망 모델 그리고 신념망 모델 등이 있다. 이 절에서는 가장 대표적인 베이시안 모델을 논의한다.

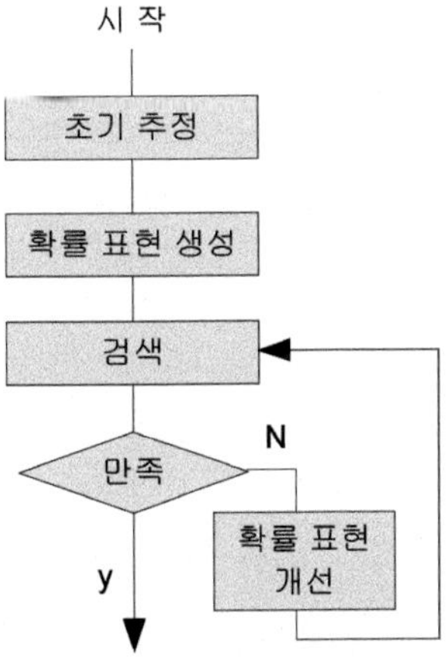

[그림 5.15] 확률 모델 수행 절차

5.4.1 베이지안 모델

베이지안 정리(Bayesian theorem)를 먼저 이해한 다음에 베이지안 모델을 정보검색에 적용하는 기법을 논의한다. 베이지안 정리는 '사전에 알고 있는 정보를 염두에 두고, 특정 사건이 일어날 확률'을 계산하는 확률 이론이다. 베이지안 정리는 n개의 서로 배반인 사건 $A_1, A_2, \cdots, A_n$ 중에서 하나가 반드시 일어난다고 할 때 사건 B가 발생한 후에 A_i가 발생할 확률로 (식 5-3)과 같은 식으로 표현할 수 있다.

$$P(A_i \mid B) = \frac{P(A_i)P(B \mid A_i)}{\sum_{k=1} P(A_k)P(B \mid A_k)} \qquad \text{(식 5-3)}$$

$P(A)$는 사건 A가 발생할 수 있는 사전 확률이다. '사전(prior)'이라는 것은 아직 사건 B에 관한 어떠한 정보도 고려하지 않았음을 의미한다. $P(A|B)$는 사건 B가 일어났다는 조건 하에 사건 A가 일어날 수 있는 확률이다. 따라서 $P(A|B)$는 B의 특정한 값에 따라서 결정되기 때문에 사후 확률이라고도 한다.

베이지안 정리를 이해하기 위하여 다음과 같은 간단한 예제를 풀어보고자 한다.

(1) 예제에 의한 풀이

>>> 예제 5.1:

남녀공학인 어떤 중학교에 학생들이 1, 2, 3학년별로 각각 40%, 30%, 30%가 분포되어 있으며 각 학년별로 여학생들이 각각 40%, 45%, 50%가 분포되어 있다. 한 여학생이 1학년일 경우는 얼마일까?

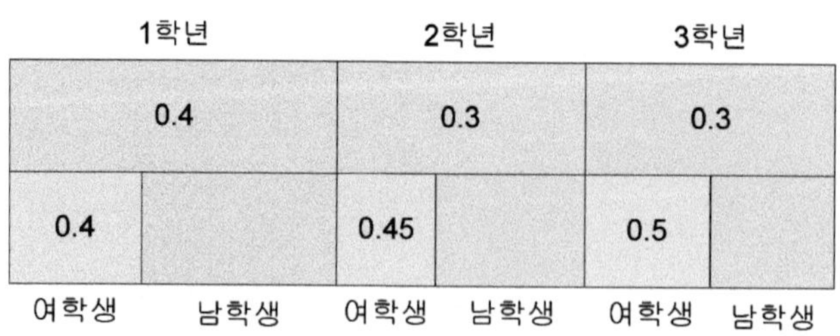

[그림 5.16] 여학생들의 분포도

1) 그림에 의한 풀이

학생들의 분포를 알아보기 쉽게 그린 것이 [그림 5.16]이다. 어려운 이론을 동원하지 않고도 이 그림을 이용하면 1학년 여학생의 비율을 간단하게 계산할 수 있다. 각 학년별로 전체 학생에 대한 비율과 여학생의 비율이 있으므로 전체 학생에서 여학생이 차지하는 비율은 0.4 * 0.4 + 0.3 * 0.45 + 0.3 * 0.5 = 0.445 즉 44.5%이다. 1학년 여학생의 비율은 0.4 * 0.4 = 0.16이다. 따라서 한 여학생이 1학년일 확률은 전체 여학생들 중에서 1학년 여학생의 비율이므로 0.16/0.445 = 0.03599이며 3.599%임을 알 수 있다.

2) 베이지안 정리에 의한 풀이

이 문제는 여학생이 미리 설정되어 있으므로 베이지안 정리에서 사건 B가 여학생을 의미하고 1, 2, 3 학년은 A_1, A_2, A_3이다. 이 문제를 베이지안 정리에 의하여 (식 5-3)에 적용하면 다음과 같다.

$$P(A_1 \mid B) = \frac{P(A_1)P(B \mid A_1)}{\sum_{k=1}^{3} P(A_k)P(B \mid A_k)} \qquad \text{(식 5-4)}$$

$P(A_1)$은 1학년일 확률이므로 $P(A_1)$ = 0.4, $P(A_2)$ = 0.3, $P(A_3)$ = 0.3이다. $P(B|A_1)$은 1학년 중에서 여학생일 확률이므로 $P(B|A_1)$ = 0.4, $P(B|A_2)$ = 0.45, $P(B|A_3)$ = 0.5이다. 여학생 중에서 1학년일 확률은 $P(A_1|B)$이므로 값들을 (식 5-4)에 대입하면 다음과 같다.

$$P(A_1 \mid B) = \frac{0.4 * 0.4}{0.4 * 0.4 + 0.3 * 0.45 + 0.3 * 0.5} = 0.03599 = 3.599\%$$

(2) 베이지안 모델과 베이지안 망

베이지안 모델은 경험에 의하여 통계적으로 확률을 계산하는 방식으로 정보를 검색한다. 베이지안 망은 방향성 비순환 그래프(directed acyclic graph)로서 문서가 용어를 포함하는 비율을 확률 변수(random variable)로 표현하고 질의와 문서 사이의 인과관계를 이 확률 변수(용어의 발생 비율)를 이용하여 연결한다. 부모 노드는 자식 노드에 직접적인 원인이 되어 영향을 주므로 노드의 연결은 에지(edge)로 표현한다.

조건부 확률이 발생하는 환경에서 사건 x_i 노드에 영향을 주는 것은 x_i의 부모 노드들이므로 x_i에 대한 부모 노드 Px_i의 영향력은 다음과 같이 함수 F로 표현할 수 있다.

$$\Sigma\ F(x_i,\ Px_i) = 1\ (\text{for all } Px_i)$$

베이지안 모델의 하나인 베이지안 망을 이용하여 정보검색 문제를 해결하는 기법은 조건부 확률을 적용하는 방법이다. [그림 5.17]은 다음의 결합 확률 분포를 베이지안 망으로 보여준다.

$$P(x_1,x_2,x_3,x_4,x_5) = P(x_1)P(x_2|x_1)P(x_3|x_1)P(x_4|x_2,x_3)P(x_5|x_3)$$

[그림 5.17]은 사건 x_1이 발생했을 때 사건 x_2와 x_3가 발생할 확률을 보여주고 사건 x_2와 x_3이 발생했을 때 사건 x_4가 발생하는 확률과 사건 x_3가 발생했을 때 사건 x_5가 발생하는 확률이 순서대로 야기되는 베이지안 망을 보여준다.

베이지안 망을 정보검색에 활용하면 어떤 질의의 용어가 특정한 문서를 정확하게 검색했을 때 또 다른 문서들을 검색할 수 있는 확률을 제시할 수 있다.

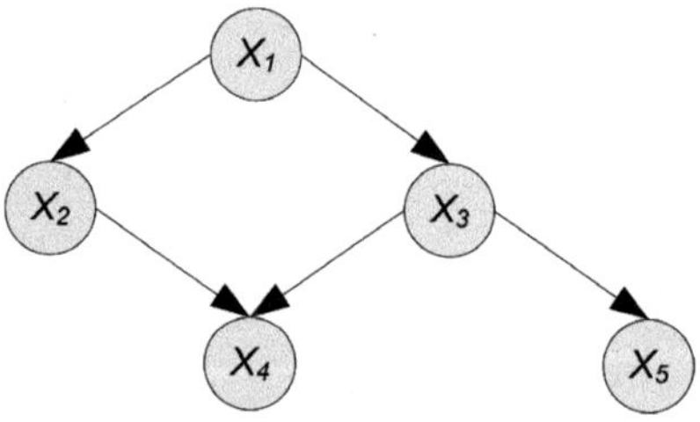

[그림 5.17] 베이지안 망의 결합 확률 분포

5.4.2 추론망 모델

추론망 모델은 정보검색 문제를 통계가 아니라 인간이 원하는 정보를 검색하려는 신념에 의하여 해석하는 것으로 간주한다. 실제 일상생활에서 사람들은 통계에 대한 명확한 정의가 없이도 자주 확률을 언급하고 있기 때문이다. 추론망 모델은 색인어, 문서, 질의에 대하여 확률 변수를 연계한다. 문서 d_j에 연계된 확률 변수는 그 문서를 관측 사건으로 간주하며, 이 문서 관측이 색인어와 연계된 확률 변수에 대한 신념을 나타내고 신념 증가의 원인이 된다.

용어 t와 문서 변수 d는 노드로 표현하고 에지는 문서 노드에서 용어 노드로 연결되어 문서 관측이 자신의 용어 노드에 대한 신념을 향상시키고 있음을 나타낸다. 사용자 질의에 연계된 확률 변수는 질의에 의한 정보 요구가 들어온 사건을 나타내고, 이 질의 노드의 신념은 질의 용어와 연계되어 노드들의 신념 함수가 되고 에지는 용어 노드에서 질의 노드로 연결된다.

[그림 5.18]에서 문서 d_j는 용어 t_2, t_i, t_k를 가지므로 각각 그림과 같이 문서와 용어 노드에 에지가 연결된다. 질의 q는 용어 t_1, t_2, t_i로 구성되어 각각 에지가 연결된다. 사용자의 요구 R은 질의 노드 q와 q_1으로 연결되며 q와 q_1이 각각 t_1, t_2, t_i와 연결되어 있으므로 이것을 집합으로 표현하면 $R = q \vee q_1$ 이다. $q = t_1 \vee t_2 \vee t_i$이고, $q_1 = q_2 \vee t_i$ 로, $q_2 = t_1 \wedge t_2$로 표현하므로 $R = q \vee q_1 = q \vee (q_2 \vee t_i) = t_1 \vee t_2 \vee t_i \vee ((t_1 \wedge t_2) \vee t_i)$ 로 표현할 수 있다. 따라서 문서 d_j를 검색하려면 질의의 수식에 의한 용어 집합과 문서 d_j의 용어 집합과의 연계성을 확인하는 것으로 정보검색이 가능하다.

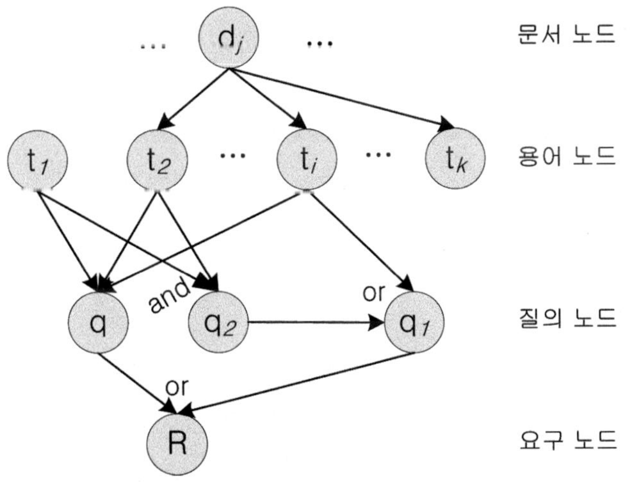

[그림 5.18] 추론망 모델

5.4.3 확률 모델의 특징

확률 이론이 잘 적용되기 위해서는 주요 사건에 대한 사전 확률을 쉽게 예측할 수 있어야 하는데 그런 분야를 찾기 어렵다는 점이 관건이다. 사전 확률이 이미 잘 알려진 경우에는 유용하게 적용할 수 있다.

(1) 확률 모델의 장·단점

확률 모델의 장점과 단점을 살펴본다.

1) 장점

첫째, 정확한 검색을 요구하는 자료검색과 달리 정보검색의 특징은 기본적으로 질의와 문서 간의 적합성 판단이 다소 불확실하다는 점이다. 질의와 문서가 단순하게 일치하는 것을 찾기보다는 확률적으로 적합성이 높은 것을 찾는 것이 오히려 현실적으로 정확한 표현이다.

둘째, 확률 모델은 검색 과정에서 용어들 간의 관련성을 충분히 반영하고 있다. 한 사건이 발생하면 다른 사건에 영향을 준다. 즉, 특정한 용어가 존재한다면 관련된 용어가 존재할 확률이 높을 수 있다는 점이다. 벡터 공간 모델처럼 용어 간의 독립성을 가정할 필요가 없으므로 검색 효율이 향상된다.

셋째, 확률 값으로 정보를 검색하기 때문에 검색 결과를 우선순위화하기 쉽다. 따라서 출력을 우선순위에 따라 제공하므로 사용자 서비스가 양호하다.

2) 단점

첫째, 확률 모델은 검색 효과를 크게 개선할 수 없다. 확률 모델을 사용해서 얻어진 결과는 우수하지만 다른 모델에 비하여 충분히 우수하지는 못하다.

둘째, 확률 모델의 적합성이 0에서 1까지 연속선상에 존재하지만 실제로는 불리언 모델처럼 0과 1로 양분된다. 문서 집합은 관련 문서 집합과 비관련 문서의 집합으로 양분되어 확률을 계산하기 때문이다.

(2) 검색 모델의 비교

앞 절에서 논의한 세 가지 모델에 대하여 장·단점을 비교해보면 [표 5.4]와 같다. 불리언 모델은 불리언 논리가 있기 때문에 사용자가 구조화된 질의를 작성할 수 있다. 그러나 이 기능은 너무 어렵기 때문에 사용자들의 외면을 받는다. 불리언 모델은 용어의 존재만으로 정보를 검색하기 때문에 검색 기능이 가장 약하다. 그러나 구현이 용이하기 때문에 검색 엔진에서 가장 많이 사용되며 널리 적용되고 있다.

벡터 모델과 확률 모델은 불리언 논리가 없으나 가중치 부여가 가능하고 우선순위를 사용하고 있으므로 유사해 보이지만 가중치와 우선순위, 유사도 측정 방법 등이 다르다. 벡터 모델은 연관 환류(feedback)를 사용하고 있다는 점에서 매우 유리한 도구를 갖추고 있다. 벡터 모델과 확률 모델 등이 정보검색 시스템을 발전시키고 있으나 불리언 모델을 크게 능가하지는 못하고 있다.

[표 5.4] 검색 모델의 비교

기능 \ 모델	불리언	벡터공간	확률
구조화된 질의	가능		
부분 적합성	불가 (퍼지 집합 모델에서 가능)	가능	가능
가중치 부여	불가 (확장불리언 모델에서 가능)	가능	가능
순위화	불가 (확장불리언 모델에서 가능)	가능	가능
적합성 기준	용어 존재	벡터 거리	용어빈도
고유 특징		적합성 환류	

연습문제

5.1 다음 용어들을 정의하시오.

1. 모델	2. 축적	3. 검색 모델	4. 벡터	5. 대수
6. 집합	7. 베이지안 정리	8. 신경망	9. 퍼셉트론	10. 색인

5.2 모델을 사용하는 목적은 무엇인가?

5.3 모델을 잘 만들었을 때와 못 만들었을 때의 효과를 비교하시오.

5.4 컴퓨터 프로그램을 작성할 때는 어떤 모델을 사용할 수 있는지 예를 들어 설명하시오.

5.5 정보검색 모델의 목적은 무엇인가?

5.6 정보검색 모델을 분류하고 설명하시오.

5.7 정보검색 모델의 가장 중요한 기능을 설명하시오.

5.8 정보검색 모델의 구조를 설명하시오.

5.9 불리언 모델의 특징을 기술하시오.

5.10 정보검색 모델의 용어 부합과 유사도 부합을 설명하시오.

5.11 다음 조건에 맞는 불리언 질의와 질의 트리를 작성하시오.
'통신'이라는 용어가 없으면서 '정보'나 '자료'를 포함하고 '인공지능'을 포함하는 문서를 찾으시오.

5.12 벡터 모델의 특징을 기술하시오.

5.12 확률 모델의 특징을 기술하시오.

5.13 불리언 모델로 우선순위를 계산할 수 없는 이유는 무엇인가? 대책이 있으면 설명하시오.

5.14 벡터 공간 모델에서 유사도를 계산하는 기법과 모델의 특징을 기술하시오.

5.15 다음 질의 Q에 대한 벡터 공간 모델의 계산 결과를 우선순위대로 기재하시오. 문서와 질의 색인은 t1, t2, t3 등 3개의 용어로 구성되어 있다.

$D_1 = 3t_1 + 2t_2, 4t_3$

$D_2 = 3t_1 + 2t_2, 4t_3$ $\qquad$ $Q = 3t_1 + 2t_2, 4t_3$

$D_3 = 3t_1 + 2t_2, 4t_3$

5.16 대수학의 차원에서 신경망 모델의 원리를 기술하시오.

5.17 신경망으로 문서를 검색하는 기법을 기술하시오.

5.18 신경망 모델의 장점과 단점을 기술하시오.

5.19 어느 학교에 외국인의 분포가 흑인 30% 백인 50% 황인 20%이다. 학생들 중에서 바둑을 두는 비율은 흑인 10% 백인 30% 황인 50%이다. 어떤 황인이 바둑을 두는 비율을 계산하시오.

5.20 질의 벡터의 용어는 '사람', '원숭이', '고릴라'이고 문서 벡터의 용어는 '사람', '원숭이', '고릴라', '사자', 늑대' 등이다. 문서 집합의 문서는 5개이다. 문서1 , 문서2, 문서3, 문서4에는'사람'이 포함되고 문서2, 문서4, 문서6에는 '원숭이'가 포함되고 문서4, 문서5, 문서9에는 '고릴라'가 포함되고 문서1 , 문서5, 문서10에는 '사자'가 포함되는 신경망 모델을 그림으로 작성하시오.

5.21 다음은 두 색인어가 소속되어있는 문서들이다.

model: 1, 3, 6, 8, 12, 30

vector: 1, 3, 5, 10, 12, 15

model과 vector 모두 포함된 문서를 찾으시오.

model이나 vector가 포함된 문서를 찾으시오.

model은 포함되고 vector는 포함되지 않은 문서를 찾으시오.

5.22 축적(ad hoc)과 여과(filter)에 해당하는 대표적인 실례를 들어서 설명하시오.

5.23 검색에서 대표적인 유사도 계산 방식을 설명하시오.

5.24 불리안 모델이 가장 잘 적용되는 응용분야를 예를 들어 설명하시오.

5.25 벡터 공간 모델이 가장 잘 적용되는 응용분야를 예를 들어 설명하시오.

5.26 확률 모델이 가장 잘 적용되는 응용분야를 예를 들어 설명하시오.

5.27 베이지안 정리가 가장 잘 적용되는 응용분야를 예를 들어 설명하시오.

5.28 정보검색 모델을 효과적으로 설계하기 위하여 필요한 대표적인 두 가지 기능을 설명하시오.

5.29 정부에서 과학 분야의 인물 데이터베이스를 구축하려고 한다. 국가에서는 인재가 필요할 때마다 인물 데이터베이스에서 적재적소의 인물을 검색하려고 한다. 어떤 검색 모델로 구축해야하는지 설명하시오.

제6장

웹 검색 엔진

제6장 웹 검색 엔진

인터넷과 정보 기술이 지속적으로 발전하고 보급된 결과 사람들은 시간과 장소에 구애 받지 않고 방대한 규모의 다양한 웹 정보에 접근할 수 있게 되었다. 인터넷은 [그림 6.1]과 같이 기업체와 정부기관뿐만 아니라 교육, 연구, 의료, 사회단체, 개인 등 다양한 분야에서 웹 사이트를 구축하고 주요 업무를 처리하며 정보자원을 활용하고 있다. 인터넷은 지구촌의 모든 조직들을 연결하면서 하나의 거대한 사이버 도서관을 형성하면서 서로 협력하고 있다.

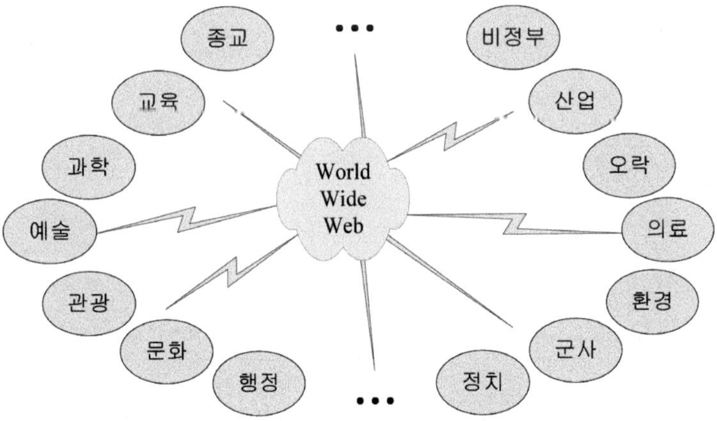

[그림 6.1] 인터넷 검색 영역의 확장

인터넷이 정보 공유와 교환에 큰 기여를 하고 있는 것은 사실이지만 사용자가 수많은 사이트에서 유용한 정보를 찾는 것은 '모래사장에서 바늘 찾기'에 비유할 만큼 힘든 일이다. 그 이유는 첫째 인터넷의 정보 자원이 너무 방대하고, 둘째 인터넷 자원에 대한 종합적이고 체계적인 관리나 운영하는 기관이 없기 때문이다. 이런 이유로 인하여 효율적인 웹을 검색하려면 전 세계 웹 사이트를 대상으로 효과적으로 검색하는 검색 엔진을 개발해야 한다. 웹 검색 엔진 개발은 방대한 웹 사이트에서 사용자들이 원하는 정보를 쉽게 검색해주고 IT 시장을 석권하는 유망한 사업으로 성장하였다.

6.1 소개

1980년대 말에 소개되어 전 세계를 대상으로 광범위하게 보급된 인터넷은 약 100억 개에 달하는 웹 사이트를 연결하여 사용되고 있다. 전 세계의 주요 조직들은 웹 사이트를 구축하고 주요 업무에 적극적으로 이용하고 있다. 인터넷이 없으면 경제가 마비될 정도로 웹 사이트는 사회 전반의 정보업무에 큰 비중을 차지하고 있다. 웹 사이트에는 많은 양의 문자 정보가 저장되어 있으므로 전통적인 정보검색의 주요 대상이 되며 소리, 영상, 동영상 등의 멀티미디어 정보도 폭발적으로 증가하여 멀티미디어 정보의 중요한 검색 시장이 되고 있다.

인터넷과 함께 분산처리, 병렬처리, 멀티미디어 기술 등의 등장으로 컴퓨터 환경도 새로운 환경으로 바뀌고 있다. 웹에 있는 자료들은 체계적이지 않으며 종합적인 관리와 운영도 없는 상태에서 크기가 매우 방대하기 때문에 종래의 검색 기술로는 효율적으로 검색하기 어렵다. 이와 같이 비체계적인 특성을 가진 거대한 자료 집합을 효과적으로 검색하려면 새로운 자료 구축과 검색 기술이 필요하다. 이 장에서는 웹에서의 검색 기법을 검토하고 검색 엔진을 살펴보고 사례 연구를 통하여 웹 검색 엔진에 대한 미래를 논의한다.

6.1.1 환경 변화

웹 사이트의 수가 매우 빠른 속도로 증가하고 있고 이와 함께 정보의 수량도 기하급수적으로 증가하고 있다. 사이트 수와 정보가 많을수록 효과적으로 정보를 검색하는 것은 점점 어려워진다. 기존의 정보검색이 제한된 크기와 장소에 있는 데이터베이스 자료를 검색하는 것이라면 인터넷이 보급된 이후에는 기존의 제한들이 사라지고 전혀 새로운 환경에서 정보를 검색하는 기술이 요구된다.

새로운 환경의 특징은 [표 6.1]과 함께 다음과 같이 광범위한 분야에 적용되고 있다.

첫째, 인터넷 기술의 발전은 다양한 분야에서 운영하고 있는 서버들이 HTTP[52] 통

52) HTTP(hypertext transfer protocol): 인터넷에서 웹 서버와 사용자의 인터넷 브라우저 사이에 문서를 전송하기 위해 사용되는 통신 규약.

신망을 이용하여 경제적으로 정보를 교환하고 공유하면서 시작되었다. 통신망을 따라 전 세계로 연결되면서 검색할 수 있는 서버와 데이터베이스의 범위가 대폭 확장되었다.

[표 6.1] 새로운 환경 변화

구분	내 역
인터넷	다양한 분야의 사이트들이 온라인으로 연결되어 정보 교환
분산처리	다운사이징에 의하여 다수의 서버들이 정보와 업무를 나누어 처리
병렬처리	처리율과 소요시간을 향상하기 위하여 다수의 처리기와 장비로 자료 처리
멀티미디어	문자 이외에 소리, 영상, 동영상 등의 다양한 정보 형태를 처리
지능형	인공지능 에이전트를 이용하여 분산 작업 처리

둘째, 마이크로 컴퓨팅 기술과 통신 기술의 발전으로 인하여 다운사이징(downsizing)[53]이 진척되어 분산 시스템[54]이 보급되기 시작하였다. 분산처리 기술의 발전으로 인하여 다수의 서버들이 자료와 프로그램을 분산하여 설치하고 정보를 처리하기 시작하였다.

셋째, 컴퓨터 작업의 처리율(throughput)[55]과 소요 시간(turnaround time)[56]을 향상하기 위하여 멀티-프로세싱[57] 기술을 발전시키는 과정에서 병렬처리[58]가 확산되었다. 병렬처리는 하나의 프로그램을 동시에 여러 프로세서, 여러 디스크, 여러 메모리, 여러 컴퓨터에서 처리할 수 있는 기술이므로 분산처리와 중복될 수 있다.

넷째, 멀티미디어는 문자 이외에 소리, 영상, 동영상 등의 여러 가지 다른 형태의 자료들을 함께 사용할 수 있는 기술이다. 컴퓨터의 입력과 출력 장치의 발달과 관련 소프트웨어의 발전으로 인하여 멀티미디어 기술을 저렴하게 사용할 수 있게 되었다.

53) 다운사이징(downsizing): 대형 컴퓨터에서 수행하던 전략적 응용 프로그램들을 작은 컴퓨터들과 근거리 통신망(LAN)을 이용하여 처리하는 기법.
54) 분산 시스템(distributed system): 자료와 프로그램을 지역적으로 분산된 컴퓨터에 설치하고 하나의 시스템처럼 사용하는 시스템.
55) 처리율(throughput): 단위 시간당 정보를 처리할 수 있는 업무량. 컴퓨터의 처리 능력을 의미함.
56) 소요시간(turnaround time): 컴퓨터로 작업을 시작하여 결과를 받을 때까지 걸리는 시간.
57) multi-processing: 컴퓨터의 처리 능력을 높이기 위해 2대 이상의 CPU를 이용하여 2개 이상의 작업을 동시에 처리하는 기법.
58) 병렬처리(parallel process): 복수 개의 프로세서를 이용하여 하나의 프로그램을 여러 개로 나누어 동시에 처리하는 방식.

다섯째, 인공지능 기술의 발전으로 인하여 에이전트(agent)[59]와 같이 남을 위하여 독립적인 기능을 대신 수행할 수 있는 지능형 프로그램 기술이 사용되고 있다.

새로운 환경에 의한 정보의 질적 양적 팽창과 더불어 사용자들의 정보검색 욕구가 더욱 증폭되었고 이를 해결하기 위하여 기술 개발과 함께 정보 사업에 대한 노력과 투자가 증대하였으며 웹 검색 엔진의 발전도 이런 노력의 산물이다.

6.1.2 웹 정보검색의 특징

웹 정보검색이란 사용자가 원하는 정보를 웹 사이트에서 가져오는 것이다. 웹 사이트에서 필요한 정보를 가져오기 위해서는 인터넷 공간에 흩어져 있는 다양한 형태의 정보들을 수용하고 있는 사이트들을 방문하는 과정이 필요하다. 사용자가 원하는 정보를 찾으려고 할 때 마다 인터넷 공간에서 전 세계의 서버(server)들을 찾아다니며 검색하는 것은 매우 많은 시간이 소요된다. 이 문제 해결을 위해 인터넷에 흩어져 있는 정보를 미리 수집하여 데이터베이스 서버에 체계적으로 저장한 후에 사용자의 요구에 즉시 대응하는 검색 시스템을 구축한다. 따라서 웹에서 정보검색을 하는 사용자는 1차적으로 정보검색 사이트에서 운영하는 데이터베이스 색인을 검색하고 원하는 정보가 있으면 색인 정보를 이용하여 2차적으로 웹 사이트를 직접 방문하여 정보를 가져오는 과정을 수행한다.

(1) 인터넷 정보의 특징

웹에서 정보검색을 수행하기 위해서는 인터넷 정보의 특성을 잘 이해할 필요가 있다. [표 6.2]는 다음과 같이 대표적인 인터넷 정보의 특징들을 보여준다.

첫째 인터넷 정보는 수십억 개 이상의 사이트에 분산되어 있으며 멀티미디어 자료가 많아서 수량이 방대하므로 실시간으로 직접 정보를 검색하려면 시간이 많이 소요된다. 둘째 모든 사이트들은 독자적으로 설계되어 운영되므로 전체적으로 볼 때 정보가 체계적으로 구축되거나 운영되기 어렵다. 인터넷 사이트를 종합적으로 엄격하게 관리하는 통제 기관이 없다. 문자 정보 이외에 다양한 형태의 멀티미디어(multimedia) 정보들이 많으므로 대부분의 자료들이 이질적이다. 셋째 편집 주체와 통합 운영자가 없으므로 오류 정보들이 있으므로 항상 신뢰하기는 어렵다. 누구나 정보를 올릴 수 있으므로 정확성을 확보하기 어렵다. 넷째 많은 문서들이 빨리 생성

59) agent: 남이 요구하는 작업을 상황에 따라 이해하고 독립적으로 수행하는 프로그램.

되고 변경되고 사라지므로 최근 자료가 검색의 주류를 이룬다.

[표 6.2] 인터넷 정보의 특징

구분	내 역	비 고
1	분산되고 용량이 방대	멀티미디어 자료가 많다
2	비체계적, 이질적	주관 기관이 없다
3	비 신뢰적인 정보	누구나 정보 작성에 참여
4	최근 자료 위주	과거 자료는 묻혀버린다

(2) 웹 정보검색의 특징

[표 6.3]은 다음과 같이 인터넷을 기반으로 하는 웹 정보검색의 특징을 보여준다.

[표 6.3] 웹 정보검색의 특징

구분	내 역	비고
1	사이트 수와 용량 증가	검색 속도 저하
2	정확한 키워드 선정 곤란	개념기반 검색 필요
3	검색 결과가 너무 많다	우선순위 필요
4	사용자 수준에 맞는 내용 검색 곤란	전문 사이트 증가

첫째, 1980년대 말에 인터넷이 보급된 이후로 웹 사이트의 수가 계속 증가하고 있으며 사이트의 용량도 지속적으로 증대하고 있다. 멀티미디어 기술의 발전으로 인하여 검색 대상 자료의 형태와 종류와 용량이 계속 증대하고 있다. 둘째, 정보 환경이 다양하기 때문에 동의어, 동음이의어 등으로 인하여 정확한 키워드를 선정하기 어렵다. 단어의 의미를 이해하고 검색하기 위하여 개념기반 검색 기술이 요구된다. 셋째, 자료가 부족했던 인터넷 초창기와 달리 검색 결과가 너무 많아져서 어느 정보가 가장 필요한 것인지 살펴보기 어려울 때가 많으므로 검색 결과에 우선순위 등을 부여하는 효과적인 표현 방법을 찾아야 한다. 넷째, 사용자가 원하는 정보의 수준이 다양하므로 각자의 수준에 적합한 내용을 찾는 일이 어렵다. 초보자가 원하는 정보와 전문가가 원하는 정보의 수준의 차이가 너무 크다. 이를 극복하기 위하여 분야별로 전

문 사이트가 증가하고 있다.

이상과 같은 특징을 감안할 때 웹 정보를 검색하는 시스템은 '모래사장에서 바늘 찾기'와 같으므로 새 환경에 맞는 새로운 검색 기술이 요구된다.

(3) 웹 정보검색의 중요성

현대 사회는 산업사회에서 정보사회를 거쳐 지식정보사회로 넘어가고 있으며 인터넷 정보의 중요성이 계속 증대하고 있다. 특히 다음과 같은 특성으로 인하여 웹 정보검색은 매우 중요하다. 웹 정보검색의 필요성을 정리하면 [표 6.4]와 같다.

첫째, 재스민 혁명[60]의 사례에서 보듯이 소셜 네트워크 등으로 인하여 정보교류가 증대되고 사회 변화의 속도가 빨라진다. 각종 선거와 투표 및 홍보에서 인터넷과 모바일을 이용하는 범위가 증가하고 있다.

둘째, 인터넷 정보 사업의 주류는 이메일과 정보검색으로 시작하여 전자상거래, 전자정부, 소셜 네트워크(social network) 등으로 변화하면서 계속 경제 규모를 확장하고 있다. 웹 관련 사업의 규모가 연간 수백억 달러 이상으로 확장되고 있다.

[표 6.4] 웹 정보검색의 중요성

구분	내역	비 고
1	변화 주도	웹에 의한 정보 교류와 의사소통이 사회 변화를 주도
2	사업 규모	웹 정보검색은 수십억 달러 이상의 사업
3	광고, 마케팅	인터넷은 광고와 마케팅의 새로운 기반
4	지적 재산권	등록상표와 지적재산법의 경계를 파괴
5	신규 사업	기술적 도전이 끝없이 계속
6	문화 욕구	경제 성장에 따르는 문화적 욕구의 증대

셋째, 휴대폰, TV 등이 인터넷으로 연결되는 단말기로 변화하고 있으므로 광고와 마케팅 부문에서 웹의 비중이 확장되고 있으며 광고 시장의 비중이 신문과 방송에서 인터넷으로 이동하고 있다.

넷째, 정보 공유를 지향하는 인터넷의 특성으로 인하여 재산권을 보호하려는 지적재산권법과의 경계가 점차 허물어지고 있다.

---

60) 재스민 혁명: 소셜 네트워크의 영향으로 발생한 튀니지의 시민 혁명. 재스민은 튀니지의 나라 꽃.

다섯째, 산업사회의 기반과 특성이 전자화, 유비쿼터스화를 거쳐서 스마트화하고 있으므로 이에 따라 기술적 도전이 계속되고 있다. 과거에는 개별적으로 운영되던 사업 분야가 융합에 의하여 계속 새로운 사업으로 탄생하고 있다.

여섯째, YouTube에 의하여 한류가 전파되듯이 인터넷 기능의 확장으로 인하여 새로운 문화적 욕구가 확산되고 있다. 따라서 웹 정보검색의 필요성과 비중은 계속 확장되고 있다.

이상과 같은 다양한 사회적, 정치적, 경제적, 기술적, 문화적 이유로 인하여 웹 정보검색의 역할과 중요성이 날로 증가하고 있다.

6.2 웹 검색 기법

인터넷의 규모가 계속 확장되고 있기 때문에 인터넷 환경에서 사용자에게 효율적인 검색 서비스를 제공하는 것은 쉽지 않은 일이다. 예전의 도서관과 같이 한 사이트 안에서 정보를 검색하던 종래의 기술로는 효과적인 서비스를 해결할 수 없기 때문에 새로운 자료 구축과 검색 기술들이 요구된다. 본 절에서는 기본적인 웹 검색 기법을 살펴보고 웹 검색 엔진의 역사를 검토한다.

6.2.1 기본적인 웹 검색 기법

웹 정보검색이란 전 세계의 모든 웹 사이트에서 사용자가 원하는 정보를 가져오는 일이다. 이 작업은 지리적으로 전 세계에 흩어져 있는 모든 웹 사이트를 일일이 방문하고 자료를 검색해야 가능한 일이다. 전 세계에 있는 웹 사이트의 수가 수십억 개 이상으로 많고 사이트의 규모도 방대한 것이 많기 때문에 웹에서 정보를 검색하는 작업은 [표 6.5]와 같이 세 가지 중요한 기능이 유기적으로 통합되어야 가능하다. 웹에서의 정보검색이 기존 정보검색과 다르기 때문에 웹 검색 엔진이 새로운 연구 분야로 떠오르게 되었으며 야후, 구글과 같은 새로운 기업들이 자신만의 새로운 검색 기술을 이용하여 세계 시장을 주도하게 되었다.

웹 검색 업무를 [표 6.5]와 같이 세 개로 나누는 이유는 이 작업들의 내용이 매우 상이하고 독립적이기 때문이다. [그림 6.2]와 같이 크롤러(crawler)는 웹 사이트에서 에이전트 프로그램들이 독립적으로 유용한 정보들의 요약과 URL을 수집하고, 색인 서버에서는 크롤러가 수집한 요약 정보를 기반으로 색인을 구축하고, 검색 서버에서는 사용자 질의에 적합한 색인을 검색하고 검색된 URL을 사용자에게 전달하고, 사용자는 다수의 요약 정보들 중에서 원하는 URL을 선택하여 직접 원하는 사이트에서 정보를 검색한다. 이와 같이 정보검색 업무는 관련된 4개의 사이트에서 분업화하여 수행된다.

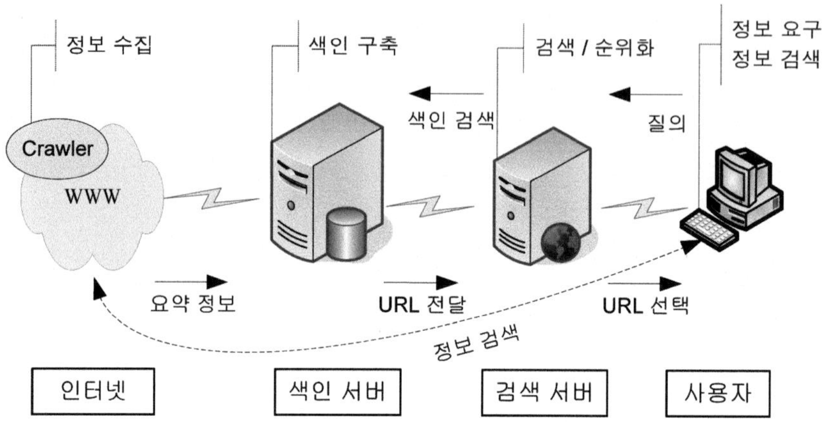

[그림 6.2] 웹 검색 기능의 분산화

[표 6.5] 웹 검색을 위한 기술

작 업	작 업 내 역	대표 기술
정보 수집	웹 사이트를 방문하여 유용한 정보를 수집	지능형 에이전트 기술
색인 구축	수집된 자료들로 색인 데이터베이스를 구축	색인 구축 기술
질의 처리	색인을 검색하고 결과를 순위대로 출력	문서 검색/순위화 기술

(1) 정보 수집

기존의 검색 엔진은 자신의 사이트에 있는 자료만을 검색하였으나 웹 검색 엔진은 모든 사이트에서 정보를 검색한다. 웹에서 정보를 수집하려면 웹 사이트를 방문해야 하는데 사이트의 수가 매우 많아서 미리 방문하여 정보를 수집해야 하고 웹의 정보는 변경되기 쉬우므로 주기적으로 방문해서 갱신된 정보를 수집한다. 정보수집 업무는 색인 구축과 질의 처리와는 업무 내용이 상이하므로 독립적으로 수행하는 것이 효과적이다.

정보 수집을 효과적으로 수행하기 위해서는 지능형 에이전트(agent)[61] 기능을 갖춘 정보 수집 프로그램(spider, robot, crawler)을 잘 개발하는 기술이 필요하다. 여러 개의 정보 수집 프로그램이 웹 사이트를 주기적으로 순회하며 정보를 수집하여 자동적으로 색인 사이트로 전송한다. 이 때 수집하는 정보는 어떤 주제의 전체 정보가 아니라 그 주제의 URL과 같은 주소와 요약된 정보로서 색인을 만들기 위한 것이다. 색인 사이트에서는 에이전트들이 보내주는 요약 정보를 별도의 저장소(repository)에 체계적으로 분류하고 저장한다.

(2) 색인 구축

웹 검색 엔진에서 가장 중요한 부분이 색인이다. 웹 사이트에서 수집된 자료들은 수량이 매우 많으므로 모든 자료를 가져와서 검색 사이트에 저장하기는 어렵다. 신속하게 사용자 질의에 응답하기 위해서는 검색 사이트에 자료 전체 대신에 요약된 정보만으로 색인 데이터베이스를 구축하는 것이 효과적이다. 색인 데이터베이스의 크기를 줄이기 위하여 수집한 정보의 요약문과 웹 사이트 주소 등 간단하게 수록한다. 색인의 규모가 방대하기 때문에 대부분의 검색 회사들은 색인 서버를 검색 사이트와 별도로 설치하여 운영한다.

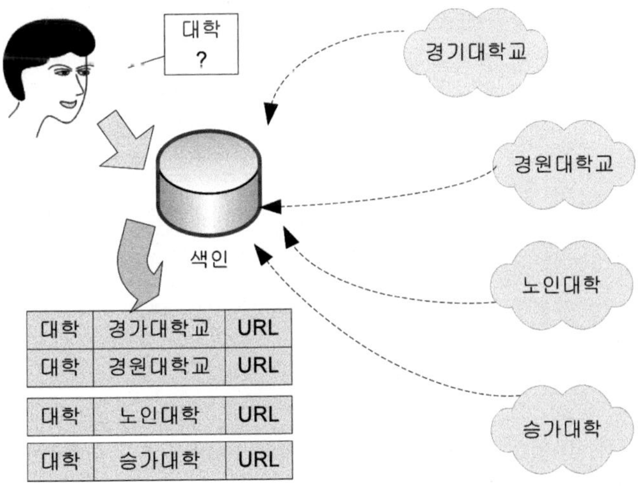

[그림 6.3] 웹 검색 엔진에서 색인의 역할

61) agent: 대리인의 자격으로 사용자나 다른 프로그램을 위하여 기능을 수행하는 프로그램.

요약된 색인 정보만을 신속하게 검색하기 위해서는 범용의 DBMS 기술보다 전문적인 색인 기술을 반영한 색인 구축 기술이 요구된다. 이것은 검색 속도 향상을 위하여 색인 기법을 효율화하는 기술이다. 간단한 문자열을 검색하기 위해서는 범용 데이터베이스 보다는 전문적인 데이터베이스를 사용하는 것이 효과적이다. 그 이유는 색인 사이트의 자료 규모가 범용 DBMS의 규모보다 압도적으로 크기 때문에 더욱 효율적인 색인 구조가 필요하기 때문이다.

색인이란 [그림 6.3]과 같이 예상되는 검색을 감안하여 미리 색인을 만들어 놓고 기다리는 장치와 같다. 사용자가 '대학'이라는 단어로 검색할 것을 예상하여 경실대학교 등 여러 대학들의 웹 사이트를 검색하여 미리 색인 데이터베이스를 만들어놓는 것이다.

(3) 검색: 질의 처리

검색 서버의 역할은 사용자의 질의를 받아서 색인 데이터베이스에서 원하는 자료를 검색하는 질의 처리 기능과 검색 결과를 우선순위대로 정렬하는 기능으로 다음과 같이 구분된다.

1) 질의 처리

검색 서버는 질의에 포함된 검색어를 추출하고 가장 최적화된 질의처리 기법으로 색인 서버에서 질의와 유사한 검색어가 있는 색인을 찾기 위한 검색을 수행한다. 이 작업은 내용기반의 문서 검색 기능과 유사하다.

2) 순위화

웹 검색에서는 과거와 달리 요즈음에는 검색 결과가 많이 나오기 때문에 사용자가 원하는 순서대로 자료들을 순위화해서 사용자에게 제시한다. 사용자가 원하는 정보는 질의와 연관성이 많은 것부터 우선순위를 부여하는 효과적인 기법이 요구된다.

웹 검색 기술은 이상과 같은 세 가지 업무를 독립적으로 수행하는데 필요한 기술들이다. 1980년대 말 이후부터 오랫동안 웹 검색 엔진이 개발되었지만 검색 결과가 만족스럽지 않기 때문에 지금도 지속적으로 기술을 개발하고 경쟁하는 분야이다.

6.2.2 웹 검색 엔진의 발전

[표 6.6] 웹 정보검색 엔진의 역사

세 대	세대별 특징	검색 사이트	비 고
1세대	디렉토리 검색	Yahoo	
2세대	1세대 로봇 검색	Altavista, Hotbot, Excite	키워드 검색
2.5세대	디렉토리 + 로봇 검색	Naver, Daum, Paran	
3세대	2세대 로봇 검색	Google	
4세대	3세대 로봇 검색	Hakia[62], Qrobo[63], SearchMe[64]	지식 검색 엔진

검색 엔진(search engine)은 정보를 미리 수집해 두었다가 사용자가 원하는 정보를 찾아주는 컴퓨터 프로그램의 집합이다. 지금은 주로 월드와이드웹을 대상으로 하는 인터넷 검색 서비스의 뜻으로 사용되며 포털 사이트[65]와 의미가 비슷하다. 웹 검색 엔진은 1980년 말 월드와이드웹의 개발 이후부터 발전하기 시작하여 [표 6.6]과 같이 단계적으로 진화하고 있다.

제1세대 검색 엔진: 디렉토리 엔진(주제별 검색 엔진)

웹 검색 엔진의 1세대는 전 세계 웹 사이트의 페이지가 수천만 페이지에 불과했던 시절에 만들었다. 정보량이 많지 않았기 때문에 검색 사이트의 직원들이 웹 사이트의 좋은 자료를 선별하여 정리해 놓고 사용자의 검색 요구에 응할 수 있었다. 정보를 정리하는 방법은 디렉토리(directory)를 이용하여 계층구조를 만들고 하부로 내려갈수록 상세한 정보를 저장하는 방식이다. Yahoo 등에서 이 방식으로 검색 사이트를 구축하였으며 정보량은 적었지만 정리가 잘되어 있으므로 전 세계적인 호응을 얻어서 급속하게 보급되었다.

당시에는 검색한 결과가 너무 적어서 문제가 되는 시기였다. 디렉토리 엔진의 장점은 사람이 정보를 분류하므로 고급 정보를 제공할 수 있다. 단점이라면 인력으로 정보 작업을 수행하기 때문에 정보의 양이 적을 수밖에 없다.

---

62) Hakia: 미국의 핵 과학자 Riza Berkan이 2004년에 설립한 인터넷 검색 엔진. 온톨로지 시맨틱, 퍼지 로직, 연산 언어학, 수학 등을 기반으로 하는 로봇 검색 엔진.

63) Qrobo: 시맨틱 기반으로 (주)시맨틱스가 2006년에 개발된 검색 엔진. 온톨로지 자동 추출, 형태소분석기나 시소러스를 사용하지 않음.

64) SearchMe: 캘리포니아 Mountin View를 기반으로 하는 비주얼 검색 엔진. 2009년 자금난으로 중단.

65) portal site: 인터넷 사용자가 원하는 정보를 얻기 위하여 반드시 거쳐야 하는 사이트.

제2세대 검색 엔진: 키워드 엔진 (1세대 로봇 엔진)

웹 사이트의 페이지 수가 억 단위로 증가하면서 사람이 사이트와 정보를 선별하여 정리하는 것이 힘들어져서 디렉토리 방식으로는 사용자의 욕구를 충족시킬 수가 없게 되었다. 이를 극복하기 위하여 에이전트 프로그램(robot, spider, crawler, worm 등)을 이용하여 웹에서 정보를 자동적으로 수집하는 로봇 검색 엔진이 개발되었다. 정보 분류 기법을 이용하는 대신에 키워드로 검색을 했기 때문에 키워드 엔진이라고 한다. W3C에서 제공하는 세계 로봇규약에 따라 Altavista, Hotbot, Excite 등의 엔진이 개발되어 많은 정보를 제공할 수 있었으나 자료 정리 상태가 부실하여 큰 호응을 얻지 못하였다.

키워드 엔진의 장점은 자동적인 정보 수집으로 인하여 자료의 양이 많아졌다는 점이다. 단점은 에이전트가 잘못될 경우에는 정보검색에 결정적인 장애가 될 수도 있다는 점이다.

제2.5세대 검색 엔진: 디렉토리+키워드 엔진(하이브리드형 검색 엔진)

제2세대의 로봇 검색 엔진이 호응을 얻지 못하자 디렉토리 엔진과 키워드 엔진의 장점을 모두 반영하여 정보도 많이 검색하고 정리도 잘되는 혼합형 엔진(hybrid engine)을 출시하였다. 이 엔진들은 반응이 좋아서 지금까지 주류를 이루고 있으며 Naver, Daum, Paran, Empass, Google 등이 사용하고 있다. 검색 엔진의 구조는 로봇 에이전트, 색인 데이터베이스, 질의 시스템 등의 3가지 요소로 구성된다.

기존의 검색 엔진과 달리 자체적으로 엔진을 보유하고 있지 않으면서 다른 검색 엔진들의 검색 결과를 정리하여 제공하는 메타 검색 엔진이 개발되었다. 국내에서는 '미스다찾니[66]'가 사용되었었고 국외에서는 Mysearch[67] 등이 서비스되고 있다. 다른 검색 엔진들의 검색 결과를 모아준다고 해서 이들을 모음형 검색 엔진이라고도 한다.

제3세대 검색 엔진: 2세대 로봇 엔진

키워드 검색 엔진은 많은 수량의 검색 결과를 가져오지만 기계적으로 처리하기 때문에 자료 정리가 부실하여 사용자가 보고 싶은 페이지를 제공하지 못하는 단점이 있다. Google은 사용자가 원하는 정보를 클릭하면 사용자가 보고 싶은 페이지를

66) 미스다찾니: 1996년부터 2004년까지 존재했던 국내 메타 검색 엔진.
67) Mysearch: 호주의 Ansearch사에서 2004년 개발한 검색 엔진.

우선적으로 보여주는 페이지랭크(PageRank) 알고리즘을 개발하여 큰 호응을 얻게 되었다. 이 알고리즘은 인기 있는 페이지일수록 다른 사이트와의 연결이 많이 된다는 사실을 기반으로 개발되어 검색 엔진에 큰 영향과 발전을 가져왔다.

제4세대 검색 엔진: 3세대 로봇 엔진(지식 검색 엔진)

3세대까지 검색 엔진의 공통점은 사용자가 제공한 검색어가 들어있는 페이지를 찾는 키워드 검색 방식에 기반을 두었다는 점이다. 최근에는 시맨틱 웹(semantic web)의 등장으로 검색어의 개념을 이해하고 정보를 검색하는 엔진이 개발되고 있다. 검색을 위한 검색어에 대하여 동의어와 광의어, 협의어 등을 이용하여 개념기반 검색을 지원하므로 의미기반 검색 엔진이라고도 한다. Hakia, Qrobo, SearchMe 등이 국내외에서 대표적으로 시맨틱 웹을 지향하고 있다.

웹 검색 기법은 인터넷이 보급된 이후에 지속적으로 발전되고 있으며 많은 회사들이 경쟁적으로 우수한 기법들을 개발하고 있다. 처음에는 Yahoo가 시장을 주도하였으나 지금은 Google이 주도하고 있으며 미래 시장을 선도하기 위하여 많은 기업들이 경쟁하고 있으므로 앞날을 예측할 수 없다. 특정분야에서는 소규모의 전문적인 검색 기업들이 시장들을 주도하고 있다.

6.3 웹 검색 엔진 구조

제6.2절에서 논의한 웹 검색 엔진의 기본적인 기능과 기술들을 기반으로 기본 구조와 구성요소들에 대하여 논의한다. 검색 엔진이란 텍스트로 색인을 만들고 색인을 이용하여 사용자 질의에 응답하는 프로그램이다.

웹 검색 엔진을 정의하면 다음과 같다.

1) 웹 사이트에서 정보를 찾아주는 프로그램.
2) 인터넷의 웹 사이트에 저장되어 있는 정보를 검색하는 프로그램.
3) 웹에 있는 텍스트로 색인을 만들고 색인을 이용하여 질의에 응답하는 프로그램.
4) 웹 사이트에 산재한 정보 중에서 간략한 정보(키워드 주소, 요약)만을 수집하고 사용자가 원하는 정보를 찾아주는 소프트웨어.

전통적인 의미의 검색 엔진은 정보를 자신이 직접 확보한 상태에서 사용자가 원하는 정보를 검색해주는데 반하여 웹 검색 엔진은 다른 곳(사이트)에 존재하는 정보를 찾을 수 있도록 색인어와 웹 사이트의 주소만을 저장한다는 점에서 다르다.

웹 검색 엔진의 특성을 정리하면 [표 6.7]과 같이 기존의 검색 엔진과는 특성이 매우 상이하다. 첫째, 웹에서 검색하려는 대상 자료들은 누구든지 자유롭게 사이트를 개설하거나 남의 사이트에 자료를 올릴 수 있으므로 편집된 자료가 아니기 때문에 품질을 보장하지 못한다. 둘째, 전화번호부, 브로슈어, 카탈로그, 논문, 뉴스, 보고서, 일기 등 모든 분야의 정보를 한 곳에서 검색할 수 있다. 셋째, Lexis-Nexis[68]처럼 상업용 문서 검색 데이터베이스를 검색하기도 하고 학계에서 학자들이 학술문서를 검색하기도 하고 웹에서 많은 사람들이 다양한 목표를 가지고 검색을 하기도 한다. 넷째, 수십 억 대의 웹 서버에서 수십 억 개의 문서를 검색할 정도로 정보의 규모가 방대하며 시간이 갈수록 더욱 증대되고 있다.

[표 6.7] 웹 검색 엔진의 특성

번호	구 분	내 역
1	품질	자료 미 편집: 누구나 자료 입력 가능,
2	정보 형태	다양한 분야의 여러 종류의 자료
3	사용자	다양한 분야의 다양한 수준(초보자, 일반인, 전문가,,)
4	규모	수 억 번의 검색과 수십억 개의 문서

[표 6.8] 웹 검색 질의의 특성

번호	구 분	내 역
1	질의 크기	짧다: 한 개 또는 두 개 또는 세 개의 단어로 구성
2	크기 증가	초기 검색 이래 약 1.7배 증가
3	사용자 기대	가장 원하는 결과가 첫 번째 줄에 나타나기

웹 검색 질의의 특성을 살펴보면 [표 6.8]과 같이 첫째, 질의의 크기가 한 두 개의 단어를 사용하므로 크기가 매우 짧은 편이다. 길어야 세 개 정도의 단어로 질의한다. 둘

68) Lexis-Nexis: 미국의 상업용 문서검색 데이터베이스. 신문, 잡지, 뉴스, 법률 및 공공기록 등 다양한 자료를 보유하고 있으며 세계 최대의 공공 기록 목록을 보유.

째, 웹 검색이 시작된 이래 질의의 크기가 약 1.7배 정도로 증가하였다. 셋째, 사용자들은 가장 원하는 결과가 검색 페이지의 첫 줄에 나타나기를 바란다. 아니면 바로 다음 줄에 나타나기를 원한다.

웹 검색 엔진 설계자들은 웹 검색 질의의 특성을 충족할 수 있도록 웹 검색 엔진의 특성을 감안하여 검색 엔진을 설계하고 있다.

6.3.1 검색 엔진의 구조

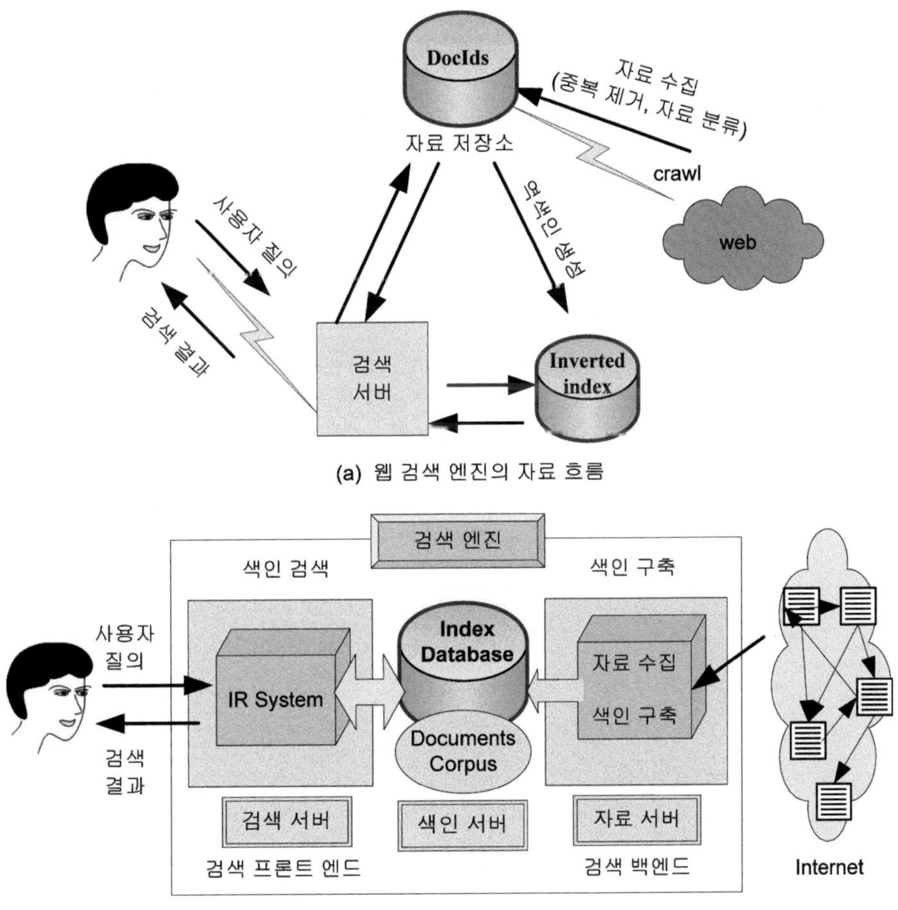

(a) 웹 검색 엔진의 자료 흐름

(b) 검색 엔진의 두 가지 기능

[그림 6.4] 웹 검색 엔진 모델의 구조와 기능

웹 검색 엔진의 기본 구조는 제6.2절에서 논의한 기능들을 중심으로 설계된다. 웹 검색 엔진이 하는 일은 [그림 6.4]와 같이 웹 사이트에 있는 자료를 수집한 다음에 요약한 정보를 검색 사이트로 가져와서 색인 데이터베이스에 저장하는 일과 사용자가 질의를 요구하면 색인 데이터베이스에서 정보를 검색해주는 일로 구분된다. 이 과정에서 수많은 웹 사이트에서 정보를 수집하는 robot(spider, agent) 프로그램이 필요하고, 수집된 자료들을 분류하여 색인 데이터베이스를 구축하는 프로그램이 필요하며, 사용자의 질의 요구를 받아서 정보를 검색해주는 전통적인 의미의 정보검색 시스템(IR system)이 필요하다.

웹 검색 엔진의 구조는 [그림 6.4](a)와 같이 이미 표준화된 검색 엔진 모델이 개발되어 사용되고 있다. 이 모델의 기능을 살펴보면 [그림 6.4](b)와 같이 웹에서 자료를 수집하여 색인을 구축하는 백 엔드(back end) 부분과 사용자 질의를 받아서 색인에서 자료를 검색해주는 프론트 엔드(front end) 부분으로 기능이 구분된다. 웹 검색에서는 검색 결과가 너무 많이 나오기 때문에 결과에 우선순위를 부여하여 제공할 필요가 있다. 웹 검색 엔진은 문자열 정보를 검색하는 검색 시스템이 중요하기 때문에 전통적인 정보검색 기술을 필요로 한다.

웹 검색 엔진은 검색 기능을 신속하고 효과적으로 수행하기 위하여 복잡한 구조의 색인 데이터베이스와 함께 복잡한 기능을 갖춘 프로그램들을 구축한다. 프로그램은 크게 크롤러(crawler), 색인기(indexer), 검색기(searcher) 등으로 기능을 나누어 수행하므로 이들을 중심으로 기본 구조를 설계한 것이 [그림 6.5]이다.

웹 검색 엔진은 검색 서비스를 제공하기 위하여 다음과 같이 정보 수집, 색인 구축, 색인 검색의 3 단계 순서를 따라서 가동한다.

1) 정보 수집 단계

크롤러들이 웹 사이트들을 돌아다니면서 중요한 정보를 수집하여 검색 사이트로 보내면 검색 사이트에서는 전송되어 오는 정보들을 저장소(repository)에 간편한 방식으로 저장한다. 검색 엔진마다 몇 개의 크롤러들이 운영된다.

2) 색인 구축 단계

색인기는 저장소에 있는 자료들을 정리하여 색인어를 만들어 내고 검색에 효율적으로 대응할 수 있도록 색인 데이터베이스에 저장한다. 색인어를 만드는 과정은 제4장 2절 색인어 처리에서 논의한 방식과 유사하다.

3) 질의 처리 단계

사용자가 질의를 요구하면 검색기는 색인 데이터베이스를 대상으로 검색을 수행하고 결과들을 받아서 우선순위를 부여하여 사용자에게 제시한다. 따라서 검색 사이트에는 색인기와 검색기가 존재하고 크롤러들은 외부 공간인 WWW에서 정보 수집 업무를 수행하는 구조이다.

웹 검색 엔진이 하는 일은 크게 색인을 구축하는 일과 색인을 검색하는 두 가지 업무이며 이들 업무를 수행하기 위하여 정보를 수집하는 크롤러, 색인을 구축하는 색인기, 질의를 처리하는 검색기의 3개 프로그램으로 구성된다.

6.3.2 검색 엔진의 구성 요소

웹 검색 엔진을 구성하는 주요 구성 요소들은 크롤러, 색인기, 검색기 등의 세 가지이며 이들을 효과적으로 운영하기 위해서는 더 전문적인 기능을 수행하는 세부 구성 요소들이 필요하다. 본 절에서는 [그림 6.5]와 같이 엔진을 구성하는 크롤러, 색인기, 검색기 등 세 가지 프로그램을 중심으로 검색 엔진의 구조와 기능을 기술한다.

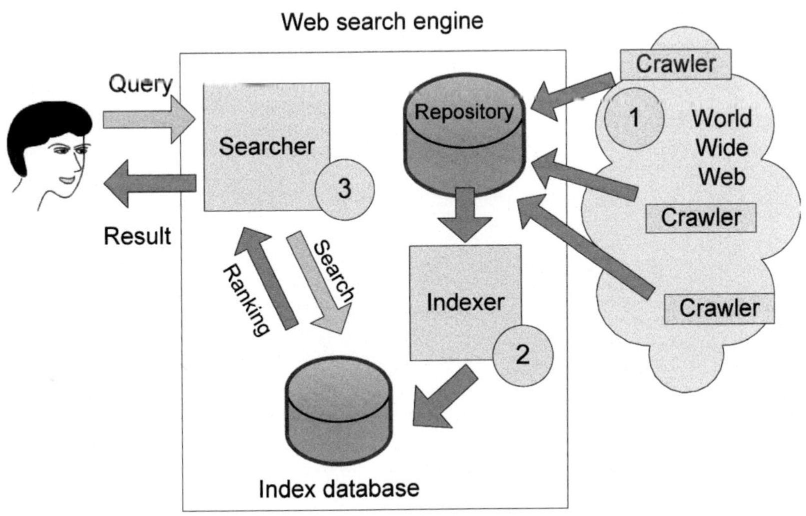

[그림 6.5] 웹 검색 엔진의 주요 구성 요소

(1) 웹 크롤러(Web Crawler)

웹 검색 엔진은 어떻게 색인을 만드는 정보들을 수집할까? 검색 엔진은 웹 크롤러라고 하는 웹 에이전트 프로그램에게 정보 수집을 위임한다. 웹 크롤러는 웹의 하이퍼텍스트 구조를 자동적으로 추적하여 참조되는 모든 문서들을 재귀적으로 검색하는 프로그램이다. 이것은 크롤러, 스파이더, 로봇, 에이전트 등의 다양한 이름으로 불린다. 웹 에이전트는 말 그대로 검색 엔진이 위임한대로 웹 사이트의 정보를 수집하여 검색 사이트로 전송한다. 여러 개의 크롤러들은 전 세계 웹 서버들을 순회하면서 유용하다고 판단되는 정보들을 수집한다. 크롤러가 수집한 정보는 검색 사이트의 자료 저장소(repository)에 저장한다.

크롤러가 정보를 수집하는 방법은 다음과 같다.

- 알려진 사이트부터 검색을 시작한다.
- 정보들을 기록한다.
- 각 사이트로부터 링크를 따라서 사이트를 순회한다.
- 새로운 사이트에서 발견된 정보를 기록한다.
- 앞의 동작을 주기적으로 반복한다.

크롤러의 정보수집 알고리즘을 자세히 기술하면 다음과 같다.

```
Insert a set of known sites on a queue
Repeat
   큐에서 첫 페이지 추출
   이 페이지가 전혀 처리되지 않았다면 다음 루틴을 수행한다
      이 페이지에서 발견된 정보를 기록한다
           - 단어의 위치와 밖으로 나가는  링크
     큐의 현재 페이지 위에 각 링크를 추가 입력한다
     이 페이지가 처리된 것을 기록한다
Until
```

크롤로가 검색 사이트로 수집한 정보를 전송하면 검색 사이트에서는 이들을 받아서 자료 저장소(repository)에 저장한다. 크롤러가 여러 개인 경우가 보통이므로 이들을 효과적으로 운용하기 위하여 정보수집 업무를 독립적으로 수행하는 브로커를 운용하기도 한다.

1) 브로커(broker)

검색 엔진에서 이용하는 컬렉션은 분야에 따라서 여러 종류가 다양하게 사용될

수 있다. 다양한 컬렉션을 효과적으로 검색하고 취합하기 위해서는 컬렉션별로 크롤러를 배정하여 적절한 자료 수집 기법을 적용하는 것이 필요하다. 브로커는 자료 수집의 시작부터 최종 결과를 취합하여 전달하는 역할을 수행한다.

2) 컬렉션(collection)

정보 검색의 대상이 되는 자료의 집합을 의미한다. 웹 정보검색에서는 웹 사이트의 모든 자료가 될 수 있으나 필요에 따라서 한 사이트 안에서도 분야에 따라서 컬렉션을 나누어 수집하기도 한다. 자료의 성격이 다른 여러 개의 집합을 개별 컬렉션으로 구성하여 다양한 검색 연산을 실행하면 더 우수한 결과를 얻을 수 있다.

3) 자료 저장소(repository)

크롤러가 수집한 자료를 역색인을 만들 때까지 모아두는 임시 저장소이다. 임시 저장소지만 매우 규모가 커질 수 있으므로 효율적인 데이터베이스를 구축할 필요가 있다. 일반적인 상용 관계 데이터베이스를 사용할 수도 있으나 속도 향상을 위하여 전용 파일 시스템으로 구성하기도 한다.

4) 필터(filter)

다양한 형식(format)의 문서들에서 문자 정보를 추출하기 위한 프로그램이다. doc 파일, txt 파일, hwp 파일 등은 모두 내부 형식이 다르기 때문에 적절한 필터링을 수행할 필요가 있다. 이것은 검색기에서도 사용할 수 있다.

(2) 색인기(Indexer)

웹 검색 엔진에서 가장 중요한 부분이 색인기다. 색인기는 크롤러가 수집한 자료에서 중요한 키워드들을 추출하여 상관관계 등을 이용하여 신속하게 검색될 수 있는 형태로 변환한 다음에 색인 데이터베이스에 저장하는 일을 한다. 이를 위해서 형태소를 분석하는 형태소분석기(morpheme analyzer), 문자열을 구문분석하는 구문분석기(syntax analyzer), 어간을 추출하는 어간추출기(stemmer) 등이 필요하다.

자료 저장소의 문서 자료들을 구문분석하고 형태소를 분석(morphological analyser)하여 추출된 단어들을 토큰(token)이라고 한다. 토큰을 추출한 다음에 이들에게 문서 번호(DocID)를 부여하여 함께 저장한다.

예를 들어 다음과 같이 두 개의 문서가 수집되었다고 가정하자.

문서 1: A DBMS contains simple tied records.
문서 2: Each record is simply linked by linking names.

색인기는 두 개의 문서를 구문분석(parsing)하고 형태소 분석을 통하여 'A', 'Each', 's', 'by'와 같은 불용어(stopword)들을 제거하고 다음과 같이 10개의 토큰들을 추출한다. 이들 토큰에서 다시 어간을 추출하여 [표 6.9]와 같이 10개의 용어 목록을 작성한다.

[표 6.9] 용어 목록

용어	DBMS	contain	simple	tie	record	record	simple	link	link	name
문서#	1	1	1	1	1	2	2	2	2	2

용어 목록에서 'simple'과 'simply'는 어간 추출에 의하여 같은 단어로 분류되어 같이 저장된다. 이들 토큰들로 단어 목록이 작성되면 용어들을 [표 6.10]과 같이 사전 순서대로 정렬하여 같은 단어들을 찾기 쉽도록 한다.

[표 6.10]과 같이 알파벳 순서대로 정렬된 파일에 각 용어가 사용된 빈도수를 문서 번호별로 추가하면 [표 6.11]과 같은 단어 빈도수 테이블이 작성된다.

[표 6.10] 용어 목록 정렬

용어	contain	DBMS	link	link	name	record	record	simple	simple	tie
문서#	1	1	2	2	2	1	2	1	2	1

[표 6.11] 용어 빈도수 목록

용어	contain	DBMS	link	link	name	record	record	simple	simple	tie
문서#	1	1	2	2	2	1	2	1	2	1
빈도수	1	1	2	2	1	1	1	1	1	1

[표 6.11]의 단어 빈도수 테이블에서 같은 단어들을 하나로 통합하고 문서번호 대신에 단어가 출현한 문서의 수를 기록하면 [표 6.12]와 같이 7개의 단어로 구성된 어휘목록(lexicon)이 작성된다.

[표 6.12] 어휘목록(lexicon)

용어	contain	DBMS	link	name	record	simple	tie
문서 수	1	1	1	1	2	2	1
전체 빈도수	1	1	2	1	2	2	1

[그림 6.6]은 단어 빈도수 테이블과 어휘목록(lexicon, dictionary) 파일로부터 포스팅(posting) 파일을 구축하는 과정을 보여준다. 검색기는 이 역색인을 이용하여 원하는 용어를 검색한다.

1) 역색인(Inverted index)

[그림 6.6]에서 왼쪽의 단어 빈도수 파일을 정리하여 어휘목록(lexicon) 파일과 포스팅 파일을 구축한다. 어휘목록과 포스팅(posting) 파일로 구성된 역색인은 개별 용어들에 대하여 신속하게 검색해준다. 역색인에 접근하면 lexicon과 포스팅 파일을 통하여 각 용어의 문서번호(DocID), 문서에서의 용어 빈도수, 문서에서 용어의 위치 등을 알 수 있으므로 신속한 검색이 가능하다. 역색인만 이용해도 다음과 같이 불리언 질의가 가능하다.

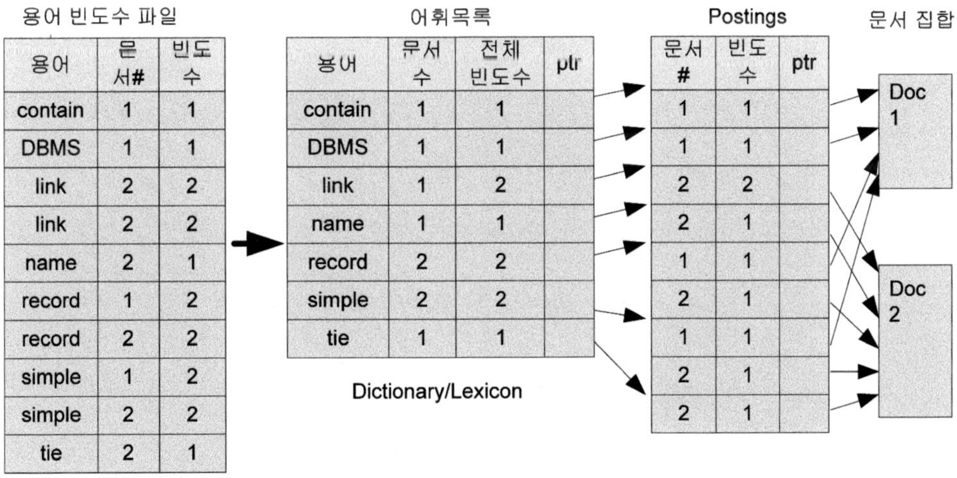

[그림 6.6] 역색인(lexicon과 포스팅 파일)의 구축

- record → 문서1, 문서2
- name → 문서2
- DBMS & record → 문서1

색인을 검색하는 성능을 향상하기 위하여 많은 전략들이 사용된다. 일반적으로 색인 데이터베이스의 파일 구조는 b-tree[69]를 이용한 역파일(inverted file) 기법을 많이 사용한다. 일반적인 범용 관계 데이터베이스를 사용할 수도 있으며 속도 향상을 위하여 별도의 전용 파일 시스템을 구성할 수도 있다.

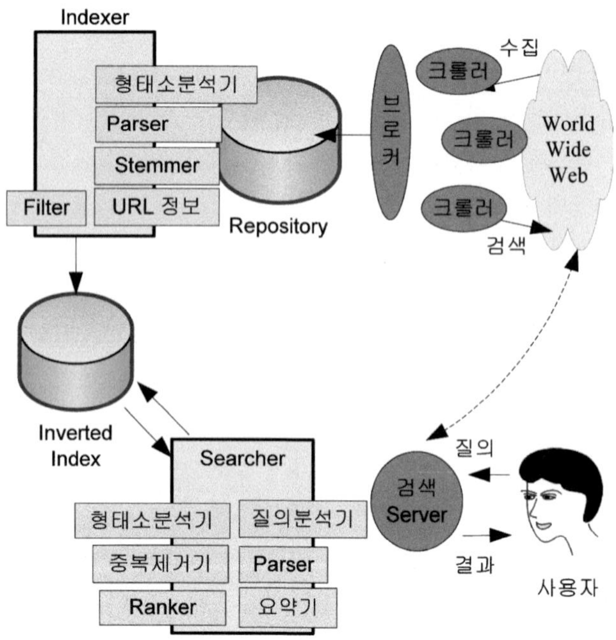

[그림 6.7] 대형 웹 검색 엔진의 구조

2) 형태소분석기(Morphological Analyser)

형태소(morpheme)란 한 언어 안에서 의미를 가지고 있는 최소 단위를 말한다. 더 이상 분해를 하면 단어가 의미를 잊어버리게 되는 단위이다. 크롤러가 수집하

69) b-tree(균형 트리): 1972년 Bayer와 McCreight가 개발한 자료구조. 모든 잎 노드의 깊이가 항상 동일한 트리.

여 저장한 텍스트 저장소(repository)에 있는 자료들은 HTML과 관련된 태그 등의 부수적인 자료가 많으므로 이들을 제거하고 사용자로부터 검색 대상이 될 수 있는 색인어를 찾기 위해서 형태소를 추출해야 한다. 형태소 분석기는 사용자가 제시한 질의 문장을 분석하는 질의 분석기(query analyzer) 안에서도 사용된다.

(3) 검색기(searcher)

검색기는 사용자가 입력한 질의를 분석하여 유사한 자료를 색인 데이터베이스에서 찾아서 사용자에게 제공하는 일을 수행한다. 이를 위해 검색기에는 질의를 분석하는 질의분석기(query analyzer), 문장을 분석해주는 구문분석기(parser), 검색 결과에서 중복 자료를 제거해주는 중복제거기, 검색 결과에 우선순위를 부여하는 랭커(ranker), 문서의 핵심 내용을 간결한 문장으로 축약해주는 요약기(summerizer) 등이 필요하다.

1) 질의분석기(query analyzer)

질의분석기는 사용자가 입력한 질의를 구문분석하여 검색에 적합하도록 정규화된 질의 문장으로 변환해준다. 사용자가 작성한 질의와 기계에서 신속하게 수행하는데 필요한 문법이 다르기 때문에 뮤법 변화이 필요하다. 분석기는 필요에 따라 질의에서 토큰을 추출할 필요가 있으므로 구문분석기, 형태소분석기, 어간추출기 등이 포함되기도 한다.

2) 랭거(ranker)

랭커는 검색 결과가 너무 많을 때 결과에 우선순위를 부여함으로써 사용자로 하여금 원하는 결과를 쉽게 찾을 수 있게 도와주는 도구이다. 검색 모델이나 랭킹 알고리즘에 알맞게 구성되는 것이 보통이다.

[그림 6.7]은 대형 웹 검색 엔진의 표준적인 형태의 구조이다. 크롤러, 색인기, 검색기 등 세 가지 주요 프로그램을 중심으로 각 서비스 모듈들로 구성되어 있다. 이를 기반으로 구체적인 상업용 엔진과 연구용 엔진의 사례를 살펴보기로 한다.

6.4 사례 연구

웹 검색 엔진은 수없이 많이 존재하지만 본 절에서는 한국과 세계 시장에서 성공 모델로 손꼽히는 검색 엔진으로 Google과 Naver를 소개하고, 연구용으로 가장 대표적인

Nutch 엔진을 선택하여 소개한다. 네이버와 구글은 인터넷하면 가정 먼저 떠오르는 브랜드 기업이고 Nutch는 검색 소프트웨어 설계자, 개발자 등의 전문가들 사이에서 가장 먼저 떠오르는 오픈 소스 검색 엔진이다. 구글과 네이버를 비교하면 구글의 입장에서 비교 상대가 되지 않는다 생각할 것이고 네이버 입장에서는 나쁘지 않은 일이라고 생각할 것이다. 회사의 규모나 브랜드, 기술, 인력 등에서 아직까지 네이버가 구글의 경쟁 상대가 아니기 때문이다. 그러나 한국에서는 세계에서 유일하게 구글이 네이버에 밀리고 있기 때문에 함께 비교하는 것도 큰 무리는 아니다.

6.4.1 구글

구글(Google)[70]은 현재 전 세계에서 가장 인기 있는 검색 엔진으로 1998년부터 Larry Page[71]와 Sergey Brin[72]이 회사를 공동 설립하고 검색 서비스를 시작하였다. 구글의 기업 목표는 전 세계의 정보를 체계화하여 전 인류가 편리하게 이용하게 하겠다는 것이다. 구글이 생각하는 완벽한 검색 엔진이란 '사용자가 뜻하는 바를 정확하게 이해하고 원하는 결과를 정확하게 제공하는 엔진'이다. 구글은 PDF, 포스트스크립트[73], MS Word 문서들에 대한 검색도 가능하다. 다른 검색 사이트보다 늦게 출발하였지만 현재 세계 시장의 50% 이상을 점유하고 있다. 그 이유는 다른 검색 엔진들보다 우수하고 빠른 검색 서비스와 갱신 능력을 발휘하고 있기 때문이다. 현재 세계에서 브랜드 가치가 가장 높은 기업은 구글이며, 모바일 분야에서도 애플과 필적할 수 있으며 독보적으로 영향력을 가진 기업이다.

(1) 구글의 엔진 구조

구글의 검색 엔진은 다른 웹 검색 엔진과 마찬가지로 [그림 6.8]과 같이 크롤러, 색인기, 검색기의 3개 모듈과 관련 서비스 프로그램들로 구성된다.

여러 개의 크롤러들이 인터넷 사이트를 순회하며 자료들을 수집하여 검색 사이트로 전송하면 자료들을 압축한 다음에 자료 저장소에 저장한다. URL 서버는 검색 사이트에 저장된 자료의 앵커 텍스트(anker text)[74]로부터 외부로 연결되는 URL들을

70) Google: Googol에서 유래. Googol은 10의 100제곱이 되는 수로서 미국 수학자 Edward Kasner가 만든 용어. 인터넷의 광대한 정보를 모두 담겠다는 구글의 의지를 표현.

71) Larry Page(1973-): 미국 기업가. Standford 대학원생으로 Sergey Brin과 구글 창업

72) Sergey Brin(1973-): 러시아 유태계 기업가. Standford 대학원생으로 Larry Page와 구글 창업

73) Postscript: 미국의 어도비(Adobe System)사에서 개발한 그래픽을 위한 기술 언어. 특정 기계에 독립적인 것이 특징.

모아서 크롤러에게 제공하고 외부 사이트에서 정보 수집 업무를 수행하도록 요청한다.

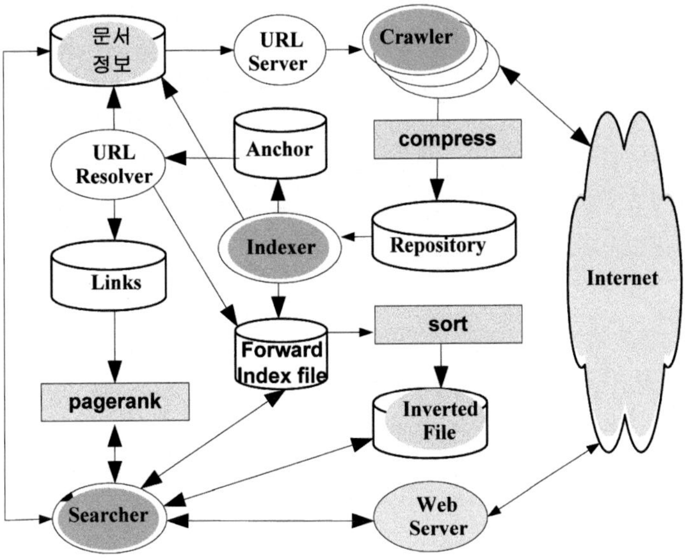

[그림 6.8] Google의 엔진 구조

검색 엔진의 핵심은 역색인을 만드는 색인기에 있다. 색인기는 자료 저장소에서 색인어를 추출하여 전방 색인 파일(forward index file)에 저장하고 다른 문서로 연결되는 앵커 텍스트를 이용하여 외부 URL을 탐색하도록 주소 정보를 문서 정보 파일에 저장한다. 정렬기(sorter)는 전방 색인 파일의 자료를 정렬하여 역색인(색인 데이터베이스)을 생성한다. URL 정리기는 전방 색인 파일로부터 자료를 받아서 연결 정보들을 저장한다.

사용자가 웹 서버에서 질의를 통하여 정보를 요구하면 검색기(searcher)가 역색인에서 정보를 검색하고 검색 결과를 페이지랭크 과정을 거쳐 우선순위대로 정리한 자료를 제공한다.

Google의 검색 엔진의 특징은 다음과 같다.

1) 80억 개 이상의 URL을 검색하여 역색인에 저장하고 가장 방대한 색인 보유

74) anker text: 소스 페이지에서 목적 페이지로 연결되는 텍스트.

2) 관련성 높은 결과를 순서대로 빨리 검색, 동의어 검색
3) 원하는 용어를 포함한 페이지만 제시
4) PageRank: 사이트에 접속하는 하이퍼링크의 빈도수를 기준으로 우선순위를 부여. 500개 변수와 20억 개 용어를 세밀한 공식으로 순위화
5) 링크와 검색어의 위치를 중시하여 검색 로봇이 연관성 순서대로 검색
6) Anchor text: 소스 페이지와 목적 페이지를 모두 관리
7) 페이지의 내용을 미리 제공
8) 수집한 문서를 저장
9) 개인화(personalization)

구글 검색 엔진의 특성에서 개인화(personalization)란 개인의 성향이나 검색 의도를 반영하여 개인이 원하는 정보를 찾아주는 검색을 의미한다. Gmail, Google Toolbar, Google Docs 등은 사용자의 성격, 흥미, 좋아하는 것과 싫어하는 것 등으로 단서를 파악하여 사용자 개인의 취향에 맞는 정보를 제공한다.

(2) 구글의 특징

야후와 네이버가 포털을 지향했다면 구글은 순수 검색 솔루션 업체로 출발하였다. 구글은 출범 당시에 월드와이드웹 전체를 내려받으려고(download) 시도했고 세계 도서관의 책을 전부 디지털화하겠다고 목표를 세운다. 구글은 내려받기 위한 컴퓨터들을 자신의 기술로 만들고 도서관 책을 스캔하기 위해 스캐너를 개발하였다. 네이버가 사람의 힘을 빌려서 자료를 정리했다면 구글은 기술의 힘을 빌려서 자료를 제공한다. 구글은 기술이 모든 것을 해결해 줄 수 있다고 믿는 '유일 신'이다. 구글의 대표적인 3대 핵심 기술은 [표 6.13]과 같이 자료를 검색해주는 웹로봇과 슈퍼컴퓨터 운용기술과 정보검색용 색인과 페이지 랭크 기술 등으로서 자세한 내용은 다음과 같다.

1) 웹 로봇(크롤러)

구글 검색의 위력은 방대한 규모의 색인 페이지를 구축하는 크롤러에서 나온다. 웹페이지를 방문하여 정보를 수집하는 크롤러가 얼마나 자주 웹페이지를 방문하여 자료를 수집해 오는지에 따라서 색인 데이터베이스의 능력이 결정된다. 구글봇(구글의 로봇 프로그램)의 성능이 워낙 강력하여 세상의 모든 정보를 끌어다가 검색해 주기 때문에 사람들은 구글에 가면 모든 정보를 검색할 수 있다고

믿는다. 구글봇이 수집한 웹 문서는 거의 변형 없이 완전한 HTML 형식으로 압축하여 저장한다.

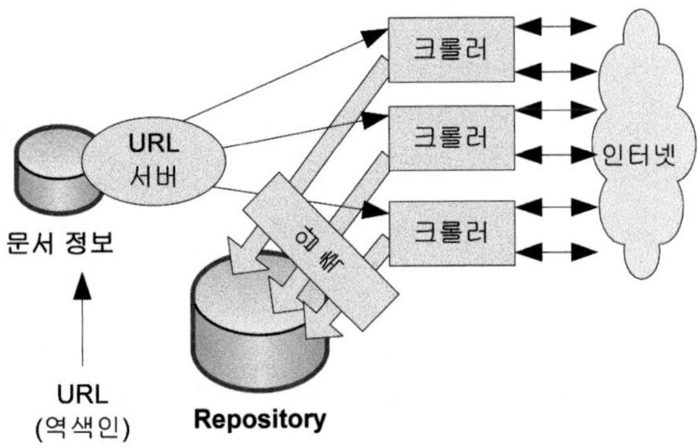

[그림 6.9] URL 서버와 크롤러

[그림 6.9]와 같이 크롤러가 웹의 정보를 수집하여 색인 서버로 전송하면 서버는 수집 정보를 압축한 다음에 저장소(repository)에 저장한다. URL 추출 프로그램은 역색인에서 다른 사이트로 연결되는 URL 정보를 추출하여 문서 정보 파일에 저장한다. URL 서버는 문서 정보 파일에서 URL을 추출하여 정보를 수집해야 할 웹 페이지의 주소를 크롤러에게 알려준다. 크롤러가 많아져서 이제는 크롤러 전체를 지휘하면서 정보 수집 업무를 할당하는 브로커(broker) 프로그램을 운영한다.

[표 6.13] 구글 엔진의 특징

순서	내 역	비 고
1	크롤러	강력한 성능으로 모든 정보 수집
2	분산·병렬처리	병렬처리 서버의 분산 배치
3	색인	정보검색용 전문 색인 구조
4	페이지랭크	앵커 텍스트를 이용한 사이트 평가

2) 분산 컴퓨터 운용 기술

구글이 구축한 방대한 규모의 데이터베이스를 운영하려면 엄청난 규모의 컴퓨터 장비와 관리 능력이 요구된다. 구글이 목표로 하는 검색 속도는 0.05초 이내이므로 상당한 관리 능력이 필요하다. 구글은 컴퓨터 설계 분야에서 최고의 인재들로 하여금 값싼 개인용 컴퓨터로 슈퍼컴퓨터를 만들어서 사용하고 있다. 구글이 만든 병렬처리 컴퓨터 서버는 적어도 수십만 대에서 100만대에 이를 것으로 추정된다. 구글은 수십만 대의 병렬처리 컴퓨터들을 분산 시스템으로 묶어서 하나의 시스템처럼 사용하고 있다. 구글은 컴퓨터를 만들면서 팔지 않는 세계 최대 컴퓨터 제조회사이며 최대 컴퓨터 운용회사라는 평가를 받고 있다.

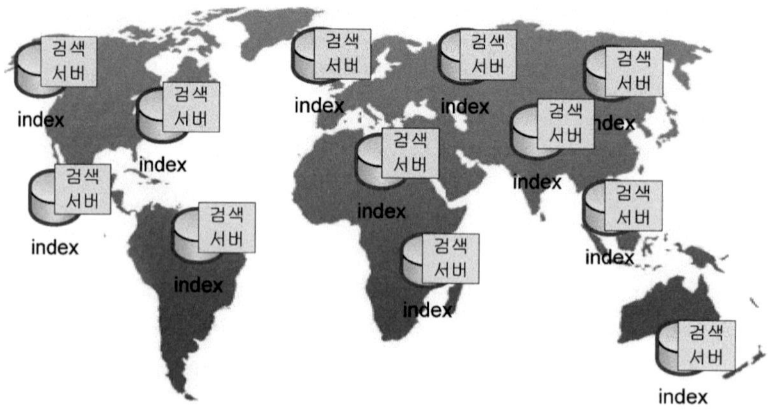

[그림 6.10] 데이터 센터의 분산

사용자들이 전 세계 어디에 있더라도 'http://www.google.com/'이라고 입력하면 구글에 접속할 수 있다. 하지만 실제로 연결되는 곳은 자신이 위치한 곳에서 가장 가까운 곳에 있는 구글의 데이터 센터이기 때문에 사용자 위치에 따라 연결되는 검색 서버가 다르다. [그림 6.10]과 같이 구글은 전 세계 곳곳에 검색 센터를 설치하고 센터마다 검색서버에 처리기와 색인 데이터베이스로 구성된 완전한 검색 클러스터를 준비하여 세계적인 분산 시스템을 운용하고 있다.

3) 색인 구축

구글은 [그림 6.11]과 같이 자료 저장소의 문서 자료를 구조 해석하고, 단어들을 토큰으로 분리하는 단어 처리, 다른 페이지로 연결하는 정보를 처리하는 링크 처리, 검색 결과에 우선순위를 부여하는 랭킹 부여 등의 4 단계를 거쳐서 색인을 생성한다. 생성된 색인은 단어 정보, 문서 정보, 링크 정보로 구분되어 검색에 활용된다. 지금부터는 색인 구축 과정을 단계적으로 살펴본다.

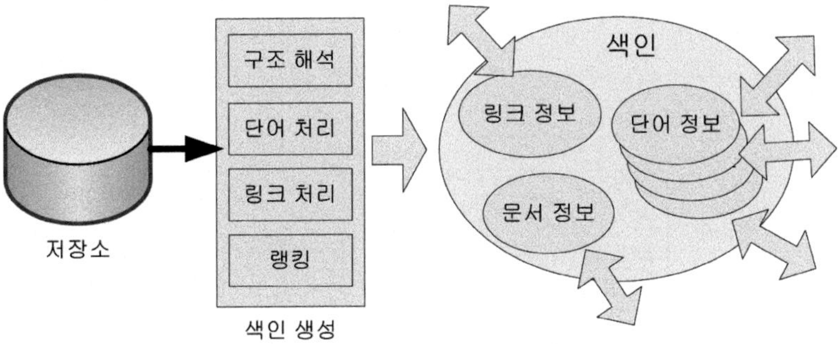

[그림 6.11] 색인의 생성과 역할

가. 구조 해석

색인 생성은 저장소에서 웹 페이지 정보를 가져오는 것으로 시작된다. [그림 6.12]와 같이 HTML 태그를 분석하여 제목 등의 검색에 필요한 정보를 추출한다. 추출된 정보로 문서 번호 docID와 URL을 추출하고, 제목과 기타 정보를 추출하여 DocIndex 테이블과 URLlist 테이블을 생성한다. DocIndex는 웹 페이지의 기본 정보를 기록하여 docID를 키로 하여 웹페이지 정보를 기록한다. URLlist는 URL을 키로 하고 docID를 가져오기 위한 색인이다.

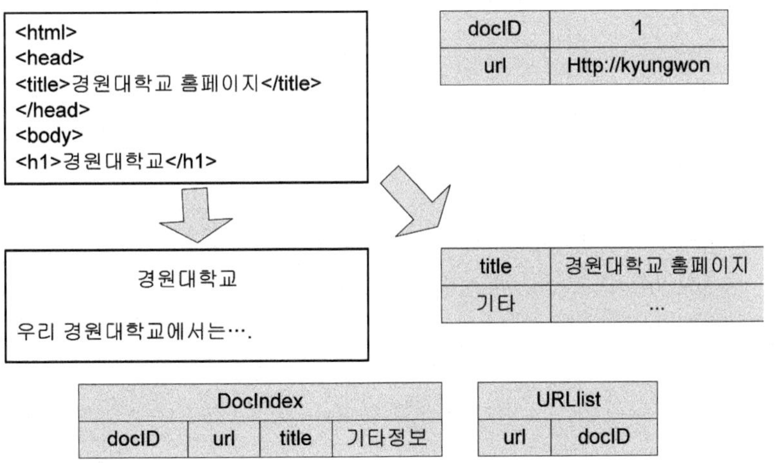

[그림 6.12] 웹 페이지의 구조 해석

나. 단어 처리

웹 페이지의 자료를 읽어서 텍스트를 단어로 분리하고 wordID로 변환한다. 단어 처리 과정에서는 [그림 6.13]과 같이 웹 페이지의 텍스트를 읽어서 단어마다 ID를 부여하여 웹 페이지를 wordID만으로 구성할 수 있도록 어휘목록(lexicon)을 만든다.

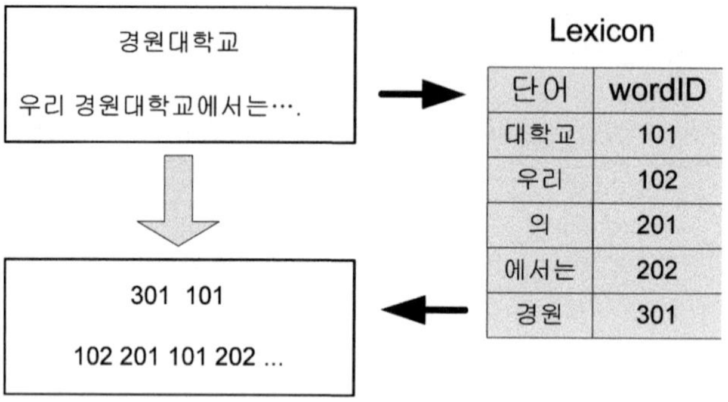

[그림 6.13] wordID 생성

[표 6.14] 색인에 등록되는 자료

docID	wordID	위치	크기	기타
1	301	0	2	
1	101	1	2	
1	102	2	2	
1	201	3	1	
1	101	4	2	
1	202	5	3	

Lexicon을 만든 다음에는 각 단어 정보를 색인에 [표 6.14]와 같이 등록한다. 색인의 정보들은 매우 규모가 크기 때문에 하나의 디스크에 저장할 수 없으므로 wordID에 따라 여러 개의 분할된 색인으로 만들어진다. 구글은 이 색인을 'Barrels'(구글의 자료 저장장치)라고 불렀다. Barrel에는 방대한 규모의 단어들이 등록되기 때문에 가능한 조밀하게 만들어야 한다.

[표 6.15]는 [표 6.14]의 자료를 Barrel에 넣은 형식을 보여준다. 이것은 단어를 쉽게 찾을 수 있도록 문서별로 단어순으로 정렬한 것이다. [표 6.16]은 [표 6.15]에 실제 자료를 입력한 것이다. [표 6.17]은 단어순으로 쉽게 찾을 수 있도록 단어별 문서 순으로 정렬한 테이블이다. [표 6.18]은 역색인의 실제 자료이다.

[표 6.15] 색인의 구조

Barrels				
docID	wordID#	위치 #1	크기 #1	기타 #1
		위치 #1	크기 #1	기타 #1
docID	wordID#	위치 #1	크기 #1	기타 #1
		위치 #1	크기 #1	기타 #1

[표 6.16] 색인의 실제 자료

Barrels				
1	101	1	2	
		4	2	
	102	2	2	
	201	3	1	
	202	5	3	
	301	0	2	

[표 6.17] 역색인의 구조

Barrels				
wordID#	docID	위치 #1	크기 #1	기타 #1
		위치 #1	크기 #1	기타 #1
wordID#	docID	위치 #1	크기 #1	기타 #1
		위치 #1	크기 #1	기타 #1

[그림 6.14]는 구글 검색 엔진에서 검색하는 과정의 흐름을 표현한 것으로 흐름의 내용은 다음과 같다.

1) 검색 요청: 사용자가 '대학'에 대한 자료 검색을 요청한다.

2) 단어ID 검색: 검색 서버는 Lexicon에서 '대학'이라는 텍스트를 검색하여 wordID '101'을 찾아낸다.
3) 문서ID 검색: 역색인에서 wordID '101'을 입력하여 docID '1'을 찾아낸다.
4) 자료 정렬: 검색 서버는 랭킹 함수를 적용하여 순위가 높은 순서대로 정렬을 한다.
5) 정보 추출: 상위 랭킹의 docID 각각에 대해 웹 페이지 정보를 추출한다.
6) 검색 결과: 추출된 정보를 보기 좋게 정리하여 사용자에게 제공한다.

[표 6.18] 역색인의 실제 자료

Barrels				
101	1	1	2	
	1	4	2	
102	1	2	2	
201	1	3	1	
202	1	5	3	
301	1	0	2	

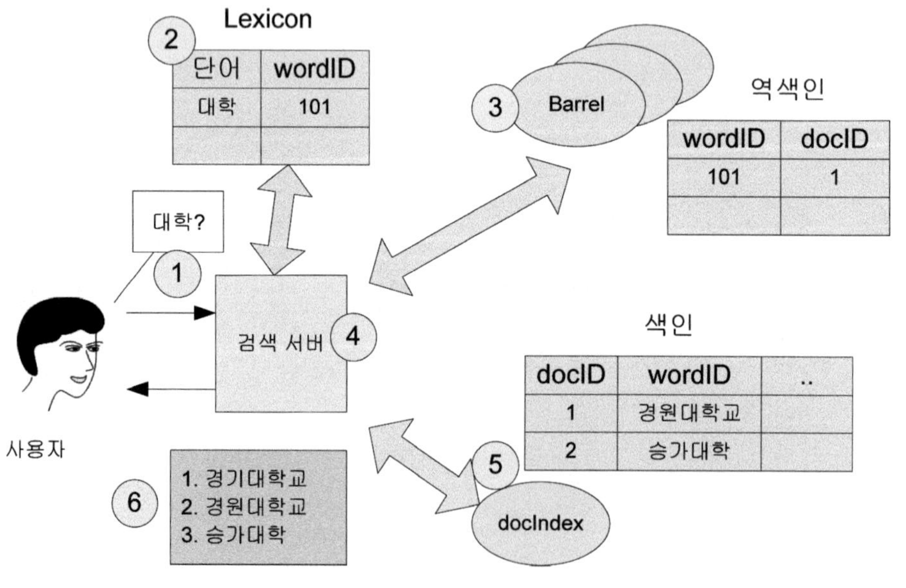

[그림 6.14] 구글 엔진의 검색의 흐름

4) 페이지 랭크와 앵커 텍스트

구글 이전의 검색 엔진은 검색어가 해당 웹 페이지에 자주 등장하고 제목과 웹 페이지의 주요 부분에 있으면 관련성이 높다고 평가했다. 그러나 이 방법은 치명적인 약점이 있다. 일부러 검색어를 웹 사이트 주요 부분에 배치해 놓으면 검색 결과가 상위를 차지하도록 조작할 수 있기 때문이다.

$$PR(A)=(1-d)+d(\frac{PR(T_1)}{C(T_1)}+\frac{PR(T_2)}{C(T_2)}+...+\frac{PR(T_n)}{C(T_n)}) \quad \text{.......(식 6-1)}$$

구글은 웹페이지가 거대한 거미줄같이 연결되어 있으므로 중요한 페이지들은 다른 페이지들과 많이 연결될 것이라고 판단하고 연결된 수로 페이지를 평가하였다. 구글은 첫 페이지에 클릭하고 싶은 정보를 보여주는 페이지랭크(PageRank) 기법을 이용하여 검색 엔진 시장을 석권하였다. 페이지랭크란 어떤 페이지의 중요성은 그 페이지를 참조하는 다른 페이지들의 수로서 알 수 있다는 가정으로 페이지에 우선순위를 부여한 개념이다. 이 방식은 한 논문의 가치는 그 논문을 인용하는 횟수에 비례한다는 SCI[75]와 같은 과학기술논문 평가 기준을 활용한 것이다. 특정한 페이지의 랭크를 평가하는 방법은 그 페이시에 연결되는 수치를 모두 합한 값이다. (식 6-1)에서 *PT(T)*는 페이지 A로 연결되는 페이지의 값이고 *C(T)*는 그 페이지에서 출력되는 연결선의 수이다. 따라서 [그림 6.15]에서 페이지 A의 값을 (식 6-1)에 대입하여 계산하면 (식 6-2)와 같은 값을 얻는다.

$$PR(A)=\frac{100}{2}+\frac{70}{1}+...+\frac{90}{3}=50+70+30=150 \quad \text{.......(식 6-2)}$$

구글이 중요하게 이용하는 자료 중의 하나가 '앵커 텍스트(anchor text)'이다. 앵커 텍스트는 다른 위치로 연결되는 링크 주변 혹은 링크 안에 있는 텍스트이다. 앵커 텍스트에는 해당 페이지의 중요성을 평가할 수 있는 중요한 정보가 많이 있으므로 앵커 텍스트 정보에 높은 가중치를 부여한다. 구글은 글꼴(font), 글씨 크기, 대소문자, 검색어의 위치 등에 따라 상세하게 분석하여 가중치를 부여함으로써 검색의 실효성을 높이고 있다.

75) SCI(Science Citation Index): 1960년 미국 ISI사에서 과학기술논문 평가를 위해 만든 인용색인. 논문마다 피인용 횟수를 이용하여 학술지를 평가함.

구글이 자랑하는 검색 광고의 특징은 다음과 같다.

1) 메인 페이지에는 광고가 없다.
2) 세계에서 가장 많은 광고주를 확보하고 있다.
3) 매출액의 99%가 광고이다.
4) Awards 검색 광고 시스템
 - 검색어와 연관된 광고주 페이지는 별도로 제공한다.
 - 이용자들의 관심을 반영하기 때문에 강력한 위력을 발휘한다.

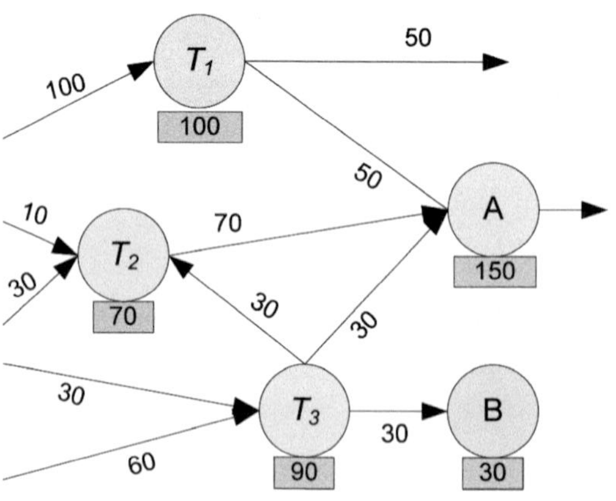

[그림 6.15] 단순 형태의 페이지랭크

(3) 구글의 장·단점

구글의 검색 엔진은 세계를 선도하는 엔진이며 많은 장점과 함께 단점이 있으므로 이를 살펴본다.

1) 장점

첫째, **웹 로봇**: '구글봇'의 정보 수집 능력이 매우 뛰어나다. 전 세계 곳곳의 웹 페이지를 부지런하게 돌아다니며 새로운 정보를 수집하여 색인 데이터베이스를 갱신한다. 그 결과 100억 개 이상의 웹 페이지 색인 수를 기록하고 있는데 이것은 세계에서 가장 방대한 크기이다.

둘째, **슈퍼컴퓨터 운용 능력**: 구글은 초창기부터 값싼 개인용 컴퓨터를 병렬로 연결하여 병렬처리 서비스를 시작했다. 구글은 병렬처리를 지원하기 위하여 처음부터 서버들을 조립하여 사용하다가 이제는 컴퓨터를 직접 설계하고 주문하고 생산하여 도입한다. 병렬처리를 수행하는 서버들은 수십만 대에서 100만대에 이를 것으로 추정된다. 검색을 요구하면 검색 결과가 보통 0.05초 이내에 나올 정도로 신속하다.

셋째, **페이지 랭크와 앵커 텍스트**: 키워드 엔진 이후부터 검색 결과가 너무 많아지면서 결과에 우선순위를 부여하는 방법이 검색 알고리즘의 핵심이 되고 있다. 기존에는 검색어가 해당 페이지가 얼마나 많이 있느냐에 따라서 검색 우선순위를 부여했으나 이 방법에는 일부러 키워드를 많이 끼워 넣으면 된다는 약점이 있다. 구글에서는 많이 인용되는 페이지가 중요한 페이지라는 전제를 가정하고 링크 수에 따라서 우선순위를 부여하는 방법으로 검색 효과를 향상하였다. 앵커 텍스트(anker text)에 링크되는 페이지의 수에 따라 페이지 랭크(page rank)를 부여하는 기법으로 큰 호응을 얻었다.

넷째, **검색 결과의 공정성**: 구글은 기계적으로 검색을 수행하기 때문에 검색 결과를 인위적으로 편집하거나 순위를 조작하지 않는다. 수작업으로 데이터베이스를 지원하는 경우에는 검색 결과에 검색 사이트의 의견이 반영될 수도 있다.

다섯째, **완전 자동화**: 구글이 전 세계 100개 언어를 지원할 수 있었던 이유는 모든 작업을 자동화했기 때문이다. 네이버는 문화적으로 적용해야 하기 때문에 해외 진출이 어려운 것과 대비된다. 완전 자동화로 인하여 검색 결과의 공정성을 얻을 수 있었다.

여섯째, **타 웹 사이트와 상생**: 포털은 방문자를 자기 사이트에 더 오래 붙잡아 두기 위해 온갖 방법을 고안하는데 비하여 구글은 검색한 뒤에 해당 사이트로 보내줘 해당 사이트에 활력이 넘친다.

일곱째, **무료 고가 정보**: 위성사진, 우주 사진 등 고가의 정보가 거의 무료이다. 구글은 엄청난 수의 사용자를 바탕으로 값싼 서비스를 제공할 수 있다. 사용자로부터 1원씩의 광고료를 받을 수 있으면 10억 명으로부터 10억 원을 벌 수 있는 것에 비유할 수 있다.

2) 단점

첫째, **기계적 검색 결과**: 구글은 단순한 화면 입력을 통하여 질의를 받고 자동화된 검색을 통하여 결과를 기계적으로 제공한다. 구글의 검색 결과는 네이버의 친절한 디자인에 비하여 매우 엉성해 보인다. 한국 사용자들은 잘 정리해놓은 자료를 선호하는 경향이 있다.

둘째, **낡은 자료**: 구글은 기계적으로 검색을 하다 보니 가끔 매우 낡은 자료가 검색되어 사용자가 당황해 하는 경우가 있다. 인기 검색어와 같이 당장의 이슈거리를 신속하게 잘 찾아주는 네이버에 비하여 상당히 오래된 자료들을 검색해주기도 한다.

셋째, **검색 결과의 비분류**: 구글은 검색 결과를 카테고리별로 분류해주지 않는다. 모든 웹 검색 자료들을 우선순위에 따라서 나열할 뿐이다. 네이버의 통합 검색에 비하여 서비스가 부실해 보인다.

넷째, **사용자 데이터베이스 취약**: 구글은 구글봇을 이용하여 기계적으로 검색을 하다 보니 자체적인 자료가 매우 적은 편이다. 네이버는 블로그, 지식iN 등으로 사용자 데이터베이스가 풍부한 것에 비하여 매우 대조적이다.

다섯째, **저작권 침해**: 강력한 검색 엔진이 국가의 기밀이나 개인의 신상 자료를 마구 검색하기 때문에 가끔 갈등이 발생한다. 어떤 나라에서는 퇴출의 위기에 몰리기도 한다.

[표 6.19] 구글 엔진의 장단점

순서	장 점	단 점
1	강력한 웹 로봇	기계적 검색
2	수퍼 컴퓨터 운용	가끔 검색되는 낡은 자료
3	페이지 랭크/앵커 텍스트	검색 결과의 비분류
4	공정한 검색 결과	사용자 데이터베이스 취약
5	완전 자동화	저작권 침해
6	타 사이트와 상생	
7	무료의 고가 정보	

구글이 방대한 색인 데이터베이스를 운영하면서도 신속하게 검색 서비스를 제공할 수 있는 이유는 분산처리와 병렬처리 기술을 적극적으로 활용하기 때문이다. 구글은 초창기부터 값싼 개인용 컴퓨터들을 분산 시스템으로 묶고 분산처리와 병렬처리를 병행함으로써 대용량의 색인 데이터베이스 서비스를 신속하게 제공하고 있다.

6.4.2 네이버

네이버(Naver)는 현재 한국에서 가장 인기 있는 검색 엔진으로 1997년에 대기업의 사내 벤처로 서비스를 시작하였으며 1999년에 분사하여 NHN(주)를 설립하여 독립하였다. 네이버는 디렉토리 엔진과 키워드 엔진을 혼합한 하이브리드형이며 14개의 주제별로 검색할 수도 있고 키워드를 입력해서 검색할 수도 있다. 검색 포털이므로 지도, 사전 검색, 지식iN 등의 다양한 서비스를 제공하고 있다. 웹 페이지 본문을 대상으로 전문 검색(full-text search)도 수행할 수 있다.

(1) 네이버의 엔진 구조

Naver 엔진의 구조는 [그림 6.16]과 같이 웹 로봇인 Nabot, 문서 분석기, 저장관리기, 질의어처리기 등의 5 개의 모듈로 다음과 같이 구성되어 있다.

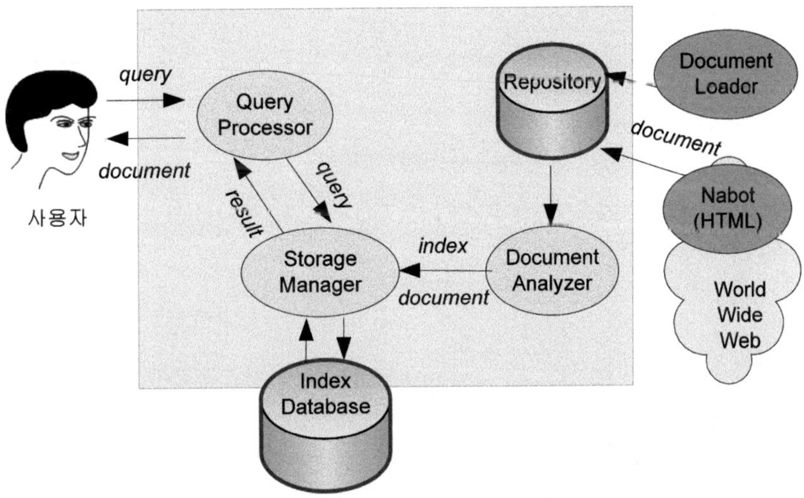

[그림 6.16] Naver 엔진의 구조

1) 노봇(Nobot)

웹 사이트를 다니면서 정보를 수집하는 네이버의 에이전트 프로그램(크롤러)이다. 노봇은 웹 사이트에서 HTML 자료들을 읽어서 네이버 사이트로 전송한다.

2) 문서 적재기

웹 사이트의 자료가 아니라 일반 문서를 검색 엔진에 공급한다. Naver가 디렉토리 방식이기 때문에 일반 문서를 정리하여 게시하기 위해서 문서 적재기(document loader)가 필요하다.

3) 문서 분석기

네이버는 Nabot이 제공하는 HTML 자료뿐만 아니라 일반 문서를 제공하는 문서 적재기에서도 자료를 받아서 정리한다. 이것은 디렉토리 검색을 지원하기 위해서 인력으로 색인을 구축하는 것이다. 문서 분석기(document analyzer)는 형태소 분석기와 색인 생성기 등으로 구성되어 있다.

4) 저장 관리기

문서 분석기에서 제공하는 자료로 색인을 구축하고 질의 처리기가 요구하는 색인어를 검색하기 위하여 저장 관리기(storage manager)를 사용한다.

5) 질의 처리기

질의 처리기(query processor)는 다음의 용어 가중치 공식을 이용하여 우선순위를 계산한다.

용어 가중치 = 용어 빈도수/ 문서 길이

네이버의 특징을 간단하게 정리하면 다음과 같다.

1) 국내 최대 규모의 정보를 보유 2) 가장 다양한 선택 사양 기능을 제공 3) 형태소 분석기가 한글/한자 그리고 영어 처리와 복합 명사 분석 기능 4) 14개 주제별로 키워드형 혼합형 검색 엔진

(2) 네이버 엔진의 특징

Naver 엔진의 특징은 많이 있지만 대표적으로 [표 6.20]과 같이 방대한 규모의 자체 데이터베이스와 통합 검색과 이슈 검색 기법 등이 있으며 상세한 내용은 다음과 같다.

1) 방대한 데이터베이스

네이버는 외부 인터넷에서만 정보를 수집하는 것이 아니라 자체적으로 방대한 규모의 한글 데이터베이스를 운영하고 있으며, 이 데이터베이스가 막강한 위력을 발휘하고 있다. 네이버의 직원들은 방대한 규모의 데이터베이스에서 사용자들이 원하는 정보를 보기 좋게 정리하여 디렉토리 방식으로 제공하고 있다. 네이버가 자체 데이터베이스를 운영하게 된 이유는 출범 당시인 1990년대 말에는 국내에 웹 사이트의 수가 매우 적었으므로 검색할 자료 자체가 부족했기 때문이다.

네이버는 데이터베이스를 확보하기 위하여 많은 외부 기관들과 제휴를 맺어서 정보를 입수하였다. 국어대사전, 행정민원 서비스 정보, 통계, 뉴스, 의약학 대사전, 지하철, 자동차 매매 등을 운영하는 사업자들과 협력을 통하여 양질의 자료를 확보하였다. 네이버는 다른 사업자 이외에도 블로그나 카페에서 네티즌을 동원하여 간접적으로도 자료를 구축한다.

지식iN은 페이지의 정보가 부족한 경우에 사용자들이 서로 정보를 자발적으로 제공해주는 기능으로 Naver에서 매우 활발하게 운영된다. 누구나 모르는 문제를 알고 싶을 때 지식iN에서 물어보면 언제나 많은 도움을 받을 수 있다. 이것은 검색 엔진과 연결되었으며 정리된 지식을 제공하기 때문에 인기가 좋다.

구글이 모든 자료를 로봇과 자동화 기술로 해결한다면 네이버는 로봇 이외에도 수작업을 통하여 자료를 정선하여 사용자 구미에 맞는 정보를 제공한다. 한국 네티즌들의 검색 문화를 잘 파악하여 네이버는 네티즌들이 좋아하는 정보를 요리해 준다.

2) 통합 검색

네이버는 세계 최초로 통합 검색 기법을 개발하여 검색의 품질을 한 단계 높였다. 네이버는 웹사이트 위주의 검색 서비스를 벗어나 '자체 서비스', '파워 링크', '지식백과', '지식쇼핑', '웹사이트', '이미지', '지식iN', '블로그', '어학사전', '카페', '음악', '뉴스', '동영상', '지도', '인물 정보' 등으로 정보의 특성에 따라 분류하고 다양하게 정보를 통합하여 제공한다. 구글이 'Universal Search'라는 통합 검색 서비스를 제공하게 된 것은 네이버의 영향으로 간주된다.

네이버는 경험에서 네티즌 문화에 익숙하고 편리한 서비스가 기술만큼 중요하다는 사실을 인지하고 통합 검색 기능을 제공하는 것이다. 통합 검색은 네이버의 강력한 수익 구조가 되며 특히 키워드 광고에 효과적이다. 네이버는 같은 주제에 대하여 다양한 접근 방식으로 다양한 정보를 제공한다. 예를 들어 '오바마' 대통령에 대한 정보도 '인물 정보', '뉴스', '블로그' 등에서 나오는 내용이 모두 다른 정보를 제공한다.

3) 이슈 검색

네이버는 사용자들의 관심이 무엇인지 무엇을 좋아할지를 끝없이 탐구하여 검색의 주도권을 잡았다. 네이버는 현재 이슈가 되는 것이 무엇인지를 파악하여 살아있는 이슈들을 제공하고 있다. '인기검색어' 순위는 실시간, 일간, 주간, 연간 단위로 집계하여 인기 검색어를 제공한다. 이외에도 급상승 검색어, 종합 검색어, 지식iN 검색어, 뉴스 검색어, 인물 검색어, TV 검색어, 영화 검색어, 취미 검색어 등을 제공한다.

검색어 순위가 곧 이슈가 된다. 검색어 순위를 본 사용자가 '김연아가 갑자기 왜 검색어 1위로 됐어요?'라고 지식iN에 질문한다거나, 토크쇼에 출연한 화제의 연예인이 '한 때 검색어 순위 1위에 올랐다'고 자랑하는 경우가 있다. 구글 검색창이 하나인 데 비하여 인기 검색어가 시시각각 바뀌는 네이버는 '이것이 네가 검색해야 할 단어'라고 알려준다. 네이버는 사용자들의 검색 행위 자체가 중요한 검색 정보라는데 착안한 것이다.

[표 6.20] 네이버 엔진의 특징

순서	내 역	비 고
1	방대한 데이터베이스	다양한 DB와 사용자 참여
2	통합 검색	다양한 검색 분야의 통합
3	이슈 검색	사용자 관심 사항 반영

(3) 네이버의 장·단점

네이버는 국내에서 구글을 물리치고 성공한 대표적인 검색 엔진이므로 [표 6.21]과 같이 장점이 많이 있지만 해외 진출을 하지 못하는 약점도 있으므로 구글과 비교하면서 다음과 같이 살펴보기로 한다.

1) 장점

첫째, 다양한 **데이터베이스**: 네이버는 언론기관들끼리 사고파는 뉴스처럼 외부에서 정보를 구매하기도 하고 블로그나 카페처럼 네티즌을 동원하여 간접적으로 구축하기도 하고 직접 로봇을 이용하여 정보를 검색하기도 한다. 사용자들이 직접 데이터베이스를 구축하는 대표적인 방법 중의 하나가 '지식iN'이다. 네이버의 데이터베이스는 정리가 되어 있다. 수작업으로 연관성 있는 자료끼리 잘 정리해서 제공하기 때문에 사용자들이 편리하게 검색할 수 있다.

둘째, **통합 검색**: 네이버는 기존 웹 사이트 위주의 검색 서비스를 벗어나 검색결과를 '웹 문서', '사이트', '사전', '뉴스', '블로그', '동영상' 등으로 정보의 특성에 따라서 분류하여 보여준다. 통합 검색은 단순한 텍스트에서 사진, 영상, 음악 파일, 동영상 등으로 다양해지면서 더욱 사용자들의 호응을 얻고 있다. 사용자 인터페이스가 우수해서 뉴스를 스크랩하기도 좋고 블로그에 있는 글을 퍼오기도 쉽다. 네이버는 자료 속성에 따라 상이한 관리 모델을 운용하고 있으므로 뉴스, 영상, 동영상, MP3 마다 다른 데이터베이스 모델을 갖고 있어서 사용자가 2단계 검색에서 성공할 확률을 높일 수 있다.

셋째, **사용자 친화형 이슈 검색**: 네이버는 사용자들이 무엇을 검색하고 싶어 하는지를 계속 연구하여 여러 가지 수단에 개발하였다. 이슈 검색은 '인기검색어'와 같이 시시각각 변화하는 사용자들의 검색 욕구를 실시간으로 보여줌으로써 서비스 효율을 향상하고 있다. 검색어 순위는 곧 이슈다. 인물 검색어는 국내 가수, 외국 가수, 국내 배우 등으로 분류하고, TV 검색어는 드라마, 미국 드라마, 외국 드라마 오락 프로 등으로 분류하고, 영화 검색어는 상영 영화, 개봉 예정 영화 등으로 분류하여 서비스한다.

넷째, **편리한 데이터베이스**: 방대한 데이터베이스를 검색하는 것이 데이터베이스 원본보다 더 찾기 쉽게 구성되어 있다. 사용자들이 만드는 지식iN 데이터베이스를 모방한 사이트들이 많이 있지만 아직도 네이버와 경쟁할만한 수준에 이르지 못한 것 같다.

2) 단점

첫째, **타 웹사이트와 상생**: 구글이 다른 사이트와 공존을 추구하는 반면에 네이버는 공존보다는 경쟁만을 추구한다는 비평을 듣는다. 구글의 사훈이 '악하지 말자(Dont be evil)'라는 것과 무관해보이지 않는다. 대형 마트 때문에 재래시장이 위축된다는 것과 유사한 비유가 회자되고 있다.

둘째, **해외 진출 능력**: 네이버의 경쟁력은 기본적으로 소비자의 욕구에 부응하는 문화형 검색이기 때문에 해외에 진출하려면 그 나라의 문화 장벽을 일일이 파악하고 극복해야 한다. 구글은 기계적으로 검색을 수행하기 때문에 어느 나라에 가도 그 나라의 문화에 적응할 필요성이 적을 수밖에 없다. 네이버는 수작업으로 자료를 구축하는 부분이 많기 때문에 더욱 현지 문화와 밀접하게 친숙해야 한다.

셋째, **검색 결과의 공정성**: 네이버는 구글과 달리 자체 데이터베이스를 구축하고 검색을 수행하므로 검색 결과에 대한 영향력이 클 수밖에 없다. 수작업이 들어갈수록 결과에 대한 신뢰성이 흔들리기 쉽다. 네이버 뉴스 팀이 뉴스를 선택해서 최상단에 올리고 최하단에 올리는지를 결정하기 때문에 공정성 시비가 있기 마련이다.

넷째, **검색 결과의 부족**: 자체 데이터베이스를 구축하는 과정에서 우선순위에 밀리는 분야에는 자료 구축이 부족할 수 있다. 따라서 흔하지 않은 검색어에 대해서는 검색 결과가 간단하다. 구글이 로봇을 이용하여 전 세계 곳곳을 검색하면서 부지런하게 자료를 구축하고 갱신하는 것과 달리 네이버의 데이터베이스 구축은 매우 소규모적이므로 대비되는 부분이다.

[표 6.21] 네이버 엔진의 장단점

순서	장 점	단 점
1	다양한 데이터베이스	타 사이트와 상생
2	통합 검색	해외 진출 능력
3	사용자 친화형 이슈 검색	검색 결과의 공정성
4	편리한 데이터베이스	검색 결과의 부족

전 세계적으로 웹 검색 엔진 시장은 구글이 주도하고 있지만 한국에서는 네이버가 압도적으로 우위에 있다. 네이버는 한국인들에게는 아주 적합하게 애용되고 있는 대신에 세계화에 적합하지 못하다는 취약점을 안고 있다.

6.4.3 Lucene과 Nutch

Doug Cutting[76]은 Mike Cafarella와 함께 처음에 Java 기술을 공부하는 차원에서 상용 웹 검색 엔진을 만들려고 하였다. 그러나 Cutting이 '왜 웹 검색은 상품으로만 사용되는가?'라는 의문을 가진 끝에 마음을 바꾸어 오픈 소스 엔진으로 전환하였다. 이들이 검색 엔진을 무료로 제공하려는 이유는 개발자들이 기반시설 제작에 노력을 줄

76) Doug Cutting: 미국의 프로그램 개발자. 오픈 소스 검색 기술의 창립자. Apache Software Foundation 회장. 전 Excite, Apple Xerox PARC 기술 연구원.

이고 대신 부가가치가 높은 분야에 더 투자하라는 의미였다. 그 당시에는 구글의 Sergey Brin과 Larry Page의 논문에 의하여 기반시설에 관한 정보가 많이 알려졌다. 여기서 부가가치가 높은 분야란 정보 인출 속도를 향상하고, 인터넷에서 수백 가지의 상이한 형태의 자료를 구문분석하고 취급하는 것과 정보를 취득하기 위한 상이한 프로토콜을 취급하는 것과 랭킹 알고리즘을 개선하는 등의 일이다.

Cutting은 동료들과 함께 웹 검색 엔진을 만들 수 있는 Lucene이라는 라이브러리를 만들고 다른 사람들이 이를 이용하여 자유롭게 검색 엔진을 만들도록 개방하였다. Lucene 라이브러리를 이용하여 만든 오픈 소스 웹 검색 엔진이 Nutch이다. Lucene을 이용하면 학생들도 용이하게 Nutch 검색 엔진을 만들 수 있다.

본 절에서는 다음과 같이 Lucene을 기반으로 Nutch 검색 엔진을 살펴본다.

(1) Lucene

Cutting이 만든 루신(Lucene)[77]은 독립 프로그램이 아닌 단순한 소프트웨어 라이브러리이다. 루신은 Java로 만든 저수준의 문자 색인 라이브러리와 API이고, Nutch[78]는 루신을 기반으로 자바 언어로 구현된 오픈 소스 검색 엔진이다. Nutch는 루신을 이용하여 비즈니스 로직을 구성한 많은 웹 검색 프로그램 중의 하나이다. Nutch는 루신의 색인 서비스가 지원된다는 가정 하에 크롤링 서비스, 프로토콜 서비스, 구문분석(parsing) 서비스, 내용관리 서비스 등을 제공한다. 루신은 소프트웨어 프로그램에 색인과 검색 기능을 간단하게 추가할 수 있도록 지원하는 정보검색용 확장 가능 고급 라이브러리이다. 두 사람은 루신 라이브러리와 Nutch 엔진을 주도적으로 개발하는 도중에 아파치 소프트웨어 재단과 합류하여 아파치 프로젝트의 일환으로 많은 개발자들과 합류하여 개발하였다.

루신의 특징은 [표 6.22]와 같이 크게 4가지로 구분된다. 첫째, 계층화된 검색(ranked search)은 구절(phrase) 일치와 키워드 일치로 구분하여 처리된다. 둘째, 유연한 질의(flexible queries)는 'star wars'와 같은 구절이나 star* 또는 Bra?il과 같은 wildcard를 사용할 수 있으며 {star-stun} 또는 [2002-2009]같은 범위를 지정할 수도 있고 star AND wars와 같이 불 연산자를 사용할 수도 있다. 셋째, 필드-특정 질의(field-specific Queries)는 title:"star wars" AND director:"George Lucas"와 같이 특

77) Apache Lucene: Apache Software Foundation이 지원하고 Doug Cutting이 개발한 free/open 소스 정보검색 소프트웨어 라이브러리. SourceForge 웹 사이트로부터 다운로드가 가능.

78) Nutch: Doug Cutting과 Mike Cafarella가2003년에 Lucene을 이용하여 공동으로 만든 오픈 소스 검색 엔진.

정한 필드에 특정한 값이 있는 자료를 검색할 수 있는 기능이다. 넷째, 정렬 기능은 필드 단위로 문서 안에서 정렬할 수 있는 기능이다. 예를 들어 가격, 일자, 이름 등의 순서대로 정렬이 가능하다. 검색 결과를 연관 점수에 따라서 정렬할 수도 있다.

[표 6.22] 루신 라이브러리의 특징

순서	내 역	비 고
1	계층화된 검색	구절 및 키워드 일치
2	유연한 질의	구절이나 와일드카드
3	필드-특정 질의	title, artist, album
4	정렬	필드 단위 정렬

루신이 지원하는 검색 기능은 다음과 같다.

1) 이메일 검색

저장된 메시지를 검색할 수 있고 새로 도착한 메시지를 색인에 추가할 수 있다.

2) 온라인 문서 검색

온라인 문서 또는 저장된 자료를 검색할 수 있는 CD 기반이나 웹 기반 또는 응용에 포함되는 문서 판독기가 지원된다.

3) 웹 페이지 검색

사용자가 방문한 모든 웹 페이지를 색인화할 수 있는 개인 검색 엔진을 만들 수 있는 웹 프로그램.

4) 내용 검색

저장된 문서에서 특정 내용을 검색할 수 있는 응용 프로그램.

5) 버전관리 및 콘텐츠 관리

문서와 문서 버전을 색인화해서 쉽게 검색할 수 있는 문서관리 시스템.

6) 뉴스 및 유선 서비스

뉴스가 도착했을 때 기사를 색인할 수 있는 뉴스 서버나 릴레이 서버.

루신으로 만든 Nutch는 [그림 6.17]과 같이 크게 색인을 구축하는 부분과 색인을 검색하는 부분으로 구분되며, 루신이 제공하는 부분과 제공하지 않는 부분으로도 구분된다. 수평 점선을 기준으로 아래 부분이 루신으로 할 수 있는 부분이고 위의 부분이 별도로 구현되어야 할 부분이다. 수직 점선을 기준으로 왼쪽이 색인을 구축하는 부분이고 오른쪽이 자료를 검색하는 부분이다. 자료의 수집은 웹과 데이터베이스와 일반 파일 시스템 그리고 직접 등록 등으로부터 다양하게 제공된다는 점에서 네이버와 유사하다. 질의 인터페이스 부분은 사용자로부터 질의를 접수하는 부분과 검색 결과를 제공하는 부분으로 나뉘어 구성된다.

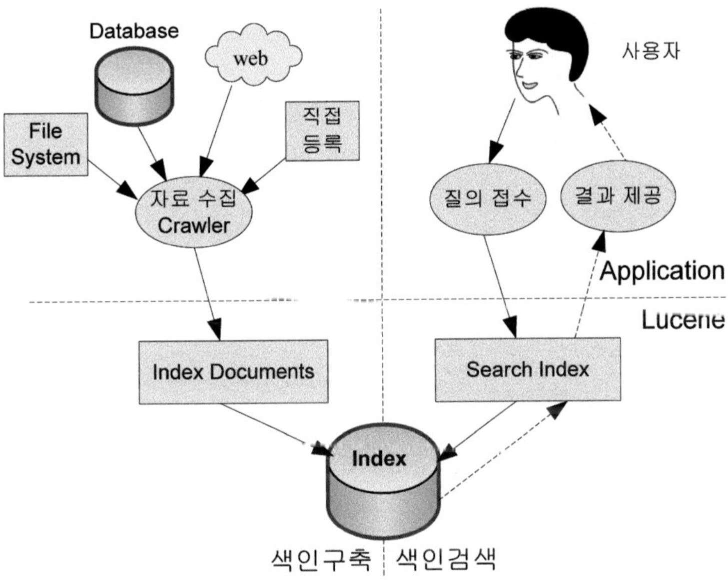

[그림 6.17] Nutch 엔진의 자료 흐름

(2) Nutch의 엔진 구조

Nutch를 만든 동기는 첫째 검색 속도를 향상시키는 것과, 둘째 인터넷에서 사용되는 수백 가지의 상이한 콘텐츠 형식들을 구문분석하고 취급하기 위한 것과, 셋째 콘텐츠를 얻기 위해 상이한 프로토콜을 취급하는 것과, 넷째 구글의 PageRank와 같은 순위 알고리즘을 고급화하려는 것 등이었다. Nutch에서는 이런 기능들을 Nutch의 plugin framework에서 확장 기능으로 구현한다.

Nutch 엔진의 핵심 기능은 [표 6.23]과 같이 구문분석, 색인, 정보수집, 콘텐츠관리, 질의, 플러그인 프레임워크 등이다. Nutch 엔진을 확장할 수 있는 부분은 검색결과에 우선순위를 부여할 수 있는 scoring, 구문분석, 색인, 질의, 그리고 URL 필터링 등이다.

[표 6.23] Nutch 엔진의 핵심 기능

순서	내 역	비 고
1	구문분석 처리	다수의 상이한 컨텐츠 형식
2	색인 구축	대용량
3	크롤러 정보 수집	
4	수집 콘텐츠 관리	상이한 프로토콜 지원
5	사용자 질의 처리	순위 알고리즘
6	플러그인 프레임 워크	구문분석, 색인, 질의 등의 확장

[표 6.24] Nutch 엔진의 특징

순서	내 역	비 고
1	Lucene 기반	Java로 작성
2	확장성	추가 모듈의 plugin 가능
3	로봇 기능	크롤러 기능이 풍부
4	프로그램 강건성	Lucene의 안전성
5	검색 결과	중요한 결과를 처음으로
6	색인 기능	대용량

Nutch는 인터넷 검색 엔진 소프트웨어로서 웹 사이트에서 검색을 수행하기 위한 웹 응용이다. [표 6.24]는 Nutch 엔진의 주요한 특징을 간추린 것으로 자세한 내용은 다음과 같다.

첫째, Nutch는 루신을 기반으로 만들었지만 크롤러와 질의 인터페이스 프로그램을 새로 만들었다. Nutch는 전적으로 자바 프로그래밍 언어로 개발되었지만 자료는 언어와 독립된 형식이다.

둘째, Nutch는 완성된 검색 엔진이 아니라 사용자들이 참여하여 기능을 확장할 수 있도록 Lucene 라이브러리를 제공하고 있다. 엔진을 고도로 모듈화하여 만들었으므로 개발자들이 미디어 형태 구문분석, 자료 검색, 질의와 클러스터링 등의 추가적인 프로그램을 쉽게 플러그인(plugin)[79]할 수 있다. 특히 문서 변환기를 추가하여 사용할 수 있다.

셋째, Nutch는 크롤러 기능이 풍부하고 로봇 기능이 우수하다.

넷째, Nutch 프로그램은 Lucene을 기반으로 설계가 안정되어 있어서 내부와 외부 충격에 강건하다.

다섯째, Nutch는 중요한 페이지를 처음으로 올릴 수 있도록 우선순위 알고리즘으로 설계되어 있어서 검색 품질이 우수하다.

여섯째, Nutch는 수 억 개 이상의 웹 페이지를 모아 색인하고 검색할 수 있게 해준다.

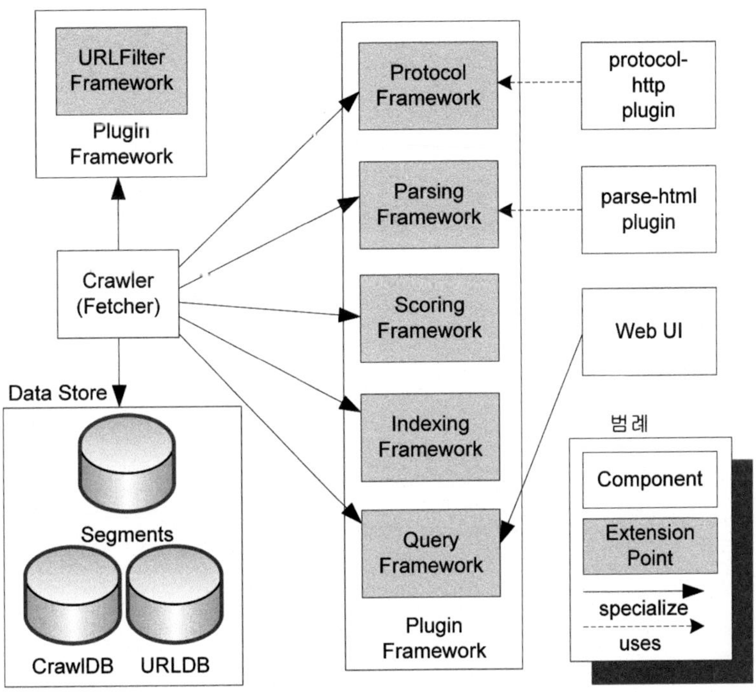

[그림 6.18] Nutch 엔진 구조

79) plugin: 기존 프로그램에 새 기능을 추가할 때 간편하게 끼워 넣을 수 있는 부가 프로그램.

Nutch는 구글의 세르게이 브린과 래리 페이지가 제안한 검색 엔진 구조와 사상될 수 있도록 [그림 6.18]과 같이 설계하였다.

Nutch를 실세계에서 응용한 것은 미국항공우주국(NASA)의 제트추진연구소였다. NASA는 행성관리 시스템(PDS, planetary data system)을 관리하기 위하여 Nutch를 사용한다. NASA가 지난 30여 년 동안 수집한 모든 행성 과학 자료들의 목록을 Nutch로 관리하기로 한 것이다. NASA는 20TB 규모의 행성 자료를 향후 3년간 200TB 규모의 자료로 구축하려고 추진하고 있다. PDS 위원회는 PDS 목록을 구글처럼 검색하고자 한다.

검색 엔진을 공부하는 관련자들에게 반가운 이유는 Nutch가 오픈 소스이며 상용 웹 검색을 구현할 수 있다는 것이다. 구글보다 더 좋은 검색 시스템을 만들고자 한다면 누구나 Nutch로 시작할 수 있다. 누구나 Nutch 과제에 참여할 수 있고 개선할 수 있는 영역이 많기 때문에 자신의 실력으로 좋은 엔진을 구현할 수 있다.

연습문제

6.1 다음 용어들을 정의하시오.

1) 인터넷	2) 색인	3) 에이전트	4) 크롤러	5) 앵커 텍스트
6) Lucene	7) 분산 시스템	8) 병렬처리	9) 페이지랭크	10) 형태소

6.2 인터넷이 지속적으로 확장되는 이유를 설명하시오.

6.3 웹 정보검색이 기존의 정보검색과 다른 점을 설명하시오.

6.4 웹에서 정보를 검색할 때 고려해야 할 사항들을 설명하시오.

6.5 검색 엔진에서 형태소 분석이 필요한 분야를 설명하시오.

6.6 웹 정보검색 엔진의 필요성을 설명하시오.

6.7 기존 검색 엔진과 웹 검색 엔진의 유사점과 차이점을 설명하시오.

6.8 현재 사용 중인 대표적인 웹 검색 엔진들의 특징을 설명하시오.

6.9 웹 검색 엔진의 전망을 기술하시오.

6.10 로봇 엔진과 디렉토리 엔진의 장단점을 기술하시오.

6.11 Naver 엔진의 대표적인 특징을 기술하시오.

6.12 Google 엔진의 대표적인 특징을 기술하시오.

6.13 Nutch 엔진의 대표적인 특징을 기술하시오.

6.13 네이버와 구글 검색 기술의 차이점을 설명하시오.

6.14 Nutch와 구글 검색 기술의 차이점을 설명하시오.

6.15 전형적인 웹 검색 엔진의 구조를 기술하고 특징을 지적하시오.

6.16 PageRank 기법을 기술하고 실례를 들어 설명하시오.

6.17 네이버 검색 엔진과 구글의 검색 엔진의 장단점을 비교하시오.

6.18 구글의 페이지랭크 기법을 이용하여 [그림 6.19]에서 각 사이트 A, B, C, D, E의 랭크 값을 계산하시오.

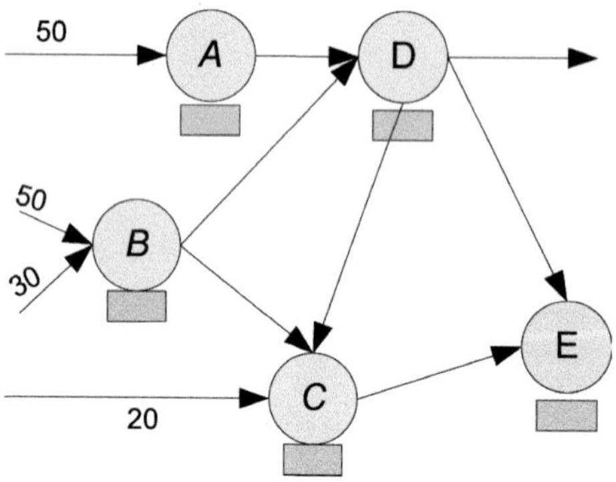

[그림 6.19] 페이지 랭킹 실례

6.19 유비쿼터스 시대에 웹 검색 엔진의 장래를 설명하시오.

6.20 한국에서 Naver가 외국의 유명 검색 엔진보다 우위에 있는 이유를 설명하시오.

[Information Retrieval]

제7장

시맨틱웹

제7장 시맨틱웹

월드와이드웹의 출현으로 일반 사용자들이 컴퓨터에 쉽게 접근하거나 정보를 게시하고 교환할 수 있게 되었으며 그 결과 전 세계적으로 폭발적인 정보의 증가를 가져왔다. 수많은 기관, 기업체, 단체 그리고 개인들이 자신의 목적을 이루기 위하여 웹에 각종 문서와 정보를 올리고 교류하고 있다. 사용자들은 웹 브라우저만 있으면 원하는 웹 사이트에 접근하고 자료를 입력하고 정보를 활용할 수 있다. 그러나 정보의 수량이 폭발적으로 증가하고 있기 때문에 유용한 정보를 효율적으로 찾기가 매우 어려워지고 있다. 실제로 어떤 웹 사이트에서 '정보검색'이라는 단어를 검색해 보면 약 2,500만 개 이상의 검색 결과가 나온다. 앞으로 정보화가 진전되고 시간이 갈수록 이 숫자는 더욱 커질 것이므로 정보검색의 중요성도 함께 증가하고 있다.

사용자들이 웹에 익숙해지면서 웹의 기능과 규모가 방대해지고 기존 웹에서 충족할 수 없는 새로운 요구가 증대하고 있으며 결과적으로 새로운 웹의 출현을 기대한다. 기존의 웹 검색 엔진은 주로 단어의 빈도수나 어휘 정보를 이용하여 가중치로 문서의 중요성을 파악하고 검색하기 때문에 사용자의 기대와 다르게 쓸모없는 정보들을 제공하고 있다. 필요한 정보만을 검색하고 싶은 사용자 요구에 부응하여 출현한 것 중의 하나가 시맨틱웹(semantic web)이다. 시맨틱웹은 컴퓨터로 하여금 사람과 유사하게 정보의 의미를 이해하고 정확하게 정보를 검색할 수 있을 것으로 기대된다.

7.1 웹의 진화

1989년에 팀 버너스-리[80)]가 처음 제안한 월드와이드웹은 클라이언트/서버 시스템

80) Tim Berners-Lee(1955-): 영국 과학자. 유럽입자물리연구소에서 글로벌 하이퍼텍스트 공간 개념을 제시한 WWW 창시자. 월드와이드웹 컨소시엄 소장.

(Client/Server system)[81]에 HTML을 결합하는 매우 단순한 형태였지만 사용하기 편리하고 유용하였기 때문에 빠른 속도로 보급되었다. 당시의 클라이언트/서버 시스템은 근거리 통신망(LAN, Local Area Network)[82]을 위주로 조직 단위 안에서 활용되고 있었다. 월드와이드웹은 물리적인 통신망 위에 논리적인 HTTP 프로토콜을 설치하여 인터넷을 물리 공간에서 벗어나 논리 공간(소프트웨어)으로 연결해 주었다. 웹은 논리 공간에서 HTML을 이용하여 정보를 표현함으로써 사용자들이 이질적인 컴퓨터 환경에서도 장비와 정보 형식에 구애받지 않고 정보를 공유하고 교환할 수 있게 되었다. 월드와이드웹은 결과적으로 HTTP와 HTML을 이용하여 컴퓨팅 공간을 대폭 확장하여 이질적인 환경에서도 정보를 자유롭게 공유하고 교환하는데 성공한 것이다.

[표 7.1] 웹의 비교

구 분	웹 1.0	웹 2.0	웹 3.0
시기(년)	1994-2004	2000-2010	2010-2020
상호작용	read only	read & write	read, write & execute
키워드	공유	공유, 참여, 개방	상황인식(context)
이용자	인간	인간	인간, 기계
이용형태	일방적 공급	이용자가 생산, 소비	웹이 원하는 콘텐츠 제공
검색	게시판 수준	여러 사이트에 개방	이용자 맞춤형 검색
기반 기술	서버관리	브로드 밴드, 서버관리	시맨틱 기술, 상황인식
대응 단말	PC	PC와 모바일 일부	PC, 모바일, 시계 등

7.1.1 월드와이드웹의 진화

월드와이드웹은 1989년에 세상에 출현한 이후에 몇 단계를 거쳐서 지속적으로 진화하고 있다. 처음 소개된 초창기의 단순한 웹을 웹 1.0이라고 하며, 공유와 참여와 개방 개념이 반영된 것을 웹 2.0이라고 하고, 미래에 사용할 차세대 웹을 웹 3.0이라고 한다.

81) Client/Server system: 근거리 통신망(LAN)으로 연결된 여러 컴퓨터가 협동하여 하나의 서비스를 지원하는 분산 시스템.
82) LAN: 수 Km 이내의 근거리에 설치되어 있는 각종 컴퓨터와 장치를 연결하여 다른 어떤 장치와도 상호 작용할 수 있게 지원하는 통신망

이와 더불어 컴퓨터가 웹의 정보를 이해하고 처리할 수 있는 웹으로 시맨틱웹이 출현하고 있다.

[표 7.1]은 웹 1.0과 웹 2.0과 웹 3.0의 차이를 비교해준다. 웹 1.0과 웹 2.0 사이에는 기술적인 차이가 크지 않지만 웹 2.0과 웹 3.0 사이에는 시맨틱 개념이 도입되어 확연한 차이가 있다.

(1) 웹 1.0

인터넷과 웹은 어떻게 다른가? 인터넷은 컴퓨터를 연결하여 정보를 주고받는 많은 통신 프로토콜 중의 하나이다. 웹은 인터넷을 이용하는 많은 서비스들 중에서 컴퓨터들 사이에서 하이퍼텍스트 기술을 이용하여 정보를 표현하고 공유하는 소프트웨어이다. 웹이란 월드와이드웹을 줄여서 하는 말이고 WWW 또는 W3C라고도 부른다. 웹의 기원은 하이퍼텍스트(hypertext)부터 시작된다고 할 수 있다. 테드 넬슨[83]은 문서 안의 텍스트를 연결하여 서로 참조가 가능한 하이퍼텍스트라는 개념을 1965년에 발표하였다. 더글러스 잉글버트[84]는 하이퍼텍스트와 함께 마우스를 발명하여 하이퍼텍스트 기능을 현실화하였다. 팀 버너스-리는 1989년에 인터넷에서 하이퍼텍스트를 이용하여 정보를 순회하는 월드와이드웹을 제안하였다.

팀 버너스-리는 유럽분자물리연구소에 근무하면서 연구원들이 공통의 하드웨어나 소프트웨어가 없이도 서로의 정보를 공유하려고 시도하였다. 그는 어느 컴퓨터나 단말기에서도 동작할 수 있도록 브라우저(browser)를 만들고 그 안에 나타나는 텍스트를 읽을 수 있고 필요하면 하이퍼링크를 따라서 다른 컴퓨터의 텍스트들을 접근할 수 있도록 만들었다. 초기의 목적은 연구원들이 연구 자료를 공유하는 것이었지만 웹이 보급되면서 다양한 분야에서 다양한 업무로 활용되기 시작하여 이제는 현대사회에서 없어서는 안 되는 필수 도구가 되었다.

초기의 월드와이드웹을 웹 1.0이라고 하며 그 특징들을 정리하면 다음과 같다.

1) 온라인 게시판(online bulletin)

웹은 텍스트를 게시하는 수준에 머물렀으므로 용도는 게시판의 형태를 넘지 못했다. 그러나 온라인으로 전달되는 정보의 파급 효과는 대단하여 웹의 활용 방식이 계속 진화하게 되었다.

---

83) 테드 넬슨(Theodor Holm Nelson, 1937년-): 옥스퍼드대학교의 사회학자, 철학자. 하이퍼텍스트 개념을 처음 구상. '인터넷의 아버지'라고 불림.

84) Douglas Carl Engelbart(1925-): 미국 발명가, 컴퓨터 개척자. 1968년 스탠포드연구소에서 마우스와 하이퍼텍스트 발명.

2) 텍스트와 링크(text & link)

웹의 용도는 텍스트를 읽고 링크를 따라서 자료를 순회하는 용도로 주로 사용되었다. 텍스트 이외의 소리나 영상의 사용은 매우 제한적이었지만 텍스트를 연결하는 것만으로도 전 세계를 연결하는 효과를 주었다.

3) 정적 웹 페이지(static web page)

웹에서 보여주는 텍스트는 웹 사이트 운영자가 작성한 자료를 일방적으로 전달하는 것이 전부였다. 사용자나 방문자들이 자신의 자료를 올리거나 웹을 통하여 자료를 수집하는 기능이 없었다. 지금과 같은 동적인 기능이 제공되지 못했다.

현재의 시각에서 보면 매우 단순한 기능이었지만 웹이 인간의 생활과 문화를 바꾸는데 엄청난 기여를 하였으며 웹의 기능은 지속적으로 진화하고 있다.

(2) 웹 2.0

웹 1.0은 단순하게 텍스트 문서를 인터넷에 게시하고 텍스트 사이를 연결하는 하이퍼텍스트 수준의 웹이었다. 웹 2.0은 웹을 수동적으로 사용하던 사용자들도 웹 문서를 만들고 상호 교환하고 참여하기 시작하면서 전보다 훨씬 복잡한 형태의 웹으로 발전한 형태이다. 2000년대에 들어서면서 웹의 보급이 대폭 증대되었으며 웹 사용자들이 웹에 익숙해지면서 적극적으로 웹 문서 작성에 참여하기 시작하였다. 적극적으로 블로그를 만들고 동호회나 동창회를 중심으로 커뮤니티를 구성하고 웹의 패러다임을 바꾸어 나가기 시작하였다.

웹 2.0은 2004년에 오라일리미디어사(O'Reilly Media Inc.,)[85]의 대표 팀 오라일리가 주장하여 도입된 새로운 웹 개념이다. 웹 2.0은 자료의 소유자나 독점자 없이 누구나 손쉽게 자료를 생산하고 공유할 수 있도록 하기 위하여 사용자 참여 중심으로 만든 인터넷의 웹 환경이다. 웹 2.0이라는 단어는 팀 오라일리가 웹 2.0 학회를 개최하면서 대중적으로 받아들여졌다.

웹 2.0의 특징은 플랫폼과 집단지능에 있다.

1) 플랫폼으로서의 웹

웹 2.0 이전에는 '어떤 플랫폼(platform)[86]을 사용하느냐'라는 것이 매우 중요하

85) 오라일리미디어사(O'Reilly Media Inc,): 미국의 대표적인 컴퓨터관련 출판사 Tim O'Reilly가 출판사를 설립하고 운영.

86) platform: 컴퓨터 시스템의 기반이 되는 하드웨어나 소프트웨어. 소프트웨어에서는 응용을

였다. 어떤 컴퓨터에서 어떤 플랫폼(운영체제, 데이터베이스 등)을 사용하는지에 따라서 응용 프로그램을 개발하거나 사용하는 방법을 결정해야 했다. 마이크로소프트사가 소프트웨어 시장에서 독점적인 지위를 누릴 수 있었던 이유도 윈도우즈(Windows)라는 플랫폼(운영체제)을 갖고 있었기 때문이다. 그러나 웹이 플랫폼 역할을 하게 되면서 응용 프로그램들은 운영체제에 독립적이 되었다. 따라서 응용 프로그램들은 특정 운영체제나 데이터베이스에 종속적일 필요가 없어졌다.

구글(Google)은 순수하게 웹 응용 프로그램으로 사업을 시작하였으므로 상품을 판매한 적이 없고 사용자들이 비용을 지불하는 서비스만을 제공하였다. 대신 구글은 예전에 없었던 데이터베이스 관리 기능을 수행하게 되었다. 구글이 제공하는 것은 프로그램으로 구성된 도구들이 아니고 데이터베이스에 저장된 자료들이다. 지금까지 권력의 기반이었던 소프트웨어 라이선스나 API에 대한 관리는 아무 의미가 없어지고 말았다.

2) 집단지능(collective intelligence)으로서의 웹

2001년 위키피디아(Wikipedia)[87]의 출현과 2005년에 시작된 유투브(YouTube)[88]의 출현은 웹 2.0의 시대를 알렸다. 웹 2.0 이전에는 지식 제공이 전문가를 통하여 이루어지는 것으로만 알았다. 인터넷에서 일반인들에 의해 만들어진 백과사전 위키피디아는 전문가들이 작성한 브리태니커에 비하여 전문성이 떨어지지 않는다. 전문가가 아닌 사람들도 많이 모여서 머리를 쓰면 전문가 이상의 실력이 나온다는 것을 알 수 있었다.

집단지능의 대표적인 실례는 개미에서 발견할 수 있다. 개미는 자기 집에서 멀리 떨어진 곳에서 음식물을 발견해도 그 사실을 알려줄 수단이 없다. 그러나 개미떼는 집과 음식물 사이에서 지름길을 발견하고 모두 이용하는 것을 볼 수 있는데 이것이 집단지능의 좋은 사례이다.

(3) 웹 3.0

개방과 공유와 참여를 기반으로 하는 웹 2.0의 정체성이 확립되기 전에 웹 3.0이 출현하였다. 웹 3.0이란 용어는 2006년 John Markoff[89]가 처음 사용한 이후 논쟁의

지원하는 운영체제, 데이터베이스 등을 의미.

87) Wikipedia: 2001년에 개설되어 누구나 자유롭게 글을 쓸 수 있는 사용자 참여형 온라인 백과사전.

88) YouTube: 2005년에 시작된 무료 동영상 공유 사이트. 2006년 Google이 인수.

89) John Markoff: 뉴욕 타임스 신문 기자.

중심에 서게 되었다. 웹 3.0은 기술 개발과 시장의 변화에 따르는 사용자들의 욕구 증가에 의하여 야기된 측면이 강하다. 동영상 카메라와 GPS가 장착된 모바일 기기가 유비쿼터스 환경에서 적용되고 모바일 단말기가 주머니 속에 들어오면서 웹도 사람들의 손바닥 안으로 들어오게 되었다. 이와 같은 시장 상황은 새로운 웹에 대한 기대와 요구를 가져왔으며 이런 기대에 부응하는 웹을 웹 3.0이라고 부르게 되었다. 따라서 웹 3.0은 이미 시작된 개념이며 기술과 시장의 변화에 따라서 궤도를 수정하면서 진화할 것이다.

웹 3.0은 지능화된 웹이 시맨틱 기술과 상황인식을 통하여 이용자에게 맞춤형 콘텐츠와 서비스를 제공한다. 단순한 웹 사이트의 집합체를 웹 1.0이라고 하고 웹 2.0은 웹 응용을 제공하는 하나의 완전한 플랫폼이라고 하고 웹 3.0은 창조적인 미래의 웹으로서 기계가 정보의 의미를 이해한다는 뜻에서 시맨틱웹을 포함하고 있다. 2000년부터 10년간은 웹 2.0 시대이고 이후 10년간 웹 3.0 시대가 올 것으로 예상되고 있다.

웹 3.0은 시맨틱웹과 무엇이 다른가? 시맨틱웹이 기계가 정보를 이해하는 기술적인 관점의 용어라면 웹 3.0은 기술적 관점과 시장적 관점을 모두 포함한 용어이다. 웹 3.0은 기술적으로는 시맨틱웹과 관련된 기술을 포함하고 있으며 시장적 관점에서는 웹 2.0을 포함하는 개념이다. 역사적으로는 팀 버너스-리가 초기에 '차세대 웹'이라는 말로 제안하고 후에 시맨틱웹이라고 명명된 아이디어가 기술적으로 구현된 것이다.

웹 3.0은 다음과 같은 특징을 가지고 있다.

1) 연결된 자료의 웹(web of linked data)

웹이 보급되면서 웹 사이트가 증가하고 있지만 정작 중요한 것은 웹에 있는 자료들이 연결되어야 한다는 점이다. 공장에서 제품을 생산하여 소비자에게 공급하기 위해서는 수많은 조직이 참여하고 각 조직에 설치된 웹 사이트의 자료들이 잘 연결되지 않으면 상품은 원활하게 생산되지도 않고 소비될 수도 없다. 그 이유는 각 사이트의 자료들이 각각 자료 형식과 형태가 다른 체제를 유지하고 있기 때문이다. 부품 창고에 부품이 쌓여 있어도 공장의 생산관리 시스템과 창고 데이터베이스가 연결되지 않으면 공장은 돌아가지 않는다.

자료가 연결되면 고립된 자료보다 훨씬 스마트해진다. 공급망관리(SCM, supply chain management)는 경영학 분야지만 이를 가능하게 하는 것은 웹의 자료들이 연결되도록 구축하는 기술이다. 연결된 자료의 웹은 자료를 연결하여 웹을 만들고 컴퓨터가 읽고 처리할 수 있도록 만들어주는 기술이다.

2) 시맨틱웹

버너스-리에 의하면 웹은 인간이 읽을 수 있어야 함은 물론이고 컴퓨터도 읽고 이해하고 처리할 수 있어야 한다. 그 이유는 정보화 시대를 맞아서 정보의 수량이 급격하게 증대하고 있기 때문에 인간이 수많은 자료들을 읽고 처리하기에는 역부족이라는 점이다. 더 나가서 자료가 지식구조화된다면 더욱 좋은 일이지만 지식기반 추론 엔진 기술의 미숙으로 인하여 아직까지는 실용화되지 못하고 있다.

3) 시맨틱웹과 웹 2.0의 결합

버너스-리와 헨들러 교수는 공동으로 웹 3.0에 대한 중요한 논문을 기고했다. 그 내용은 웹 3.0을 그림에서 보는바와 같이 웹 2.0과 시맨틱웹을 연결한 자료의 합집합으로 보는 것이다. 그는 웹 3.0은 현재의 웹 응용을 시맨틱웹과 그래프기반의 개방자료로 확장하는 것이라고 정의하였다. 그런데 [그림 7.1]에서 보면 시맨틱웹은 RDFS[90]와 OWL[91]을 포함하고 연결된 자료에는 RDF[92]와 SPARQL[93]을 포함하였다는 점이다. 이 분야의 용어들은 아직은 생소하기 때문에 뒤에서 다시 설명하기로 한다.

[그림 7.1] 팀 버너스-리와 헨들러의 웹 3.0 정의

(4) 시맨틱웹

월드와이드웹으로 인하여 정보를 검색할 대상 웹 사이트가 대폭 증가하였으나 실

90) RDFS(RDF Schema): 온톨로지를 기술하기 위해 RDF 확장형 지식 표현 언어를 이용하여 클래스들과 특정 속성들을 묶어서 제공하는 기본 요소. RDF 자원을 구조화하기 위한 수단.
91) OWL(Web Ontology Language): 온톨로지를 저작하기 위한 지식 표현 언어의 한 종류.
92) RDF(Resource Description Framework): 웹상의 자원을 XML로 표현하기 위한 도구.
93) SPARQL: RDF 형식으로 저장된 자료를 검색하고 조작하기 위한 질의 언어.

제로 검색되는 결과는 관련되지 않은 것들이 많아서 불편을 초래하였다. 그 이유는 기존의 웹에서는 단어의 빈도수와 어휘 정보를 근거로 정보를 검색했기 때문에 관련이 없는 문서가 많이 추출되었다. HTML은 눈으로 보는 것을 위주로 작성되었기 때문에 눈으로 보여주는 기능은 훌륭했지만 정보의 내용과 의미를 표현하기 곤란했기 때문이다.

기존의 웹은 사람의 눈으로 이해를 해야 하는 웹이므로 사람이 수많은 사이트의 자료를 읽고 종합해야 한다. 기계(컴퓨터 프로그램)가 자료를 읽어도 내용을 이해할 수 없으므로 에이전트 프로그램을 이용하여 정보를 검색하는 것이 곤란했다. 폭발적으로 증가하는 정보 속에서 신속하게 원하는 정보를 검색하기 위해서는 검색의 자동화가 필요하고 검색을 자동화하기 위해서는 기계(프로그램)가 자료를 읽고 이해할 수 있어야 한다.

기존 웹의 문제점을 해결하기 위한 대책으로 나온 것이 시맨틱웹이다. 시맨틱웹은 정보에 잘 정의된 의미를 부여하여 컴퓨터가 정보를 이해하고 활용할 수 있게 함으로써 인간과 기계의 협동 작업을 가능하게 하려는 것이다. 각양각색으로 정보를 표현하던 것을 표준화를 통하여 의사소통을 용이하게 하려는 것이 W3C[94]의 기본 방향이다.

웹 1.0이 웹의 시작이고, 웹 2.0이 인간이 직접 이용하는 웹이라면, 웹 3.0은 미래의 웹이고 시맨틱웹은 컴퓨터가 정보의 의미를 이해하고 의미를 조작할 수 있는 웹이다. 여기서 이해한다는 것은 웹에서 정보를 발견했을 때 기존의 정보와 관련시킬 수 있는 능력이다. 자료의 개념, 유사성, 상관관계 등의 정보의 의미를 명세화하여 기계가 처리할 수 있도록 한다. 더 나가서 컴퓨터가 주어진 정보의 의미를 파악하고 논리적으로 추론하여 사용자가 원하는 결과물을 생성하여 제공하는 웹이다.

7.1.2 기존 웹의 문제점

월드와이드웹은 컴퓨터 세계에 엄청난 진보와 편리함을 안겨주었지만 여러 가지 문제점을 안고 있었다. 문제 해소를 위한 노력이 있었지만 아직도 개선되어야할 사항들이 많이 있다. 몇 가지 구체적인 사례들을 들어서 문제점을 제시하고 대책을 살펴본다.

94) W3C(World Wide Web Consortium): 월드와이드웹을 위한 표준을 개발하고 장려하는 국제 컨소시엄 조직. 팀 버너스-리를 중심으로 1994년 10월에 설립.

(1) 기존 웹의 문제점 사례

>>> 사례 6.1

기존의 웹은 정보를 검색할 대 키워드를 기반으로 질의하기 때문에 키워드의 동의어와 유사어에 관련하여 정확한 검색을 수행하기 어렵다. 예를 들어 '테이블'이라는 질의를 하면 가구로서의 테이블인지 자료로서의 테이블인지 혼동할 수밖에 없다. '재규어'라는 질의에도 짐승을 말하는 것인지 자동차를 말하는 것인지 컴퓨터는 혼동할 수밖에 없다. 일반인들은 '차량 정비'라는 질의를 검색할 수도 있고 '자동차 수리'라는 질의를 할 수도 있지만 기존 웹은 다른 결과를 내놓을 수 있다.

단어의 뜻에 의하여 야기되는 이런 종류의 문제를 해결하기 위해서는 단어의 의미를 명확하게 정의하고 문서들을 분석해야 한다. 개념을 정리하고 단어들의 의미를 문맥에 따라서 결정하는 일련의 질의 방식을 개념기반 질의라고 한다. 개념이 잘 정리되어 있으면 언어가 다르더라도 질의가 가능하다. 단어들을 계층적으로 구조화하여 내포[95]와 외연[96]으로 범위를 축소하거나 확장할 수 있다.

>>> 사례 6.2

어떤 사업자가 외국 행사에 참석하려고 행사장 주변에 있는 호텔을 예약하려고 한다. 이 사람이 알고 싶은 것은 '행사장에서 가까운 A급 호텔과의 거리는 얼마인가?'이다. 또는 '호텔에서의 교통수단은 무엇인가?' '호텔과 행사장 사이의 교통 시간과 운임은 얼마인가?' 등이다. 그런데 행사장 정보는 행사 사이트에 있고 호텔 정보는 호텔 사이트에 있어서 이들 정보를 확인할 수 없다. 두 사이트에 있는 자료들을 연결하면 사용자가 원하는 정보를 추출할 수 있을 것이다. 두 사이트의 자료들을 어떻게 연결할 것인가?

>>> 사례 6.3

어떤 사람이 외국에서 휴가를 보내는 계획을 세우려고 휴양지를 선정하고 호텔과 교통편을 예약하고자 한다. 기존의 웹에서 휴가계획을 추진하려면 여러 관광지들 중에서 자신의 취향에 맞는 장소를 선정하고, 여러 호텔들 중에서 하나를 예약하고, 관광지까지의 교통수단을 찾아서 예약하고, 관광지에서의 관광 계획 등을 차례대로 확인하고 예약해야 한다. 만약 이들 중에서 하나라도 예약할 수 없다면 전체 휴가 계획이 취소되어야 한다.

---

95) 내포(內包, intention): 특정 사물들의 공통적인 성질을 의미.

96) 외연(外延, extension): 하나의 개념에 부합되는 전체 사물들을 의미.

개념기반 질의에서는 휴가 일정과 여행자 개인의 기호를 입력하면 시스템이 여행자 자료의 의미를 파악하고 웹상의 정보를 해독하여 일정을 제시하고 사용자가 선정하면 예약하는 체제로 바뀐다. 여기서 전제될 것은 관광정보, 숙박정보, 비행기 및 운송 정보, 현지 관광 안내 정보 등이 준비되어야 하고 정보와 처리가 분산되어야 한다는 점이다.

>>> 사례 6.4

어떤 사람이 여행 중에 아파서 병원에 입원했다고 가정하자. 이 환자를 치료하기 위해서는 과거 병력과 치료 과정을 확인해야 하는데 이런 자료들은 그가 치료받은 여러 병원에 저장되어 있을 것이다. 이런 자료들을 읽고 분석하여 의사에게 보여줄 수 있다면 의사들은 훨씬 더 현명한 치료 방법을 찾아서 진료할 수 있을 것이다. 각 병원에 저장된 자료들은 각각 상이한 형식일 수 있고 다른 형태로 저장되어 있을 것이다. 서로 상이한 자료를 잘 연결할 수 있는 기술이 있다면 환자의 생명을 구하는 데 크게 도움이 될 것이다.

서로 상이한 자료들을 연결하는 기술은 새로운 웹에서 구사해야 할 기술이다.

(2) 문제점과 대책

앞의 실례들에서 살펴보았듯이 월드와이드웹이 해결하기에는 아직 많은 부분이 부족하다. 웹의 자료는 HTML로 표현되는데 HTML은 스키마 부족으로 구조화된 자료를 표현하기 어렵다. 이로 인하여 다음과 같이 몇 가지 문제를 갖고 있다.

1) 프로그램이 HTML 문서를 이해하기 곤란하다.
2) 문서 내부의 자료 구조를 표현하기 곤란하다.
3) 복잡한 문서를 교환하기 곤란하다.

HTML은 눈으로 보기 위한 자료를 표현하려고 작성하였기 때문에 구조화 기능이 부족하다. HTML은 문서 내부의 자료구조를 표현하는 것이 어려우므로 프로그램이 HTML 문서를 이해하는 것도 곤란하다. 전자상거래, 무역실무 등의 복잡한 문서를 HTML로 교환하는 작업도 어렵다. 따라서 HTML부터 새로운 언어로 개선해야할 필요가 있다.

전자 상거래 사이트에서 발생하는 거래는 주로 데이터베이스로 처리해야 하는데 HTML은 데이터베이스와 자료를 교환할 수 있을 정도로 자료를 인식하지 못한다.

자료 표현을 구조화할 수 없기 때문이다. 따라서 전자상거래 업무에서는 동적 페이지를 요구하게 되었고 동적 페이지 기술이 발전하였다.

기존 웹의 문제점은 컴퓨터가 웹 정보의 개념을 이해하지 못하기 때문에 발생하는 일들이다. 컴퓨터가 인간처럼 웹 정보를 이해하고 분석하여 최적의 결과를 제공할 수 있도록 지향하는 것이 시맨틱웹의 목표이다. 시맨틱웹은 HTML 대신에 정보를 구조화하여 표현할 수 있는 XML을 도입하고 자료의 의미를 명확하게 하기 위하여 RDF를 도입하고 개념을 파악하기 위하여 온톨로지를 도입하고 있다. [그림 7.2]와 같이 XML과 RDF와 온톨로지가 차례대로 적용되어 자료의 구조화 문제, 자료의 의미 문제, 자료의 개념화 문제 등이 해결되면 시맨틱웹이 가능하다.

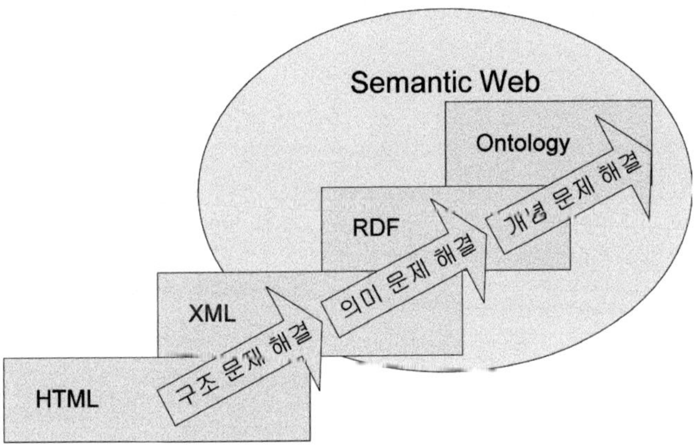

[그림 7.2] 시맨틱웹의 주요 기능

7.2 XML

XML(eXtensible Markup Language)은 HTML의 문제점을 개선하기 위하여 만든 표식 언어(markup language)[97]이다. 표식(markup)이란 문서 처리를 지원하기 위하여 문서에 추가되는 정보이고 표식 언어는 표식을 효과적으로 표현하도록 만든 언어이다. HTML은 표식 언어이기 때문에 시각적으로 눈에 잘 보이도록 각종 문자와 숫자를 조작할 수 있도록 표식을 활용하는 언어이다. 인터넷 초기에는 HTML만으로도 시각적으로 좋은 디스플레이 효과를 얻을 수 있었으나 사용자들의 욕구가 시각 효과에서 문서의 내용을 파악하려는 욕구로 바뀜에 따라 새로운 표식 언어가 요구되었다. XML은 컴퓨터가 문서의 내용을 파악할 수 있도록 표식을 작성하는 언어이다. [표 7.2]는 HTML과 XML의 차이를 보여준다.

[표 7.2] HTML과 XML의 비교

구분	HTML	XML
태그	고정식, 제한적	사용자 정의: 의미부여 용이
정보 표현	단순 표현	정보의 내부 구조 표현
데이터베이스 연계	속성 구분 곤란	속성별로 저장, 교환과 공유 가능
검색 효율	비효율적	구조와 내용을 분리: 효율적
장점	쉽고 간결	복잡한 문서 작성 편리

7.2.1 XML 개요

1996년 W3C에서는 HTML의 한계를 극복하기 위하여 새로운 표식 언어로 XML을 제안하게 되었다. W3C에서는 HTML에 사용되는 연결 기능을 확장하고 표준범용 문서 생성 언어(SGML)[98]를 인터넷용으로 최적화하도록 XML 표준화 작업을 하였다.

97) 표식 언어(表式 言語, markup language: 문서를 출력할 때 출력 내용을 효과적으로 보이기 위하여 문서의 서식을 지정하거나 공백 문자, 줄 바꿈 문자 등이 필요한데 이런 표시들을 효과적으로 표현하도록 만든 언어.

98) SGML(standard generalized mark-up language): 1986년에 국제표준화기구(ISO)에서 채택한 표식 언어. 문서 내용을 자유롭게 편집하고 재활용할 수 있는 특징이 있으나 복잡하고 어려워서 일반화되지 못함.

XML을 정의하면 다음과 같다.

1) 웹에서 문서를 구조화하고 전송할 수 있는 표식 언어.
2) HTML의 문서 표현 기능과 DBMS의 스키마 기능을 통합한 도구.

XML의 대표적인 특징은 다음과 같다.

1) 태그(tag)로 자료에 대한 구조 제공
2) 구조와 내용을 분리
3) 정확한 내용 전달
4) 문서 작성 용이
5) 사용자 태그 허용
6) 문서를 구조적으로 표현할 수 있으나 의미를 표현하지는 못함

XML의 특징을 정리하면 첫째, XML은 태그로 자료에 명칭을 부여할 수 있으므로 자료에 대하여 구체적으로 구조를 설정할 수 있다. 따라서 자료를 데이터베이스로 생성하고 관리하기 용이하고 자기-정의(self- documenting)가 가능하다. 둘째, 구조와 정보 내용을 분리할 수 있어서 효율적인 검색과 자료의 중첩 구조를 허용한다. 셋째, 태그를 이용하여 정확하게 내용을 전달할 수 있으므로 정보교환과 자료 공유가 용이하다. 넷째, 구조화로 인하여 체계적이고 일관적인 접근이 가능하므로 문서를 작성하고 가공하는 것이 쉽다. 다섯째, 사용자 태그를 무제한 허용하기 때문에 비 고정형식으로 자유롭게 정보를 표현할 수 있으며 효율적인 자료관리가 가능하다.

[그림 7.3]은 HTML과 XML 문서의 실례를 비교하였다. 그림에서 보는 바와 같이 HTML은 컴퓨터 화면에서 간편하게 보여줄 수 있으나 컴퓨터가 읽어서 이해하기에는 쉽지 않다. XML로 작성한 문서에는 자료 앞에 무슨 의미의 자료라는 태그가 있어서 컴퓨터가 자료와 태그를 구분하여 읽고 이해하기 좋게 되어 있다.

XML의 목표는 다음 세 가지 이다.

1) SGML 호환
2) XML 프로세서 작성
3) 설계 용이

```
<HTML>
<HEAD></HEAD>
<BODY>
  <font size=3> 제품정보
    <p> 배 </p>
    <p>나주시 </p>
    <p> 1 </p>
    <p> 56000 </p>
  </font>
</BODY>
</HTML>
```

```
<?xml version="1.0" encoding="utf-8 ?>
<제품정보>
  <과일> 배 </과일>
  <생산지역> 나주시 </생산지역>
  <수량> 1 </수량>
  <가격> 56000 </가격>
</제품정보>
```

[그림 7.3] HTML과 XML 문서

XML이 추구하는 목표는 첫째, 국제 표준 표식언어인 SGML과 호환되어야 기존의 문서를 활용할 수 있고 둘째, XML 프로세서를 작성하기 쉬워야 프로그래밍 효율이 높아지고 셋째, 기계 작업이 용이하도록 설계가 형식적이고 정교해야 한다.

7.2.2 XML 문서 구조

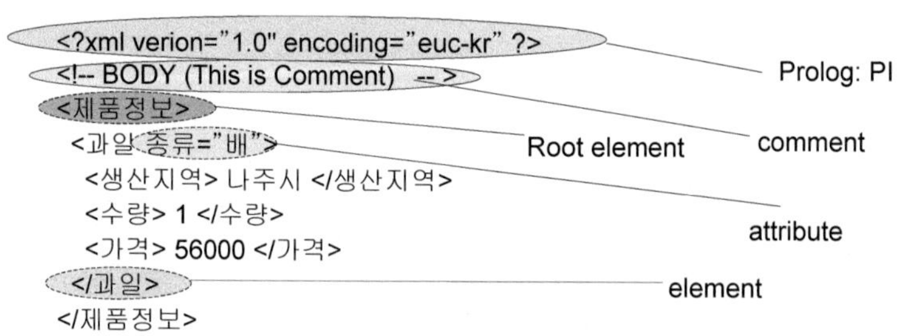

[그림 7.4] XML 문서의 구성요소

XML 문서는 프롤로그(prolog)와 여러 개의 엘리먼트(element) 그리고 옵션으로 에필로그 부분으로 구성된다. HTML에서는 태그들이 눈으로 보여주기 위한 자료로서 역할을 하지만 XML에서는 태그가 <제품정보>, <과일>, <생산지역>, <수량>, <가

격> 등의 정보를 알려주기 때문에 태그를 이용하여 자료를 데이터베이스에 저장할 수도 있고 데이터베이스 자료와 비교할 수도 있다.

[그림 7.4]는 XML 문서의 구조와 구성요소들의 실례를 보여준다. XML 문서는 프롤로그에서 문서에 대한 정보를 기술하고 body에서 엘리먼트라 불리는 사용자 정의 태그의 계층 구조로 문서의 내용을 기술한다. 속성(attribute)은 엘리먼트 안에 추가로 정보를 저장하는 용도로 사용된다. XML 문서의 구성요소는 PI(Processing Instruction), comment, element, attribute 등 4 가지이다. [그림 7.4]와 같이 XML 문서는 Prolog에서 XML의 버전과 사용 언어를 표기하고, body에서 본문을 기술한다. 각 태그는 element로 사용되고 element 안에서 그 태그의 속성을 추가하여 기술할 수 있다. 즉 <과일> 태그 안에서 속성을 자세하게 '배'라고 규정하고 싶으면 <과일 종류='배'>라고 지정할 수 있다.

(1) 문서의 구조화

XML 문서에서 구조를 정의하는 방법에는 다음과 같이 DTD와 XML Schema 두 가지가 있다.

```
<!ELEMENT 책(저자, TITLE)>
<!ELEMENT 저자(#PCDATA)>
<!ELEMENT 제목(#PCDATA)>
<!ATTLIST 책 GENERE (과학|소설) #Required>
```

(a) DTD 실례

```
<책 GENERE='소설'>
  <저자>허균</저자>
  <제목>홍길동</제목>
```

(b) DTD에 의한 XML 문서

[그림 7.5] DTD와 DTD에 의한 XML 문서의 실례

1) DTD

DTD(Document Type Definition)는 SGML이나 XML 표식 언어에서 문서 형

식을 정의하는 양식이다. DTD를 정의하고 XML을 작성하려면 정의된 DTD 형식에 맞게 XML을 작성해야 한다. 그렇지 않으면 오류로 처리하므로 정확성을 기할 수 있다. [그림 7.5]는 책을 표현하는 DTD를 작성하고 그 DTD에 의하여 작성된 XML 문서를 보여준다.

2) XML 스키마

DTD는 문서의 구조를 정의하기 좋게 구성되어 있다. 그러나 DTD는 고유한 형식으로 구성되어 있기 때문에 DTD를 사용하려면 구문분석기를 별도로 개발해야 하고 다양한 자료형(data type)을 사용하지 못하는 번거로움이 있다. W3C에서는 대안으로 XML 스키마를 제정하였다. XML 스키마는 별도의 구문분석기가 필요하지 않으며 다양한 자료형을 제공한다.

XML 스키마를 정의하면 다음과 같다.

> 1) XML 문서가 표시되는 방식을 정의하는 도구
> 2) DTD와 함께 XML 문서의 구조를 정의하는 표준.

[그림 7.6]은 강사의 이름과 강의 제목에 대한 정보를 표현하는 XML 스키마의 실례이다.

```
<complexType name="강사">
  <sequence>
    <element name="성"type="string" minOccurs="1"/>
    <element name="이름"type="string" minOccurs="1"/>
  </sequence>
  <attribute name="제목“type="string     use="optional"/>
</complexType
```

[그림 7.6] XML 스키마 실례

XML 스키마는 다음과 같은 점에서 DTD와 상이하다.

- XML 문법을 사용한다.
- 스키마의 재사용과 개선이 가능하다.
- DTD보다 다양한 자료형(data type)을 제공한다.

XML 속성은 엘리먼트 안에서 정보나 자료를 표현하기 위한 방법이다. XML 문서에서는 한 요소에 대하여 부가적으로 여러 속성을 표현할 수 있으며, 속성은 시작 태그의 일부로 표현한다. 또한 속성은 속성명과 속성 값으로 구성되며 여러 속성을 표현할 경우에는 속성과 속성 사이를 공백으로 구분한다.

(2) 이름 공간(Namespace)

XML은 여러 종류의 소스로부터 정보를 사용하는 장점이 있으며 하나 이상의 DTD와 XML 스키마를 사용하다 보면 서로 상이한 소스의 이름을 사용하게 된다. XML에서는 복잡한 태그와 속성들을 기술하는 과정에서 동일한 이름의 혼란을 피하기 위하여 접두사를 사용한다. [그림 7.7]에서는 고객의 이름과 주문서의 상품 이름의 혼동을 피하기 위하여 접두사로 <Cus:Name>과 <Order:Name>을 이용하여 NameSpace의 이름을 구분하였다.

```
<?xml version="1.0" encoding="euc-kr"?>
<Cus:User xmlns:Cus="http://www.pop.com/buy/Cus"
                xmlns:Order="http://www.tech.net/2002">
   <Cus:ID> working-girl</Cus:ID>
   <Cus:Name>소유춘</Cus:Name>
   <Cus:Goods>
      <Order:Good>
      <Order:ID>2008-098</Order:ID>
      <Order:Name>NoteBook</Order:Name>
      </Order:Good>
   </Cus:Goods>
</Cus:User>
```

[그림 7.7] XML의 NameSpace 사용 실례

XML이 자료의 구조 표현을 통하여 문서의 내용을 이해하려고 노력하였으나 의미 전달에는 부족한 부분이 남아있다. 예를 들어 태그 이름은 다르지만 내용이 같을 경우가 있으며 태그의 이름은 같으나 내용은 상이한 경우가 있다. 실제로 <heading>과 <subject> 두 태그는 이름이 다르지만 같은 의미로 사용될 수 있다. 다음은 같은 내용을 구조가 다르게 표현한 경우에 해당한다. 실제로 <date>12/11/2009</date>는 하나의 엘리먼트지만 다음과 같이 3개의 엘리먼트로 표현할 수 있다.

```
<day>12</day>
<month>11</month>
<year>2009</year>
```

XML은 웹 문서의 내용을 구조화함으로써 많은 문제점들을 해결하였지만 아직도 해결할 수 없는 애매한 사항들이 남아있기 때문에 RDF와 온톨로지 등이 추가로 도입되었다.

7.2.3 XML 문서 표현: XSL

앞 절에서는 XML 자료의 구조에 관련된 내용을 기술하였으므로 본 절에서는 XML 자료를 표현하는 XSL에 대하여 기술하고자 한다. HTML은 문서의 구조와 표현을 같은 방법으로 정의하는데 반하여 XML은 문서의 구조를 기술하는 방법과 문서를 표현하는 방법이 다르다. XSL은 XML 문서를 표현하는 기술이다. XML의 특징은 구조와 표현 기능이 다르므로 문서 구조를 변경하지 않고도 다양하게 표현만 다르게 생성할 수 있는 장점이 있다.

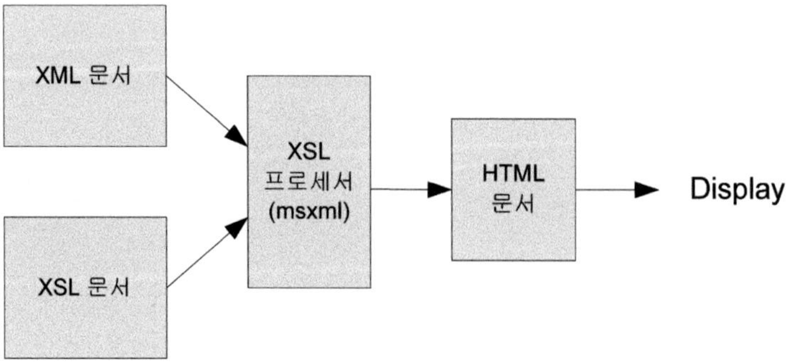

[그림 7.8] XML 문서의 표현

XML 문서는 자료를 저장하는 구조적인 문서이므로 HTML과 달리 화면에 보기 좋게 출력되지 않는다. 웹 문서를 일관성 있게 설계하려면 CSS[99]와 같은 스타일시트를 사용할 수 있으나 CSS는 간단한 형태만 지원한다는 단점이 있다. XML 문서를 표현 도구 없이 출력하면 모든 태그들이 보여서 적절하게 사용하기 곤란하므로 새로운 표현 언어로 XSL이 개발되었다. XSL은 XML 문서를 표현하기 위한 스타일을 정의하는 언어이다. XSL은 문서를 다른 문서로 변환하는 XSLT(XSL Transformation)과 XSLT의 결과로 얻어진 문서를 다양한 형식으로 표현하는 XSL-FO(XSL Formatting Object)의 두 가지 부분으로 구성 되어있다.

XML 문서를 웹에서 보기 위해서는 [그림 7.8]과 같이 표현 방법을 기술한 XSL 문서를 만들고 다시 HTML 문서로 변환해야 한다. XML 문서를 HTML 문서로 변환하기 위해서는 XSL 문서가 필요하고, XML 문서와 XSL 문서가 함께 제공되면 웹 브라우저에 탑재되어 있는 XSL 프로세서(msxml)가 이들을 변환하여 HTML 문서를 만들어 준다. HTML 문서는 어느 브라우저에서든지 쉽게 볼 수 있다.

XSL 문서는 stylesheet, template, apply-template 등 세 가지 요소를 주로 활용하여 문서를 표현한다. XSL 문서를 작성하기 위하여 이들 세 가지 요소들의 선언과 사용법에 대하여 간단하게 기술한다.

1) XSL 문서 선언과 stylesheet 요소

XSL 문서를 작성하려면 다음과 같이 PI(processing instruction) 등을 선언해야 한다.

```
<?xml version="1.0" encoding="euc-kr" ?>
<xsl:stylesheet xmlns:xsl="http://www.w3.org/1999/XSL/Transform" version="1.0">
```

XSL 문서의 선언부의 첫 문장이 앞에서와 같이 XML 문서와 동일하므로 문법도 XML version 1.0과 동일하게 준수한다는 의미이다. 두 번째 문장인 xsl:stylesheet 요소는 XSL 문서가 스타일시트임을 알려주는 XSL의 루트 요소이다. stylesheet 요소는 XSL 문법을 따르기 위해서 xmlns:xs와 같이 XSL 네임스페이스를 지정한다.

2) template 요소

xsl:template 요소는 변환 규칙을 정의한다. template 요소는 XML 문서의 어느 부

99) CSS(cascading style sheet): HTML 등으로 만드는 웹 문서의 전반적인 형태를 미리 저장해두는 파일. 웹 문서 전체의 일관성을 유지할 수 있고, 세세한 형태를 지정하는 번거로움을 줄여준다.

분을 어떻게 변환할 것인지를 결정한다. 변환해야 할 부분을 match 속성으로 다음과 같이 지정하여 "패턴"에 해당하는 부분을 찾고, 그 부분이 찾아지면 <xsl:template>와 </xsl:template> 사이에 변환할 내용을 기술한다.

```
<xsl:template match="패턴“>
    -- 변환할 내용 --
</xsl:template>
```

외부에 파일로 존재하는 XSL 문서를 XML 파일에 적용하기 위해서는 PI에 다음과 같이 연결되는 파일을 선언해주어야 한다. 여기서는 test.xsl 파일에 정의된 내용대로 변환하겠다는 의미이다.

```
<?xml:stylesheet type="text/xsl“ href="test.xsl”?>
```

3) apply-template 요소

xsl:template에서 지정한 요소의 자식 노드 중에서 특정 노드가 선택되도록 하기 위해서는 xsl:apply-template 요소를 xsl:template 요소 내부에 기술해야 한다.

```
<xsl:apply-template select="패턴“/>
```

자식 요소 중에서 특정 자식 요소를 선택하기 위해서는 select 속성으로 접근하고자 하는 요소의 경로를 지정한다.

```
<xsl:value-of select="패턴“/>
```

select 속성에는 xsl:apply-template에서와 마찬가지로 접근하고자 하는 요소의 경로를 지정한다.

[그림 7.9]는 XML 문서를 표현하는 과정을 설명하기 위하여 간단하게 XSL 파일을 만들었다. test.xml 파일에는 문서의 구조가 정의되어 있고, test.xsl 파일에는 표현하고자 하는 형식이 정의되어 있다. test.xsl에서 표현하려는 내용은 xml 파일에 정의되어 있는 자동차 목록이다.

```
c:\XML\test.xsl
----------------------------------------
<?xml version="1.0" encoding="euc-kr" ?>
<xsl:stylesheet xmlns:xsl="http://www.w3.org/1999/XSL/Transform" version="1.0">
   <xsl:template match="/제품/자동차">
      <h3>  * 자동차 목록 * </h3>
      <xsl: apply-templates select="모델명"/>
   </xsl:template>
   < xsl:template match="모델명">
      <h5> 모델명 : <xsl:value-of select="."/> </h5>
   </xsl:template>
   </xsl:stylesheet>
-------------------------------------
c:\XML\test.xml
-------------------------------------
<?xml version="1.0" encoding="euc-kr" ?>
<?xml:stylesheet type="text/xsl" href="test.xsl"?>
<제품>
   <자동차>
      <모델명>그랜저 TG</모델명>
   </자동차>
   <자동차>
      <모델명>NF 소나타</모델명>
   </자동차>
</제품>
```

[그림 7.9] XSL의 예제

[그림 7.9]에서 test.xsl이 실행되어 <xsl:template match="/제품/자동차">을 만나면 패턴 "/제품/자동차"에 해당하는 요소를 text.xml 문서에서 찾아 template 사이에 있는 내용으로 대치한다. test.xml의 "/제품/자동차"를 만나면 test.xsl의 내용인 "* 자동차 목록 *"이 출력되고 apply-template가 실행된다. 다시 모델명을 만나면 xml 파일의 모델명 태그에 있는 "그랜저 TG"를 읽어서 출력한다. [그림 7.10]은 이 프로그램이 실행된 결과 화면이다.

* 자동차 목록 *

모델명 : 그랜저 TG

* 자동차 목록 *

모델명 : NF 소나타

[그림 7.10] 그림 7.9의 XSL을 실행한 결과

7.3 RDF

XML은 자료를 구조화하여 잘 표현할 수 있으나 자료의 의미를 전달하지는 못한다. XML의 의미에 관한 문제점을 해결하려면 메타자료(metadata)[100] 간의 단어의 의미, 구문, 구조에 대한 공통적인 규칙을 만들 필요가 있다. [그림 7.11]의 두 가지 실례를 보면 모두 '홍길동'이라는 사람이 '활빈당' 소속이라는 뜻이지만 컴퓨터는 이 두 가지 표현이 동일하다는 사실을 알 수가 없다.

```
<party name="활빈당">
  <chairman>홍길동</chairman>
</party>
```

(a) XML 1

```
<chairman>홍길동</chairman>
  <party name="활빈당">
</chairman>
```

(b) XML 2

[그림 7.11] XML의 두 가지 표현

W3C는 기계가 정보를 이해할 수 있는 수준의 정보 교환을 위하여 RDF(resource description framework)를 제안하였다. RDF는 XML의 문제점을 해결하고 의미를 지

100) metadata: 다른 자료를 설명해주는 자료. 자료를 표현하기 위한 목적과 자료를 빨리 찾기 위한 목적으로 사용된다. 실례: HTML과 데이터베이스의 catalog.

원하기 위한 기반구조이며 근본 개념은 메타자료이다. 웹 문서에 대한 메타자료란 그 문서의 주제, 요약, 저자, 작성일자와 같이 그 문서의 외적인 요소들을 말한다. RDF는 메타자료 간의 효율적인 교환과 상호호환을 목적으로 하며 공통의 기술언어로 XML을 사용한다. RDF는 자료 모형, 자료의 상호교환을 위한 구문, 스키마 모형 등과 같은 요소로 구성된다.

RDF를 정의하면 다음과 같다.

1) 웹상에서 자료를 연결하고 이들의 관계를 설명할 수 있는 언어
2) 정보의 특성과 값을 명세하여 정보 간의 관계를 기술하는 도구
3) 특정한 자원의 메타자료를 기술하는 XML 기반의 framework
4) 웹 자원에 관한 메타 정보를 표현하기 위한 언어
5) 개념기반 질의를 위하여 온톨로지를 만드는 구체적인 수단

RDF는 XML을 이용하여 상이한 메타자료 간의 관계, 구문과 구조에 대한 공통적인 규칙을 지원하는 기법을 통하여 기계가 해독할 수 있는 정보를 교환하기 위한 도구이다.

7.3.1 RDF 자료 모형

RDF의 자료 모형은 메타자료를 일관성 있게 작성하고 교환하며 의미를 명확하게 표현할 수 있도록 설계되었다. RDF의 자료 모형은 정보 자원을 자원(resource), 속성 유형(property type), 속성 값(value)의 3요소로 정의한다. RDF의 자료 모형에서 기술되는 정보 자원은 URI[101]로 식별할 수 있는 모든 형태의 객체를 포함하며, 하나의 정보 자원은 여러 개의 속성 유형과 속성 값을 가질 수 있다. 속성 유형은 '책이름', '저자이름' 등과 같이 자원의 속성을 적절한 이름으로 표현한 것이다. 속성 값은 속성 유형에 상응하는 값으로 문자열이나 숫자 등과 같은 자연어로 기술될 수 있다. 속성 값은 또 다른 정보 자원이 되어 고유의 속성을 가질 수 있다.

RDF는 정보의 기본 단위를 선언적 문장으로 보고 모든 정보 자원을 자원, 속성, 속성 값으로 표현한 것이다. [그림 7.12](a)는 RDF 자료 모형의 기본형이고 (b)는 자료의 표현을 약간 달리한 변형이며 (c)는 기본형을 이용하여 정보를 표현한 실례이다. 이것

101) URI(uniform resource identifier): 웹상의 자원을 식별하기 위하여 객체의 명칭, 위치 등을 표현.

은 '목민심서의 저자는 정약용이다'라는 선언적 문장을 RDF 자료 모형으로 표현한 것이다. RDF의 자료 모형을 자원-속성 유형-속성 값의 3요소로 보는 것을 [표 7.3]과 같이 주체-술어-객체의 3요소로 보면 더 쉽게 이해할 수 있다.

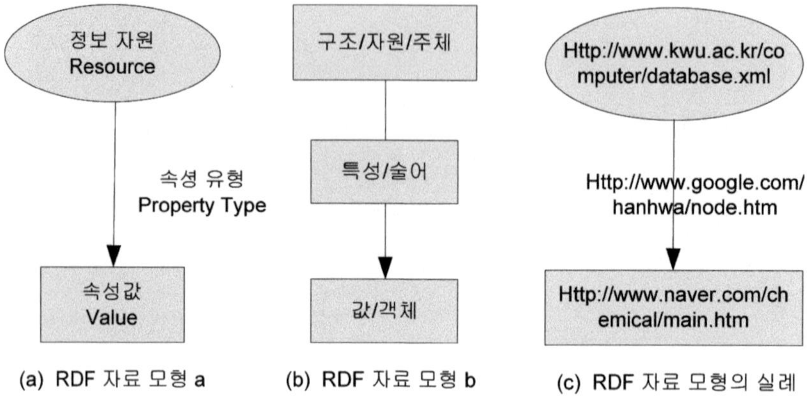

[그림 7.12] RDF 자료 모형

[표 7.3] RDF 자료 모형의 실례

구성 요소	내 역	실례 1	실례 2
자원	주체	김건모	www.kwu.naver.com/인물
속성 유형	술어	직업	www.jobs.co.kr/job
속성 값	객체	가수	www.singer.co.kr/break

[표 7.3]에서 '김건모의 직업은 가수다'라는 선언적 문장을 보면 RDF의 자료 모형으로 쉽고 명확하게 이해할 수 있다. 여기서 '김건모', '가수', '직업' 등은 모두 웹 사이트의 주소로 대치할 수 있다. 이와 같이 RDF 자료 모형은 정보 자원의 특성과 값을 명세함으로써 자원간의 관계를 명확하게 기술하는 모델이다. 이와 같이 선언할 수 있는 다음 문장들의 실례를 [그림 7.13]과 같이 표현할 수 있다.

아버지가 방에 들어가신다.
박태환의 나이는 21세다.
한국의 수도는 서울이다.

웹 사이트의 모든 정보는 자원으로 표현되고, 자원은 특성이나 다른 자원과의 관계를 나타낸다. 어떤 자원의 특성에 대한 값을 나타내는 것을 서술문이라 하고 서술문이 바로 RDF의 기본단위가 된다. RDF 서술문은 그래프로 나타낼 수도 있고 XML로 표현할 수도 있다. RDF를 XML로 표현한 것을 serialization이라고 한다. [그림 7.14]는 RDF 문의 실례이다. [그림 7.14]는 'http://www.ksii.or.kr/paper'라는 자원의 '출판사', '제목', '발행일'의 세 가지 특성에 대한 정보를 XML로 기술하고 있다.

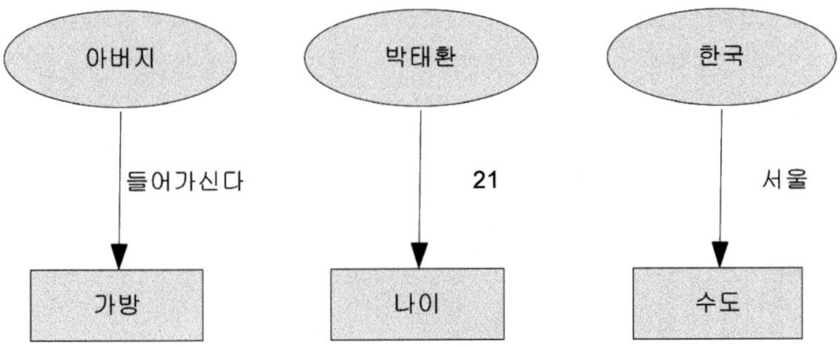

[그림 7.13] RDF 모형의 실례

```
<rdf: RDF>
  <rdf:Description about="http://www.ksii.or.kr/paper">
    <s:Publisher> Korean Society of Internet Information</s:Publisher>
    <s:Title> Internet Information thesis</s:Title>
    <s:Date>2011-10-01</s:Date>
  </rdf:Description>
</rdf:RDF>
```

[그림 7.14] RDF 문장의 실례

7.3.2 RDF 스키마

XML의 표현은 여러 가지 구조와 표현 방법으로 인하여 다양하게 이해될 수 있으므로 모호성이 많이 있다. 그러나 RDF는 단순한 자료 모형으로 인하여 하나로만 해석이 가능하다. 그럼에도 불구하고 RDF에는 XML의 중첩성과 모호성이 여전히 존재하고 있다. 예를 들면 같은 태그인데도 여러 가지 의미로 사용될 수 있으며, 다른 태그인데도 같은 의미로 사용될 수 있다.

RDF는 자원의 특성을 정의하는 기능은 있으나 다른 자원간의 관계를 정의하는 기능이 없다. RDF는 기존 메타자료에 대한 정보만 표현하기 때문에 RDF는 자원 특성 정의, 자원 간 관계 정의 기능은 없다. 특히 RDF는 사용하고자 하는 서술문에 필요한 어휘를 정의하는 능력이 부족하다. 구체적으로 말하면 자원의 특수한 종류 혹은 클래스를 지정하는 것이 필요하다. 클래스를 지정하여 어떤 그룹 자원의 구체적인 속성을 설명할 필요가 있으며. 이런 문제를 해결하기 위하여 나온 대책이 RDF 스키마이다.

예를 들어서 대학에서 강사가 학과목을 강의하는 것을 설계한다고 가정하자. 우선 어떤 강사가 어떤 학과목을 강의하며 어느 강의실에서 강의한다고 기술해야 할 것이다. 이런 사실들을 다음과 같이 표현한다고 가정하자.

1) 홍길동이 인공지능을 강의한다.
2) 공학관이 이철수를 강의한다.
3) 인공지능이 이철수를 강의한다.
4) 공학관이 인공지능을 강의한다.

이상의 문장들은 문법적으로는 틀림이 없는 것 같은데 의미적으로는 오류임이 틀림없다. RDF를 이용해서 사실을 기술하다보면 착오로 이상한 표현을 만들어낼 수 있다. 이것을 방지하려면 클래스마다 형태(type)를 부여해서 혼동이 야기되지 않도록 해야한다. 1)번 문장이 틀린 것은 홍길동이 직원이므로 학과목을 강의할 수 없기 때문이다. 2) 문장에서는 건물이 강의의 주체가 될 수 없기 때문에 틀린 문장이다. 3)번 문장은 강사가 강의 주체가 되어야 하는 규칙을 어겼기 때문이다. '강의한다'는 속성에 맞는 목적 값은 수학적으로 치역(range)이어야 하는데 강사는 치역이 아니기 때문이다. 4)번 문장이 틀린 것은 건물이 학과목을 강의할 수 없기 때문이다. '강의한다'는 주어에 대한 속성은 수학적으로 정의역(domain)에 속하는데 건물은 정의역이 될 수 없다.

RDF 스키마를 정의하면 다음과 같다.

1) RDF의 어휘 정의 능력을 지원하기 위하여 자원의 클래스를 지정하는 도구
2) (RDF에서 제공하지 않으므로) 사용자가 새로운 용어를 정의하기 위한 도구
3) 정보 자원의 특성 선언과 다른 자원과의 관계를 정의하기 위한 도구

RDF 스키마는 RDF의 부족한 어휘 정의 능력을 지원하기 위하여 자원의 클래스를 지정하는 도구이다. RDF와 달리 사용자가 새로운 용어를 정의할 수 있다. RDF schema 정보를 이용하면 경량의 온톨로지를 표현할 수 있다.

[그림 7.15]와 같이 각 객체별로 정의역과 치역을 잘 구분하여 클래스를 지정하고 RDF를 작성하면 오류를 막을 수 있다. 이와 같이 RDF 자료 모형의 구성요소에 대하여 정의역, 치역, 관계에 관한 제약조건을 부여하면 보다 정확하게 자료의 의미를 표현할 수 있다. 주체는 정의역으로 제한하고 객체는 치역으로 제한하고 술어는 관계로 제한함으로써 정보 제공자와 수신자 사이에 의사소통이 원활해 질 것이다. 주체와 객체를 특정 정의역과 특정 치역에 할당하기 위해서는 정보 제공자가 의사소통이 용이하도록 설계하고 결정해야 한다.

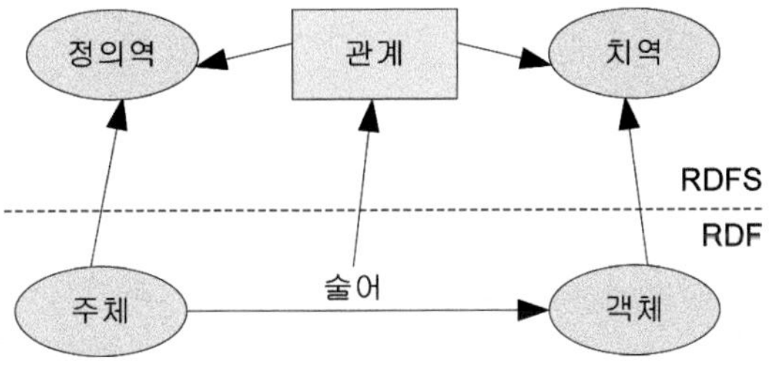

[그림 7.15] RDF 자료 모형의 제약조건

클래스가 정해지면 클래스의 관계를 정해야 한다. 예를 들어서 대학에 근무하는 사람들에 대한 클래스가 다음과 같다고 가정하자.

교직원
직원 교원
정직원 임시직
전임교원 비전임교원
교수 강사

[그림 7.16]은 교직원 사이의 속성에 대한 관계를 클래스를 이용하여 계층적으로 나타낸 그림이다. 이들 클래스들은 서로 관계가 있어서 이들의 관계에 따라서 문장의 오

류를 판단할 수 있다. 이것은 객체지향 개념에 의해서 상위 노드의 속성을 상속받는 것으로 해결할 수 있다. 강사는 상위 노드들인 비전임, 교원, 교직원의 속성을 상속받고, 정직원은 직원, 교직원의 속성을 상속받는다. 홍길동은 교원이 아니고 행정직원이기 때문에 강의할 수 없다는 것을 알 수 있다.

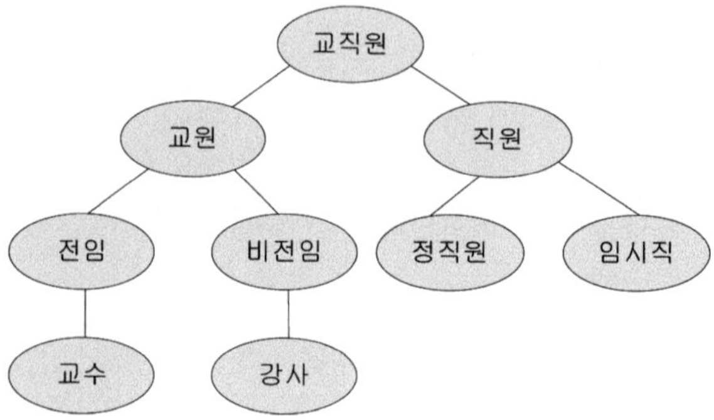

[그림 7.16] 계층적 클래스 관계도

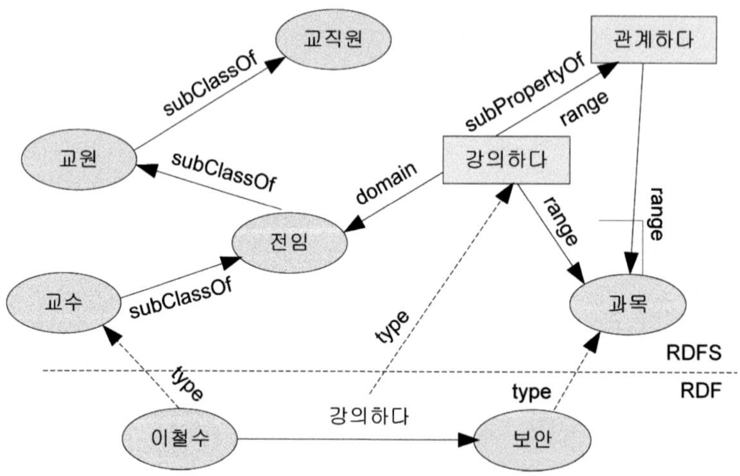

[그림 7.17] RDF와 RDFS의 계층구조

[그림 7.17]은 '이철수' 교수가 '보안'을 강의한다는 RDF를 정확하게 표현하도록 RDFS를 적용하여 구성한 RDFS의 계층 구조이다. '이철수'는 강의의 주체인 도메인에

해당하는 교수 형태이고, 학과목 '보안'은 강의하다의 목적격인 과목에 해당하는 형태이고, '강의하다'는 '관계하다'라는 속성의 하위 속성으로서 목적격인 학과목을 치역(range)으로 두고 있다는 것을 보여준다.

RDF 스키마는 정보자원의 특성과 다른 자원과의 관계를 정의하고 사용상의 제약사항을 기술한다. 따라서 RDF의 의미는 이 스키마를 통하여 표현된다. 스키마는 사전과 같은 개념으로서 RDF 문장을 구성하는 용어를 정의하고 그 용어들에 대한 세부적인 의미를 기술하고 있다. RDF의 대책으로는 RDF schema가 있어서 특성에 대한 정의와 사용상의 제약사항을 기술할 수 있다. RDF 문의 단어 정의와 단어에 대한 세부적인 의미 기술이 있고 자원이 소속하는 class 정의 및 속성 정의를 할 수 있다.

7.3.3 RDF의 문제점

RDF는 XML을 이용하여 메타자료 간의 효율적인 교환과 상호호환성을 목적으로 한다. RDF 자료 모형은 메타자료를 정의하고 사용하기 위한 추상적이고 개념적인 구조를 제공하는 것이다. RDF 스키마는 특정 메타자료에서 정의하고 있는 어휘들을 선언하기 위해 사용된다. XML이 여러 가지 구조와 여러 가지 표현 방법이 가능하기 때문에 여러 가지의 모호한 표현이 예상된다. RDF의 장점과 단점을 살펴본다.

1) RDF의 장점

RDF는 자원과 그 특성 값으로 객체의 의미를 하나로만 표현하고 해석하기 때문에 정보의 의미가 명확하다. 트리플 개념과 URI를 통하여 웹 자원의 속성과 자원들 간의 관계를 기술하는데 적합하다.

2) RDF의 단점

RDF에도 몇 가지 숙제가 있다. XML의 중첩성과 모호성이 여전히 RDF에 존재하기 때문이다. 속성(property)과 클래스의 관계, 클래스와 클래스의 관계 그리고 속성과 속성과의 관계를 명확하게 정의하지 못한다. 예를 들어 같은 태그인데 여러 가지 의미가 가능하기 때문에 애매함이 남아 있다.

3) RDF 스키마의 장·단점

RDF 스키마는 메타자료의 속성 정의, 클래스 간의 관계 등을 기계가 이해할 수 있도록 표현할 수 있다. 그러나 동의 요소, 역관계, union, intersection 등의 주요 관계를 표현하지 못하는 문제점이 있다.

이상과 같은 문제점들로 인하여 온톨로지가 출현하였다. 온톨로지는 RDF 스키마와 유사하지만 더 일반적이고 확장된 개념이다. 온톨로지는 RDF와 RDF 스키마를 이용하여 자원 관계를 표현하고 있으므로 이들의 필요성은 계속 요구된다. 이상과 같은 장·단점이 있으므로 RDF는 다음과 같은 분야에서 잘 사용할 수 있다.

가) 자원 탐색

검색 문장과 문서 집합을 정확하게 표현함으로써 검색 엔진의 검색 성능을 향상한다.

나) 문서 분류

웹 페이지나 디지털 라이브러리의 내용과 관계를 일관성 있는 표현 방식으로 기술할 수 있다.

다) 지능형 에이전트

정보의 의미를 정확하게 표현함으로써 지식 공유와 교환이 가능하다.

라) 기타

문서 내용에 대한 만족도 관련 등급 표시나 사용자 개인의 선호도 표현 등에 사용할 수 있다.

7.4 온톨로지

사람들이 사용하는 일상 언어는 오랫동안 사용되어 정교한 것 같지만 실제로는 애매하고 부정확한 표현들이 많이 있다. 사람들이 일상생활에서 큰 불편을 느끼지 않는 것은 함께 생활하면서 경험을 통하여 많은 것을 이미 알고 있기 때문에 확인하지 않고도 서로의 생각을 이해할 수 있기 때문이다. 그러나 같이 생활하지 않으면서 교류가 적은 상태에서 복잡한 내용의 정보를 멀리 떨어져서 교환하면 문제가 발생할 수 있다. 생활 관습과 용어 선택의 차이에서 오해나 오류를 야기할 수 있다. 예를 들어 복잡한 공항의 관제사와 조종사들이 이착륙에 대한 정보를 교환하려면 용어를 정확하게 사용해야 한다. 사람과 기계가 정보를 교환하고 작업을 수행하려면 사람끼리의 대화보다 더 엄격한 언어로 정확하게 정보를 교환하고 공유해야 한다.

7.4.1 온톨로지 개념

온톨로지(ontology)의 어원은 라틴어 'ontologia'로서 그리스어의 'on(존재)'이라는 의미와 'logos(학문)'라는 의미가 합쳐진 말이다. 철학에서는 '존재론'이라는 용어로 사용되었다. 존재론이란 '존재의 본질과 유형에 관한 이론'으로 이 세상에 존재하는 모든 구성 요소들에 대하여 명확하게 이해하려는 학문이다. 모든 존재들을 이해하기 위해서는 각 존재에 대하여 명확하게 의미를 부여해야 사람들이 정보를 공유할 수 있고 정확하게 의사소통을 할 수 있다. 철학에서는 단어의 의미와 영역을 철저하게 정의하고 다른 개념과의 관계는 명확하게 설정하는 것을 중시하였으므로 온톨로지라는 개념을 발전시켰다.

온톨로지란 사람들이 세상에서 보고 듣고 느끼고 생각하는 많은 사물들에 대해서 서로 합의하여 개념을 만들고 단어로 표현한 것을, 컴퓨터에서 다룰 수 있는 형태로 정의하고 여러 가지 사용상의 제약조건들을 추가하는 기술이다. 사회가 발전하면서 사용하는 단어들이 분야별로 많아지고 세분화되면서, 단어들 간의 관계를 규정하고 이들을 이용하여 정확하게 추론할 수 있도록 정비하는 일이 필요하기 때문에 온톨로지가 출현하게 된 것이다.

온톨로지가 웹 정보검색을 발전시키는 과정에서 도입된 이유는 방대한 인터넷에서는 용어를 명확하게 정의해야 많은 사람들이 정보를 제대로 공유할 수 있기 때문이다. 특히 기계가 정보를 이해하고 처리하기 위해서는 더욱 정확하게 용어의 의미를 정의하고 사용해야 한다. 웹 정보검색에서는 인터넷에서 다양한 분야의 용어들이 다양한 의미로 사용되기 때문에 정확한 의사소통을 위해서 온톨로지라는 개념을 철학에서 빌려온 것이다.

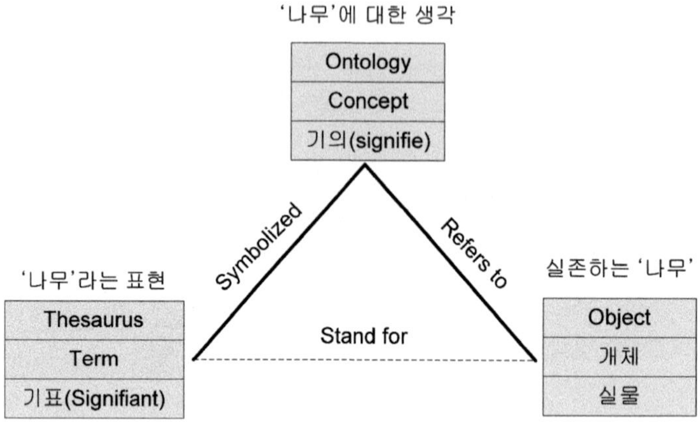

[그림 7.18] 개념, 용어, 존재물의 3각도

[표 7.4] 존재와 의미와 표현의 관계

표현	정신세계	실물세계	비 고
시소러스	온톨로지	객체	시맨틱웹
용어	개념	개체	문자검색
기표	기의	실물	구조언어학
소리, 글	표상	시각, 청각, 촉각	현실

온톨로지와 시소러스의 관계는 [그림 7.18]과 같이 기의와 기표 관계이다. 어떤 대상이 실세계에 존재한다면 사람이 그 존재를 알고 이해할 때 기의가 생성되고, 그 기의에 명칭을 부여한 것이 기표다. 예를 들어 실세계에 어떤 '나무'가 존재한다면 사람들의 마음속에 '나무'라는 식물의 내용이 기억될 것이고 사람들은 그 나무를 '나무', '목', 'tree', '木' 등으로 부를 것이다. 여기서 실제 나무를 존재물이라고 하고, 사람들의 마음속에 있는 나무를 기의, 개념, 온톨로지라고 하며, 사람들이 언어로 '나무', '목', 'tree', '木', 'き' 라고 부르는 것을 기의, 용어, 시소러스라고 한다. 온톨로지(기의[102], 개념)는

102) 기의(記意, signifie): 소쉬르의 구조 언어학에서 사물을 나타내는 기호의 내용을 의미함.

현실 세계에 존재하는 존재물의 의미를 나타내고, 시소러스(기표[103]), 용어)는 언어를 이용하여 개념을 상징적으로 표현한 것이며, 용어는 존재물을 물리적으로 표현한다. [표 7.4]는 이들의 관계를 용어별로 구분하여 설명해주고 있다.

정보검색에서 온톨로지란 사람들이 생활하면서 보고 듣고 느끼고 생각한 사물에 대하여 토론 과정을 거쳐서 합의한 내용을 개념으로 확인하고 컴퓨터에서 다룰 수 있는 형태로 표현하는 방법을 말한다. 온톨로지는 개념의 형태나 사용상의 제약조건들을 명시적으로 정의하는 기술이다. 온톨로지는 일단 합의된 지식을 의미하므로 합의에 관련된 구성원들에게 모두 적용되는 개념이다. 이 개념은 프로그램이 이해할 수 있도록 정형화되어야 한다.

온톨로지에 대한 정의를 정의하면 다음과 같다.

1) 공유된 개념화에 대한 정형화되고 명시적인 명세(Gruber[104]))
2) 해당 영역의 개념들과 이들 개념들 간의 상호관계를 설정
3) 낱말에 대한 뜻과 각 낱말 사이의 관계를 잘 설명한 것(사전, 체제)
4) 존재하는 현상에 대해 공유하고 있는 개념을 명확하고 명시적으로 규정하는 것
5) 단어와 관계들로 구성된 사전.
6) 일종의 지식 표현.

온톨로지에 대한 정의는 많이 있지만 다음의 Gruber의 정의가 가장 대표적이다.

An ontology is an explicit and formal specification of a conceptualisation of a domain of interest.

Gruber의 정의를 중심으로 온톨로지의 개념을 [표 7.5]를 중심으로 살펴보기로 한다. 온톨로지는 같은 영역에 있는 사람들과 관심 사항들을 함께 개념화하고 명확하게 형식화해서 사람들뿐만 아니라 기계도 그 정보를 이해하고 소통할 수 있게 하려는 것이다. 온톨로지에서는 다섯 가지의 내용을 정규화하려고 한다. 첫째, 정보를 공유하는 것을 중요하게 생각한다. 둘째, 개념화한다는 것은 사물의 중요한 공통점을 찾아서 사람들이 알기 쉽게 이해할 수 있도록 구체화한다는 의미이다. 개념화하면 다른 개념들과

103) 기표(記表, signifiant): 소쉬르의 구조 언어학에서 사물을 나타내는 기호를 표현하는 것.
104) Tom Gruber(1959-): 미국 컴퓨터과학자, 발명가. 지식 공유와 집단 지능을 연구. 1993년에 온톨로지를 정의함.

쉽게 분류할 수 있다. 셋째, 사람과 기계간의 의사소통에서 중요한 것은 모든 애매한 표현을 명확하게 해 주어야 의사소통의 정확성을 기할 수 있다. 넷째, 기계가 사람과 의사소통하기 위해서는 기계가 인식할 수 있도록 엄격하게 표현을 형식화해야 한다. 다섯째, 명세화란 개념 내용을 상세하게 기술함으로써 전달하려는 정보를 빈틈없이 상대에게 전달할 수 있도록 문서 기록으로 작성해야 한다.

[표 7.5] 온톨로지의 내용

구분	용 어	내 역	비 고
1	공유	정보의 의미를 합의하여 공통적으로 사용	공용성
2	개념화	사물의 공통점을 집합으로 묶고 분류	분류
3	명확성	개념들의 종류, 관계, 제약조건을 정의	정확성
4	정형화	기계가 정보를 읽을 수 있는 형식을 정의	형식화
5	명세화	개념 내용을 상세하게 기술	상세한 기술

온톨로지는 단어와 관계들로 구성된 사전으로 특정 도메인에 관련된 단어들을 계층구조로 표현하고 확장 가능한 추론 규칙을 포함한다. 온톨로지의 구조는 단어 계층과 추론 규칙으로 구성된다.

온톨로지의 목적은 기계에게 정보를 처리하는 능력을 부여하여 사람과 기계의 의사소통을 원활하게 해주려는 것이다. 온톨로지를 이용하여 사람과 기계가 정보를 공유하고 교환하면서 명확하게 정보를 검색하고 활용하고자 한다.

7.4.2 온톨로지 구성

온톨로지를 구축하기 위하여 구성 요소들을 설명하고 구축 방법을 논의하기로 한다.

(1) 온톨로지 구성 요소

온톨로지를 구성하는 기본 요소들을 살펴보면 [표 7.6]과 같이 클래스, 관계, 속성, 인스턴스 등 네 가지로 이루어진다.

1) 클래스(class)

우리가 일반적으로 사용하는 사물이나 개념 등에 이름을 부여하듯이 클래스는 온톨로지에서 정보자원에 부여하는 이름이다. 해당 개념에 대하여 공식적이고 명시적으로 설명하고 구조화하는 것이다. 클래스를 통하여 상대 객체에게 개념을 전달하고 의사소통할 수 있다. 기본적으로 클래스는 계층적으로 상위 클래스와 하위 클래스로 구성된다.

[표 7.6] 온톨로지의 구성 요소

구성요소	내 역	비 고
클래스	정보 자원에 부여하는 이름	'컴퓨터', '사랑'
관계	클래스 간에 존재하는 연결성	is-A 관계, 인스턴스 관계
속성	클래스나 인스턴스의 특정한 성질(값)	TV의 크기: '42inch'
인스턴스	정보 자원의 구체적인 사례	LG 3D 42 LCD TV

2) 관계

관계는 특정한 개념들 사이에서 상호작용하는 형태를 표시하는 것이다. 관계는 클래스와 인스턴스를 연결할 수 있는 근거로 사용되며 크게 분류학적(taxonomy) 관계와 비분류학적 관계로 나눈다.

첫째, 분류학적 관계는 클래스의 개념을 분류하기 위하여 폭넓은 개념과 구체적인 개념들로 구분하여 계층적으로 표현하는 관계이다. 예를 들어 [그림 7.19](a)에서는 '사자'는 '동물'이므로 개념 간의 포함관계를 계층적으로 나타낼 수 있으므로 'is-A' 관계와 같은 것이다. 관계가 루트로 올라가면 일반화(generalize) 관계이고 잎 노드(leaf node)로 내려가면 특수화(specialize) 관계이다.

둘째, 비분류학적 관계는 인과 관계, 부품 관계 등을 야기하는 관계이다. [그림 7.19](b)에서 '운동하면 건강해진다'와 같이 '운동'과 '건강'을 연결하는 인과 관계(cause relation)는 cause-OF 관계를 나타낸다. 사물의 명칭(개념)인 구체적인 실체인 클래스와 인스턴스의 관계는 'instance-OF' 관계이다. (그림 7.19](c)에서 '다리'라고 하는 개념은 구체적으로 '한강교', '잠수교', '양수교'라는 실체를 가리키고 있다. 'part-OF' 관계는 하나의 개념을 부품처럼 구성하여 완성하는 개념을 표현하는 관계이다. 예를 들어 [그림 7.19](d)는 '자동차'라는 개념은 '엔진'과 '차체'와 '바퀴'라는 부품들로 구성되어야 완성되는 관계이다.

3) 속성

속성은 클래스나 인스턴스의 특정한 성질, 성향 등을 나타내기 위하여 클래스나 인스턴스를 특정한 값(value)과 연결시킨 것이다. 예를 들어, '삼성 싱크마스터 Wide LCD 모니터는 XX인치이다'라는 것을 표현하기 위하여, hasSize와 같은 속성을 정의할 수 있다. 속성(property)은 클래스나 인스턴스의 특정한 성질을 나타내기 위하여 클래스나 인스턴스를 특정한 값(value)과 연결시킨 것이다. 예를 들어, '기린의 키는 3m이다.'라는 것을 표현하기 위하여, hasSize와 같은 속성을 정의할 수 있다[그림 7.20](b) 참조.

4) 인스턴스(instance)

인스턴스는 사물이나 개념의 구체물이나 사건 등의 실질적인 자료의 값을 의미한다. 즉, '오바마 대통령의 나이는 50세다', '한국의 국토 면적은 20만km^2이다', '사람은 동물이다' 등은 인스턴스라 볼 수 있다. 이와 같은 클래스와 인스턴스의 구분은 응용과 사용 목적에 따라서 매우 달라질 수 있다. 즉 같은 표현의 객체가 어떠한 경우에는 클래스가 되었다가 다른 경우에는 인스턴스가 될 수 있다.

이상과 같이 4가지 구성 요소들을 이용하여 온톨로지를 설계한다.

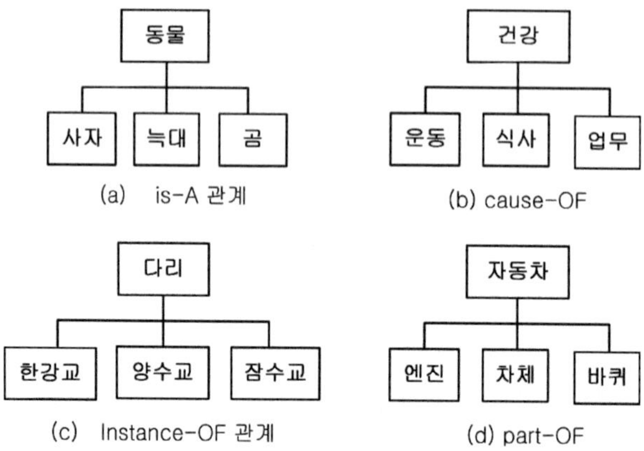

[그림 7.19] 클래스와 인스턴스들 사이의 관계

(2) 클래스 사이의 관계

클래스를 구축하기 위해서는 클래스들 사이의 관계를 설계해야 한다. 관계를 설계하는 방법은 여러 가지가 있으며 온톨로지 설계의 중요한 부분이다. [그림 7.19]는 온톨로지에서 클래스와 인스턴스들 사이에서 이루어질 수 있는 관계의 대표적인 실례들이다. 실제 온톨로지를 구축하는 업무에서 이들 사이의 관계는 [표 7.7]과 같이 is-A 관계, cause-of 관계, instance-of 관계, part-of 관계 등 4개로 구분된다. 이들 관계를 설계하는 기준과 방법을 살펴본다.

[표 7.7] 관계의 종류

관계	내 역	비 고
is-A	요소들의 개념을 일반화(특수화)	
Instance-OF	개념을 실체로 구체화	구체적인 실물
cause-OF	원인과 결과를 연결	
part-OF	부분이 모여서 전체를 완성	

1) is-A 관계

is-A 관계는 하위 요소들의 공통점을 추려서 상위 개념을 만드는 것이므로 일반화(generalization)시키는 것이고, 상위 요소를 구체적으로 명세하면 특수화(specialization)하는 관계로서 상향과 하향의 방향성이 존재한다. [그림 7.19](a)와 같이 사자, 늑대, 곰 등을 일반화시키면 공통점이 동물이 되고, 동물들을 특수화시키면 사자, 늑대, 곰 등이 되므로 is-A 관계가 성립한다.

2) cause-of 관계

cause-of 관계는 원인에 의하여 결과가 야기되는 관계를 성립한다. 운동과 식사와 업무를 적절하게 수행하면 건강을 얻을 수 있으므로 [그림 7.19](b)와 같이 cause-of 관계가 성립한다.

3) instance-of 관계

Instance-of 관계는 상위 클래스의 사례를 하위 요소에서 구체적으로 나열하는 관계이다. Instance-of 관계의 하위 요소들은 구체적으로 현실 세계에 존재하는 실제 사물이라는 점이 특징이다. [그림 7.19](c)에서 한강교, 양수교, 잠수교 등은 실제로 존재하는 사물이다. 만약 한강교, 양수교, 잠수교를 나무다리, 철교, 돌다리 등으로 바꾼다면 is-A 관계가 된다.

4) part-of 관계

part-of 관계는 하위 요소들이 모여서 상위 요소를 구성하는 부품과 같은 관계이다. 따라서 하위 요소들 중에서 하나라도 없으면 상위 요소가 성립하지 않는다. [그림 7.19](d)에서 엔진, 차체, 바퀴 중에서 하나라도 없으면 상위 요소인 자동차가 성립하지 않으므로 part-of 관계가 성립한다.

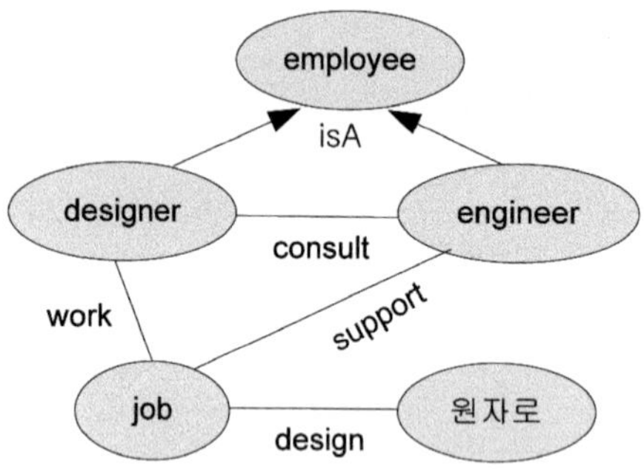

(a) 공사 온톨로지 스키마

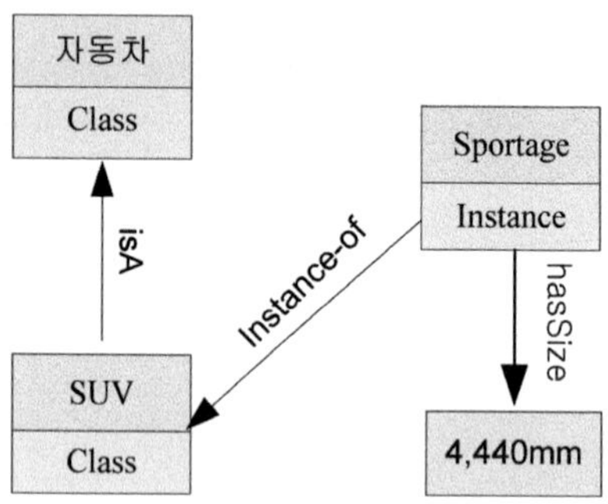

(b) 자동차 온톨로지 스키마

[그림 7.20] 온톨로지 구성 요소들의 실례

[그림 7.20]은 온톨로지 구성 요소들 간의 관계를 보여준다. [그림 7.20](a)는 원자력 발전소를 짓는 건설현장의 인력과 작업과의 관계를 보여주는 온톨로지 스키마이다. 설계사와 기술자는 모두 직원이므로 'employee' 클래스와 'is-A' 관계이며 서로 상담하며 일을 하므로 'consult' 속성으로 연결된다. 설계사는 기술자의 도움을 받아서 원자로 설계 업무를 수행하므로 'job' 클래스는 '원자로' 클래스와 'design' 속성으로 연결된다. [그림 7.20](b)는 자동차 관련 스키마이다. SUV는 많은 자동차들 중의 하나이므로 'is-A' 관계이고, Sportage는 SUV의 구체적인 사례이므로 'instance-OF' 관계이다. 자동차와 SUV와의 관계는 일대다로서 자동차에 많은 종류의 SUV 같은 차량들이 포함된다. Sportage 인스턴스의 구체적인 속성은 '길이는 4,440mm이다'가 있다. 온톨로지에서는 관계를 설명하기 위하여 [그림 7.20]과 같이 'is-A' 관계와 'instance-OF' 관계 등으로 표현된다. 두 관계는 모두 방향성이 있다.

(3) 온톨로지 구축

온톨로지를 구축하는 방법은 처음부터 온톨로지를 직접 만드는 방법과 기존의 온톨로지를 수정하고 확장하여 재사용하는 방법이 있다. 본 절에서는 [표 7.8]과 같이 온톨로지를 처음부터 새로 만드는 방법을 논의한다.

[표 7.8] 온톨로지의 구축 절차

순서	단계별 작업	내 역
1	범위와 목적	온톨로지 구축 범위와 목적을 명세
2	개념화	주제 영역의 핵심 개념 정리
3	범주화	주제 영역의 단어들을 분류
4	클래스 정의	계층에 있는 기본적인 단어들을 분류
5	속성 정의	클래스 간의 관계 정리 및 상세하게 속성을 정의
6	Facet 정의	제약조건과 같은 상세한 속성들을 정의
7	인스턴스 정의	온톨로지 언어로 인스턴스 생성
8	검증	기술적 측면에서 불일치 여부 검토
9	문서화	목적에 따라 별도 지침 마련

1) 범위와 목적

온톨로지의 범위와 목적을 결정하기 위하여 기본적인 질문들에 답을 구한다.

- 활용 목적: 온톨로지에 어떤 도메인들을 포함할 것인가?
- 활용 분야: 생성될 온톨로지가 어디에 사용될 것인가?
- 활용 시나리오: 어떤 질문에 대해 어떤 답을 해줄 것인가?
- 응용분야: 온톨로지를 누가 사용(유지)할 것인가?

2) 개념화

온톨로지의 주제 영역(domain)의 핵심 개념들을 정리한다. 주제 영역의 범위 안에서 재사용이 가능한 온톨로지를 찾아보고 정리한다.

3) 범주화

주제 영역과 관계있는 단어들을 나열하고 개념을 중심으로 분류한다. 명사는 클래스의 이름을 위해서 그리고 동사는 속성의 이름을 부여하기 위해서 분류한다.

4) 클래스 정의

각 계층들에 있는 기본적인 용어들의 포함 관계를 정리한다. 관계가 있는 용어들은 반드시 분류 계층에 구조화되어야 한다. A가 B의 부클래스라면 모든 A의 인스턴스는 B의 인스턴스이다.

5) 속성(property) 정의

클래스 간의 관계를 정리한다. 클래스에 속성을 부여할 때 도메인과 치역(range)에 대한 문장을 제공한다.

6) Facet 정의

제약조건과 같은 상세한 속성들을 정의한다.

7) 인스턴스 정의

실제 자료(인스턴스)를 생성한다. 온톨로지에 인스턴스를 생성하는 것은 양이 많기 때문에 자동화 도구를 사용한다.

8) 검증

OWL과 RDFS를 사용하는 중요한 장점은 불일치한 사항들을 찾아낼 수 있다는 점이다.

9) 문서화

모든 작업에 대한 문서를 작성하고 정리한다. 목적별로 별도의 지침을 마련하여 작성한다.

(4) 온톨로지 언어

온톨로지에서 주로 사용하는 언어는 RDF, OWL, SWRL 등이 있다. RDF는 복잡한 제약 조건이 없는 일반 응용을 구현할 때 많이 사용된다. 그러나 웹 자원을 표현하는 어휘, 구조, 제약조건 등에 대한 정의 방법만 제공하기 때문에 에이전트나 응용프로그램에서 지식을 처리하기 어렵다. OWL은 관계들 간의 계층, 관계 인스턴스 내에서의 논리적 제약 등을 포함하는 언어이다. 정밀하고 논리적인 추론을 필요로 하는 경우에 사용한다. SWRL은 추론을 위한 규칙을 정의하기 위하여 사용한다.

온톨로지는 의미를 담고 있는 표현 구문인 공리(axiom)를 사용함으로써 지식을 표현하고 절차적 추론 과정을 처리하는 언어를 개발하였다. 웹 온톨로지 언어는 RDF에 결여되어 있는 동의어, 역관계, 합집합, 교집합 등의 메타자료의 중요한 관계를 추론할 수 있는 표현 기능을 제공한다. 온톨로지 언어는 XML 구문을 기반으로 하는 XOL(Ontology Exchange Language), OML(Ontology Markup Language) 등이 있으며 W3C에서 제정한 RDF와 RDF schema를 기반으로 만들어진 OIL과 DAML+OIL, OWL 등이 있다. 이 중에서 대표적인 DAML+OIL과 OWL을 살펴보기로 한다.

1) OIL

OIL(Ontology Interface Layer)은 온톨로지를 위한 웹 기반의 지식표현과 추론 계층을 말하며 웹에서 기계가 접근 가능한 형태로 온톨로지를 표현하기 위해 설계되었다. OIL이 제공하는 주요 기능은 다음과 같이 세 가지이다.

가) 높은 직관성:

프레임 기반 모델링과 객체지향모델링과 같은 직관적인 도구를 제공한다.

나) 형식 기반: 기계적으로 처리가 가능하도록 형식적 의미를 갖추고 추론을 위해 설계되어야 한다.

다) 상호운용성: XML, RDF와 같은 웹 표준 언어와의 연계가 이루어져야 한다.

2) DAML+OIL

DAML(DARPA Agent Markup Language)은 DARPA 프로젝트의 일환으로 RDF, SHOE[105], OIL과 같은 온톨로지 언어들의 장점을 결합시키기 위하여 만들었다. 이후에 OIL의 개발과 통합되어 DAML+OIL이라고 명명되었다. 이후에 DAML+OIL의 클래스 생성기호와 axiom 개념의 대부분이 OWL로 전환되었다.

3) OWL

DAML+OIL과 같은 언어는 표현력이 우수하지만 초보 이용자와 개발자 및 개발도구 지원에서 쉽지 않다는 문제점이 있다. OWL(Ontology Web Language)은 DAML+OIL에 기반을 두고 RDF와 RDF schema의 결여된 모델링 요소들을 보완하였다. 또한 보편적인 이용자를 확보하기 위해 간결하고 사용하기 쉬운 언어로 개선하였다.

OWL의 특징은 다음과 같이 크게 세 가지가 있다. 첫째, 웹 온톨로지와 연관된 지식 베이스에 축적되어 있는 논리적 명제들을 정의한다. 둘째, class, property, constraint들의 집합이다. 셋째, 정의되지 않은 사실의 논리적 유추가 가능하다는

105) SHOE(Simple HTML Ontology Extensions): 시맨틱웹에서 정보에 클래스, 부클래스 그리고 특성 관계를 허용하여 의미를 부여하기 위한 HTML 확장형의 집합.

점이다.

[표 7.9]는 온톨로지 언어인 OWL이 출현하게 된 동기를 보여준다. HTML은 디스플레이 목적으로 개발되었기 때문에 눈으로 웹을 보는 것은 좋으나 자료를 활용하거나 새롭게 표현하는 능력이 부족하다. XML은 문서 구조를 자유롭게 설계할 수 있으나 의미 전달이 부족하다. RDF는 의미의 손상 없이 정보가 교환될 수 있도록 호환성이 좋고 의미를 명확하게 표현할 수 있으나 클래스, 속성 등의 관계와 정의 규정이 부족하다. RDF schema는 메타자료의 속성 정의, 클래스 간의 관계 등을 기계가 읽을 수 있도록 표현할 수 있으나 동의 요소, 역관계 집합 등의 주요 관계를 표현하지 못하는 단점이 있다. 이런 문제점들을 극복하고 온톨로지를 개발하기 위하여 OWL 등의 온톨로지 언어가 개발되었다.

[표 7.9] 기존 도구의 문제점과 OWL 기능

구분	종 류	내 역
기존 도구	HTML	사용자 태그의 한정과 문서 표현력 부족
	XML	정의된 메타자료 요소와 다른 요소와의 관계 표현 곤란
	RDF	클래스와 속성의 명확한 정의, 클래스와 클래스의 관계 그리고 속성과 속성의 관계를 규정하지 못함
	RDF schema	동의 요소, 역관계, 합집합, 교집합 등의 주요 관계 표현 곤란
OWL		온톨로지 언어 구조 재정립

4) OWL 실례

OWL을 기반으로 온톨로지를 구축하기 위하여 클래스와 속성을 정의하는 방법을 [그림 7.21]의 자동차 온톨로지를 대상으로 [표 7.10]과 같이 기술한다. 자동차 온톨로지 구축을 위해서 클래스와 하위 클래스를 정의한다. 온톨로지 도메인을 '자동차'로 선정하면 클래스 선언은 owl:Class 요소와 rdf:ID라는 속성을 이용하여 작성된다. [표 7.10](1)에서 Car, Bus, SUV 등이 클래스로 선언되었다. [표 7.10](2)와 같이 subClassOf가 기술되지 않으면 최상위 클래스로 간주된다. 클래스 참조에서 rdf:ID가 아니고 rdf:resource를 사용하면 클래스 이름 앞에 '#' 기호를 추가한다. [표 7.10](3)에서 Puma를 영어로는 'Puma'로 불어로는 'Cougouar'로 정의하였다.

[표 7.10] [그림 7.18] 온톨로지의 클래스를 위한 OWL 코드

구분	내역	OWL 코드
(1)	클래스 정의	<owl: Class rdf:ID="Car"/> <owl: Class rdf:ID="Bus"/> <owl: Class rdf:ID="SUV"/>
(2)	부클래스 정의	<owl: Class rdf:ID="Sportage"/> <rdf:subclassOf rdf:resource="#SUV"/>
(3)	최하위 클래스 정의	<owl: Class rdf:ID="Puma"/> <rdsf:subclassOf rdf:resource = "#Sportage"/> <rdfs:label xml:lang='en'>Puma</rdfs:label> <rdfs:label xml:lang='fr'>Cougouar</rdfs:label> <owl:Class>

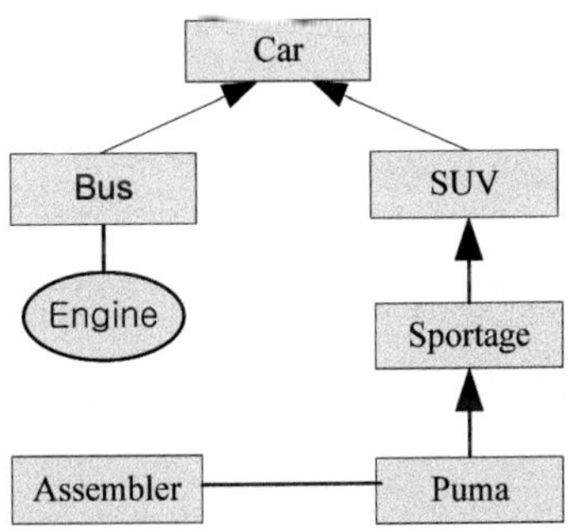

[그림 7.21] 자동차 온톨로지 실례

클래스를 구성하는 구성원에 대한 OWL을 [표 7.11]과 같이 정의를 할 수 있다. [표 7.11](1)은 'Engine'을 'Bus' 클래스의 구성원으로 정의한 실례를 보여준다. 같은 'Engine'을 정의하는데 'owl:Thing'과 'owl:Type'을 모두 사용할 수 있다. OWL 속성에서 객체형 속성(Object Property)은 클래스 요소들 간의 관계를 기술하고, 자료형 속성(Datatype Property)은 클래스 요소가 취해야 하는 자료 형식과 값을 기술한다. 모든 OWL 속성의 적용 도메인에 관한 표기는 rdf:domain을 사용하고 속성 값이 취할 수 있는 범위의 표기에는 rdf:range를 사용한다. [표 7.11](2)는 객

체형 속성madeByAssembler(조립공)이 Puma 클래스의 속성으로 사용될 수 있고 이 속성의 값은 Assembler 클래스의 구성원에서 취할 수 있다고 규정한다.

[표 7.11] 구성원 및 속성 정의

순서	구분	OWL 코드
(1)	구성원 정의	<Bus rdf:ID="Engine"/> <owl:Thing rdf:ID="Bus"/> <owl:Type rdf:resource="Bus"/>
(2)	속성 정의	<owl:ObjectProperty rdf:ID="madeByAssembler"/> <rdfs:domain rdf:resource = "#Puma"/> <rdfs:range rdf:resource = "#Assembler"/> </owl:ObjectProperty>

(5) 온톨로지와 추론

온톨로지 체계가 구축되면 의사결정을 할 수 있으며 이를 위하여 추론 과정이 필요하다. 온톨로지를 이용하여 추론하기 위해서는 추론 논리를 구축하고 추론 언어로 정의해야 한다. 추론 논리는 온톨로지 클래스 관계를 삼단 논법 등으로 구축하고 추론 언어는 OWL과 규칙 표식언어를 결합한 SWRL(semantic web rule language)과 같은 언어들을 이용할 수 있다.

1) 추론 논리

온톨로지의 클래스 관계를 추적하면 추론이 가능하다. [그림 7.22](a)는 조직 안에서 문서를 읽을 수 있는 권한을 추론하는 예제이다. 그림에서는 온톨로지의 클래스들 사이의 관계를 보여준다. 직원 Park이 영업계획서 B를 읽을 권한이 있고 직원 Kim이 직원 Park의 상사라면 직원 Kim은 영업계획서 B를 읽을 권한이 있는지 여부를 추론할 수 있다. 영업계획서 B는 사업보고서의 instance-of 관계에 속하며 사업보고서는 회사 문서와 is-A 관계에 속한다는 것을 클래스 관계도를 작성할 수 있다. 직원 Kim이 영업계획서 B를 읽을 수 있다는 추론을 어떻게 온톨로지 언어로 기술할 수 있는가?

[그림 7.22](b)에서는 3단 논법에 의한 추론 과정을 보여준다. IF 문장에서, 직원 Park이 영업계획서 B를 읽을 수 있다는 전제와 직원 Kim이 직원 Park의 상사라

는 전제가 주어지면 3단 논법에 의하여 직원 Kim은 영업계획서 B를 읽을 수 있다는 결론을 얻을 수 있다. 이와 같은 추론은[그림 7.22] (a)에 있는 클래스 관계에 의하여 가능하다.

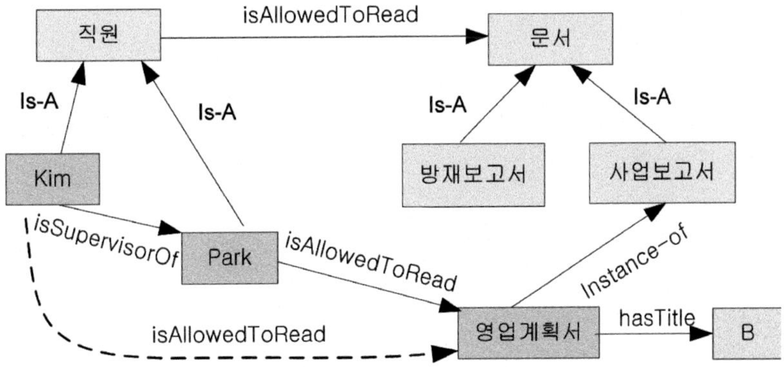

(a) 온톨로지의 클래스 관계

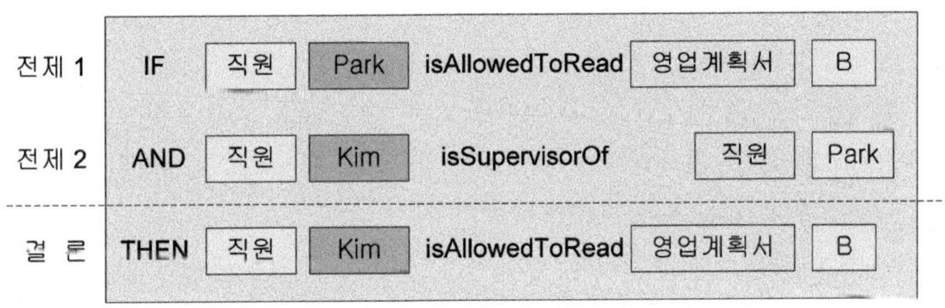

(b) 3단 논법에 의한 추론

[그림 7.22] 온톨로지 추론 과정

2) SWRL: 온톨로지 추론 언어

시맨틱웹에서 추론을 기술하기 위하여 OWL을 확장하여 개발한 도구가 SWRL[106]이다. SWRL은 OWL과 규칙 표식언어(rule markup language)를 결합하여 작성되었다. 실제로 SWRL은 OWL DL[107], OWL LITE를 이용하고 규칙 표식언

106) SWRL(Semantic Web Rule Language): 2004년 National Research of Canada에서 W3C에 제안한 시맨틱웹을 위한 규칙 언어.

107) OWL DL(Description Logic): W3C는 표현력을 기준으로 OWL을 OWL Lite, OWL DL, OWL Full 등의 3가지로 분류하고 있다. 형식적인 지식 표현 언어의 일종. OWL DL은 명제논리보다는 표현이 풍부하지만 일차술어논리(first-order predicate logic)보다는 효율적이지

어로는 Unary/Binary Datalog[108] 등을 이용한다. OWL의 클래스와 속성을 이용하여 적용하려는 규칙을 정의한다. 추론 규칙은 전제(antecedent) -> 결과(consequent)의 형태로 표현된다. 전제는 클래스와 속성으로 표현되는 요소들의 논리곱(∧)으로 구성되고, 결과는 하나의 요소로 구성된다. 다음은 [그림 7.22]의 추론 절차를 SWRL을 이용하여 기술한 실례이다.

```
employee(?p) ∧ isAllowedToRead(?p, B) ∧ employee(?k)
∧ isSupervisorOf(?k, ?p) -> isAllowedToRead(?k, B)
```

전제에서 employee(?p)는 변수 ?p는 클래스가 종업원이고, isAllowedToRead(?p, B)는 변수 ?p가 상수 B를 읽을 수 있으며, isSupervisor(?k, ?p)는 변수 ?k가 변수 ?p의 감독자 클래스임을 의미한다. 전제 조건들을 만족하는 변수 ?k가 있을 경우에는 이 변수가 isAllowedToRead(?k, B)의 종업원 클래스에 속하게 되는 것을 의미한다. 결과적으로 기존 정보로부터 새로운 정보를 추론하였다.

이 절에서는 온톨로지 구성 요소, 온톨로지 구축 방법, 온톨로지 언어 그리고 온톨로지 추론에 대하여 논의하였다. 온톨로지는 아직도 지속적으로 개발되고 있으므로 계속 주시해야할 분야이다. 온톨로지는 일종의 지식 표현이므로 컴퓨터는 온톨로지로 표현된 개념을 이해하고 지식처리를 할 수 있다. 온톨로지는 사람이 갖고 있는 의사소통 능력을 컴퓨터에서도 일종의 데이터베이스와 같은 형태로 만드는 기술이다. 프로그램과 인간이 지식을 공유하기 위하여 온톨로지는 정보시스템의 대상이 되는 자원의 개념을 명확하게 정의하고 상세하게 기술하여 보다 정확한 정보를 찾을 수 있도록 한다.

못하다.

108) Datalog: 문법적으로는 Prolog의 부분집합인 연역 데이터베이스를 위한 질의와 규칙 언어.

7.5 시맨틱웹

월드와이드웹은 사람이 마우스나 키보드를 이용해서 원하는 정보를 찾아 눈으로 보고 이해하는 웹이고, 시맨틱웹은 컴퓨터가 정보자원의 내용을 읽고 이해할 수 있는 웹이다. 시맨틱웹에서 기계가 인터넷 환경의 정보 자원들을 처리할 수 있는 기반은 메타자료(metadata)를 이용하여 정보 자원들의 의미 정보를 온톨로지 형태로 표현하고 처리하기 때문이다. 컴퓨터가 이해할 수 있는 온톨로지 형태의 새로운 언어로 표현해서 기계들끼리 서로 의사소통을 할 수 있다. 따라서 시맨틱웹이 실현되면 컴퓨터가 자동으로 정보를 이해하고 처리할 수 있으므로 정보시스템의 생산성과 효율이 향상될 것이다.

[표 7.12] 시맨틱웹과 기존 웹의 비교

구 분	월드와이드웹	시맨틱웹
제인지 (제안 기관)	1989, Tim Berners-Lee 2004, Dale Dougherty(web 2.0) (ISO)	1999, Tim Berners-Lee (W3C)
검색 주체	인간	기계(프로그램)
자료 연결	비형식적	의미적, 형식적
검색 기능	단어 수준의 검색	의미적 연결 관계와 추론 검색
키워드 오류 시	검색 불가	의미적 추론으로 검색
연관 정보	키워드의 의미와 연관 정보 부재	관계에 의한 연관정보 브라우징
주요 기술	Folksonomy[109], Wiki[110], Ajax[111], RSS[112]	온톨로지, RDF
주요 기능	사용자 중심(개방, 공개, 참여)	기술 중심(지능형 에이전트)

109) Folksonomy: folk와 taxonomy의 합성어로 대중분류법이라고 한다. 웹 정보를 기존 분류법으로 나누지 않고 키워드에 따라 사람들이 자발적으로 협업에 의하여 구분하는 새로운 분류 법.

110) Wiki: 하이퍼텍스트 글의 한 가지로서 누구나 같이 글을 쓰는 협력 소프트웨어임. 'what I know is'라고 해석하기도 함.

111) Ajax: 대화식 웹 애플리케이션을 제작하는 웹 개발 기법. 특정 기술이 아니고 함께 사용하는 기술의 묶음을 의미.

팀 버너스-리가 제안한 시맨틱웹은 비중앙집중적이고 각 도메인에 맞는 온톨로지를 구축하고 이를 연결하는 링크된 자료의 웹을 구축하고 실현하려는 것이었다. 그러나 각 도메인에서 구축한 온톨로지를 사용하기 때문에 완전한 시스템을 구축하는데 무리가 있는 반면에 실용적이고 빠르게 구현할 수 있다는 장점이 있다.

[표 7.12]는 정보검색 차원에서 시맨틱웹과 기존 월드와이드웹의 주요 특징들을 비교한 것이다. 1989년에 팀 버너스-리가 웹을 제안함으로서 인터넷 시대가 본격적으로 시작되었으며, 2004년에 Dale Dougherty[113)]가 개방과 참여와 공유를 슬로건으로 웹 2.0을 주창하여 새로운 인터넷 시대를 열었다. 웹 2.0의 특징은 웹상의 텍스트와 문서가 기존의 공급자 전달 방식이 아니라 문서, 사진, 동영상 등의 멀티미디어를 이용해 사용자 간 개방과 공유와 참여가 이루어질 수 있었기 때문이다.

기존 웹은 키워드로 정보를 검색하므로 정보검색 시에 불필요한 정보를 많이 검색하여 사용자들을 실망시킨다. 또한 필요한 정보를 추출, 해석, 가공할 수 있는 방법이 없으므로 모든 정보를 사용자가 직접 처리해야 한다. 시맨틱웹은 관계에 의한 연관 정보를 이용하고 의미적으로 추론할 수 있으므로 키워드 오류 시에도 검색이 가능하다. 시맨틱웹은 XML, RDF, 온톨로지 등을 주요 기술로 활용하여 의미적으로 정보를 활용한다.

7.5.1 시맨틱웹의 개념

시맨틱웹은 현재의 웹과 분리된 웹이 아니다. 시맨틱웹은 정보의 의미가 잘 정의되어 있기 때문에 컴퓨터와 사람이 함께 협력하여 작업할 수 있게 해준다. 지금까지는 단순히 정보를 보여주던 단계에서 정보를 이해하고 처리할 수 있는 단계로 발전한다. 시맨틱웹은 초창기부터 지금까지 진화해 왔으며 현재 상용화되어 있지는 않지만 앞으로 진화해나갈 여러 가지 기술의 집합체라고 말할 수 있다. 시맨틱웹의 발전 방향을 가늠하기 위하여 우선 시맨틱웹의 기능과 개념을 논의하고 구체적인 목표를 살펴보기로 한다.

시맨틱웹이 필요로 하는 기능을 살펴보면 다음과 같다.

1) 조직과 어플리케이션에 걸친 자료를 상호 운영할 수 있다.

112) RSS(Really Simple Syndication): 뉴스나 블로그 사이트에서 주로 사용하는 컨텐츠 표현 방식. 웹 사이트 관리자는 RSS 형식으로 내용을 보여주고 이것을 받은 사람은 다른 형식으로 이용할 수 있으므로 이용이 편리함.

113) Dale Dougherty: O'Reilly Media의 공동 창업자. Web 2.0 주창자.

2) 지식 교환을 위하여 상호 운영 표준 체계를 지원한다.
3) 공동체와 어휘의 상호 연결 구조를 지원한다.

시맨틱웹을 정의하면 다음과 같다.

1) 시맨틱웹은 기계가 정보를 읽고 이해하고 새로운 정보를 만드는 웹이다.
2) 시맨틱웹은 기계가 사용자 질의와 웹이 저장하고 있는 자원을 이해하고, 두 개를 연결하여 적합한 결과를 제공할 수 있는 웹이다.
3) 시맨틱웹은 생각하는 웹이다.
4) 시맨틱웹은 자료의 웹이다(a web of data).

1)의 정의는 웹에서 기계가 정보를 이해한다는 것은 새 정보를 발견했을 때 기존의 정보와 관계를 연결시킬 수 있는 것을 의미한다. 2)에서 팀 버너스-리는 웹에서 자료가 조각나고 링크가 되지 않아 사용할 수 없는 현실을 극복하는 방법으로 웹에서 자료를 연결하는 구조를 LOD(Linking Open Data)[114] 원칙이라는 이름으로 제안하였다. LOD 원칙은 표준화된 기술을 이용하여 서로 다른 소스에서 나온 자료들(웹 페이지 레벨이 아닌 자료 레벨에서) 연결하는 방법에 대한 안내를 제공한다. 3)에서 시맨틱웹의 정의는 인간의 마음처럼 정보를 처리하는 웹이다. 4)에서 이상적인 웹은 자료들이 웹 상에서 긴밀하게 연결되어 상호작용하는 것이다. 시맨틱웹을 자료의 웹(The Semantic Web is a web of data)이라고 한 것은 W3C에서 정의한 것이다. 즉 시맨틱웹은 다양한 자원으로부터 자료를 통합하기 위하여 공통적인 형태를 가지고 있으며 이를 통해 웹의 정보가 응용, 기업, 커뮤니티 등에서 공유되고 재사용될 수 있는 공통 프레임워크를 제공하는 것이다.

시맨틱웹의 정의는 여러 가지 해석들이 있으며 표현은 다양하지만 의미적으로는 동일하다고 볼 수 있다. 시맨틱웹이 사용하는 언어는 정보자원들을 주제, 술어, 객체의 세 쌍으로 구성되는 XML의 URI 형태로 표현한다. 시맨틱웹 언어는 웹에 산재해 있는 자원에 대한 온톨로지를 기술하는데 목적이 있다. 표준 언어로는 W3C에서 제안한 RDF, OWL, TopicMaps[115] 등이 사용되고 있다.

114) LOD(Linking Open Data) 원칙: 팀 버너스-리가 2006년에 제안한 4개의 원칙. 웹의 정보를 자료 레벨에서 연결하여 스마트한 기능을 구현하기 위한 제안.
115) TopicMaps: ISO에서 제안한 시맨틱웹 온톨로지를 기술하는 표준 언어.

[표 7.13] 시맨틱웹의 목표

구 분	목 표
1	검색 시 정확한 결과를 도출한다.
2	이질형 자료와 쉽게 통합하고 비교할 수 있다
3	모든 자료에 의미와 기술 정보를 연관시킬 수 있다
4	웹 서비스[116]를 자동화할 수 있다

에이전트는 사람을 대신하여 정보 자원을 수집, 검색하고 추론하여 온톨로지를 이용해서 다른 에이전트와 상호 정보를 교환하는 등의 일을 수행하는 지능형 프로그램이다. 에이전트는 시맨틱웹 기반 응용 서비스의 핵심 요소라 할 수 있다.

시맨틱웹의 목표는 [표 7.13]과 같이 4 개로 요약할 수 있다. 기존의 월드와이드웹에서는 검색 시에 다수의 결과들이 제시되는데 그 중에는 질의와 관련이 없는 것들이 많아서 문제이다. 시맨틱웹의 목표는 첫째, 검색 결과로 얻어지는 자료들은 모두 질의와 관련이 많아서 사용자에게 도움을 줄 수 있어야 한다. 둘째, 웹 정보의 특징은 다양한 시스템의 다양한 환경에서 다양한 사람들이 제공하는 정보들이므로 이질형 자료가 많다는 점이다. 정보를 효과적으로 종합하기 위해서는 이질형 자료를 쉽게 통합하고 비교할 수 있어야 한다. 셋째, 이질형 자료들을 효과적으로 통합하고 관리하기 위해서는 모든 자료의 의미를 명확하게 이해할 수 있어야 하고 자료에 적용된 기술 정보를 알아야 한다. 넷째, 웹 서비스의 목적은 다른 형태의 환경과 형태에서 작성된 응용들이 쉽게 상호작용을 하도록 지원하는 것이므로 시맨틱웹의 목표에 전적으로 부응하는 기술이다.

7.5.2 시맨틱웹의 구조

시맨틱웹을 실현하기 위한 방법은 다양하지만 HTML을 기반으로 하는 현재의 웹을 개선하는 근본 취지에서 보면 기존 개념을 하위 레벨로 두고 이를 효과적으로 개선할 수 있는 상위 레벨을 구축하는 것이 바람직하다. 이를 위해 시맨틱웹의 기술 계층 구조를 논의하기로 한다.

[그림 7.23]은 'Layer Cake'라고 하는 시맨틱웹의 계층 구조를 설명한다.

116) web service: 다른 종류의 컴퓨터의 응용들이 상호작용을 하도록 동적 환경을 지원하는 소프트웨어.

- URI/IRI

시맨틱웹의 최하위 계층에는 웹에서 자원을 지칭하기 위한 주소 지정 방법인 URI(Uniform Resource Identifier)와 Unicode로 자원을 식별하고 기술하기 위하여 IRI(International Resource Identifier with UNICODE)를 구축한다. URI는 자원이 어디에서 정의되든지 고유한 주소를 주어서 웹상에서 그 자원에 대한 정보를 알고 찾을 수 있게 해준다.

- XML

XML은 별도의 키워드나 구조를 정하지 않아서 사용자가 자유롭게 정의하고 확장할 수 있는 표식 언어이다. XML로 자원 서술 기법을 이용하여 RDF로 자원의 의미를 서술하여 자료를 교환한다.

- RDF

웹상의 자원에 대하여 자원 간의 관계를 3단계 개념을 이용하여 정의하는 언어 구조이다. RDF 언어를 이용하여 자원을 정의하면 웹상의 대부분의 자원들을 연결할 수 있다.

- RDFS

RDF로 정의한 자원이 어떤 속성을 갖는지 또한 이들이 어떤 도메인에 속하는지를 정의한다. RDFS는 클래스와 서브클래스, 클래스와 객체 관계를 통해서 자원 간의 개념의 계층적인 관계를 설명하고 적용되는 도메인을 정의하게 해준다.

- SPARQL

SPARQL은 RDF를 위한 질의 언어이다. RDF와 RDFS로 정의되어 연결된 자료는 그래프로 연결된 하나의 데이터베이스로 표현할 수 있다. 웹상에서 이렇게 연결된 자료를 질의하도록 만든 언어가 SPARQL이다.

- OWL

RDFS 위에 온톨로지 어휘로 개념과 지식을 기술하기 위하여 OWL로 온톨로지를 구축한다.

- RIF(Rule Interchange Format)

RIF는 시맨틱웹을 위한 기반시설의 하나로서 SPARQL, RDF, OWL 등과 함께 W3C에서 추천하는 도구이며 규칙을 정의하고 자료를 교환하기 위한 계층이다.

이상과 같은 계층 위에 통합 논리를 세우고 오류를 예방하기 위하여 증명을 확립한다. 모든 논리가 서술되면 맨 위에서 검증을 수행하여 정확성을 기하고 신뢰할 수 있는 웹을 구축하고 이 모든 시스템의 보안을 위하여 암호화를 반영한다. 구축된 시맨틱웹의 구조 위에서 에이전트를 이용하여 정보 자원을 수집, 검색, 추론하고 온톨로지를 이용하여 다른 에이전트와 정보를 교환하는 지능형 프로그램으로 운용한다.

월드와이드웹이 사람의 시각을 중심으로 정보를 사용하는 웹이라면 시맨틱웹은 자료를 형식화하여 기계도 정보를 이해하고 추론할 수 있도록 자동화하는 기술 중심으로 만든 웹이다. 월드와이드웹은 사람이 자료를 보고 처리하므로 자료가 비형식적이지만 시맨틱웹은 기계가 이해해야 하므로 형식적이어야 한다. 월드와이드웹에서는 검색이 단어 수준이지만 시맨틱웹에서는 단어의 개념을 파악하여 의미적으로 이해하고 추론할 수 있도록 설계한다. 시맨틱웹은 기계가 자동적으로 정보를 이해하고 처리해야 하므로 이를 대신해줄 지능형 에이전트 프로그램을 적극적으로 활용한다.

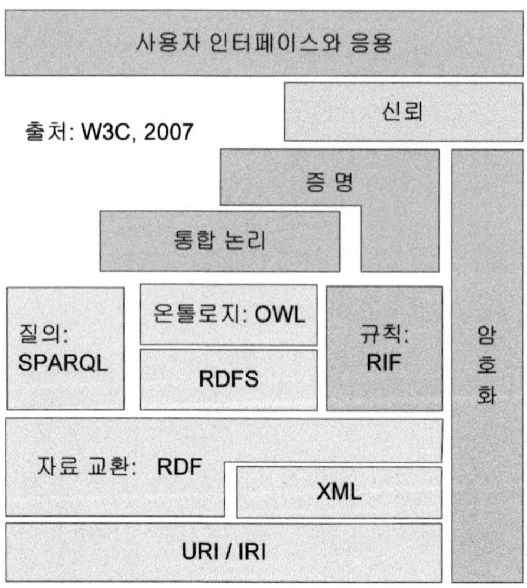

[그림 7.23] 시맨틱웹의 기술 계층 구조(출처: W3C, 2007)

7.5.3 시맨틱웹의 구축과 응용분야

시맨틱웹의 구축 방법과 응용분야를 살펴보고 이상과 전망에 대하여 논의한다.

(1) 구축 방법

시맨틱웹을 구현하는 노력은 크게 두 가지 방향으로 추진되고 있다. 하나는 자료를 연결하는 웹을 구현하여 시맨틱웹을 구현하는 상향식 방식이고 다른 하나는 인간의 지식을 구조화하고 이를 기반으로 지식 기반 엔진을 구축하여 시맨틱웹을 구현하는 하향식 방식이다.

1) 상향식 방법

이 방식은 먼저 자료들을 연결하는 웹(web of linked data)을 구성하고 메타자료를 추가하여 컴퓨터가 이들을 읽고 처리할 수 있게 만듦으로써 시맨틱웹을 구성하려는 연결된 자료(linked data)의 방향이다. 버너스-리와 같은 사람들은 자료와 메타자료 등을 공개하여 관련 기술이 빨리 보급되게 노력한다. 이것은 실용적이고 결과를 중요시하는 방향이다. 이 방식은 자료들로 기초를 구성하고 추론 엔진을 구축하여 컴퓨터가 정보를 이해하는 방식이므로 상향식 방식이라고 한다. 그러나 자료들을 기반으로 지식을 구조화하고 추론하는 것이 매우 어렵다는 문제가 있다.

2) 하향식 방법

이 방식은 먼저 지식을 구조화한 다음에 온톨로지를 구축하고 지식기반 추론 엔진을 만들어서 자료들을 분류하고 이를 기반으로 시맨틱웹을 만들려고 하는 방향이다. 이들은 온톨로지를 확립한 다음에 인공지능 기술을 활용하여 지식기반 도구를 구축하여 추론을 할 수 있게 하는 기술을 통하여 시맨틱웹을 구축하려는 것이므로 하향식 방법이라고 한다. 시맨틱웹 전체를 완전하게 설계하고 구현하는 것이기 때문에 완벽한 논리체계를 갖추어야 한다는 어려움이 있다.

팀 버너스-리가 LOD 원칙을 제안하고 정착시키면서부터 자료들을 연결하는 웹(web of linked data)이 자리를 잡아가고 있다. 또한 지식을 구조화하여 시맨틱웹을 추진하는 연구도 많은 진전을 보이고 있으므로 상향식 방식과 하향식 방식 모두가 시간이 지나면 좋은 결과가 나올 것이라고 예상된다.

(2) 응용분야

시맨틱웹이 실현되면 컴퓨터 혼자 사용자가 예약해둔 정보를 검색할 수 있고 혼자 전자상거래를 할 수 있고, 기업의 시스템 통합 등에 응용할 수 있다. 시맨틱웹 기술은 단지 검색만을 위한 것이 아니라 의료분야, 지능형 로봇 시스템, 자원개발분야 등 여러 분야에 활용될 수 있다. 가장 널리 알려진 시맨틱웹의 응용은 RSS[117]이다. 현재 시맨틱웹에 대한 시도는 의미적 메타자료 체계를 구축하고 다음과 같이 다양한 분야에서 진행되고 있다.

[그림 7.24]는 시맨틱 기술이 대표적으로 적용되는 분야로 다음과 같다.

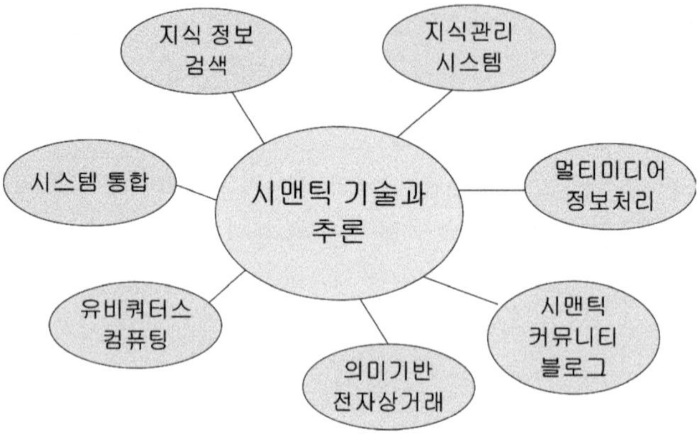

[그림 7.24] 시맨틱 기술 적용분야

- 지식정보 검색:

온톨로지와 추론 기반의 지능형 검색을 수행하며 웹 2.0으로 확장과 함께 시각화를 도입한다.

- 지식관리 시스템

온톨로지 기반의 지식과 정보를 표현하고 공유한다. 추론을 통하여 새로운 지식을 발굴하고 검색한다.

- 멀티미디어 정보처리

시맨틱 주석을 적용함으로써 영상과 동영상을 검색하고 공유할 수 있다.

- 시맨틱 커뮤니티블로그

의미기반의 지능형 블로그를 지원한다. 시맨틱 위키와 시맨틱 소셜 네트워크를 구

117) RSS(Really Simple Syndication): 뉴스나 블로그 사이트에서 주로 사용하는 콘텐츠 표현 방식. 웹 사이트 관리자는 RSS 형식으로 웹 사이트 내용을 보여 준다.

축한다.

- 시맨틱 데스크탑

데스크탑 검색에 온톨로지 기능을 확장한다. P2P를 적용하여 지식과 컨텐츠를 공유한다.

- 의미기반 전자상거래

온톨로지와 추론을 기반으로 차세대 전자상거래를 구현한다. 지능형 상품 검색, 협상과 추천 기능을 지원한다.

- 유비쿼터스 컴퓨팅

온톨로지를 기반으로 시스템을 통합한다. 상황인지 기술을 이용하여 맞춤형 서비스를 지원한다.

- 시스템 통합

분산된 정보 시스템을 의미적으로 통합한다. 이질형 시스템 간의 상호운용성을 확보한다.

시맨틱웹의 이상은 웹에 산재한 정보의 의미를 파악하는 것이 아니라 컴퓨터가 해석할 수 있는 표준화된 의미정보의 교환 수단을 만드는 것이다. 시맨틱웹의 이상은 인터넷에 방대한 양의 온톨로지가 산재하고 이를 자동으로 해석하여 처리할 수 있는 에이전트 프로그램에게 질의하면 프로그램이 자동으로 분산된 온톨로지를 탐색하고 추론하여 원하는 결과를 제공하는 것이다.

(3) 응용 사례: 유비쿼터스와 결합하는 위치검색

어느 휴대폰 사용자가 현재 어느 도시의 어느 지역에 있는데 저녁 식사로 어떤 음식을 어느 식당에서 먹는 것이 가장 좋은지를 알려주는데 필요한 기술은 이미 개발되어 있다. 실용화의 관심은 이 기술을 어떻게 웹 서비스들끼리 공유하느냐에 달려 있다. 우선 사용자의 위치를 알아내는 기술은 이미 휴대전화나 무선 네트워크, GPS 등으로 개발되어 있다. 시맨틱웹은 이렇게 알아낸 위치를 지역정보 사이트와 주고받으면서 사용자에게 필요한 인근 지역의 음식점을 소개하는 절차가 필요하다. 인근 지역의 음식점을 어떻게 찾아가야 하는지는 기존의 지도 서비스를 잘 활용할 수 있을 것이다.

사용자가 휴대폰을 이용하여 원하는 음식을 가장 잘 먹을 수 있도록 음식점을 알려주고 그 곳까지 지도 서비스를 제공하려면 기존의 여러 웹 서비스들이 협력하여야 하며 유비쿼터스 환경을 잘 이용해야 한다. 구글과 같은 사이트들은 지도와 위성 서비스를 묶어서 함께 제공하고 있으며 현장의 모습도 다양한 각도에서 볼 수 있도록 진화하고 있다. 구글은 지역 검색을 위해 지속적으로 지도 서비스를 강화하고 있다. 구글은 2004년부터 구글지도 서비스를 시작하고 위성사진 서비스 업체를 인수하여 2005년부터 구글어스 서비스를 시작했다. 구글어스는 수많은 거리의 상점들을 3차원 입체 영상으로 제공하고 꼬리표 정보를 달아서 제공하고 있다. 예를 들면 '오금역 옆의 경원 식당은 삼겹살이 좋아요'와 같은 정보를 꼬리표로 제공할 수 있다.

구글은 구글지도 API를 제공함으로써 어려운 부분은 감추고 자바스크립트 몇 줄만 삽입하면 누구나 구글지도 서비스를 자신의 웹 페이지에서 사용할 수 있도록 지원하고 있다. 사용자들은 지도를 이용하여 설명을 올릴 수도 있고 아이콘을 추가할 수도 있다. 야후, 아마존과 같은 다른 회사들도 이와 같은 지도 API를 제공하면서 경쟁을 하고 있으므로 지도를 활용하는 것은 더욱 쉬워지고 있다.

여행을 하는 사람들은 여행 지역의 유명한 건물이나 관광지 안내를 3차원 영상으로 확인하면서 원하는 곳을 쉽게 찾아 갈 수 있게 되었다. 한국에서는 해마다 실종된 어린이들이 많아서 이들을 찾기 위하여 많은 노력이 경주되는데 유비쿼터스 환경에서 이런 위치검색 기술들을 활용하면 쉽게 해결될 것이다.

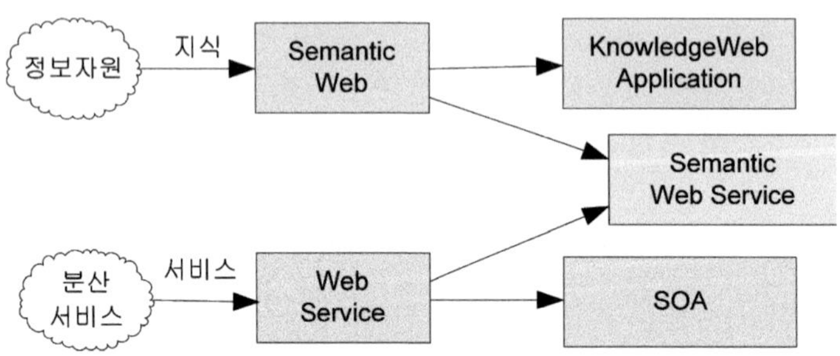

[그림 7.25] 시맨틱웹의 방향

(4) 이상과 전망

시맨틱웹은 연구 단계를 벗어나 상용화 단계에 이르고 있다. eClassOWL, BioPAX 같은 온톨로지가 출시되었고 AllegroGrah, TopBraid와 같은 상용도구가 개발되었다. 인터넷에서는 거대한 지식 베이스를 구축하여 지식을 제공하고 있으며 지식을 더욱 체계적으로 기계화하고 관리하기 위하여 시맨틱웹으로 발전하였으며, 분산 시스템의 발전과 함께 분산 서비스가 발전하여 웹 서비스로 발전하였다. 웹 서비스는 SOAP[118], WSDL[119], UDDI[120] 등을 이용하여 XML 자료를 주고받으며 발전하고 있다. 앞으로는 [그림 7.25]와 같이 시맨틱웹이 분산 웹 서비스와 연결되어 시맨틱웹 서비스로 진화하여 갈 것이다. 이미 지식을 넘어서 지식 서비스로 나아가고 있다.

시맨틱웹의 진화는 단순한 웹의 집합체인 웹 1.0으로 시작하여 참여와 개방과 공유를 슬로건으로 하는 웹 2.0을 지나 웹 3.0의 시맨틱웹으로 발전하고 있으며 다음에는 유비쿼터스 웹으로 나가는 웹 4.0을 예측하고 있다. [그림 7.26]과 같이 현재는 웹 2.0과 웹 3.0이 공존하고 있으나 차세대에는 웹 4.0으로 완전히 넘어갈 것이다.

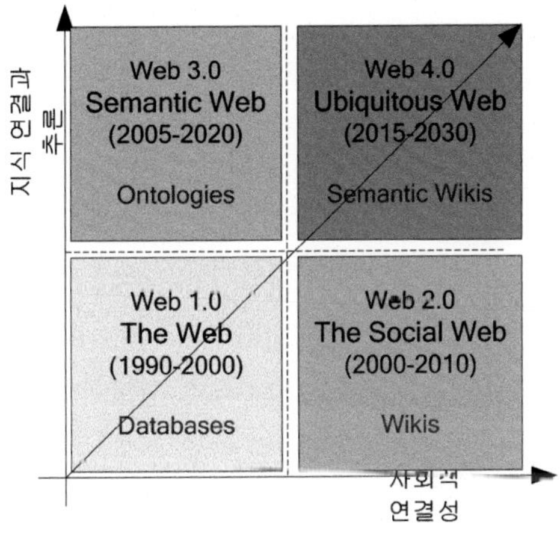

[그림 7.26] 시맨틱웹의 진화

118) SOAP(Simple Object Access Protocol): HTTP, SMTP 등을 사용하여 XML 기반의 메시지를 네트워크상에서 교환하는 형태의 프로토콜. 웹 서비스에서 기본적인 메시지를 전달하는 기반.

119) WSDL(Web Services Description Language): 웹 서비스의 구체적 내용이 기술되어 있어 서비스 제공 장소, 서비스 메시지 포맷, 프로토콜 등을 XML로 기술.

120) UDDI(universal description, discovery, and integration): 인터넷의 비즈니스 업체 목록에 자신의 목록을 등록하기 위한 XML기반의 규격.

연 습 문 제

7.1 다음 용어들을 정의하시오.

1) HTML	2) 웹 서비스	3) 표식언어	4) XML	5) ontology
6) 시맨틱웹	7) 개념	8) web 2.0	9) 클래스	10) RDF

7.2 HTML의 기능과 역할을 설명하시오.

7.3 기존 웹의 문제점과 대책을 설명하시오.

7.4 HTML과 XML의 기능과 차이를 설명하시오.

7.5 Web 1.0과 Web 2.0의 차이를 설명하시오.

7.6 Web 2.0과 Web 3.0의 문제점을 비교하여 설명하시오.

7.7 Web 1.0, Web 2.0, Web 3.0의 특징을 설명하시오.

7.8 Web 3.0과 시맨틱웹을 비교하시오.

7.9 XML의 문제점과 대책을 설명하시오.

7.10 XML DTD와 XML 스키마의 차이점을 설명하시오.

7.11 XML과 RDF의 기능과 차이를 설명하시오.

7.11 RDF의 문제점과 대책을 설명하시오.

7.12 RDF 스키마의 역할을 설명하시오.

7.13 RDF와 RDF 스키마의 관계를 설명하시오.

7.14 RDF와 온톨로지의 기능과 차이를 설명하시오.

7.15 Ontology의 문제점과 대책을 설명하시오.

7.16 시맨틱웹의 문제점과 대책을 설명하시오.

7.17 시맨틱웹의 주요 기능을 설명하시오.

7.18 시맨틱웹과 개념기반 검색을 비교하여 설명하시오.

7.19 시맨틱웹의 목적과 목표를 설명하시오.

7.20 온톨로지 구축 절차를 설명하시오.

7.21 시맨틱웹의 구축 방법론을 설명하시오.

7.22 시맨틱웹의 미래 전망을 기술하시오.

7.23 시맨틱웹의 대표적인 구현 방식을 설명하시오.

7.24 RDF 모형을 이용하여 '배용준은 가을연가의 주인공이다'를 표현하시오. 이 문장을 XML로 기술하시오.

7.25 [그림 7.27]의 온톨로지 스키마를 보고 온톨로지 클래스를 OWL로 정의하시오. 제도사는 영어로 draftman이라고 하고, 불어로 dessinateur이라고 한다. 'chemical'은 "Engineer'의 구성원이고 'Draftman'은 'Worker' 클래스에서 지원된다.

7.26 [그림 7.28]의 클래스들 간의 관계를 설명하시오.

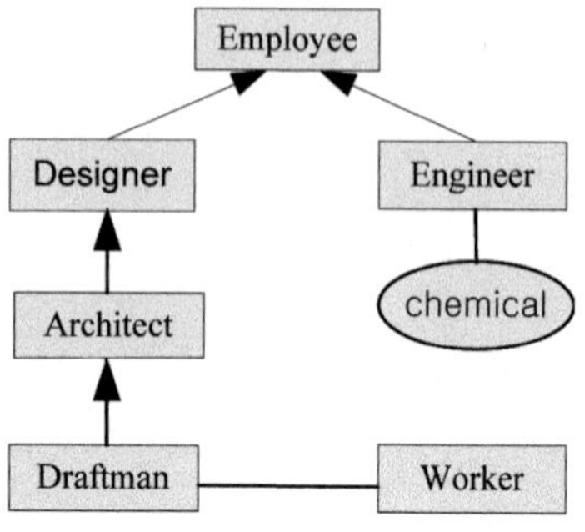

[그림 7.27] 설계사 온톨로지 스키마

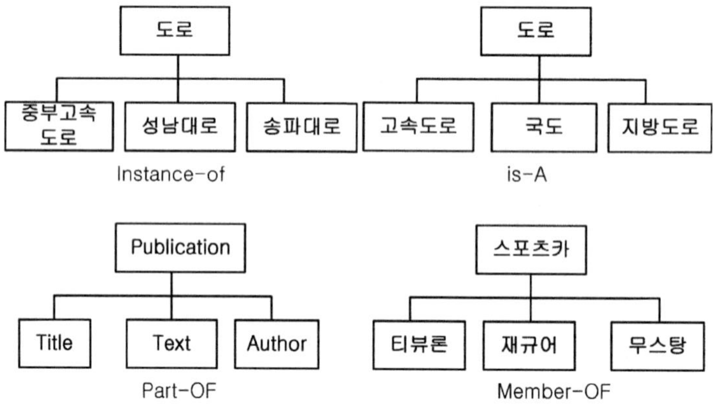

[그림 7.28] 클래스들 간의 관계

7.27 Joe의 아버지는 John이고, Jimmy는 John의 형제이다. Jimmy는 Joe의 삼촌인지 아닌지를 추론하는 온톨로지 논리를 클래스 도표로 작성하시오. SWRL을 이용하여 이 논리를 추론하는 것을 작성하시오.

[Information Retrieval]

제8장

멀티미디어 검색

제8장 멀티미디어 검색

컴퓨터가 대중화되고 멀티미디어가 보급된 후에도 오랫동안 정보를 검색하는 수단은 문자열이었다. 멀티미디어 기술이 높이 발전하지 않았을 때 소리나 영상 등의 멀티미디어로 정보를 검색하는 것은 매우 힘든 일이었다. 1980년대에 정부의 행정업무를 정보화하는 과정에서 큰 고민 중의 하나가 영상이었다. 주민등록을 정보화하는 과정에서 주민의 얼굴 사진과 함께 부동산 정보를 저장하고 관리하기 위하여 인감의 이미지를 컴퓨터로 관리해야 했다. 그러나 당시의 기술 수준으로는 이미지를 적은 비용으로 정교하게 다루기 힘들었다.

1990년대에 멀티미디어(multimedia)[121] 기술이 보급되기 시작하면서 다양한 정보를 컴퓨터로 다룰 수 있게 되었다. 사람의 목소리와 지문 등의 영상까지 인식할 수 있게 되어 컴퓨터를 주민업무에 활용할 수 있게 되었다. 보안이 철저하게 필요한 곳에서는 얼굴과 지문으로 신원을 확인하기 시작하였고 텍스트 이외에 소리, 영상, 동영상 등을 컴퓨터로 다루면서 정보의 크기가 매우 대형화되기 시작하였다. 따라서 멀티미디어 자료를 신속하게 다루는 기술이 검색 업무에 중요하게 대두되었다.

멀티미디어 검색의 특징은 자료의 용량이 방대하여 DBMS처럼 내용기반 검색을 적용하기 쉽지 않다는 점이다. 음성의 주파수나 영상의 색상과 같이 멀티미디어 자료의 성질을 잘 반영할 수 있는 특징(feature)을 추출하여 색인으로 사용하는 것이 가장 효과적인 것으로 인정되었다. 멀티미디어 자료의 특징은 정확하게 그 자료를 대표하는 것이 어렵기 때문에 여러 개의 특징으로 특징 벡터를 만들어서 색인으로 사용하는 것

121) multimedia: 텍스트 자료 이외에 소리, 영상, 동영상 등의 여러 가지 매체의 자료들을 의미. 여러 가지 매체들을 조화롭게 통합할 수 있는 기능과 환경.

이 전형적인 멀티미디어의 검색 기법이다.

8.1 소개

미디어라고 하면 신문 방송 등에서 대중적인 의사소통을 다루는 언론 매체로 알려져 있다. 이 책에서 말하는 매체(media)란 기술적인 용어로서 정보를 표현하거나 전달하는 자료의 형태를 의미한다. 따라서 인문과학이나 사회과학에서 언급하는 매체와는 전혀 다른 의미로 사용된다. 1980년대까지 컴퓨터에서는 정보를 문자와 숫자로 구성된 ASCII[122] 코드 등으로 생각했기 때문에 매체에 대한 관심이 적었다. 컴퓨터 기술의 발전으로 인하여 멀티미디어(multimedia) 자료가 등장하면서 여러 가지 활용 차원에서 매체를 연구하게 되었다.

멀티미디어는 텍스트뿐만 아니라 소리, 영상, 동영상 등의 모든 자료 형태를 사용하는 환경이다. 멀티미디어의 정의가 자료 형태에서 환경으로 바뀐 것은 멀티미디어를 사용하려면 여러 가지 매체들이 시간적으로 동기화되어야 조화롭게 이용할 수 있기 때문이다. 영화관에서 영화를 보면 동영상 화면이 나오면서 대화와 음향이 나오는데 화면과 소리가 동기화하지 않으면 내용 전달이 어렵기 때문이다. 더구나 자막까지 나오면 매체 간의 동기화가 더욱 중요해진다.

멀티미디어를 정의하면 다음과 같다.

1) 여러 가지 형식의 자료를 전달하는 매체
2) 여러 가지 매체가 동시에 제공되는 환경
3) 여러 가지 형태의 자료를 조합하고 동기화하여 함께 사용하는 기술

멀티미디어는 정의한 바와 같이 여러 가지 매체들을 단순하게 제공하는 것이 아니라 잘 조합하고 동기화하여 효과적으로 사용하는 종합 기술을 의미한다. 멀티미디어 자료의 종류는 대표적으로 문자열, 소리, 영상, 동영상 등 4가지가 있으며 이들은 각각 [그림 8.1]과 같이 몇 가지의 구성요소들이 있다. 동영상은 개별 영상과 소리 그리고 자막과 같은 문자열로 구성되고 이들이 조화롭게 동기화 되어야 동영상의 효과가 있다. 영상은 영상과 소리와 문자열이 동기화 되어야 하며, 소리는 소리와 문자열이 동기

122) ASCII(American standard code for information interchange): 1962년 미국표준국(ANSI)에서 제정한 7비트 크기의 문자와 숫자, 특수 문자 등의 정보교환용 표준 부호. 1967년 국제표준국(ISO)도 인정.

화되어야 한다. 따라서 멀티미디어에서는 매체 간에 동기화를 맞추는 것이 중요하다. 멀티미디어 자료의 특징을 살펴보고 이에 따르는 멀티미디어 자료 검색의 특징을 논의한다. 이들 중에서 소리와 동영상은 시간에 따라서 정보의 내용이 변화하기 때문에 시간의 함수로 사용해야 한다. 따라서 멀티미디어는 텍스트, 소리, 영상, 동영상과 시간 등의 5가지 요소에 의하여 효과를 발휘한다.

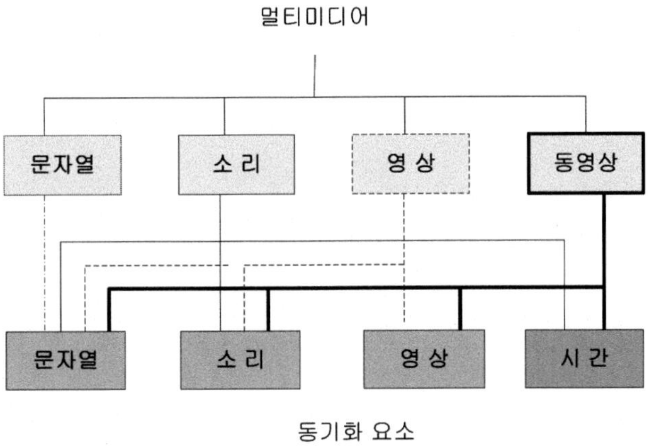

[그림 8.1] 멀티미디어 종류와 구성 요소

8.1.1 멀티미디어 자료의 특징

멀티미디어는 매체들의 단순한 모임이 아니고 여러 매체들이 각자의 개성을 살리며 조화를 이루어 새로운 정보 세계를 창출하는 환경이다. 멀티미디어 자료의 특징을 살펴보면 다음의 [표 8.1]과 같이 크게 3 가지가 있다.

1) 용량

A4 용지 한 쪽에 텍스트로 글을 쓰면 파일의 크기가 약 2 kbytes 정도지만 이것을 소리로 저장하려면 수백 kbytes에 이르고 이것을 사진으로 촬영하여 영상으로 사용하려면 수백 Mbytes에 이른다. 같은 정보라 하더라도 문자열과 소리와 영상의 크기는 몇 십 배의 크기로 확장된다. 만약 소리만으로 정보를 생성하고 저장하려면 처음부터 소리의 특성에 맞추어 큰 규모로 생성하게 되고, 영상이나 동영상으로 만들려면 영상이나 동영상 규모의 정보로 기획하여 저장하고 활용하게 되므로 더욱 규모가 방대해진다.

2) 동시성

멀티미디어 자료를 사용할 때는 여러 개의 매체를 동시에 사용한다고 생각해야 한다. 멀티미디어 자료는 정보 효과를 증대하기 위하여 동시에 사용되기 때문이다. 이를 위해서는 매체별로 동기화를 준비해야 하므로 자료를 처리하는 복잡성이 증가한다. 예를 들어 영화에서는 동영상과 함께 사람들의 대화가 나오고 배경음악이 필수적이고 자막도 동시에 나오기 때문에 동기화가 중요하다. 특히 배우의 목소리를 성우가 대신하는 경우에는 배우 입술의 움직임과 성우의 목소리도 동기화해야 한다.

[표 8.1] 멀티미디어 자료의 3가지 특징

특 징	내 역
용량	텍스트, 소리, 영상, 동영상 순으로 용량이 방대
동시성	두 가지 이상의 매체를 동기화하면서 사용
시간성	매체를 시간 간격을 두고 연속으로 표현

3) 시간성

텍스트와 영상 자료는 시간성이 개입되지 않는데 비하여 소리와 동영상은 시간성이 중요하다. 같은 소리라도 자료를 제공하는 시간이 지연되거나 빨라지면 전혀 다른 소리로 들리기 때문이다. 동영상도 영상을 보여주는 속도에 따라서 전혀 다른 이미지를 제공하기 때문에 시간의 함수가 중요하다.

멀티미디어 자료는 용량이 방대하고 정교한 시간성을 요구하며 동기화를 필요로 하기 때문에 복잡한 검색 기술이 요구된다.

8.1.2 멀티미디어 검색의 특징

멀티미디어 자료를 검색하려면 기존 자료의 특징과 요건이 상이하므로 새로운 검색 기술이 요구된다. 우선 새로운 검색 기술의 필요성을 살펴보고 멀티미디어 검색의 특징을 살펴본다.

(1) 새로운 검색 기술의 필요성

멀티미디어 자료를 검색하려면 기존 자료와 달리 다음의 [표 8.2]와 같이 세 가지 측면에서 새로운 기술을 도입할 필요가 있다.

1) 대용량 장치

소리를 표현하기 위해서는 소리 정보를 저장하고 읽을 수 있는 저장장치가 필요하다. 영상을 표현하기 위해서는 RGB의 세 가지 색을 저장하고 읽고 전송해야 하므로 대용량의 처리장치와 고속 통신장치 등이 요구된다. 동영상을 표현하기 위해서는 초당 약 23개 이상의 영상을 전송하거나 표현해야 하므로 이를 전송하거나 출력할 수 있는 고속의 통신장치나 출력장치가 필요하다.

[표 8.2] 새로운 멀티미디어 검색 기술의 필요성

특 징	내 역	비 고
대용량 장치	대용량 매체를 저장, 처리, 전송하는 기술	CD, USB, DVD
표준 기술	매체별로 새로운 표준 제정	JPEG, MPEG
검색 기술	멀티미디어 색인, 유사도 검색 기술 등	특징 추출, 고차원 색인

2) 매체 표준

멀티미디어 자료는 기존 자료와 같이 ASCII, EBCDIC[123] 등과 같은 표준화된 코드를 사용할 수 없기 때문에 새로운 형식과 표준을 만들어야 한다. 소리에서는 2bytes로 소리를 표현하거나 저장하고, 영상에서는 24bytes로 RGB[124] 3가지 색을 표현하며 JPEG[125]과 같은 표준을 사용하고, 동영상은 영상과 소리를 동기화하는 MPEG[126]과 같은 표준을 만들어서 사용한다.

123) EBCDIC(extended binary coded decimal interchange code): 초창기에 IBM에서 개발하여 활발하게 사용되었던 8비트 크기의 2진 문자 부호 체계.

124) RGB: 빛의 삼원색을 이용하여 색을 표현하는 방식. red, green, blue의 빛을 가산 혼합하는 방식.

125) JPEG(joint photographic coding experts group): 영상을 압축하기 위한 기술의 표준. 사진, 예술분야에 적합하며 JIF와 함께 가장 많이 사용됨.

126) MPEG(Moving Picture Experts Group): 동영상을 압축하고 표현하는 기술의 표준.

3) 검색 기술

기존 데이터베이스 검색에서는 기본 키(primary key) 등을 이용하여 정확하게 동일한 정보를 검색하였지만 멀티미디어 검색에서는 키의 의미가 적으므로 정확하게 동일한 정보를 찾기 어렵다. 검색하려는 소리나 영상들은 잘 모르는 정보가 많으므로 동일한 정보를 찾는 것이 아니라 유사한 정보를 많이 찾는 것이 목적이다. 기본 키 색인과 같은 간단한 색인이 아니라 멀티미디어의 여러 가지 특성들을 표현할 수 있는 특징 추출 기법과 다차원의 색인을 새로 개발하고, 유사도 측정 등의 새로운 기술을 활용한다.

방대한 용량의 멀티미디어 자료를 신속하게 검색하려면 고성능의 장치들이 필요하며 새로운 매체에 대한 표준을 개발하고, 이에 적합한 검색 기술을 적용해야 한다.

(2) 멀티미디어 검색 기술

멀티미디어 자료를 검색하기 위해서는 다음과 같이 멀티미디어 특성에 맞는 기술을 개발하고 적용해야 한다. [표 8.3]은 멀티미디어 검색의 특징들이다.

1) 특징 추출

기존 데이터베이스에서는 속성 자료 중의 하나를 선택하여 기본 키로 만들고 이를 색인으로 사용하므로 키의 크기가 길어도 10바이트 안팎이다. 멀티미디어 자료의 경우에는 내용기반 검색을 위주로 하기 때문에 멀티미디어 자료의 내용 자체를 키로 사용해야 하므로 키의 크기가 커질 수밖에 없다. 멀티미디어의 특징은 매체마다 다르다. 소리에서는 음폭이나 주파수를 특징으로 할 수 있고 그림에서는 색상이나 모양을 특징으로 사용할 수 있다. 키의 크기가 너무 크면 사용하기 불편하고 성능을 저하하기 때문에 멀티미디어 자료에서 색인을 만들기 위해서는 멀티미디어를 대표할 수 있는 자료를 작은 크기로 추출하여 키로 사용하는데 이것을 특징이라고 한다. 그러나 특징은 멀티미디어의 일부분이기는 하지만 영상 자체를 정확하게 반영하는 것은 아니므로 검색의 정확성이 부족할 수 있다는 단점이 있다.

2) 다차원/고차원 색인: 특징 벡터

멀티미디어 자료에서 하나의 특징을 추출하여 색인을 만드는 것보다는 여러 개의 특징들을 추출하여 색인을 만들면 자료를 더 잘 표현할 수 있고 더 검색을 잘 할 수 있을 것이다. 여러 가지 특징으로 특징 벡터를 구성하고 다차원 색인을 만드는 것이 멀티미디어 검색의 중요한 기술이다. 영상의 색, 모양, 질감 등에서 여러 가지 특징을 추출하여 다차원의 색인을 만들면 검색의 효과와 정확성이 향상된다.

3) 유사도 검색: 특징의 유사성 비교

멀티미디어 자료의 검색에서는 질의와 정확하게 동일한 자료를 검색하는 것이 아니라 질의와 유사한 자료를 검색하는 것이다. 따라서 질의와 데이터베이스에 저장되어 있는 매체의 특징들이 얼마나 비슷한지를 수치로 측정하는 유사도 측정 방법이 중요하다.

[표 8.3] 멀티미디어 검색의 특징

검색 특징	내 역
색 인	멀티미디어 자료 자체에서 특징을 추출하여 색인 구성
다차원 색인	정확성을 향상하기 위하여 여러 개의 특징으로 색인을 구성
유사도 검색	정확한 일치 검색이 아니라 비슷한 자료를 검색
통합 검색	매체별로 개별적으로 검색한 결과를 최종적으로 선택

4) 통합 검색

멀티미디어 자료는 여러 개의 매체가 혼합되어 사용되므로 매체별로 검색을 실시하고 검색 결과를 통합하면 보다 정확한 검색이 가능해진다. 예를 들어 영화를 검색할 때 텍스트로 영화 제목이나 줄거리를 검색하고, 소리에 대한 음성 인식을 통하여 키워드로 용어 색인을 검색하고, 색이나 모양으로 영상을 검색하고 각각 얻어진 결과를 통합하여 가장 유사도가 높게 검색된 결과를 종합적으로 선택하는 방식이다. 즉, 통합 검색은 텍스트 검색, 소리 검색, 영상 검색, 동영상 검색 등을 개별적으로 실행한 다음에 교집합하여 최종 결과를 도출하는 방식이다.

용량이 큰 여러 가지 매체를 동기화하면서 조화롭게 입출력하는 것은 한 가지 매체를 조작하는 것보다 더 절차가 복잡하다. 멀티미디어 검색 기술은 방대한 크기와 시간성, 다차원 색인 구축 등으로 인하여 기존 매체를 검색하는 것보다 새로운 기술이 요구되며 더 신속하고 정교한 계산 절차를 요구한다.

멀티미디어 자료의 검색의 특징은 대용량, 새로운 자료 체계 등으로 인하여 새로운 색인 구축 기술과 검색 기술 그리고 새로운 표준을 필요로 한다. 멀티미디어 검색에서도 기존의 구조적 자료의 검색은 메타자료를 기반으로 하는 DBMS를 이용하기 때문에 기존의 기술도 계속 함께 이용한다.

8.2 특징 벡터와 다차원 색인

멀티미디어 검색의 기술적인 특징은 내용기반 검색(CBR, content-based retrieval)을 위주로 하기 때문에 특징 추출 (feature extraction)과 고차원 색인(high dimensional index) 기술이 중요하다. 내용기반 검색은 멀티미디어 자체의 내용을 색인으로 활용해야 하기 때문에 색인을 만들 수 있는 방법이 제한되어 있다. 데이터베이스의 경우에는 학번, 사번, 군번 등과 같이 기본 키로 활용할 수 있는 속성들이 많이 존재하지만 내용기반 검색에서는 매체 자체로 색인을 만들어야 하기 때문에 매체를 대표하는 특징들을 정확하게 추출하는 기술이 중요하다.

예를 들어 그림에서 특징을 추출한다면 그림을 구성하는 빨강, 노랑, 초록색 등의 색들이 각각 몇 %씩 점유하고 있는지에 따라서 그림을 검색하는 방법이 있다. 각 색의 분포가 유사할수록 유사한 그림이 검색될 확률이 많다고 보는 것이다. 특징들이 추출되면 특징 벡터를 이용하여 고차원의 색인을 구축하고 검색한다. 본 절에서는 특징 추출 기법과 고차원 색인을 구축하는 기술을 중심으로 논의한다.

8.2.1 특징 벡터

멀티미디어 검색이 성공하기 위해서는 몇 가지 조건을 충족해야 한다. 멀티미디어 자료의 특성상 자료의 용량이 방대하여 처리 시간이 많이 소요되므로 소요 시간(turnaround time)을 단축하는 기술이 중요하다. 소요 시간을 단축하려면 색인의 길이가 짧을수록 좋다. 기존 데이터베이스와 달리 미리 확정된 자료가 저장되어 있는 것이 아니고 유사한 정보를 찾는 것이 주요한 목표이다. 따라서 검색한 결과가 질의 자료와 유사해야 한다. 검색 결과가 우수하려면 질의 자체가 간단하고 객체와 유사한 특징으로 질의해야 한다.

(1) 특징의 요건

멀티미디어 검색에서는 자료의 특징으로 색인을 구성하므로 질의의 특징과 멀티미디어 객체의 색인이 유사하다면 유사한 객체로 판단하고 멀티미디어 데이터베이스에서 자료를 가져온다. 효율적으로 멀티미디어를 검색하려면 [표 8.4]와 같이 첫째 특징의 크기가 작아야 하고, 둘째 특징으로 매체 식별이 가능하고, 셋째 매체를 잘 표현할 수 있어야 하고, 넷째 매체의 일부분이어야 내용 검색이 가능하다.

멀티미디어의 특징을 정의하면 다음과 같다

1) 자료를 대표할 수 있도록 자료에서 추출된 자료
2) 자료의 일부분으로서 그 자료를 식별할 수 있는 자료
3) 자료의 한 부분이면서 검색을 위한 색인으로 사용할 수 있는 자료

[표 8.4] 멀티미디어 특징의 요건

구분	요 건	내 역
1	크기	멀티미디어를 대표하고 DBMS의 키처럼 작아야
2	식별 능력	특징으로 매체를 식별
3	대표성	특징이 매체 자체를 대표
4	특징의 소재	특징의 소재가 매체의 일부분

검색의 정확성을 향상하기 위하여 여러 개의 특징들을 대푯값으로 활용한다. 예를 들어 색으로 그림의 특징을 추출한다면 여러 가지 색을 특징 벡터로 활용한다. 소리에서 주파수 특징을 추출한다면 고주파수 중주파수 저주파수 등 여러 가지 주파수들의 특징들을 추출하여 다차원 색인을 만들어서 검색한다.

벡터(vector)란 물리학에서 크기와 방향을 가지고 있는 양으로서 화살표로 표현한다. 스칼라(scalar)가 크기만을 나타낼 수 있는데 반하여 벡터는 힘의 방향을 나타내야 하므로 화살표를 이용한다.

멀티미디어의 특징 벡터를 정의하면 다음과 같다.

1) 자료를 대표할 수 있는 특징들의 벡터
2) 자료를 대표할 수 있는 자료 부분들의 집합에 방향을 부여한 것
3) 자료의 한 부분이면서 검색을 위한 색인으로 사용될 수 있는 자료들의 벡터

특징 추출은 멀티미디어 자료 자체에서 자료를 대표할 수 있는 작은 색인을 만드는 기술이다. 특징 벡터로 원본의 색인과 질의를 비교하는 것이므로 정확하게 동일한 자료를 찾는 것이 아니라 유사한 자료를 찾는 것이다. 이것이 바로 유사도(similarity) 측정 기술로서 유사한 특징을 찾는 것이 바로 멀티미디어 검색의 핵심이다. 특징으로 판단된 유사도는 사람의 판단과 일치해야 한다.

(2) 특징의 종류

효율적인 검색을 위하여 특징의 특성을 살펴보기로 한다. 특징이란 매체의 일부분이면서 용량이 작고, 저장과 표현이 가능하고 그 매체를 대표할 수 있어야 한다. 특징은 내용기반 검색을 위한 색인과 킷값으로 활용할 수 있다. 이상과 같은 요건과 구성 체제에서 특징을 만든다면 다음과 같이 매체별로 특징을 추출할 수 있다. 특징은 매체마다 상이하므로 상이한 방식으로 추출되고 구성된다.

1) 텍스트

문서의 제목이나 요약 또는 내용을 대표하는 용어들을 특징으로 추출하여 특징 벡터를 구성한다. 실례: '멀티미디어', '데이터베이스', '정보검색' 등의 세 가지 용어로 특징 벡터를 구성한다.

2) 소리

음성, 음악의 일부분을 채취(sampling)하여 주파수나 음량 또는 음색을 특징으로 추출하여 특징 벡터를 구성한다. 음성이라면 음성 인식을 통하여 음성을 텍스트로 변환하고 텍스트 검색 기법을 이용할 수 있다.

3) 영상

영상을 구성하는 색, 모양, 질감 등에서 특징을 추출하여 특징 벡터를 구성한다. 색에서도 여러 가지 색으로 구분하여 다차원 색인을 구축하여 검색한다.

4) 동영상

동영상은 영상, 소리, 텍스트들로 구성되므로 이들의 개별적인 특성을 이용하여 검색하고 결과를 종합하여 유사도를 측정하고 판단한다.

각 매체의 특징을 구성하는 요소들은 문자, 주파수, 진폭, 색, 질감 등으로 다양하지만 특징 벡터를 구성하여 다차원 색인을 구축하고 질의 특징 벡터로 검색하는 방식 자체는 모두 동일하다.

(3) 특징 추출 기법

멀티미디어 자료에서 특징을 추출하는 방법은 다음과 같이 수동, 자동, 혼합 추출 등의 세 가지가 있다.

1) 수동 추출

사용자가 멀티미디어 정보의 다양한 성질을 이해하고 이를 대표할 수 있는 특징을 직접 추출하고 색인을 만든다. 따라서 사용자는 훈련된 지식이 있는 사람이어야 한다. 그림을 눈으로 보고 여러 가지 색들의 분포를 측정하여 특징 벡터를 수작업으로 만든다.

2) 자동 추출

패턴 인식이나 간단한 계산 방식을 이용하여 프로그램으로 특징을 추출하고 색인화한다. 실례로서 영상에서 색의 분포를 계산하여 히스토그램을 만든다. 실례로서 텍스트 문서에서는 프로그램으로 문서를 읽어서 불용어(stopword)를 배제하고 빈도수에 따라 용어를 추출하고 가중치를 부여하여 색인으로 사용한다. 소리에서는 프로그램으로 소리를 인식하고 특정한 주기로 소리 자료의 주파수와 진폭을 추출한다.

3) 혼합 추출

시스템이 멀티미디어 자료에서 자동으로 특징들을 추출하고 사람이 수작업으로 재확인하고 종합하는 방식이다.

멀티미디어 자료가 많아지면 수작업으로 특징을 추출하는 것이 어려우므로 자동 추출과 혼합추출 방식을 주로 이용한다.

멀티미디어 자료의 특징은 DBMS의 키처럼 자료를 정확하게 식별하기 어렵기 때문에 특징을 잘 추출하는 기법이 중요하다. 검색 효율을 높이기 위하여 여러 특징들을 묶어서 특징 벡터를 색인으로 사용하는 기법이 많이 사용되고 있다.

8.2.2 다차원/고차원 색인

멀티미디어 자료에서 정보를 검색하는 것은 질의 특징 벡터와 데이터베이스 색인의 특징 벡터를 비교하는 것이므로 특징들을 다차원 색인으로 구축하고 검색한다. 기존 데이터베이스의 색인은 기본 키(primary key)를 중심으로 키기반 검색(key-based search)을 하거나 보조 키(secondary key)를 이용하여 내용기반 검색(content-based search)을 하는 것이 보통이다. 기존 데이터베이스에서는 어느 경우에나 색인은 한 개의 속성으로 구성되지만 멀티미디어 검색에서는 여러 개의 특징들을 벡터로 묶어서 검색하기 때문에 새로운 다차원 색인을 만들어서 사용한다. 새로운 다차원 색인을 만드는 이유는 색인을 특징별로 순차적으로 여러 번 검색하는 것은 속도가 너무 느리기 때문에 검색 속도를 높이려는 것이다.

(1) 다차원 색인

텍스트 문서: sv = ($용어_1$, $용어_1$, ..., $용어_n$)
소리 문서: sv = ($주파수_1$, $주파수_2$, ..., $주파수_n$)
소리 문서: sv = ($진폭_1$, $진폭_2$, ..., $진폭_n$)
영상 문서: sv = ($색_1$, $색_2$, ..., $색_n$)
영상 문서: sv = ($모양_1$, $모양_2$, ..., $모양_n$)
동영상 문서: sv = ($질감_1$, $질감_2$, ..., $질감_n$)

[그림 8.2] 멀티미디어 특징 벡터의 구성

[그림 8.2]에서와 같이 텍스트 문서를 검색할 때는 여러 개의 용어들로 특징 벡터를 구성하고, 소리 문서에서는 주파수나 ZCR[127] 등으로 특징 벡터를 구성하고, 영상에서는 색이나 모양으로 특징 벡터를 구성하고 동영상에서는 용어, 주파수, 색 등으로 특징 벡터를 구성하여 검색한다. 문서 집합에서 특징 벡터를 추출하여 구성하는 색인은 기존 데이터베이스와 달리 다차원 이므로 질의에서도 특징 벡터를 다차원으로 작성하여 다차원 색인을 검색한다.

다차원으로 만들어진 특징 벡터 색인을 기존 데이터베이스처럼 속성별로 순차탐색을 하면 시간이 많이 소요되어 멀티미디어 검색 업무를 지원할 수 없다. 따라서 특징 벡터로 새로운 자료구조를 개발하여 다차원 색인을 만들고 검색해야 한다. 다차원 색인을 만들기 위한 자료구조는 기존의 자료구조 중에서 B-tree나 B^+-tree를 수정하여 이용함으로써 다양한 다차원 색인을 구현하고 있다.

127) ZCR(zero crossing rate): 소리의 진폭이 0을 지나는 횟수. 음성의 ZCR은 음악보다 높다.

(2) 다차원 색인 구조

정보검색을 위하여 특징 벡터를 구현하는 방법으로서 다차원 색인을 구축할 수 있는 자료구조는 많이 개발되어 있으나 여기서는 가장 이해하기 쉬운 자료구조의 하나인 k-d 트리를 소개한다. k-d 트리는 이진트리를 확장하여 만든 다차원 자료구조이다. k-d 트리에서 키는 하나의 값을 가지는 대신에 k-차원의 벡터를 의미한다. 이진트리를 k-d 트리로 확장하기 위해서는 각 노드 수준(level)에서 분기하는 방법을 결정해야 한다. k-d 트리에서 k는 차원의 수를 의미하며 트리의 뿌리를 수준 1로 정하고 한 수준 내려갈 때마다 수준을 1씩 증가한다. 수준 1에서는 첫 번째 차원의 자료 값에 의하여 트리가 분기된다. 두 번째 수준에서는 두 번째 차원의 자료 값에 의하여 트리가 분기되고 계속 이런 방식으로 트리가 분기된다.

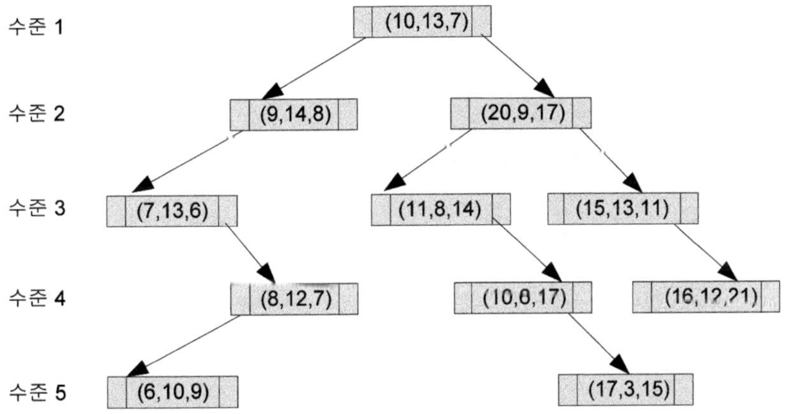

[그림 8.3] 3차원 k-d 트리의 실례

[그림 8.3]은 다음 11개의 3차원 특징 벡터 자료가 입력되어 구축된 3차원 k-d 트리이다.

(10,13,7), (9,14,8), (20,9,17), (7,13,6), (8,12,7), (6,10,9), (11,8,14), (15,13,11), (10,6,17), (16,12,21), (17,3,15)

특징 벡터 자료가 입력되는 순서에 따라서 트리가 구성된다. 첫 번째 벡터

*(10,13,7)*가 뿌리가 되고 두 번째 벡터 *(9,14,8)*가 입력되면 첫 번째 특징의 자료 값에 의하여 분기가 결정된다. 9가 10보다 작으므로 왼쪽 부트리로 분기되어 삽입된다. 세 번째 자료 *(20,9,17)*가 입력되면 첫 번째 특징 값이 10보다 크므로 오른쪽 부트리로 분기되어 삽입된다. 일곱 번째 자료 *(11,8,14)*가 입력되면 첫째 특징인 11이 10보다 크므로 오른쪽으로 분기되고 두 번째 특징 8이 9보다 작으므로 왼쪽으로 분기되어 삽입된다. 이런 방식으로 특징 벡터 자료들이 입력되어 다차원 색인을 구축한다.

k-d 트리에서 탐색 처리는 삽입 처리와 유사한 방식으로 진행된다. 예를 들어 특징 벡터 *(17,3,15)*를 [그림 8.3]의 k-d 다차원 색인 트리에서 탐색한다고 가정하자. 뿌리부터 탐색을 시작하여 첫째 특징 17이 10보다 크므로 오른쪽 트리로 분기하고 두 번째 특징 3은 9보다 작으므로 왼쪽으로 분기하고 세 번째 특징 15는 14보다 크므로 오른쪽으로 분기하고 다시 첫 번째 특징 17이 10보다 크므로 오른쪽으로 분기하여 원하는 노드 *(17,3,15)*를 찾는 방식이다.

지금까지는 멀티미디어 검색 기술이 부족했기 때문에 널리 실용화되지 못하고 있다. 멀티미디어를 검색하면 늘 엉뚱한 결과가 검색되어 사용자가 당황하게 된다. 검색의 정확성을 향상하려면 다차원 색인의 차수를 높여야 되지만 차수를 높일수록 검색 속도가 저하되는 문제가 있으므로 지속적인 연구가 필요하다.

8.3 텍스트 색인과 검색

1940년대 이후 세계 제2차 대전과 동서 양진영의 냉전으로 인하여 기술이 경쟁적으로 발전하였으며 부수적으로 과학기술과 관련된 텍스트(text) 문서가 방대한 규모로 증가하여 텍스트 문서에 대한 정보검색의 필요성이 증대되었다. 도서관에 저장되어 있는 방대한 양의 텍스트 문서를 과학자들이 신속하게 검색하는 일이 과학기술 경쟁에서 중요했기 때문이다.

텍스트를 정의하면 다음과 같다.

1) 문자 언어를 이용하여 작성된 표현물
2) 특정한 의사소통을 목적으로 만든 표현물

텍스트가 중요한 것은 컴퓨터에서 문자열로 구성된 텍스트 파일을 많이 취급하기 때문이다. 텍스트 파일은 문자열의 집합으로 구성된 컴퓨터 파일이다. 문자열은 문자(letter, character)들로 이루어진다. 문자를 정의하면 다음과 같다.

1) 언어를 기록하기 위한 상징체계 2) 말이나 소리를 눈으로 보기위해 기록하는 체계의 부호 3) 언어 기호(알파벳)로 작성된 숫자, 문자 또는 특수 문자

텍스트 문서의 특성은 ASCII, EBCDIC, Unicode[128] 등의 문자 코드로 작성되며 구조적이지 않고 비정형적이다. 텍스트 문서에서의 검색은 문서 처리기(word processor) 안에서 단어를 찾거나 찾아서 수정하는 용도로 많이 사용된다. 텍스트 문서에서는 문자열을 검색하는 패턴 매칭 알고리즘(pattern matching algorithm)[129]이 중요하다. 도서관에서는 학생과 연구자들이 원하는 내용의 문서를 찾기 위하여 전문 검색(full-text search)[130] 알고리즘이 중요하게 등장하였다.

8.3.1 텍스트의 주요 주제

본 절에서는 텍스트 문서 정보검색의 중요성과 주요 주제를 살펴본다.

(1) 텍스트 정보검색의 중요성

멀티미디어 기술이 발전하여 다양한 매체들이 사용되고 있지만 텍스트 문서 정보검색 기술의 중요성은 변함이 없다. 그 이유는 첫째, 텍스트 문서들은 앞으로도 많은 조직에서 사용할 것이며 조직 운영의 중요한 정보의 원천이다. 둘째, 멀티미디어가 아무리 발전하고 많이 사용되어도 텍스트가 소리, 영상, 동영상 같은 자료의 주석으로 사용되기 때문이다. 소리, 영상, 동영상 안에도 텍스트가 들어 있으므로 이들을 텍스트로 변환하여 이용할 필요가 있다.

인터넷으로 인하여 웹 정보검색의 중요성이 부각되고 있으나 웹에서의 검색도 주류가 텍스트 문서의 검색이고 부수적으로 소리와 영상을 검색하는 정도로 아직 멀티미디어의 사용 수준은 미미하다. 인터넷에서 소리나 그림으로 원하는 정보를 직접

128) Unicode: 1990년에 Unicode사가 제정한 16비트 크기의 문자 코드 체계로서 1995년에 ISO에서 국제 표준으로 제정.

129) 유형 정합 알고리즘(pattern matching algorithm): 어떤 문자 유형이 다른 문자 유형과 부분적으로 또는 전부 동일한지를 식별하는 알고리즘.

130) 전문 검색(full-text search): 문서의 본문 전체 내용을 색인 형태로 제공하는 검색 기법.

검색하기는 쉽지 않은 일이다.

멀티미디어들 중에서 공간 벡터 기법을 이용하여 텍스트 문서를 검색하는 기술을 이해하면 동일한 방식으로 소리, 영상, 동영상을 검색하는 기술을 적용할 수 있으므로 텍스트 문서 검색 기술은 멀티미디어 검색 기술의 기반이다. [그림 8.2]와 같이 텍스트 문서에서 용어들로 공간 벡터를 구성하듯이 소리에서는 주파수들로 공간 벡터를 구성하고, 영상에서는 색이나 모양, 질감 등으로 공간벡터를 구성하고, 동영상에서도 영상을 구성하는 질감이나 모양 등으로 공간 벡터를 구성하여 색인을 구축한다. 따라서 텍스트 문서 검색 기술은 모든 멀티미디어 검색의 기반이 된다.

(2) 텍스트 정보검색의 주요 주제

텍스트 정보검색 시스템 설계에서 주요한 논제는 다음과 같이 세 가지가 있다.

1) 문서와 질의를 어떻게 표현할 것인가?
2) 문서와 질의의 유사도를 어떻게 비교할 것인가?
3) 모호한 자연어를 어떻게 처리할 것인가?

문서와 질의의 표현과 유사도 비교는 정보검색 모델에서 주로 다루는 분야이며 자연어 처리는 인공지능 기법을 도입하여 해결하는 분야이다.

(3) DBMS와 텍스트 문서 정보검색

기존 데이터베이스는 자료들이 구조화되어 있으므로 기본 킷값을 알면 원하는 정보를 정확하게 검색할 수 있다. 예를 들어 학생의 학번을 알면 그 학생의 성적과 신상 정보를 검색할 수 있는 것과 같다. 텍스트 문서에는 고정된 속성들이 없고 특정하게 원하는 문서의 킷값을 알 수 없으므로 문서의 초록(abstract)에 첨부된 키워드(keyword) 목록을 이용하거나 문서의 본문에 들어가서 원하는 단어를 찾아야 한다. 원하는 단어들이 있어도 꼭 원하는 문서라는 보장은 없다. 따라서 원하는 문서와 비슷한 문서들을 검색해서 그들 중에서 다시 새로운 검색 조건을 주어서 원하는 문서의 범위를 좁혀가야 한다. 이 과정에서 환류(feedback) 기법이 사용된다.

[그림 8.4](a)와 같이 DBMS에서는 질의를 주면 내부 형식의 질의식으로 바뀌어 색인을 검색한다. 검색 결과는 검색 성공이거나 실패이다. 텍스트 문서 검색에서는 [그림 8.4](b)와 같이 질의를 주면 질의에서 특징을 추출하고 질의 특징과 문서에서 추출하여 만든 특징 색인을 비교하여 유사한 색인이 있으면 실제 문서를 검색하는

방식이다. 만약 유사하지 않으면 관련성을 다시 평가하여 질의식을 바꾸어 다시 질의하도록 환류(feedback)시킨다.

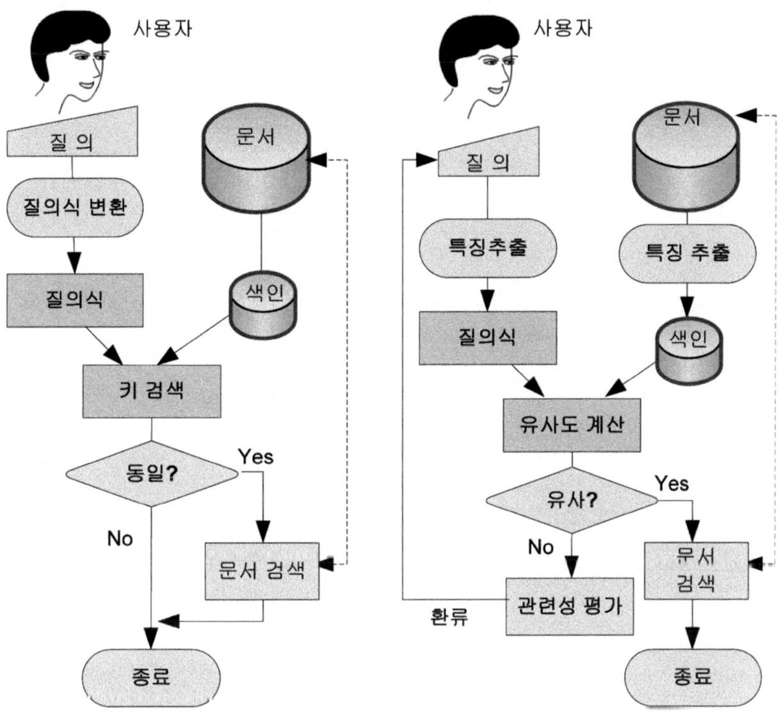

(a) DBMS 검색 (b) 문자 문서 검색

[그림 8.4] 기존 DBMS와 텍스트 문서 검색

8.3.2 텍스트 색인과 검색

텍스트 문서에서 사용되는 색인은 문서 안에 포함되어 있는 용어들로 구성된다. 문서 정보검색은 주로 내용기반 검색에 적합한 역파일(inverted file) 기법을 색인으로 사용한다.

(1) 역파일 기법

용어$_1$: 레코드$_1$, 레코드$_3$
용어$_2$: 레코드$_1$, 레코드$_2$
용어$_3$: 레코드$_2$, 레코드$_3$, 레코드$_4$
용어$_4$: 레코드$_1$, 레코드$_2$, 레코드$_3$, 레코드$_4$

[그림 8.5] 용어의 역파일

역파일(inverted file)에서는 각 용어마다 그 용어가 포함된 레코드 번호를 기억하고 있다. [그림 8.5]와 같이 용어$_i$는 용어가 포함된 레코드$_i$를 기억하고 있다. 질의가 (용어$_1$ AND 용어$_3$)이라면 계산식이 (레코드$_1$, 레코드$_3$ AND 레코드$_2$, 레코드$_3$, 레코드$_4$)이므로 결과 값은 레코드$_3$이 될 것이다. 질의가 (용어$_1$ OR 용어$_3$)이라면 (레코드$_1$, 레코드$_3$ OR 레코드$_2$, 레코드$_3$, 레코드$_4$)이므로 결과 값은 (레코드$_1$, 레코드$_3$ 레코드$_2$, 레코드$_4$)이 될 것이다. 질의가 (용어$_4$ AND NOT 용어$_1$)이라면 (레코드$_1$, 레코드$_2$ 레코드$_3$, 레코드$_4$ - 레코드$_1$, 레코드$_3$)이므로 결과 값은 (레코드$_2$, 레코드$_4$)가 된다.

(2) 역파일 연산의 확장

문서를 검색할 때 단순하게 어떤 용어가 어떤 문서에 있는지를 검색하는 것에서 더 나아가 어느 용어가 어느 용어와 같은 문장 안에 있는지 혹은 같은 문단 안에 있는지를 검색하도록 상세하게 기능을 확장할 수 있다. 다음의 실례를 살펴보자.

'computer' WITHIN sentence 'multimedia'
'computer' BEFORE(or AFTER) 1 sentence 'multimedia'
'computer' WITHIN paragraph 'multimedia'
'computer' ADJACENT 'multimedia'

검색을 위한 연산자로 WITHIN, ADJACENT 등을 사용하려면 정보의 체계를 다음과 같이 구축해야 한다.

용어$_i$: 레코드 번호, 문단번호, 문장번호, 단어번호;

실례: database: R$_{89}$,10,8,3; R$_{119}$,11,7,6; R$_{155}$,8,4,13; R$_{187}$,3,2,11;
media: R$_{67}$,14,12,6; R$_{89}$,10,17,16; R$_{125}$,15,14,9; R$_{167}$,131,2,21;

'database'와 'media'는 레코드번호 89번의 10번 문단에 같이 있음을 알 수 있다.

(3) 가중치를 이용한 검색

역파일에 가중치를 다음과 같이 기억하면 가중치를 이용하여 검색할 수 있다. 예를 들어 다음의 세 용어들 중에서 용어$_1$은 레코드 R_1에 0.3의 가중치를 갖고 있다.

용어$_1$: R_1,0.3; R_3,0.5; R_6,0.8; R_7,0.2; R_{11},1;
용어$_2$: R_2,0.7; R_3,0.6; R_7,0.5; R_9,0.5;
용어$_3$: R_1,0.8; R_2,0.4; R_9,0.7;

이 자료를 대상으로 다음과 같이 질의를 불리언 질의로 수행할 수 있다.

>>> 예제 8.1:
(용어$_2$ OR 용어$_3$)
R_1=0.8, R_2=0.7, R_3=0.6, R_7=0.5, R_9=0.7 결과: R_1, R_2, R_9, R_3, R_7

>>> 예제 8.2:
(용어$_2$ AND 용어$_3$)
R_2=0.4, R_9=0.5 결과: R_9, R_2

>>> 예제 8.3:
(용어$_2$ AND NOT 용어$_3$)
R_2=0.3, R_3=0.6, R_7=0.5, R_9=-0.2 결과: R_2, R_3, R_7

역파일 기법에서는 편의상 불리언 모델을 적용하였다.

(4) 벡터 공간 모델

벡터 공간 모델은 문서와 질의를 모두 용어의 집합으로 가정하고 질의 벡터와 문서 벡터의 유사성을 계산하여 유사도를 판단하는 방식이다. 여기에는 문서와 질의를 표현하는 용어들의 집합이 고정되어 있다는 가정이 전제된다. 용어들의 집합이 고정되어 있어야 고정적인 색인을 구축하고 사용자 질의가 들어올 때마다 질의와 문서 색인을 비교할 수 있다.

문서 D_i와 질의 Q_j를 다음과 같이 용어 벡터로 표현한다고 가정하자.

$$D_i = [T_{i1}, T_{i2}, \cdots, T_{ik}, \cdots, T_{iN}]$$
$$Q_j = [Q_{j1}, Q_{j2}, \cdots, Q_{jk}, \cdots, Q_{jN}]$$

T_{ik}: 문서 i의 용어 k,
Q_{jk}: 질의 j에서 용어 k의 가중치,
N: 문서와 질의에서 사용된 용어들의 전체 수.

용어 가중치 T_{ik}와 Q_{jk}는 이진수이거나 *tf.idf* 이거나 다른 의미에서 얻어진 가중치일 수 있다. 문서 D_i와 Q_j의 유사도를 계산하는 수식은 많이 있지만 여기서는 편의상 다음 수식으로 계산한다.

$$S(D_i, Q_j) = \Sigma_{k=1,N}\ T_{ik} \cdot Q_{jk} \qquad \text{(식 8-1)}$$

>>> 예제 8.4: 벡터 공간 모델에 의한 유사도 계산

문서 D_1, D_2, D_3, D_4,와 질의 Q의 특징 벡터는 4 개의 용어들로 구성되며 다음과 같이 제공된다고 가정한다. 질의 Q로 검색했을 때 유사도가 큰 문서의 순서로 찾으시오.

D_1 = [0.2, 0.1, 0.4, 0.5]
D_2 = [0.5, 0.6, 0.3, 0]　　　　Q = [0.5, 0.5, 0, 0]
D_3 = [0.4, 0.5, 0.8, 0.3]
D_4 = [0.1, 0,1, 0.7, 0.8]

>> 풀 이:

이상의 문서들과 질의의 특징 벡터를 (식 8-1)에 적용하면 유사도 S(D, Q)를 다음과 같이 얻을 수 있다.

$S(D_1,Q) = 0.15$

$S(D_2,Q) = 0.55$

$S(D_3,Q) = 0.45$

$S(D_4,Q) = 0.1$

시스템은 유사도 수치에 따라서 검색 결과를 D_2, D_3, D_1, D_4, 순서로 반환한다. 사용자는 문서들을 D_2, D_3, D_1, D_4의 순서로 검색 결과를 읽어서 확인할 수 있다.

문서 색인 검색은 문서 안에 있는 용어들을 추출하여 문서 색인 벡터를 구축하고 질의에서 용어들을 추출하여 질의 벡터를 만들어서 문서 색인을 검색하여 유사한 문서들을 찾는 방식이다.

8.3.3 텍스트 압축

텍스트 문서는 소리나 영상과 달리 공간 소요가 많지 않으나 저장할 파일의 수가 많아지면 텍스트를 압축할 필요가 있다. 텍스트 압축의 주요 특징은 무손실 압축(lossless compression)이라는 점이다. 즉 압축을 풀면 정확하게 원래의 텍스트로 복원이 된다. 텍스트에서는 어떤 문자들이 다른 문자들보다 자주 나타난다는 점을 이용한다. 텍스트 압축을 위한 대표적인 기법들을 다음과 같이 소개한다.

(1) 허프만 코딩

허프만 코딩(Huffman Coding)은 가장 많이 사용되는 무손실 압축기법이다. 이것은 빈도수가 높게 사용되는 기호에는 적은 비트수를 할당하고 적게 사용되는 기호에는 많은 비트 수를 할당하여 전체적으로 사용되는 비트 수를 줄이는 방식이다. 사용되는 기호들의 빈도수가 다양할수록 압축 효율이 높아진다.

실례를 들어서 허프만 코딩의 효율을 살펴본다. 1,000 개의 문자들로 구성된 파일에서 a, b, c, d 등의 4개의 기호를 [그림 8.6]과 같이 표현한다고 가정하자. 4 개의 기호 a, b, c, d가 나타나는 비율이 각각 70%, 20%, 6%, 4%라고 가정한다. 균일 코드(uniform code) 기법을 이용한다면 소요되는 전체 기호의 수는 2비트 * 1,000 문자 = 2,000 비트이다. 그러나 허프만 코딩에서는 이들 문자에 서로 다른 비트를 할당한다. 실제로 a,에는 비트 1, b에는 비트 01, c에는 비트 001, d에는 비트 000을 할당한다. 이 경우에 전체 문자를 보내기 위해 소요되는 문자의 수는 1,000(1*0.7 + 2*.2

+ 3*0.06 + 3*0.04) = 1,400 비트이다. 결과적으로 30%의 공간 절약이 이루어진다.

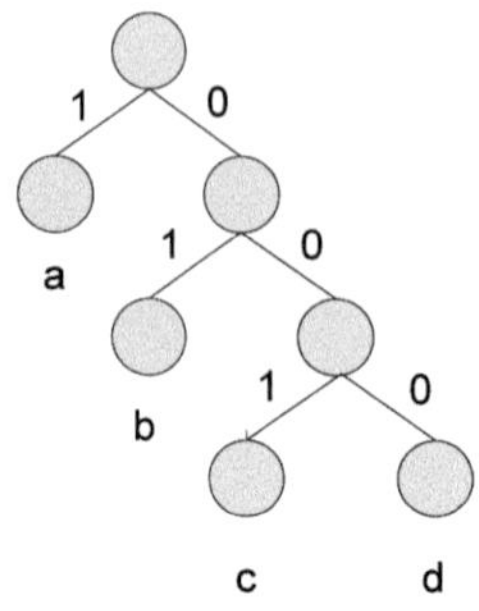

[그림 8.6] 허프만 코딩

(2) 반복-길이 코딩

반복-길이 코딩(Run length coding) 기법은 연속적으로 반복 출현하는 문자의 수를 물리적으로 줄이는 방식이다. 동일한 문자가 반복 출현하는 것을 run이라 하고, 반복되는 수를 run의 길이(length)라고 하여 지어진 이름이다. 반복-길이 코딩은 run을 반복되는 문자와 run의 길이로 치환하는 것이다.

예를 들어 'ddddddddddkkkkkkkkkkk' 처럼 반복되는 문자가 많이 있다면 반복-길이 코딩을 사용하기에 적합하다. %를 반복 문자를 의미한다고 가정하고 이 문자열을 바꾼다면 '%d10%k11'이 되므로 실제 길이가 21인 문자열을 8개의 문자열로 압축하는 것이다. 실제로는 반복 횟수가 3이 넘으면 압축 효과가 있다.

(3) LZW Coding

반복-길이 코딩이 반복되는 문자들을 이용하여 압축하는 것이라면 LZW Code는 반복되는 구절(phrase)들을 이용하여 압축하는 기술이므로 두 기법이 유사하다. LZW Code는 입력 스트림에서 구절들을 토큰(token)으로 만들어서 사전에 저장해 놓고 어떤 구절이 입력되면 해당 토큰을 찾아서 출력한다. 만약 사전에 해당 구절이 없으면 새로 토큰을 만들어서 출력한다. LZW는 Lempel Ziv Welch의 약자로서 Abraham Lempel과 Jacob Ziv가 협력하여 1978년에 만든 알고리즘을 1984년에 Terry Welch가 개선하여 만든 개정판이다.

8.4 소리 색인과 검색

소리는 공기 분자의 진동이 귀로 전달되는 자극이 주는 정보이다. 여러 가지 소리가 다르게 들리는 것은 공기 분자가 진동되는 주파수와 진동의 형태가 다르기 때문이다. 사람이 들을 수 있는 소리의 주파수는 약 20Hz에서 20,000Hz 사이이다. 이 범위를 벗어나는 공기의 진동은 사람이 들을 수 없다. 같은 주파수의 소리도 공기 진동의 형태가 다르면 다른 소리로 들을 수 있기 때문에 사람들은 다른 사람들의 소리를 듣고 누구인지 알 수 있다.

소리를 정의하면 다음과 같다.

1) 물질의 진동에 의하여 공기가 변화하는 현상.
2) 공기의 진동에 의하여 전달되는 힘.
3) 청각에 의하여 인식되는 매체.

소리는 사람이 말하는 소리와 자연의 소리로 구분할 수 있으며 모두 시간의 함수로 전달되는 특징이 있다. 사람이 말하는 소리는 음성 인식에 의하여 텍스트 정보로 활용할 수 있다. 소리는 멀티미디어이므로 소리를 정보검색 하는 방식도 공간 벡터 방식을 이용하면 텍스트를 정보검색 하는 방식과 절차가 동일하다. 다만 텍스트 파일에서의 벡터 구성요소가 용어들이라면 소리에서는 구성요소가 주파수나 진폭 등으로 바뀔 뿐이다.

8.4.1 소리의 속성과 분류

소리 정보를 검색하기 위해서는 소리별로 속성에 따라서 특징을 추출하고 색인을 만들어야 한다. 소리는 음성, 음악, 기타 음향 등으로 분류되는데 포함하는 정보의 내용이 다르므로 특징 추출 방식도 상이하다. 특히 음성은 음성 인식을 통하여 텍스트로 변환할 수 있으므로 텍스트 정보검색이 가능하다.

(1) 소리 속성

소리 신호는 시간 영역과 주파수 영역으로 표현할 수 있다. 시간 영역에서는 시간 변화에 따른 소리의 진폭 변화를 표현하고, 주파수 영역에서는 주파수 변화에 따른 진폭 변화를 표현한다. 소리의 속성은 [표 8.5]와 같이 시간과 주파수 영역으로 나누고 세분하여 표현할 수 있다.

[표 8.5] 소리의 속성

영 역	속 성	내 역
시 간	평균 에너지	시간대별로 나눈 소리 조각들을 조각의 수로 나눈 값
	묵음 비율	공기 압력이 특정 값 이하일 때의 비율
주파수	스펙트럼	주파수 변화에 따른 진폭 변화
	대역폭	소리의 최고 주파수와 최저 주파수의 차이
	에너지 분포	소리 에너지 분포의 중간점(centroid)으로 소리를 분류
	화음	모든 음들의 가장 낮은 음의 배수인 소리로 구성된 소리
	음조 pitch	음의 고저

1) 평균 에너지:

소리 신호 값의 범위를 대기 압력의 변화에 따라서 -32,767에서 +32,767까지 16 비트의 크기로 표현한다. 평균 에너지는 모든 소리 조각들의 에너지를 합한 값을 소리 조각의 수로 나눈 것이다. 이것은 시간 영역으로부터 얻는 특성이다.

2) 묵음 비율

묵음 비율(silence ratio)은 단위 시간 당 공기 압력이 특정한 값 이하로 내려가는 비율이므로 시간 영역에 속한다. 음성은 음악보다 묵음 비율이 높다.

3) 스펙트럼

스펙트럼(spectrum)은 소리의 주파수 변화에 따라서 진폭의 변화를 표현하는 기법이다. Fourier 변환[131]에 따라서 시간 영역으로부터 유도한다.

3) 대역폭

대역폭(bandwidth)은 소리의 최고 주파수와 최저 주파수의 차이 즉 주파수 범위를 말한다. 대역폭은 음악이 음성보다 높다.

131) Fourier transform: 모든 신호는 주파수 요소들로 분해가 가능하다는 이론. 프랑스 수학자 Fourier(1768-1830)가 제시.

4) 에너지 분포:

고 주파수와 저 주파수의 분포는 에너지 분포를 나타낸다. 음악은 고주파에 음성은 저주파에 에너지가 몰려있다. 7,000hz를 기준으로 높으면 음악이고 낮으면 음성이다. 주파수를 기준으로 소리의 에너지 분포의 중간점을 centroid라고 한다. Centroid는 에너지 분포를 측정하는 중요한 특징이다.

5) 화음

화음(harmony)이란 모든 음들의 가장 낮은 음의 주파수의 배수가 되는 소리이다. 어떤 악기의 최저 주파수 소리가 400hz라면 화음이 되는 소리는 400hz의 배수가 되는 800hz, 1200hz, 1600hz 등이 된다.

6) 음조

음조(pitch)는 성문에서 나오는 진동에 따라 발생하는 음의 상대적인 높낮이다. 진동 횟수가 많을수록 고주파의 높은 음조가 된다.

음색(timbre)은 음의 성분 차이에 의하여 생기는 감각적 특성으로서 진폭, 화음, 주파수 등에 의해서 결정된다. 음의 높이가 같아도 피아노와 바이올린의 음색은 선혀 다르다. 소리의 특징은 시간 영역과 주파수 영역으로 구분되며 영역마다 다양한 속성들을 가지고 있으므로 적용분야에 따라 적절한 특징 벡터를 추출하여 색인을 구축하고 검색하는 것이 효과적이다.

(2) 소리 분류

소리를 분류하면 음성, 음악, 음향 효과 등으로 구분된다. 상이한 소리 형태를 처리하려면 상이한 처리와 검색 기술이 필요하다. 상이한 소리는 상이한 응용에 따라 상이한 의미를 가진다. 가장 중요한 소리는 음성이므로 음성인식 기술이 매우 중요하다. 소리 형태와 클래스는 그 자체로 응용에 매우 유용하다.

상이한 소리는 상이하게 처리해야 한다. 음성 인식으로 인식된 소리는 단어로서 색인으로 만들어 활용할 수 있다. 질의 소리도 유사하게 분류하고 처리하고 검색할 수 있다. 질의 특징과 데이터베이스 색인의 특징을 비교하여 유사성을 측정할 수 있다. 음성을 인식하면 텍스트 검색을 시도할 수도 있다.

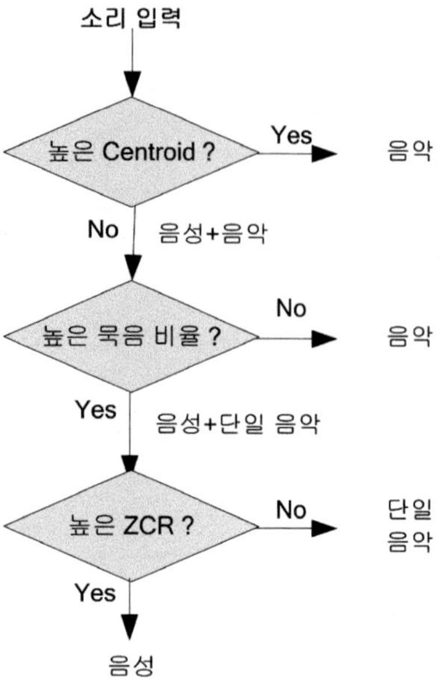

[그림 8.7] 소리 분류 과정

1) 음성

음성(voice)의 범위는 100hz에서 7,000hz 사이의 소리이다. 음성은 음악보다 묵음이 많으며 보통 자음이 짧고 모음이 길다. 음성은 ZCR(zero crossing rate)이 가장 높고 소리의 규칙성이 낮다. 음성을 사용하면 정보를 텍스트보다 더 빠르고 이해하기 쉽고 설득력 있게 전달할 수 있다.

2) 음악

음악(music)은 음성보다 고주파수 대역인 16hz에서 20,000hz 사이의 주파수에 있고 ZCR[132]이 상대적으로 낮다. 음악은 소리의 규칙성이 음성보다 높다.

2) 음향

음향은 정보를 전달할 때 음성이나 음악 이외에 강조하거나 보조하는 수단으로 사용된다. 음향 효과는 음성이나 음악이 아닌 소리로서 자연적인 것과 합성한 것이 있다.

132) ZCR(zero crossing rate): 소리의 진폭이 0을 지나는 횟수. 음성의 ZCR은 음악보다 높다.

소리를 분류하는 과정은 [그림 8.7]과 같이 첫째 센트로이드가 높으면 음악이고, 둘째 묵음 비율이 낮아도 음악이고, 셋째 ZCR이 높으면 음성으로 분류할 수 있다.

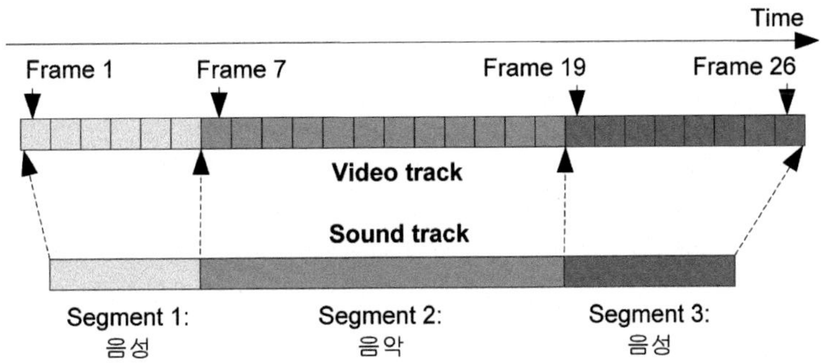

[그림 8.8] 비디오 트랙과 소리 트랙의 멀티미디어 실례

8.4.2 음악 색인과 검색

소리 인식은 음성 인식과 음악 인식으로 구분된다. 음성 인식은 음성의 최소 단위인 음소를 인식해서 단어를 인식하면 문자 인식과 같은 방식으로 색인을 만들어서 검색할 수 있으므로 기존 기술을 그대로 적용한다. 이 절에서는 대표적으로 음악 인식을 논의하고자 한다.

(1) 특징 추출

음악에서는 주로 5가지의 특징들을 추출하여 음악을 인식하고 색인을 만들어서 검색한다. 5가지의 특징은 음의 크기, 음조(pitch), 밝기(brightness), 대역폭, 화음 등이다. 특징을 표현하는 방식은 중간값(mean), 분산(variance), 자기상관관계(autocorrelation) 등의 세 가지이다. 이들을 이용하여 질의 벡터와 문서 벡터를 만들고 유사도를 계산한다. 유사도 계산 방식은 텍스트 검색 방식과 같은 방식을 사용한다.

(2) 다른 매체와의 관계

소리가 동영상과 같이 제공되거나 라디오처럼 텍스트와 같이 제공되는 경우에는 다른 매체와의 동기화가 중요하다. [그림 8.8]은 동영상 26개 프레임을 출력하는데 같이 출력되는 3개의 소리 세그먼트가 동기화되는 과정을 보여준다. 첫 번째 소리 세그먼트는 음성으로 1번에서 6번 프레임까지 그리고 두 번째 세그먼트는 음악으로 7번 프레임에서 18년 프레임까지 그리고 세 번째 세그먼트는 음성으로 19번 프레임부터 26번째 프레임에 맞추어 출력되어야 하는 것을 보여준다. [그림 8.8]은 동영상과 소리의 동기화를 보여주고 있다. 여기에 텍스트를 출력하려면 텍스트의 동기화 위치를 첨부하여 같이 입력해야 한다.

8.4.3 소리 압축

소리를 압축하는 것은 소리를 양자화하는 과정과 유사하므로 소리의 아날로그 신호를 디지털 신호로 바꾸는 과정에서 수행하는 것이 보통이다. 양자화된 소리(디지털 코드로 압축된 소리)는 다시 아날로그 신호로 변환하는 과정에서 압축이 풀리게 되므로 파일의 크기가 팽창된다. 균일하게 아날로그 신호를 디지털 코드로 만들어 변환하는 ADC(analog to digital converter) 절차를 PCM(pulse-coded modulation)이라고 한다. 이것은 알고리즘이 간단하지만 효율이 낮아서 문제가 된다. 대표적인 소리 압축 기법으로 예측 코딩(predictive coding)과 MPEG-Audio 기법을 살펴본다.

(1) 예측 코딩

예측 코딩(predictive coding)이란 새로 부호화할 정보가 이전 정보로부터 쉽게 도출할 수 있다면 그것을 사용하는 기법이다. 실제 자료를 이전 자료와 비교하여 둘 사이의 차이만을 저장하거나 전송하는 방식이다. 이런 예측 코딩 기법을 DPCM(differential pulse-coded modulation)이라고 한다. 인접한 소리는 종종 동일하거나 차이가 적기 때문에 자료 값 전체를 저장하는 것보다 차이값을 저장하는 것이 효율적이다. 표본을 위한 예측 값은 과거 자료로부터 계산되기 때문에 부호기(encoder)와 해독기(decoder)가 모두 이용될 수 있다. 코드를 나누는 간격을 표본에 따라서 인접한 값과 차이가 작으면 진폭을 크게 나누고 크면 작게 나누어 가변적으로 진폭을 나누어 정밀성을 향상할 수 있다. 이런 기법을 adaptive DPCM이라고 한다.

(2) MPEG-Audio

소리를 차폐(mask)하는 것은 한 소리가 다른 소리를 못 듣게 방해하는 것을 의미한다. 소리가 큰 음악을 연주하면 사람들은 다른 소리를 들을 수 없는 것과 같은 이치이다. 국제 표준인 MPEG은 차폐 전략을 사용한 것이다. MPEG-Audio는 일반적인 소리 압축 표준이므로 특정한 분야가 아니라 여러 가지 음원들에 대하여 적용할 수 있게 만들었다. 대신 부호기가 사람의 소리 시스템의 인지적인 한계를 파악하여 사람이 들을 수 없는 부분을 제거한다. MPEG-Audio는 사람이 귀로 들을 수 있는 소리만 코드화함으로써 압축하는 것이다.

MPEG-Audio는 사람이 들을 수 없는 소리를 제거하기 때문에 인지적으로는 무손실 압축 기법이다. 그러나 압축한 후에는 비트 단위로 온전하게 복원할 수가 없다. MPEG-Audio는 세 가지 소리 압축 기법을 채택하고 있으므로 단일 압축 알고리즘이 아니다. 이 세 가지를 MPEG-Audio layer 1, layer 2, layer 3이라고 부른다. 이 중에서 MPEG-Audio layer 3을 MP3라고 부른다.

소리 색인은 텍스트 색인과 마찬가지로 소리 문서 안에서 다양한 특징 벡터를 추출하여 색인을 구축하고 질의에서 특징 벡터를 추출하여 검색하므로 처리 방식은 동일하다. 다만 특징을 구성하는 요소들이 시간 영역과 주파수 영역으로 구분되어 내용이 다를 뿐이다.

8.5 영상 색인과 검색

영상(image)은 전자파의 일종인 가시광선이 눈에 자극을 주는 정보이다. 주변에서 자주 접근할 수 있는 영상 자료에는 그림, 설계도, 사진, 네거티브 필름, 슬라이드, X-ray, 초음파, MRI 등이 있다. 이들 영상 자료는 비트맵 이미지로 전달되고 저장된다. 영상 자료의 특징에는 색(color), 모양(shape), 질감(texture) 등이 주로 사용된다. 영상에도 생성일자, 저자, 제목, 파일 이름, 주석 등의 속성 자료들이 있어서 이들 만으로도 검색을 할 수는 있으나 정확하지 못하다. 영상의 용도는 지문 인식, 얼굴 인식, 상품 검색, 의료 진단 등으로 계속 용도가 확장되고 있다.

영상을 정의하면 다음과 같다.

1) 가시광선이 물체에 반사되어 전달되는 에너지
2) 2차원이나 3차원 공간에 그려지는 시각적 표현물

본 절에서는 영상 검색 기법의 종류를 기술하고 여러 가지 내용기반 검색 기법 중에서 대표적으로 색기반 검색, 모양기반 검색, 질감 기반 검색 등 세 가지 기법을 소개한다.

8.5.1 영상 검색 기법의 종류

영상 검색의 핵심은 영상으로부터 특징 벡터를 추출하여 다차원 색인을 구축하고 질의 내용에서 특징 벡터를 추출하여 색인에서 유사한 영상들을 찾아내는 방식이다. 영상 검색에서 필요한 기술은 영상 특징 추출, 영상 유사도 측정, 거리계산 등이 있다.

(1) 영상 검색 기법

영상 검색을 위하여 특징 색인을 구축하는 방법은 [표 8.6]과 같이 4가지가 있다.

1) 속성 기반 검색 기법

기존 DBMS와 같이 구조적인 속성 자료들을 데이터베이스 시스템에 저장하고 속성 자료를 기반으로 검색하는 방식이다. 이 방식은 영상 내용을 완전하게 기술하기 어렵다는 단점이 있어서, 다른 방법과 함께 보조적으로 사용하면 도움이 될 수 있다. 실제로 멀티미디어 데이터베이스들은 멀티미디어 자료 외에 속성 DB를 구축하여 함께 사용하고 있다.

2) 자동 객체 인식 기법

자동으로 객체를 인식하고 객체에서 특징을 추출하는 방식이다. 인력이 투입되지 않는다는 장점이 있으나 처리 비용이 많이 들고 정확성이 아직은 부족하다. 자료가 계속 증가할수록 대량의 자료를 수동으로 처리할 수 없으므로 필히 기술을 개발하여야 하는 분야이다.

3) 주석 기반 검색 기법

영상을 설명하는 주석용 문서를 읽어서 원하는 영상을 검색하는 방식이다. 처음에는 부정확하지만 환류를 통하여 검색 성능을 향상할 수 있다. 음악, 그림, 영화 DVD에 같이 출시되는 설명서들이 여기에 해당한다.

4) 저수준 영상 특징 기법

영상의 색, 모양, 질감 등의 자료 값에서 저수준의 특징(low-level feature)을 추출하여 색인을 구축하고 내용을 기반으로 검색하는 방식이다. 구현이 상대적으로 용이하고 자동적으로 수행할 수 있는 장점이 있다. 이 책의 제8장 5.2절에서 기술하는 내용기반 검색기법들은 모두 저수준 영상 특징기법이다.

[표 8.6] 영상 검색 기법

구분	검색 기법	내 역
1	속성 기반	DBMS를 이용하여 속성 자료를 검색
2	자동 객체 인식	특징 추출과 객체 인식을 자동으로 수행
3	주석 기반	영상에 대한 주석을 기반으로 검색
4	저수준 영상 특징	색, 모양, 질감 등의 특징을 저수준에서 추출하여 검색

[표 8.6]에서 첫 번째 기법은 기존의DBMS 처리 방식이며, 두 번째 자동 객체 인식 방법과 네 번째 저수준 영상 특징 방법은 내용기반 검색 방식이다. 그러나 두 번째 방식은 아직 범용 응용분야에서 구현하기 어렵다. 세 번째 방식은 제4장의 문서 검색 기법과 같이 문자열 처리 방식이다.

8.5.2 내용기반 영상 검색

저수준 내용기반 검색은 색, 모양, 질감 등 3가지 방식으로 영상을 검색할 수 있다. [그림 8.9]는 영상을 대상으로 하는 내용기반 검색 시스템의 구조다. 영상 자료 데이터베이스에 저장되어 있는 원시 자료에서 가시적 특성(색, 질감, 모양 등)을 가지고 있는 특징을 추출한 다음에 다차원 색인을 구축한다. 문자 주석에서 영상을 설명하는 주요 키워드들을 추출하여 역시 다차원 색인을 구축한다. 사용자가 질의를 제공하면 질의 처리기가 특징을 추출하여 다차원 색인의 특징과 비교하여 유사한 영상들을 찾아낸다. 특징이 유사하다고 사용자가 판단하면 데이터베이스에서 해당 영상 자료를 가져온다.

내용기반 영상 검색 기법은 색, 질감, 모양 등을 기준으로 특징 벡터를 추출하는 기술이 핵심이다. 이 절에서는 영상 검색의 특징 중에서 대표적인 색기반과 모양기반 검색을 중심으로 다루기로 한다.

(1) 색기반 영상 검색

색기반 영상 검색 기법은 영상에서 색이 같으면 같은 영상일 것이라는 가정에서 출발한다. 색(color)이란 가장 직관적으로 인식 가능하고, 다른 영상의 차이를 쉽게 식별할 수 있다는 장점이 있다. 또한 영상을 확대/축소하거나, 이동하거나, 회전해도 영상의 내용을 변함없이 비교할 수 있다는 장점이 있다.

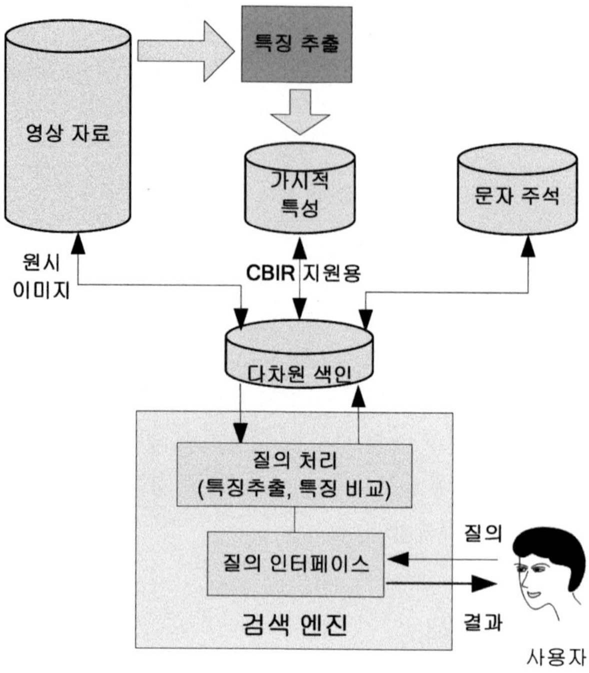

[그림 8.9] 내용기반 영상 검색 시스템 구조

영상의 색을 표현하는 수단은 많이 있으나 가장 대표적인 수단은 red, green, blue의 세 가지 색으로 구성된 RGB 공간이다. 각 색을 m개의 구간으로 나누면 모든 색의 조합은 m^3개가 된다. 예를 들어 3 가지 색의 채널을 16 개의 구간으로 나누면 16^3 = 4,096개의 색 구간인 빈(bin)이 만들어진다. 따라서 색 히스토그램 $H(M)$은 벡터 $(h_1, h_2, ..., h_n)$이 된다. 여기서 각 요소 h_j는 빈 j에 속하는 영상 M에 있는 픽셀의 수가 된다. 이 히스토그램을 영상의 색인으로 저장하기 위하여 특징 벡터로 사용한다.

[그림 8.10]은 영상에서 RGB 세 가지 색의 분포를 추출하여 색 벡터를 그래프로 표현한 것이다. 색 영상의 질의와 두 가지 영상 문서의 특징 벡터는 red, green, blue의 순서로 다음과 같다.

D_1 = (2, 4, 5)
D_2 = (3, 8, 2)
Q = (1, 2, 4)

질의 Q와 두 영상 문서 D_1과 D_2의 유사도는 거리 계산을 통하여 측정할 수 있다. 간단한 유사도 계산식인 (식 8-1)에 적용하면 $d(D_1, Q) = 30$이고 $d(D_2\ Q) = 27$이므로 질의 Q는 문서 D_1과 3만큼 더 유사함을 알 수 있다.

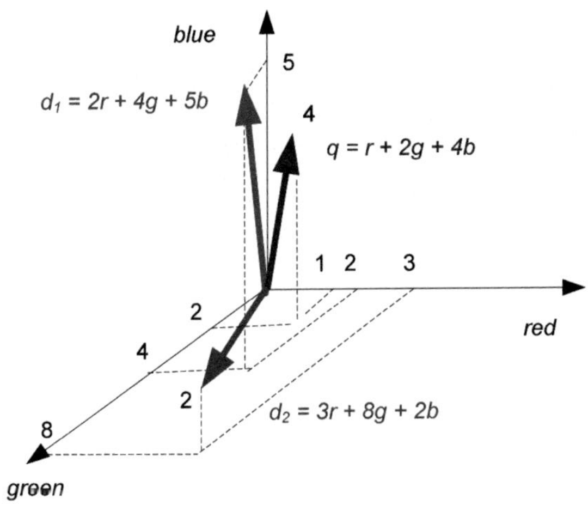

[그림 8.10] 색기반 영상 특징 벡터

영상 검색에서는 질의 영상과 데이터베이스 영상을 모두 히스토그램으로 표현하고 두 히스토그램 거리를 유사도로 측정한다. 검색하기 전에 거리에 대한 문턱 값을 가정해두고 검색 시에는 문턱 값보다 적은 영상만을 검색하게 된다. 히스토그램의 거리를 계산하는 방식은 많이 있으나 가장 대표적이고 간단한 방식은 유클리드 거리(Euclidean distance)이다.

$$d(I, H) = \sum |i_k - h_k| \quad \text{.......................... (식 8-2)}$$

i_k와 h_k는 영상 I와 영상 J의 각 빈 k에 속하는 특정한 색의 픽셀의 수

>>> 예 제 8.5:

세 개의 영상이 있으며 이들은 8*8개의 픽셀로 구성되며 8개의 색(C_1에서 C_8)으로 구분된다. 영상 1은 8개의 색이 각각 8픽셀씩 포함하고, 영상 2는 C_1에서 C_4까지는 7개의 픽셀이 있으며 C5에서 C_8까지는 9개의 픽셀이 있고, 영상 3은 C_1에서 C_2

까지는 2개의 픽셀이 C_3에서 C_8은 10개의 픽셀이 포함된다면 각 영상의 히스토그램 H_1, H_2, H_3과 질의 Q는 다음과 같이 표현할 수 있다. 세 양상들 사이의 유사도를 계산하시오.

H_1 = (8, 8, 8, 8, 8, 8, 8, 8)
H_2 = (7, 7, 7, 7, 9, 9, 10, 10)   Q = (4, 4, 4, 4, 5, 5, 5, 5)
H_3 = (2, 2, 10, 10, 10, 10, 10, 10)

>> 풀 이:

(식 8-2)를 이용하여 이들 세 영상들 사이의 유사도를 계산하면 다음과 같다.

$d(H_1, H_2)$ = 1+1+1+1+1+1+2+2 = 10

$d(H_1, H_3)$ = 6+6+2+2+2+2+2+2 = 24

$d(H_2, H_3)$ = 5+5+3+3+1+1+0+0 = 18

따라서 영상 1과 영상 2의 차이가 10이므로 가장 유사하다고 볼 수 있다. 질의 영상이 입력되면 검색 시스템은 질의 영상의 히스토그램과 데이터베이스 영상의 히스토그램의 거리를 계산하여 유사도를 측정할 수 있다.

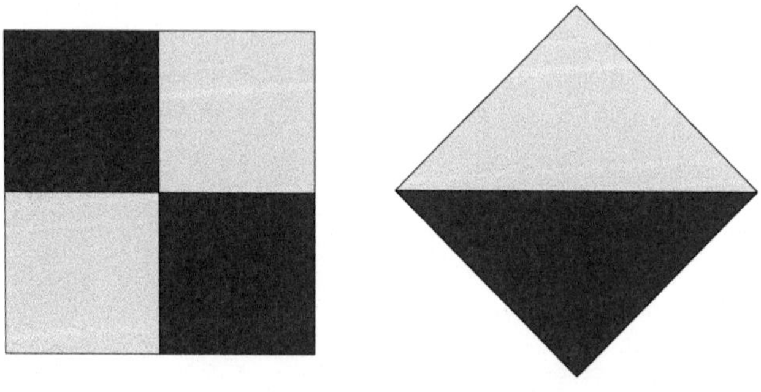

(a) 정사각형(사각형의 집합)   (b) 마름모꼴(삼각형의 집합)

[그림 8.11] 동일한 색 분포의 상이한 그림

질의 Q와 세 영상들 사이의 유사도 계산은 다음과 같다.

$$d(H_1, Q) = 4+4+4+4+3+3+3+3 = 28$$

$$d(H_2, Q) = 3+3+3+3+4+4+5+5 = 30$$

$$d(H_3, Q) = 2+2+6+6+6+6+6+6 = 36$$

따라서 질의 Q와 유사한 영상은 H_1, H_2, H_3 순으로 유사하다.

이 절에서는 색을 이용하여 영상의 유사도를 계산하여 검색을 하였으나 같은 방식을 이용하여 모양과 질감을 특징 벡터의 요소로 활용하면 모양과 질감이 유사한 영상을 검색할 수 있다. 따라서 색, 모양, 질감 등 이들을 모두 특징 벡터로 활용하여 통합적으로 검색하면 더욱 유사한 영상을 검색할 수 있을 것이다.

색기반 영상 검색에도 단점이 있다. [그림 8.11]에 있는 두 개의 그림은 전혀 다르지만 색 분포로 보면 동일한 그림이 된다. 두 그림에서 붉은 색의 비율이 모두 50%이므로 동일하게 인식된다. 그러나 그림 (a)는 정사각형의 집합으로 구성된 정사각형으로 인식되고, 그림 (b)는 삼각형의 집합으로 구성된 마름모꼴로 인식된다. 따라서 색상의 분포를 이용하여 영상을 판단하는 것은 사람의 인식과 큰 차이가 있을 수 있다. 이 문제를 해결하려면 영역을 상세하게 구분하여 색 분포를 비교해야 한다.

[표 8.7] 모양기반 영상 검색 절차

순서	작업 명	작업 내역
1	기준 설정	주축, 보조축, 편심 측정
2	정규화	주축을 X축에 정렬하고 축적 조정
3	그리드 배치	모양 위에 그리드 공간 배치
4	색인 생성	1과 0을 할당하여 이진 값 생성
5	색인 구축	이진 값과 보조축의 길이를 저장

(2) 모양 기반 영상 검색

모양기반 영상 검색 기법은 모양을 기준으로 유사한 영상을 데이터베이스에서 찾는 기법이다. 모양(shape)은 영상의 형태에 따라서 다른 영상과의 차이를 쉽게 식별할 수 있으며 회전, 확대, 이동 시에도 특징이 변하지 않는다. 모양을 검색하기 위해서는 다음과 같이 두 가지 중요한 특성이 지켜져야 한다.

첫째 모양을 표현할 때 이동, 회전, 확대 시에도 모양이 변하지 않아야 한다. 영상이 상이한 위치에 있거나 크기가 다르거나 방향이 달라도 영상을 동일하게 인식할 수 있어야 한다.

둘째 유사한 모양은 유사하게 표현되어야 한다. 유사한 모양은 유사도가 비슷하여 인간의 인식과 비슷하게 표현되어야 한다.

모양을 기준으로 영상을 검색하기 위해서는 색인을 구축하고 유사도를 측정하는 과정을 거치는데 주요 절차들은 색기반(color-based) 검색과 유사하다. 다만 모양을 기반으로 영상 색인을 추출하는 방법 등에서 차이가 있다.

모양을 기반으로 영상을 검색하는 방법도 여러 가지가 있으나 이 절에서는 가장 구현하기 편리하고 식별력이 뛰어난 영역기반 기법을 논의한다. 영역기반 기법을 이용하여 모양기반 영상 검색을 수행하기 위하여 색인을 구축하는 절차는 [표 8.7]과 같다.

1) 기준 설정

모양기반 색인을 구축하기 위하여 모양의 기준을 설정하는 자료는 다음 네 가지 정보이다.

1) 주축(major axis)
2) 보조축(minor axis)
3) 기본 사각형(basic rectangle)
4) 편심(eccentricity)

주축은 모양 안에서 가장 거리가 먼 두 점 사이의 직선이다. 주축을 기준으로 검색하려는 모양을 수평하게 위치시키고 다른 모양과 비슷한지를 검색한다. 보조축은 주축에 수직인 직선을 세워서 사각형을 만들기 위한 축이다. 기본 사각형은 주축과 보조축으로 이루어지는 사각형으로서 모양을 내포하는 최소 사각형이 된다. 편심은 모양의 영역을 이루는 주축과 보조축의 비율로서 모양의 특징을 나타낸다. [그림 8.12]의 모양에서 주축의 길이는 8 정도이고 보조축의 길이는 5이므로 편심은 약 8 : 5가 된다.

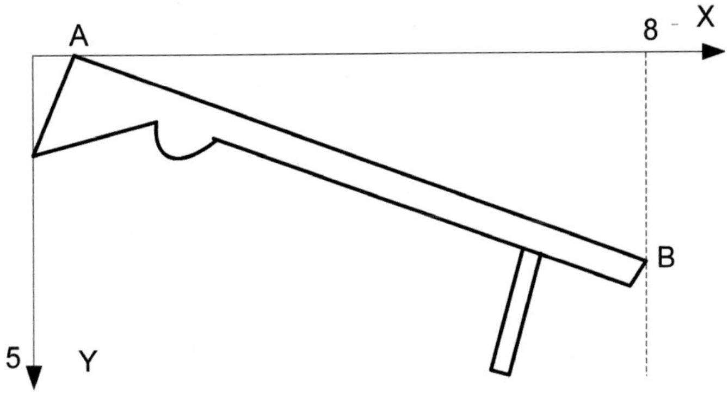

[그림 8.12] 모양 색인을 표현하기 위한 그림의 좌표

2) 정규화: 주축과 축적 조정

모양을 다른 모양과 쉽게 비교하기 위해서는 모양의 위치를 주축 기준으로 동일하게 지정하는 정규화(normalization) 작업이 필요하다. 정규화 작업은 회전 정규화와 크기(scale) 정규화가 대표적이다. 회전 정규화는 [그림 8.13](a)처럼 그림을 회전하여 주축을 X축에 정렬하는 것이고 크기 정규화는 주축의 길이를 고정된 길이로 저장하여 모든 모양의 축적(scale) 기준을 통일하는 것이다.

[그림 8.12]의 모양에서 주축은 가장 긴 직선이므로 A에서 B로 연결되는 직선을 X축에 정렬한 것이 [그림 8.13](a)이다. [그림 8.13](b)는 (a)의 모양을 다시 X축을 기준으로 180도 회전한 그림이다. 이와 같이 모양을 다른 모양과 비교할 수 있도록 크기, 위치, 방향 등을 조정하는 것을 정규화라고 한다. 회전 정규화는 [그림 8.13]에서 주축을 X축에 정렬하는 것이고 크기 정규화는 주축의 길이를 8로 조정하여 X축에 맞추는 것이다.

3) 그리드 배치

[그림 8.14]는 아날로그 값의 그림을 디지털 값으로 변환하기 위하여 정규화된 모양 위에 그리드 공간을 설정한 것이다. 그리드의 셀에 그림이 지나가면 1을 할당하고 아니면 0을 할당하여 그림의 디지털 값을 얻는다. 그리드를 작은 셀로 나눌수록 메모리가 많이 소요되지만 그림의 모양을 정확하게 표현할 수 있다.

4) 색인 생성

모양을 표현하는 방법은 모양을 구성하는 직선들의 벡터로 표현할 수도 있고 모양을 셀의 집합으로 인식하고 픽셀로 표현하는 방법 등이 있다. 여기서는 검색 프로그래밍이 용이한 그리드 방식을 사용하기로 한다. 그리드 방식의 기본 아이디어는 모양을 그리드 공간으로 나누어 그리드에 포함된 영역을 픽셀로 표현하는 방식이다. 그리드 공간에서는 모양에 점유되는 픽셀의 15% 이상이면 1 아니면 0을 할당한다. 셀의 크기를 작게 설정할수록 모양이 정확하게 표현된다.

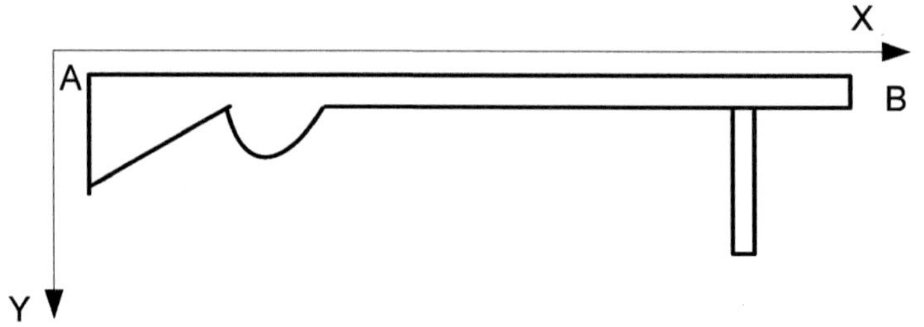

(a) 주축을 X축에 정렬한 모양

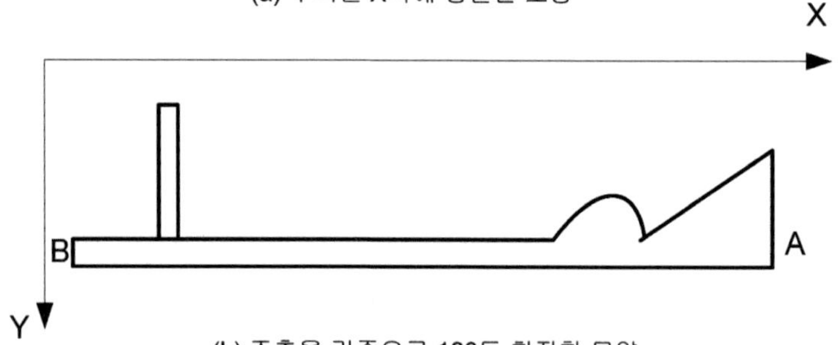

(b) 주축을 기준으로 180도 회전한 모양

[그림 8.13] [그림 8.12]의 모양을 정규화한 결과

[그림 8.14]는 모양을 이진 값으로 표현하기 위하여 모양 위에 픽셀로 구성된 그리드 공간을 올려놓은 것이다. 모양의 위에서 아래로 왼쪽에서 오른쪽으로 이동하면서 모양이 픽셀의 15% 이상을 차지하면 1을 아니면 0을 할당한다. [그림 8.14](a)의 모양에 이진 값을 할당하면 '11111111 0000010 0000000'이고 [그림 8.14](b)의 모양에 이진 값을 할당하면 '0000000 0100000 11111111'이 된다. [그림 8.15]는 앞 그림의 (a)를 다시 Y축을 기준으로 180도 회전시킨 결과이다. 이 모양에서 이진 값을 생성하면 위의 모양은 '11111111 0100000 0000000'이 되고 아래 모양은 '0000000 000010 11111111'이 된다.

결과적으로 [그림 8.12]의 하나의 모양을 정규화시킴으로써 네 가지 모양의 이진 값이 생성되므로 이들 모두의 이진 값의 의미는 동일하다. 따라서 색인으로 검색할 때는 이들 네 가지 이진 값들 중에서 어느 것 하나만 유사해도 검색할 수 있다.

5) 색인 구축

하나의 모양에서 네 가지의 이진 값이 생성되었으며 주축의 크기가 8개의 셀이고 보조축의 설이 3개이므로 보조축의 값은 3이 된다. 따라서 편심은 3/8이 되며 주축과 보조축의 이진 값을 색인으로 저장한다.

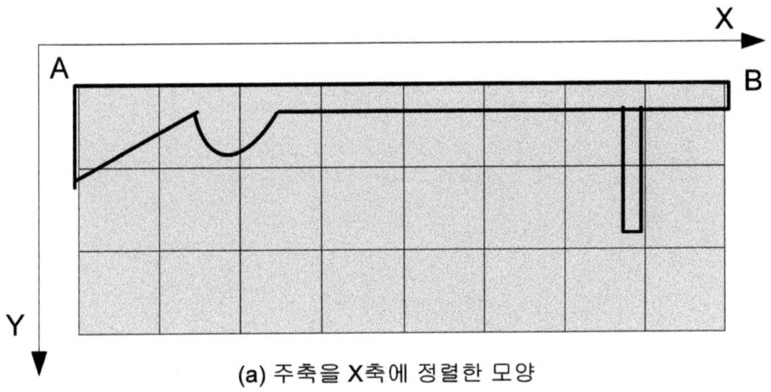

(a) 주축을 X축에 정렬한 모양

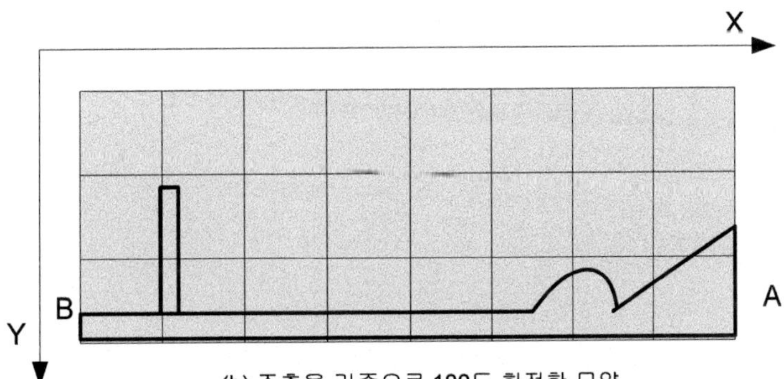

(b) 주축을 기준으로 180도 회전한 모양

[그림 8.14] 정규화한 모양에 그리드 설정

그리드 공간에 픽셀을 할당하는 기법은 영역기반 기법(region-based method)에 속한다. 영역기반 기법은 다른 기법에 비교하여 효율이 우수한 편이므로 QBIC[133] 등의 여러 검색엔진에서 많이 사용된다.

133) QBIC: IBM에서 연구용으로 개발한 멀티미디어 검색 엔진.

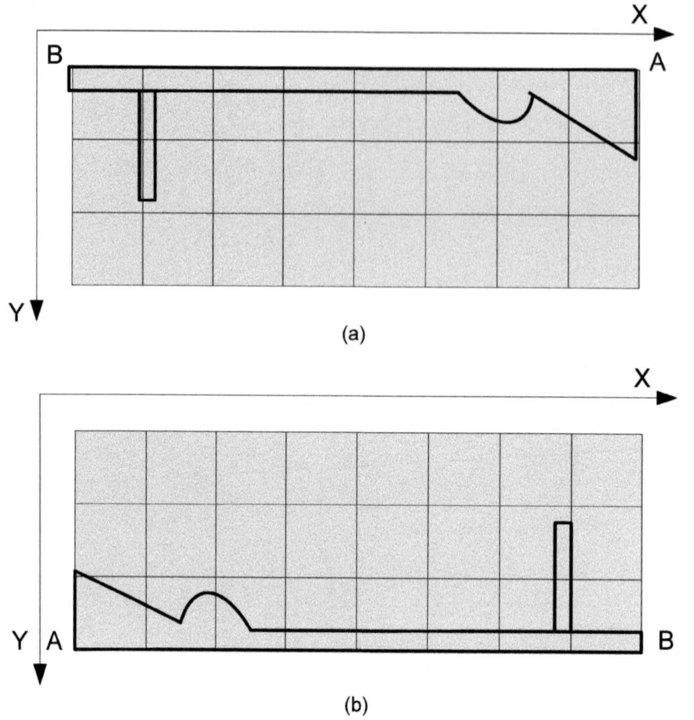

[그림 8.15] [그림 8.14]의 모양을 Y축을 기준으로 회전시킨 모양

(3) 질감 기반 영상 검색

질감은 영상 특징에서 매우 중요하지만 특징을 기술하기 어렵고 사람마다 지각하는 내용이 주관적이다. 컴퓨터 비전 분야에서 많은 방법들이 제안되었다. 질감의 특징을 기술하는 기법은 심리적인 실험에 기초하고 있다. 질감에 대한 연구는 가급적 인간의 지각과 유사하도록 질감을 특징으로 기술하는 것이다. 질감은 굵기(coarse), 대비(contrast), 방향성(directionality), 선 모양(line likeness), 규칙성(regularity), 거칠기(roughness) 등의 6가지 특징으로 기술한다. 이들 특징들을 정량적으로 계산하는 것은 매우 어려운 일이다. [표 8.8]은 이들 여섯 가지 특징들을 다음과 같이 정성적으로 기술한 것이다.

1) 굵기(coarse)

굵기는 가늘다는 것의 반대 개념이다. 굵기는 가장 대표적인 질감의 특징이므로 대부분의 사람들은 질감이란 굵기라고 생각한다. 영상의 요소들이 커질수록 영상의 굵기도 커진다.

2) 대비(contrast)

대비는 빛의 강도 차이를 나타내는 정도이다. 검은색과 흰색의 분포, 검은 면적과 흰 면적의 비율 등으로 측정한다. 대비가 클수록 명암이 뚜렷하지만 섬세함이 감소된다.

3) 방향성(directionality)

방향성은 주어진 영역에 대한 전역적인 특성을 의미한다. 이것은 영상 요소들의 모양과 배치를 기준으로 측정된다.

[표 8.8] 질감기반 영상 검색 절차

구분	검색 요소	내 역
1	굵기	영상을 구성하는 요소들의 크기
2	대비	요소들의 빛의 강도 차이
3	방향성	요소들의 모양과 배치
4	선 모양	요소들의 모양: 선과 방울 형태
5	규칙성	요소들의 배치 규칙
6	거칠기	요소들의 굵기와 매끄러운 정도

4) 선 모양(line likeness)

선 모양은 질감 요소의 모양을 측정한다. 모양의 두 가지 형태는 선과 같은 형태와 방울과 같은 형태로 구성된다.

5) 규칙성(regularity)

규칙성은 요소들을 배치하는 규칙의 변화를 측정한다. 우선 규칙적인 것과 불규칙적인 것이 있다. 요소의 모양이 다를수록 규칙성이 감소한다.

6) 거칠기(roughness)

거칠기는 질감의 굵기와 매끄러운 정도를 측정한다. 이것은 굵기와 대비와 관련이 있다.

실제 영상 검색 시스템에서는 이들 모두를 사용하기보다는 선택적으로 사용한다. QBIC 시스템[134]은 굵기, 대비, 방향성만을 특징으로 검색하고 어떤 시스템에서는 굵기와 대비만을 특징으로 사용한다. 이밖에도 프랙탈(fractal), 퓨리에 계수(Fourier coefficients), 색상 분포 통계 기법 등을 이용하여 질감을 표현하려고 노력하고 있다.

8.5.3 영상 압축

영상 압축은 영상과 사람의 인지 특성에서 중복을 제거하는 것으로 시작된다. 디지털 영상에서는 직선상에서 옆에 있는 표본들은 유사한 것이 보통이다. 인접한 직선에서도 옆에 있는 표본들은 역시 유사할 것이다. 이와 같은 유사성을 공간 중복이라고 부른다. 공간 중복은 예측 코딩 기술과 변환 코딩 기술을 이용하여 제거할 수 있으므로 압축이 가능하다. 사람들은 빛에 둔감하기 때문에 영상 정보에 오류가 있거나 약간의 손실이 있어도 잘 모른다. 따라서 압축된 파일을 풀었을 때 원래의 파일로 정확하게 복원되지 않아도 되는 것을 의미한다. 이것은 텍스트 파일이 정확하게 복원되어야 하는 것과는 매우 대조적이다.

영상에서는 사람의 인지에 중요한 부분이 있으므로 중요한 부분은 제거하지 말고 덜 중요한 부분을 찾아서 제거하는 알고리즘이 필요하다. 영상 압축에 대표적인 몇 가지 알고리즘들을 살펴본다.

(1) 공간 일부 표본화

영상 자료는 중복을 포함하기 때문에 영상의 내용을 보존하기 위하여 모든 원본 픽셀을 저장할 필요가 없으므로 일부분만 저장해도 된다. 이와 같이 픽셀들을 추려서 저장하는 기법을 공간 일부 표본화(spatial subsampling) 기법이라고 한다. 부호기(encoder)는 몇 개의 픽셀마다 한 픽셀을 선택하여 저장하거나 전송한다. 해독기(decoder)는 원래의 영상을 복원하기 위하여 접수된 픽셀들을 기반으로 잃어버린 픽셀들을 보간법(interpolation method)으로 복원한다. 그렇지 않으면 해독기는 크기가 작아진 공간 일부 표준화된 영상을 해독하고 출력할 것이다. 이 기법은 매우 간단하지만 상당히 효율이 좋다. 예를 들어 세 픽셀마다 한 픽셀을 전송한다면 3대1의 비

134) QBIC system: IBM사가 개발한 내용기반 영상시스템. 이것은 색상, 색 분포, 질감, 모양, 스케치 등과 함께 키워드로도 검색 가능.

율로 절약된다.

(2) 예측 코딩

영상 예측 코딩(predictive coding)의 원리는 소리 예측 코딩의 원리와 동일하다. 공간적으로 옆에 있는 그림의 요소들의 표본 값들은 서로 상관관계가 있다. 상관관계나 선형 통계적 종속이라는 것은 옆에 있는 그림 요소들의 표본 값들을 기반으로 하는 표본 값들의 선형 예측이 원래 표본 값들보다 더 적은 변화를 갖는 예측 오류를 야기한다. 일차원 예측 알고리즘은 스캔하는 직선에서 옆에 있는 그림의 요소들과의 상관관계를 이용한다. 다른 복잡한 기법들은 직선-직선, 프레임-플레임의 상관관계를 이용하고 각각 2차원과 3차원 예측을 수행한다. 예측 코딩에서 정량화되는 신호의 변화가 적을수록 정량자의 진폭 범위가 감소하고, 정량화 수준의 수가 감소하고, 신호-정량화-잡음 비율을 줄이지 않으면서 픽셀 당 비트의 수를 줄일 수 있다.

(3) 변환 코딩

변환 코딩(transform coding)의 주요 개념은 영상의 픽셀들을 서로 연관성이 없는 개체로 하는 것과 한 영상의 에너지를 몇 개의 계수에 집중함으로써 영상에서의 중복을 제거하려는 것이다. 변환 코딩은 원래 영상을 몇 개의 사각형 블록이나 부분 영상으로 나누고, 각 부분 영상에 일원화된 수하적 변환을 적용하여 공간 도메인의 영상을 주파수 도메인의 영상으로 변환하는 것이다. 결과적으로 대부분의 에너지는 저주파수 영역에서 몇 개의 표본으로 집중된다. 영상 자료에 변환을 적용하는 것으로 인하여 어떠한 자료도 감소시키지 않는다. 단지 공간 도메인에서 주파수 도메인으로 영상 자료를 변환하는 것이다. 공간 도메인에서 자료의 상관관계가 높다면, 주파수 도메인에서의 자료는 Huffman 코딩이나 Run-length 코딩과 같은 기법에서 자료를 감축하기에 적절한 형식이 될 것이다.

변환 코딩은 중복을 제거하는데 있어서 영상 요소들의 통계적인 종속의 장점을 이용할 수 있다. 많은 종류의 변환 기법들이 이런 목적으로 사용되고 있다. 많이 사용되는 변환 기법들은 KLT(Karhunen-Loeve transform), DCT(discrete cosine transform), WHT(Walsh-Hadamard transform), DFT(discrete Fourier transform) 등이 있다. KLT가 상관관계를 줄이는데 가장 효율적이지만, 알고리즘의 효율 때문에 DCT가 가장 많이 사용되고 있다.

JPEG은 가장 대표적인 디지털 영상 압축 표준이며 흑백과 천연색을 모두 취급한다. JPEG은 영상을 다루는 응용분야에서 가장 널리 사용되고 있다. JPEG은 정지 영상을 압축하기 위하여 개발되었지만 실시간으로 부호화하고 복호화 할 수 있기 때문에 동영상도 처리할 수 있다.

8.6 동영상 색인과 검색

동영상은 영상에 시간 차원이 더해진 자료이므로 동일한 영상이라도 위치를 이동하면서 시간을 주면 동영상이 된다. 완전한 동영상은 시간 차원의 영상에 소리와 텍스트가 더해지고 동영상에 대한 메타자료인 제목, 저자, PD, 감독, 제작일자 등이 추가된다. 동영상은 여러 영상들의 스트림으로 구성되며 그 중 하나의 영상을 프레임(frame)이라고 한다. 같은 주제를 가진 프레임들이 연속되어 짧은 집합을 이룰 때 이 프레임들의 모임을 샷(shot)이라고 한다.

동영상을 정의하면 다음과 같다.

1) 움직이는 물체에 의한 시각적 표현물
2) 가시광선에 의하여 전달되는 움직이는 물체의 에너지

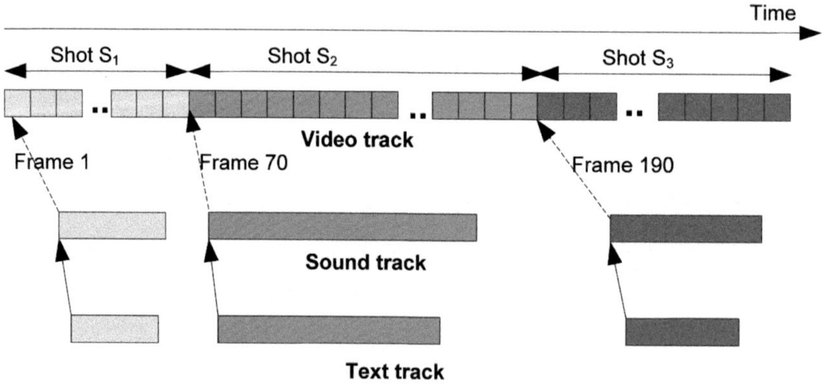

[그림 8.16] 동영상의 구성도

동영상은 실제 물체가 움직이는 것을 포착하는 영상과 컴퓨터에 의하여 제작되는

영상으로 구별된다. 동영상은 텍스트와 소리가 동반되는 것이 보통이며 시간의 함수로 전달된다. [그림 8.16]과 같이 샷 S_1은 69개의 프레임으로 구성되며 소리와 텍스트가 1번 프레임에서 동기화되고, 샷 S_2는 프레임 70번에서 189번까지 구성되며 소리와 텍스트가 프레임 70번에서 동기화되고 샷 S_3은 프레임 190번에서 소리와 텍스트가 동기화된다. 따라서 동영상에서 검색하는 것은 영상, 소리, 텍스트 중에서 어느 것으로도 검색하는 것이 가능하다.

8.6.1 동영상 색인 검색

여러 가지 동영상 색인 기법을 소개하고 그 중에서 샷기반 색인 기법을 중심으로 설명한다.

(1) 동영상 색인 기법

동영상을 검색하기 위한 색인 기법은 다음 [표 8.9]와 같이 다섯 가지로 분류된다.

1) 메타자료 기반 검색

동영상에 관한 메타자료인 제목, 저자, 제작자, 제작일자, 영상 형태 등의 자료를 DBMS에 저장하고 이들 속성들을 기반으로 영상 정보를 검색한다.

2) 텍스트 기반 검색

영화나 연극 등의 텍스트 기록이나 자막들을 텍스트 정보검색 기능을 이용하여 검색한다. 여기에 주석을 추가하여 주석을 텍스트 기반으로 검색할 수 있다.

3) 소리 기반 검색

비디오에 포함되어 있는 소리를 인식하여 음성을 분리해내고 음성 인식을 이용하여 용어 벡터를 추출하여 다차원 색인을 구축한다. 용어 색인을 기반으로 텍스트 검색을 수행하여 영상을 검색할 수 있다.

4) 영상기반 검색

영상 내용을 기반으로 하는 검색에는 두 가지 방식이 있다. 첫째, 비디오를 독립된 프레임이나 영상으로 취급하고 특징을 추출하여 영상 색인을 만들어서 검색하는 방식이다. 이 방식의 문제점은 영상만을 이용하기 때문에 시간 관계가 무시된다는 점과 프레임들의 수가 너무 많아서 시간이 많이 소요되는 점이다. 둘째, 비디오의 영상 스트림들을 그룹(샷)으로 묶어서 이들을 대표하는 영상으로 색인을 만들어서 검색하는 방식이다. 두 가지 방식 모두 영상을 기반으로 동영상을 검색하는 것이며 영상 검색 기술을 이용한다.

5) 통합 기법

앞에서 논의한 기법들 중에서 두 개 이상을 혼합하여 검색에 활용하는 기술이다. 검색의 정확성을 향상하기 위해서는 통합 기법이 요구되는 대신에 소요 시간 등의 검색 성능이 저하되는 단점이 있다.

본 절에서는 여러 가지 영상 검색 기법 중에서 대표적인 샷기반의 검색 기법을 논의한다.

(2) 샷기반 색인

동영상이란 영상들이 일정한 비율로 순서화되어 있으므로 프레임을 개별적으로 다루는 것은 비효율적인 측면이 있다. 샷이란 같은 주제를 가진 프레임들이 연속되어 있는 짧은 집합이다. 실제로 샷은 [표 8.10]과 같은 특징들을 하나 이상 갖춘 연속된 프레임들의 짧은 순서를 말한다.

[표 8.9] 동영상 색인 검색 기법

구분	검색 기법	내 역
1	메타자료 기반	동영상의 속성 자료로 검색
2	텍스트 기반	주석 등의 텍스트 기록이나 자막에서 텍스트 검색
3	소리 기반	음성 인식을 이용하여 단어들을 색인화
4	영상 기반	독립된 프레임을 기반으로 검색
		프레임들을 그룹핑하여 샷을 기반으로 검색
5	통합 기법	메타자료, 텍스트, 소리, 영상 등의 모든 기법을 통합

샷기반 동영상 검색의 주요 처리 절차는 3단계로 다음과 같이 진행된다.

1) 동영상을 샷 단위로 분할

카메라 촬영 기법을 이용하여 샷을 구분할 수 있다.

2) 샷의 색인화

샷마다 샷을 대표하는 프레임으로 r frame을 결정하고 r frame을 색인으로 구축한다.

3) 유사도 측정

질의 영상과 데이터베이스 영상으로 만든 특징 벡터 사이의 유사도를 비교한다. 유사도 계산은 영상 검색 기법을 이용한다.

(3) 샷과 대표 영상의 탐지

동영상에서 특정한 영상을 검색하기 위해서는 동영상을 우선 샷 단위로 분할해야 한다. 프레임의 스트림으로 구성되어 있는 동영상에서 샷을 자동적으로 분리하는 것은 프레임과 프레임 사이의 경계선을 찾는 일이다. 개별 영상의 내용을 기억해두고 다음 영상에서 변화량을 측정하여 변화량이 많으면 다른 샷으로 구분할 수 있다. 카메라 촬영 기법에서 dissolve[135], wipe[136], fade-in[137], fade-out[138] 등이 있으므로 촬영술의 특성상 프레임 간의 경계를 구분하는 방법은 여러 가지가 있다.

[표 8.10] 샷의 구성 요건

구 분	내 역
1	동일한 장면을 대상으로 한다.
2	프레임들이 한 번의 카메라 동작으로 구성된다.
3	객체의 의미 있는 사건이나 동작을 포함한다.
4	사용자에 의하여 하나의 색인 개체로 선택할 수 있다.

(4) 동영상 색인과 검색

동영상에서 특정한 영상을 선발하여 특징을 추출하고 색인으로 만들어서 검색하는 방법은 여러 가지가 있다. 특히 샷을 대표하는 프레임인 r frame을 선발하는 방

135) dissolve: 한 화면이 사라짐과 동시에 다른 화면이 점차로 나타나는 장면 전환 기법
136) wipe: 한 화면을 어떤 한 점이나 한 끝에서부터 지워버리듯이 소멸시키는 동시에 뒤이어 다른 화면을 넣어 완성시키는 장면 전환 기법.
137) fade in: 화면을 점차 또렷하게 표현하는 촬영 기법.
138) fade out: 화면을 점차 희미하게 표현하는 촬영 기법.

법은 다양하다. 우선 한 샷에서 r frame을 몇 개 선발하는가이다. 샷이 작으면 한 개로 충분하지만 샷이 크면 subshot과 scene으로 나누어 여러 개를 선발할 수도 있기 때문이다. 한 샷에서 어떻게 r frame을 선발할 것인가? 그 방법은 [표 8.11]과 같이 여러 가지가 있다.

[표 8.11] r frame 선발 규칙

구분	내 역
1	첫째 프레임을 r frame으로 선발
2	평균적인 특성을 가지는 프레임을 r frame으로 선발
3	모든 프레임들의 히스토그램 평균값을 구하여 r frame으로 선발
4	카메라 panning으로 대표적인 프레임 선발

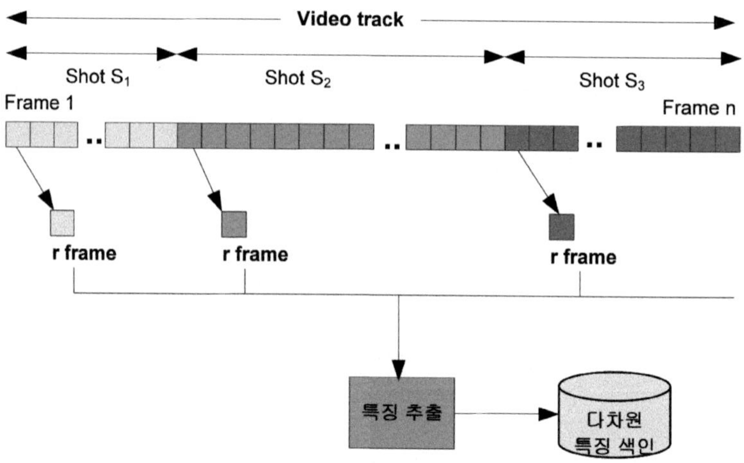

[그림 8.17] 샷기반 동영상 검색 기법

r frame을 선택하는 방법 중에서 가장 쉬운 방법은 모든 샷의 첫 번째 프레임을 단순하게 r frame으로 선택하는 것이다. 예를 들어 카메라 panning[139] 기법을 이용

139) panning: 카메라를 좌우로 움직여서 양쪽의 장면을 보여주는 촬영 기법 또는 움직이는 물체의 속도와 진행 방향에 맞추어 카메라를 이동시키면서 촬영하는 기법.

하여 첫 프레임을 선택하는 방식이다. 평균값을 계산하는 두 번째와 세 번째 방식은 비교적 복잡한 계산을 수행한다. 네 번째는 panning 기법을 이용하여 가장 대표적인 프레임을 선택하는 방식이다.

[그림 8.17]은 샷기반 동영상 검색 기법의 색인 구축 절차를 보여준다. 비디오 트랙에서 샷을 구분하고 각 샷에서 첫 번째 프레임을 r frame으로 선발하고, 이들로부터 특징을 추출하여 색인을 구축한다. 질의가 들어오면 질의 영상에서 특징을 추출하여 문서 색인과 비교함으로써 원하는 동영상을 찾을 수 있다.

동영상 색인과 검색은 텍스트 검색, 소리 검색, 영상 색인과 마찬가지로 동영상에서 특징 벡터를 추출하여 다차원 색인을 구축하고 질의에서 특징 벡터를 추출하여 문서 색인과 비교하는 방식으로 동일하다. 다만 특징을 구성하는 요소가 영상, 소리, 텍스트 등으로 다양한 것이 다를 뿐이다.

8.6.2 동영상 압축

동영상(video)은 중복을 줄이고 인간의 시각 능력을 이용하여 압축된다. 디지털 동영상은 영상들의 순서로서 공간 중복을 가지고 있다. 동영상 순서에서 옆의 영상들은 대체로 유사하다. 이런 유사성을 시간 중복(temporal redundancy)이라고 하며 영상 들 사이의 예측 코딩 기법을 이용하여 제거한다. 제8장 5.3절에서 기술한 영상 압축 기법들은 동영상 압축에도 동일하게 사용된다.

대부분의 동영상은 압축된 형태로 저장되므로 압축된 자료를 기반으로 동영상을 분할하고 직접 색인을 만드는 것이 바람직하다. MPEG이 가장 보편적인 동영상 압축 기술이므로 대부분의 동영상 분할 방식은 MPEG의 압축 동영상을 대상으로 수행된다. 동영상을 분할하는데 사용되는 정보는 DCT 계수와 움직임 정보이다.

8.7 통합 색인과 검색

앞 절에서는 문자, 소리, 영상, 동영상 등의 미디어에 대하여 개별적으로 색인을 만들고 검색하는 기술들을 논의하였다. 본 절에서는 이들 개별적인 기술들을 통합하여 종합적으로 멀티미디어 자료를 검색하는 기술을 논의하고자 한다.

소리, 영상, 동영상 등을 색인화하고 검색하는 방법들은 [표 8.12]와 같이 크게 세 가지로 구분할 수 있다. 첫째 방식은 저급 수준의 소리, 영상, 동영상 특징들을 기반으로 직접 접근하는 것으로서 내용기반 검색 기술이다. 둘째 방식은 제목, 저자, 일자 등과 같이 구조적인 속성들을 기반으로 소리, 영상, 동영상 등을 색인화하고 검색하는 것이다. 셋째 방식은 주석을 이용하여 소리, 영상, 동영상 들을 자유롭게 서술하고 검색하는 기술이다. 자유 문자 주석은 기존에 있는 성적표, 제목, 음성 인식 또는 수작업 입력으로 얻을 수 있다.

[표 8.12] 멀티미디어를 검색하는 일반적인 방식

종류	내 역	비 고
저급 특징 방식	미디어의 저급한 특징을 이용하여 검색	내용기반 검색
구조적 속성 방식	제목, 일자 등의 속성으로 검색	DBMS
주석 방식	미디어를 설명하는 내용으로 검색	

8.7.1 통합 색인과 검색 기법

멀티미디어 정보 색인과 검색 시스템은 앞의 접근 방식들을 통합하여 검색할 수 있다. 이들을 통합하는 대략적인 이유는 [표 8.13]과 같으며 상세한 내용은 다음과 같다.

첫째, 미디어는 통상적으로 하나만 사용되지 않고 여러 개가 함께 사용된다. 이들은 메시지를 전달하기 위하여 서로 도움을 주면서 한 정보 단위 안에서 같이 사용된다. 예를 들면 슬라이드용 이미지들은 설명문과 함께 나오고, 영화와 같은 동영상들은 음악과 함께 동영상이 나온다. 그러므로 멀티미디어 정보 단위를 접근하려면 여러 개의 미디어로부터 유도된 색인들을 기반으로 검색해야 한다.

둘째, 상이한 접근 방식과 검색 기술들은 강점과 약점을 모두 가지고 있으므로 서로 보완할 필요가 있다. 내용기반 접근 방식에서는 색상 분포와 질감과 같은 저급의 특징들을 이용하는데 이들은 구조적인 속성과 주석으로 기술하기 어렵다. 이들은 이름이나 느낌, 시간과 공간적인 관계와 같은 고급의 추상적이고 개념적인 내용들을 파악하기 어렵고 오히려 구조적인 속성이나 주석을 이용해야 더 쉽게 파악된다.

셋째, 상이한 접근 방식을 이용하려면 상이한 수준의 기술을 이용해야 한다. 멀티미디어 데이터베이스를 검색하기 위해서는 속성과 키워드를 기반으로 질의하는 것이 더 쉽다. 내용기반 접근 방식은 실례를 이용한 질의나 스케치, 허밍(humming) 등으로 구현된다. 그러나 영상 샘플이나 동영상 파일을 항상 가지고 다니기는 쉽지 않으며, 자신이 원하는 것을 알고는 있으나 적절하게 표현하기는 어렵다. 따라서 초기 목록을 검색하기 위하여 키워드나 속성들을 사용한다.

[표 8.13] 색인과 검색 기법을 통합하는 이유

구 분	내 역
미디어의 조화	미디어들은 함께 제공
검색 방식의 특성	검색 방식마다 장점과 단점이 존재
검색 난이도	검색 방식이 다르면 난이도 상이

멀티미디어 자료들은 구조적 속성, 자유 문자열, 소리, 영상, 동영상 등으로 구성되어 종합적인 객체를 이루며 필요에 따라서 이들의 부분 집합으로도 이루어진다. 멀티미디어 객체는 소리와 문자열만으로 구성되기도 하며, 구조화 속성, 문자열, 소리, 영상들만으로 구성되기도 한다. 이들은 [표 8.14]와 같이 세 가지 형태의 객체를 이룬다.

[표 8.14] 멀티미디어 객체의 종류

구분	구성 미디어	비 고
형태1	구조적 속성	속성 자료와 설명서와 아나운서의 해설이 있는 음익, 강의 자료 등
	자유 문자열	
	소리	
형태2	구조적 속성	속성 자료와 설명서와 해설이 있는 여행 안내 슬라이드 등
	자유 문자열	
	소리	
	영상	
형태3	구조적 속성	속성 자료와 설명서가 있는 영화 등
	자유 문자열	
	소리	
	동영상	

사용자의 요구에 따라서 멀티미디어 객체를 검색했을 때는 개별적인 미디어 특성에 따라서 검색한 다음에 검색 결과를 종합해야 하는 문제가 있다. 예를 들어 다수의 멀티미디어 A, B, C,,,, Z들을 대상으로 소리 특징과 색상 특징에 따라서 검색을 수행한

결과가 다음과 같은 결과를 얻었다고 가정하자. 문자 다음의 숫자는 주어진 특징에 대한 멀티미디어 객체의 유사도이다.

소리특징(A:0.8, G:0.6, B:0.4, J:0.4, M:0.3)
색상특징(A:0.7, B:0.6, J:0.5, M:0.4, N:0.3)

각 특징에 50%의 가중치를 적용하면 다음과 같은 통합 순서 목록을 얻을 수 있다.

통합특징(A:0.75, B:0.5, J:0.45, M:0.35, G:0.3, N:0.15)

사용자가 소리특징에 가중치를 70% 부여하고 색상특징에 30%를 부여하면 통합 순서 목록은 다음과 같이 얻어진다. 특징을 통합할 때는 적용분야에 따라서 가중치가 다양하게 변화할 수 있다.

통합(A:0.77, B:0.46, J:0.43, G:0.42, M:0.33, N:0.09)

8.7.2 멀티미디어 정보관리의 일반적인 구조

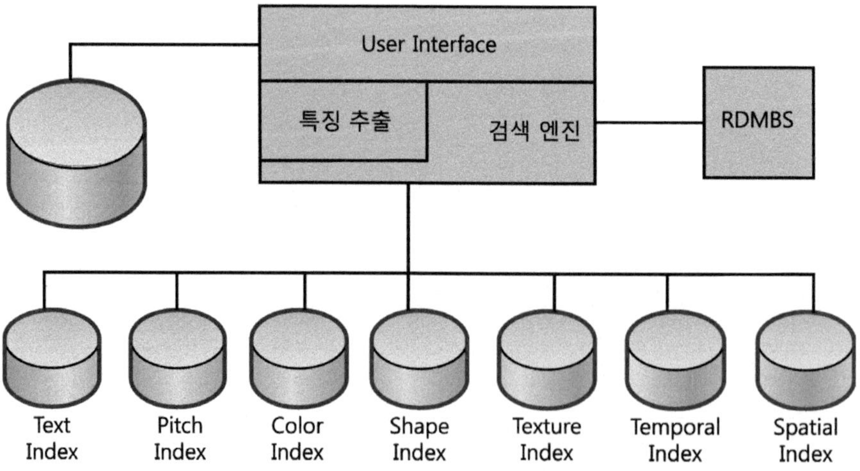

[그림 8.18] 멀티미디어 데이터베이스 시스템의 일반적인 구조

멀티미디어를 위하여 사용되는 자료 모델은 객체지향 또는 객체관계 모델이 보편적이다. 기본적인 정보 단위는 의미와 시간과 공간적 관계를 가진 각 매체의 특성에 따라 상이한 미디어들로 구성된 멀티미디어 객체에 의하여 모형화된다. 각 객체는 이들 관계들에 기반하는 표현 방식을 포함하고 있으며 여러 가지 특징들에 의하여 색인된다.

[그림 8.18]은 통합 멀티미디어 데이터베이스 관리 시스템의 일반적인 구조이다. 사용자 인터페이스는 멀티미디어 객체를 편집하고 주석을 달아주고 질의를 만들고 검색 결과를 제시한다. 삽입해야 하는 각 멀티미디어 객체의 특징들은 분석되고 추출된다. 추출된 특징 벡터들은 해당 특징 색인 파일에 저장된다. 각 특징 벡터는 별도의 저장 공간에 저장되어 있는 원래 멀티미디어 객체에 대한 포인터를 가지고 있다. 상이한 미디어 형태의 멀티미디어 객체는 상이한 형태의 저장장치 또는 동일한 저장장치에 저장된다. 가장 중요한 요건은 멀티미디어 객체들이 연속적으로 표현될 수 있도록 저장해야 한다는 점이다.

특징을 추출한 후에는 구조적 자료나 속성들을 관계 데이터베이스에 저장하고 관리한다. 텍스트 색인은 역파일과 벡터 공산 모델을 기반으로 하는 것과 같은 정보검색 기술을 이용하여 텍스트 정보를 저장하고 관리한다.

벡터 공간 모델이 사용될 때 텍스트를 포함하는 대부분의 특징들은 다차원 벡터로 대표된다. 피치, 색상, 모양, 질감 색인들은 자체적으로 설명을 하고 있다. 공간과 시간 관계 색인은 어떤 설명이 필요하다. 공간, 시간 객체, 사건들과 그들의 관계를 자동적으로 추출하는 것이 현재로서는 일반적으로 가능하지 않지만 우리는 이들 객체들과 관계들이 손으로 작성하는 주석에 의하여 얻어질 수 있다고 가정한다. 공간 관계 색인은 공간 객체의 이름과 위치를 저장하고 관리하며 성능이 향상된 역 파일로 구성된다. 마찬가지로 시간 관계 색인은 시간 객체의 이름과 발현하는 수를 저장하고 관리하며 역시 성능이 향상된 역 파일로 구성된다. 공간 정보는 각 객체들의 센트로이드의 좌표로 규정된다. 다음은 공간 관계의 역 파일에 있는 실제 자료이다.

Object 1: MMO3(20,60), MMO4(90,250)

이 객체를 읽으면 "*Object 1*은 MMO3와 MMO4에 있으며 각각의 센트로이드 좌표는 (20, 60)과 (90,250)이다"의 뜻이다. 동일한 MMO에 나타나는 객체들 사이의 공간 관계는 역 파일에 포함된 정보를 기반으로 검색되는 동안 처리된다.

각 객체에 대한 시간 정보는 MMO 시작 시간에 상대적으로 객체의 출현과 퇴장 시간에 의하여 규정된다. 다음은 시간 관계의 역 파일에서의 사례이다.

Object 2: MMO5(5,16), MMO6(15,28)

이 객체를 읽으면 "*Object 2*는 MMO5의 시작 시간에 상대적으로 5에서 16초 사이에 출현하고, MMO6은 시작 시간에서 15초와 28초 사이에 출현한다."이다. 동일한 MMO에서 나타나는 객체들 사이의 시간 관계는 역 파일에 포함된 정보를 기반으로 검색하는 동안에 처리된다.

검색하는 동안에 질의의 특징들이 추출되고 저장된 해당 특징들과 비교된다. 통합된 순위 목록이 사용자에게 제시된다. 목록은 보통 멀티미디어 객체의 이름과 아이콘의 수로 구성된다. 필요할 때는 원래의 멀티미디어 객체들이 검색되어 연속적으로 사용자에게 제공된다.

연 습 문 제

8.1 다음 용어들을 정의하시오.

1) 매체 2) 멀티미디어 3) RGB 4) 특징 5) 다차원 색인
6) 스펙트럼 7) 대역폭 8) 샷 9) r frame 10) scene

8.2 멀티미디어 자료의 특징을 설명하시오.

8.3 멀티미디어 검색의 특징을 설명하시오.

8.4 기존 검색과 달리 멀티미디어 검색에서 새롭게 필요한 기술들을 설명하시오.

8.5 멀티미디어 검색의 문제점과 대책을 기술하시오.

8.6 특징으로 벡터를 구성하는 이유를 설명하시오.

8.7 특징 벡터와 다차원 색인의 관계를 설명하시오.

8.8 특징 벡터와 내용기반 검색의 관계를 설명하시오.

8.9 특징 색인을 구축하기 위하여 필요한 특징이 가능한 조건을 설명하시오.

8.10 특징을 추출하는 기법을 설명하시오.

8.11 텍스트 정보검색의 주요 주제를 설명하시오.

8.12 텍스트 문서 검색의 중요성을 설명하시오.

8.13 문서 D_1, D_2, D_3과 질의 벡터 Q는 'computer', 'information', 'database' 등 3 개의 용어로 구성되어 있다. 각 문서와 질의의 특징 벡터는 다음과 같다. 질의 Q와

문서들의 유사도를 계산하고 유사한 순서대로 제시하시오.

D_1 = [0.2, 0.1, 0.4, 0.5]
D_2 = [0.5, 0.6, 0.3, 0]　　　　　Q = [0.5, 0.5, 0, 0]
D_3 = [0.4, 0.5, 0.8, 0.3]

8.14 텍스트 정보를 검색하는 절차를 설명하시오.

8.15 소리의 속성에서 시간 영역과 주파수 영역의 역할과 차이점을 설명하시오.

8.16 음성과 음악의 소리 특성을 설명하시오.

8.17 텍스트 문서와 소리 문서의 검색 기법의 유사성과 차이점을 설명하시오.

8.18 소리 정보를 검색하는 절차를 설명하시오.

8.19 영상 정보를 검색하는 절차를 설명하시오.

8.20 세 개의 영상이 있으며 각 영상은 8*8개의 픽셀로 구성되며 7개의 색으로 구성된다. 각 영상의 색별로 픽셀의 수는 다음과 같다. 세 영상들 중에서 가장 가까운 쌍은 어느 영상들인가? 질의 Q와 문서들의 유사도를 계산하고 유사한 순서대로 영상들을 제시하시오.

H_1 = (8, 6, 8, 7, 8, 9, 10)
H_2 = (7, 8, 7, 7, 9, 9, 10)　　　　　Q = (3, 4, 6, 6, 7, 8, 9)
H_3 = (4, 5, 10, 9, 8, 8, 10)

8.21 동영상 정보를 검색하는 절차를 설명하시오.

8.22 색기반 영상 검색의 장단점을 설명하시오.

8.23 동영상 검색에서 샷의 기능을 설명하시오.

8.24 동영상 검색에서 r frame의 역할과 선발 방법을 설명하시오.

8.25 멀티미디어 정보검색 과정에서 각 매체별로 공통점과 차이점을 기술하시오.

8.26 모양기반 검색의 절차를 설명하시오.

8.27 동영상 검색 기법들의 우수성과 차이점을 비교하시오.

8.28 여러 가지 색인들을 통합하여 검색하는 이유를 설명하시오.

8.29 소리와 색상으로 다음과 같은 특징을 얻었다. 소리와 색상의 가중치를 4:6으로 반영하려고 한다. 통합특징 값을 계산하시오.

소리특징(A:0.9, G:0.7, B:0.5, J:0.4, M:0.3)
색상특징(A:0.6, B:0.6, J:0.4, M:0.4, N:0.3)

8.30 다음 자료들을 입력하여 3차원 k-d 트리를 작성하시오.

(20, 25, 5), (10, 20, 11), (30, 20, 34), (8, 15, 7), (5, 12, 10), (22, 10,5), (25, 10, 4)

[Information Retrieval]

제9장

검색 평가

제9장 검색 평가

9.1 소개
9.2 평가 기준
9.3 평가 지표

평가(平價, evaluation)란 대상의 가치를 규명하는 일이다. 시장에서는 제품을 생산하고 판매하는 과정에서 제품의 성능을 평가하는 것이 제품의 가격을 결정하는 것뿐만 아니라 제품의 가치를 지속적으로 제고시키기 위한 수단이다. 정보검색에서 평가란 사용자의 요구에 대하여 검색 시스템이 제공하는 검색 서비스가 얼마나 만족하는 지를 종합적으로 판단하기 위한 기준이다. 정보검색에 대한 평가는 검색의 개별 행위에 대한 평가와 검색 시스템 전반에 대한 종합 평가로 구분할 수 있다. 검색의 개별 행위는 검색 기능의 개별적인 수행 능력을 평가하는 것이고 종합 평가는 검색 시스템 전반에 대하여 전체적인 성능과 서비스에 대한 만족도를 평가하는 것이다. 정보검색 평가는 다음과 같이 두 가지 분야에서 이루어진다.

1) 정보검색 시스템이 검색 목적을 얼마나 정확하게 달성하는가?
2) 정보검색 시스템이 검색 기능을 얼마나 효율적으로 이용하는가?

IT 분야에서 컴퓨터 프로그램이 완성되면 설계된 기능들이 정확하게 동작하는지 확인하기 위하여 시스템을 평가하는 과정을 수행한다. 정보검색 시스템은 정보를 검색하는 프로그램이므로 시스템 개발이 완료되면 사전에 작성된 검사 지표에 따라 검색 기능이 설계 목적대로 동작하는지를 평가하는 과정이 필요하다. 검색 시스템은 동일한 목적을 달성하면서도 공간과 시간을 최소화할수록 좋은 시스템으로 평가받는다. 정보검색 시스템이 구현되면 개발자는 완성도를 측정하기 위한 자체 검사 차원에서 그리고 발주자의 요구를 만족시키는지를 확인하기 위하여 기능과 성능에 대한 평가를 수행한다.

검색 시스템은 시스템의 설계 목적대로 기능이 정상적으로 수행해야 할 뿐만 아니라 효율적으로 성능을 발휘해야 시스템으로 사용할 가치가 있다. 검색 시스템에 대한 검색 평가는 정보검색의 목표를 달성하는 것이 주요 목적이며 소프트웨어 시스템이 효율적인 제품으로서의 자격을 갖추기 위한 조건이다.

9.1 소개

시장에서 간단하지 않은 상품을 구매하게 되면 그 상품에 대한 자세한 명세서를 받게 된다. 명세서에는 그 상품의 기능과 성능에 대하여 시험 결과를 포함하는 경우가 많이 있다. 예를 들어 배터리를 구매하면 그 배터리가 사용되는 과정에서 전류를 시간에 따라서 어떤 상태로 어떻게 에너지를 소모하는지 시험한 평가서를 얻을 수 있다. 사용자는 평가서를 잘 활용해야 자신의 장비에 그 배터리를 가장 효과적인 방식으로 사용할 수 있다.

검색 시스템을 개발하는 설계자들은 어떤 수준의 어떤 평가를 받을 것인지를 결정한 후에 검색 시스템을 설계한다. 검색 평가를 통하여 검색 시스템의 장점과 함께 취약점이 식별되므로 평가 결과를 잘 분석하면 시스템의 문제점을 개선할 수 있고 시스템의 기능과 성능도 향상시킬 수 있다. 따라서 검색 시스템을 개발하면 검색 평가를 수행하여 시험 결과를 제시해야 한다. 사용자도 정보검색 프로그램을 잘 사용하려면 검색 평가서를 잘 숙지해야 시스템을 잘 활용할 수 있다.

정보검색의 첫째 목적은 사용자의 검색 요구를 만족시키는 것이므로 원하는 정보를 정확하게 제공해주어야 한다. 둘째 목적은 정보검색이 컴퓨터에서 이루어지므로 컴퓨터 처리 효율을 감안하여 빠른 시간 안에 적은 자원을 이용하면서 검색 성능을 제공해야 한다. 검색의 특성상 검색 결과가 많을 때를 대비하여 검색 결과에 우선순위를 부여하는 것과 같이 사용자를 위한 편의성도 제공해야 한다.

(1) 검색 평가의 목적

정보검색 시스템을 평가하는 목적은 검색 결과에 대한 적합성을 판단하고 적절한 적용 분야와 사용법 등을 알려주기 위한 것이다. 검색 시스템 평가의 주요 목적은 [표 9.1]과 같이 검색 시스템의 검색 기능과 성능을 파악하기 위한 것이다.

첫째 목적은 검색 시스템의 기능과 성능을 설명하기 위한 것이다. 사용자들이 검색 프로그램의 각 기능을 효과적으로 사용할 수 있도록 프로그램의 검색 기능별로 성능 자료들을 제공하기 위한 것이다. 사용자들은 검색 시스템 설계자가 제공하는 검색 능력에 대한 시스템 설명서를 보아야 검색 시스템을 효과적으로 사용할 수 있다.

둘째 목적은 검색 시스템이 설계 목표에 얼마나 부합하는지를 확인하기 위하여 성능을 평가한다. 평가 결과에 따라 문제점을 발견하고 개선할 수 있으며 효과적인 사용법을 찾을 수 있을 것이다.

셋째 목적은 검색 시스템의 장기적인 서비스를 개선하기 위하여 각종 평가 자료를 축적하여 활용하려는 것이다.

이상과 같은 목적들을 달성하기 위하여 검색 평가는 검색 시스템 개발에 필수적인 요소이다.

[표 9.1] 검색 평가의 목적

순서	목 적	내 역	비 고
1	시스템 설명	검색 기능과 성능 기술	기술 자료
2	시스템 개발	문제점 발견	시스템 완성
3	서비스 수단	서비스 개선	

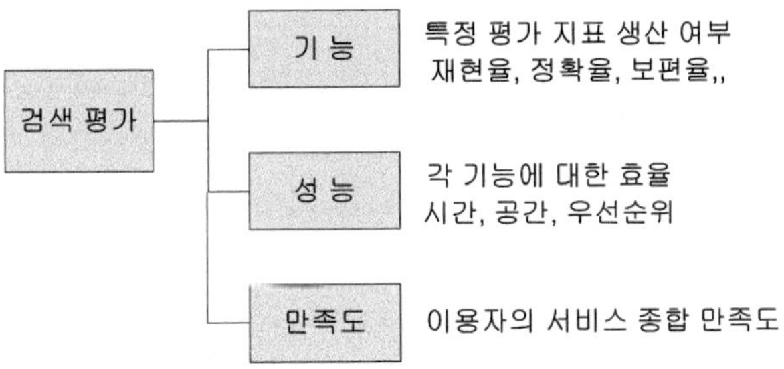

[그림 9.1] 검색 평가의 목표

검색 시스템을 평가하는 목표는 [그림 9.1]과 같이 기능 평가, 성능 평가, 만족도 평가 등으로 구분된다. 정보검색에 대한 평가는 검색의 개별 행위에 대한 개별 검색 평가와 검색 시스템에 대한 평가로 구분할 수 있다.

1) 기능 평가

기능 평가는 특정한 평가 지표를 생산하는 기능들이 실제로 가능한지를 평가하는 것으로 구체적으로 정확률(precision), 재현율(recall), 부적합률(fallout), 보편율(generality) 등 특정한 검색 능력에 대한 평가이다. 이용자가 정보검색을 요구할 때 개별 검색 기능들이 설계한 대로 검색을 정상적으로 수행하는지를 평가한다.

개별 검색 기능들이 잘 수행된다면 비정상적인 운영을 하거나 잘못된 자료를 입력하여 시스템이 실패하도록 유도하는 측정을 수행하여 시스템의 강건성(robust)[140]을 측정한다. 이것은 시스템의 프로그래밍 오류를 검출하는데 효과적인 방법이다. 예를 들어 비정상적인 자료를 입력하거나 비정상적인 행동을 하여 시스템이 실패하도록 유도하고 시스템이 어떻게 반응하는지를 평가하고 이에 대비하도록 해야 한다.

2) 성능 평가

성능 평가는 검색 시스템이 사용하는 기능들의 효율성을 평가하는 것이다. 프로그램의 효율은 컴퓨터에서 소요되는 처리 시간과 공간에 대한 효율을 의미한다. 모든 시스템은 처리 시간이 짧고 사용하는 소요 공간이 적을수록 좋다. 검색 결과가 많은 경우에는 검색 결과에 대한 우선순위 부여 성능을 측정한다.

3) 종합 만족도 평가

종합 만족도 평가는 사용자의 정보 요구에 대한 전반적인 검색 서비스 만족도를 평가하는 것이다. 검색 시스템이 다양한 이용자들의 검색 요구를 얼마나 잘 대처하는지에 대한 전반적인 평가로서 검색 서비스에 대한 만족도를 측정한다. 검색 시스템은 다른 시스템과 달리 검색 결과를 많이 생산할 수 있으므로 추가적으로 검색 결과에 우선순위를 부여하는 기능이 필요하다. 따라서 우선순위 부여를 효율적으로 실행하는 것이 중요하다.

이상과 같이 검색 시스템은 오류 입력과 비정상적인 행동에도 불구하고 강건하게 사용될 수 있도록 설계되고 설계한 대로 모든 기능들이 구현되어야 하며 시험 자료를 제시하여 이를 평가할 수 있어야 한다.

(2) 검색 평가 절차

공정하고 합리적인 검색 평가를 위하여 검색 시스템 평가자들은 철저하게 준비하고 정확하게 절차를 수행해야 한다. 검색 평가를 위한 준비 자료와 평가 방법 등은 1950년대부터 본격화되었으므로 이미 상당 부분이 정형화되었다. 정보검색 평가를 위하여 [표 9.2]와 같은 절차가 요구된다. 시험용 자료는 문서 집합, 검색 질의, 질의 결과인 관련 문서 집합 등으로서 평가 계산을 위하여 미리 준비한다.

140) robust: 생물학 용어로서 주변의 환경 변화에 잘 적응하고 견디려는 능력. 컴퓨터 시스템이 침입이나 오류 입력 등의 외부 환경에 적절하게 대처하는 능력.

첫째 시험 자료(test data)는 검색 대상인 문서 집합으로서 적용 분야의 문서들을 내용에 따라 다양하게 갖추어야 한다. 둘째 시험 자료는 질의로서 실제로 사용자들이 자주 질의하는 것과 드물게 질의하는 것 등을 모두 망라해서 작성해두어야 한다. 셋째 절차는 미리 작성된 질의로 문서 집합에 검색을 실시하여 검색 결과를 확인한다. 넷째 절차는 검색 결과에 따라 추출된 평가 지표들을 확인하는 작업이다. 평가 작업에서는 재현율과 정확률 등의 각종 지표들이 정확한지 확인한다.

[표 9.2] 검색 평가 절차

순서	준비물/평가 절차	내 역
1	시험용 문서 집합	검색을 위한 다양한 문서 집합 준비
2	검색 질의	평가를 위한 질의와 검색 결과 준비
3	검색 시험	준비된 질의를 수행
4	평가	재현율, 정확률 등의 평가 지표 계산

검색 평가는 각종 검색 이론들과 검색 모델들에 대한 타당성을 입증하기 위한 수단으로 사용된다. 정보검색 평가의 효과는 사용자가 원하는 정보를 정확하게 제공하였는지를 평가하는 것이고, 효율은 검색에 소요되는 시간과 공간을 얼마나 사용하였는지 그리고 우선순위를 정확하게 제시하였는지를 평가하는 것이다. 선반적으로 검색 시스템 평가는 관련 문서를 검색하는 능력이 다른 시스템보다 얼마나 더 우수한지를 의미한다.

검색 평가의 목적이 검색 사용자가 요구하는 정보를 효과적으로 제공함으로써 검색 서비스 만족도를 높이는 것이라면 검색 목표는 재현율, 정확률 등의 제반 평가 지표들을 효율적으로 생산하는 것이다.

9.2 평가 기준

가장 이상적인 검색 시스템은 문서 집합에서 사용자가 원하는 관련 문서들을 모두 검색하고 관련되지 않은 문서들은 전혀 검색하지 않는 시스템이다. 현실적으로 완전하고 이상적인 시스템을 구현하는 것은 불가능하지만 응용분야와 검색 목적에 따라서 부분적으로 이상을 추구할 수 있다. 사용자를 위한 평가 기준이란 이 요건을 충족해야 한다. 검색에 소요되는 비용은 적어야 하며 비용이 증가한다면 그에 상응하는 이익이 있어야 한다. 이와 같은 사항들을 종합하여 사용자 만족도를 증가시키기 위해서는 평가 기준으로 주관적이고 복합적인 요구를 측정할 수 있도록 정확성과 질, 양, 이해도, 경제성, 읽기 쉬운 정도 등을 고려해야 한다.

사용자들이 요구하는 요건들을 모두 충족하기 어려우므로 컴퓨터 소프트웨어의 평가 기준과 검색 소프트웨어의 평가 기준으로 나누어 중요한 사항들을 논의한다.

9.2.1 소프트웨어 평가 기준

사용자가 컴퓨터 시스템을 조화롭게 사용할 수 있도록 잘 만들기 위한 학문이 HCI(human computer interaction)이다. HCI는 컴퓨터 소프트웨어 시스템을 잘 만들기 위한 목표를 '사용자들에게 최적의 경험을 제공하는 것'으로 설정하고 있다. 최적의 경험을 제공하는 것은 시스템을 사용하는 사용자가 사용하면서 만족하고 있고 계속해서 사용하고 싶은 욕망을 갖는 것이다. 최적의 경험을 제공하기 위해서 소프트웨어 시스템은 유용성, 사용성, 감성, 경제성이라는 네 가지 목표를 충족해야 한다. 따라서 이들 네 가지 요소들은 [표 9.3]과 같이 컴퓨터 소프트웨어 시스템을 평가하는 기준이 된다.

[표 9.3] 소프트웨어 시스템 평가 기준

순서	평가 기준	내 역
1	유용성	시스템의 설계 기능들을 효과적으로 달성하는 능력
2	사용성	시스템을 효율적(시간, 공간)으로 사용하는 능력
3	감성	시스템이 사용자에게 적절한 느낌을 주는 능력
4	경제성	시스템 개발과 운영 시에 소요되는 비용

(1) 유용성

유용성(usefulness)은 사용자가 시스템을 이용하여 원하는 과업을 효과적(effective)으로 달성할 수 있도록 하는 것이다. 이것은 모든 시스템이 가장 먼저 달성해야 하는 조건이다. 유용성을 검색 시스템에 적용하면 사용자가 검색 시스템을 이용하여 원하는 정보를 효과적으로 검색할 수 있어야 한다. 사용자가 원하는 각종 평가 지표들을 검색 시스템에 요청했을 때 시스템이 사용자가 원하는 수준의 평가 지표를 제공하는 것이 유용성이다.

검색 평가는 검색의 결과와 범위, 최신성, 정확성 등을 기준으로 한다. 유용성은 검색 목표 달성의 첫째 기준이 된다. 사용자가 요구하는 검색 시스템의 평가 지표들은 재현율, 정확률, 부적합률, 보편율 등이므로 검색 시스템은 이들 개별적인 평가 지표와 기능들을 정확하게 제공해야 한다. 그러나 사용하는 방법이 너무 복잡하거나 어려워서 사용이 불편하거나 시스템에 오류가 많아서 검색 자료들을 자주 검토해야 한다면 다른 기능이 아무리 좋아도 유용한 시스템이라고 할 수 없다.

(2) 사용성

사용성(usability)은 시스템을 사용하는 과정이 효율적(efficient)이어야 한다는 것이다. 효율적이라는 것은 사용자가 적은 노력과 자원을 이용하여 원하는 목적을 달성하는 것이다. 여기서의 노력과 자원은 금전적 비용과 비금전적 비용을 모두 합친 개념이다. 일반적으로 소프트웨어 시스템에서는 사용성을 소요 시간(response time)과 처리율(throughput)을 기준으로 평가한다.

사용성을 검색 시스템에 적용하면 검색 과정에서 소요되는 시간이 짧아야 하고 메모리 공간 등의 컴퓨터 자원을 적게 사용해야 한다. 아울러 사용자가 검색 시스템을 쉽게 배우고 편리하게 사용할 수 있어야 결과적으로 효율적이라고 할 수 있다. 예를 들어 한 번의 클릭으로 원하는 평가 지표들을 쉽게 얻을 수 있다면 사용성이 좋은 시스템이라고 할 수 있다. 검색 시스템에서는 검색 결과가 너무 많이 나와서 사용자들이 원하는 결과를 추려내기 힘들기 때문에 추가적으로 검색 결과에 우선순위를 부여하는 것이 효율성을 높이는데 중요한 역할을 한다.

(3) 감성

감성(affect)이란 사용자들이 시스템을 사용하면서 마음속에서 적절한 느낌을 얼마나 받았는지를 의미한다. 감성이 충족되기 위해서는 사용자가 시스템을 사용하면서 시스템이 기본적인 목적을 충실하게 구현하고 있는 것을 느껴야 하고 시스템을 보고 느끼는 미적 인상과 정서와 개성 등이 모두 만족스러워야 한다. 사용자가 시스템을 처음 접했을 때 초기 화면이 주는 이미지부터 다음으로 연결되는 화면들과 내용들이 우아하고 세련되고 고급스러운 느낌을 줄 때 사용자는 감성으로 만족감을 느낀다.

감성에 검색 시스템을 적용하면 사용자들은 검색 시스템을 사용하면서 적절한 느낌을 받을 수 있다. 사용자들이 검색 시스템에 접속했을 때 화면에 나와 있는 내용들이 신뢰감을 주는 것이 좋다. 화면을 보고 참신하다고 느낄 수도 있고 화면의 색상이 우아하다고 느낄 수도 있다. 사용자들이 즐겁게 사용하도록 제어 화면과 입·출력 양식 등을 디자인해야 한다. 사용자들이 검색 시스템을 처음 보고도 늘 사용했던 것처럼 즐겁게 사용할 수 있어야 좋은 평가를 받는다. 감성은 겉치레를 다루는 것이기 때문에 유용성이나 사용성과 상반되는 조건이라는 생각이 과거에는 있었으나, 이제는 감성이 없어서는 유용성과 사용성도 만족할 수 없는 것으로 인식되고 있다.

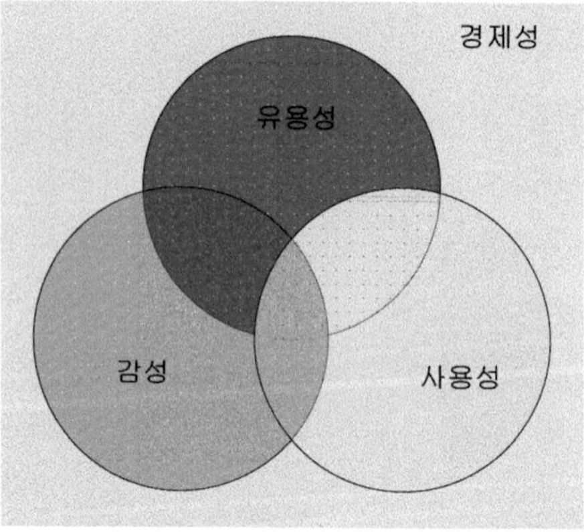

[그림 9.2] 소프트웨어 평가 기준

(4) 경제성

경제성이란 검색 시스템을 개발하는 비용과 개발 후에 운영하는 비용의 효율성이다. 경제성이란 적은 비용으로 큰 효과를 낼 수 있도록 시스템을 구축하는 것이므로 이들 비용이 얼마나 적절한지를 평가한다. 시스템 개발비는 시스템의 목적과 설계에 따라서 소요되는 인적이거나 물적인 모든 비용을 의미한다. 시스템 운영비는 검색을 수행하는 과정에 소요되는 비용으로서 기계비, 인건비, 통신비, 처리비 등을 위주로 한다. 검색 시스템 개발과 운영에 소요되는 비용 대비 효과가 우수해야 개발이 효과적으로 추진된다.

[그림 9.2]는 유용성, 사용성, 감성 그리고 경제성들 사이의 관계를 보여준다. 경제성이라는 기반위에 세 가지 요소가 균형을 잡으며 시스템을 구축해야 한다. 유용성과 사용성, 감성이 아무리 좋아도 경제성이 떨어지면 상품 경쟁력이 저하된다. 경제성이 떨어지는 제품을 구입하여 사용하는 것은 누구나 원하지 않는 일이다. 이들 네 가지 요소들을 서로 조화롭게 설계하고 구현함으로써 좋은 검색 시스템을 구축할 수 있다.

9.2.2 검색 소프트웨어 평가 기준

검색 시스템의 기능적 차원의 평가 기준으로 사용자 요구에 대한 검색 결과의 관련성과 적절성을 들 수 있다. 관련성이 많고 적절성이 높은 검색 결과를 제공하고 관련성이 없거나 적절하지 않은 자료는 제공하지 않는 것이 좋은 검색 시스템의 목적이다.

(1) 관련성

관련성(relevance)이란 사용자가 요구한 검색 질의(query)에 대하여 검색한 결과로 주어진 문서들에 반족하는 것을 의미한다. 좁은 의미의 관련성이란 검색 질의의 주제 표현과 검색된 문서의 주제 표현이 일치하는 것을 의미한다. 검색 성능은 검색된 문서 각각에 대하여 이러한 관련성 판정이 모여서 측정된다. [그림 9.3]과 같이 관련성은 검색 질의와 검색 결과와의 관계이다.

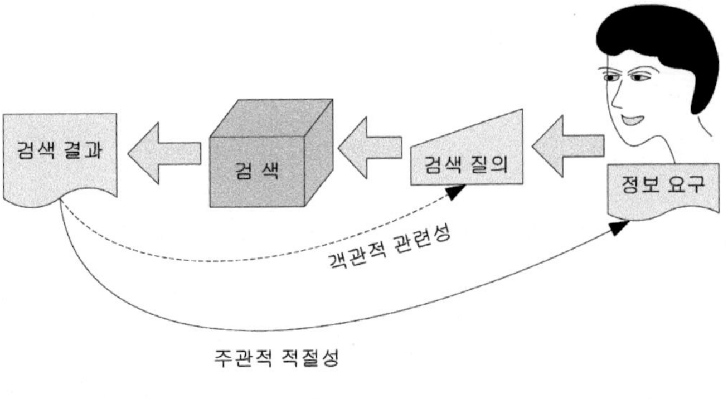

[그림 9.3] 관련성과 적절성의 관계

(2) 적절성

적절성(pertinence)이란 사용자의 정보검색 요구에 대하여 검색된 문서가 얼마나 일치하는지를 나타내는 정도를 의미한다. 관련성은 검색 질의와 검색된 문서들 사이의 관련성을 수식으로 확인하는 것이고 적절성은 사용자의 요구와 검색 결과가 얼마나 일치하는지를 계량적으로 판단하는 것이므로 이 둘은 서로 상이하다. 관련성이 검색 수식에 의한 객관적인 것이라면 적절성은 사용자의 주관적인 판단에 따른 것이다. 적절성은 사용자 요구와 검색 결과와의 관계이다.

적절성은 사용자의 정보 요구에 대한 응답이므로 사용자의 검색 만족도와 관계가 되고, 관련성은 검색 질의에 대한 응답이므로 검색 모델의 특성이 반영된 것이다. 따라서 적절성이 높아도 관련성은 낮을 수 있고 적절성이 낮아도 관련성은 높을 수 있다. 이는 만족도가 주관적이고 복합적인 것이기 때문이다.

검색 시스템의 평가 기준은 컴퓨터 소프트웨어 시스템으로서의 평가 기준을 충족해야 소프트웨어 시스템으로서의 자격이 주어지고 검색 시스템으로서의 평가 기준을 충족해야 검색 사용자의 만족도를 높일 수 있다.

9.3 평가 지표

정보검색과 검색 시스템의 성능은 검색 효율 측정에 의하여 이루어진다. 사용자들은 문서 집합에서 관련이 있는 문서는 모두 검색되고 관련이 없는 문서는 전혀 검색되지 않기를 바라기 때문에 정보검색에서는 문서 집합을 관련 문서와 비관련 문서로 구분하여 평가한다. 검색 결과를 평가하는 가장 많이 사용하는 기본적인 지표는 정확률과 재현율이므로 이들을 위주로 정의하고 이들 간의 관계를 논의한다.

9.3.1 정확률과 재현율

검색 시스템의 유용성은 대표적으로 정확률(precision)과 재현율(recall)로 평가된다. 정확률과 재현율이란 검색 시스템이 문서 집합에서 사용자가 원하는 관련 문서를 검색하는 비율이다. 정확률은 검색된 문서들 중에서 관련된 문서의 비율을 의미하고 재현율은 문서 집합에 있는 관련 문서들 중에서 검색된 관련 문서의 비율을 의미한다. 따라서 정확률과 재현율은 검색 평가에서 매우 중요한 평가 요소이다.

정확률과 재현율을 간략하게 표현하면 다음과 같이 정의할 수 있다.

> 정확률은 검색된 문서들 중에서 관련 문서의 비율
> 재현율은 관련 문서 집합 중에서 검색된 문서의 비율

정확률과 재현율을 수식으로 표현하면 다음과 같이 정의할 수 있다.

$$\text{정확률}(precision) = \frac{\text{검색된 관련 문서}}{\text{검색된 문서}} \qquad \text{(식 9.1)}$$

$$\text{재현율}(recall) = \frac{\text{검색된 관련 문서}}{\text{관련 문서}} \qquad \text{(식 9.2)}$$

[그림 9.4]의 문서 집합은 관련 문서 A, C와 비관련 문서 B, D로 구성되어 있다고 가정하고, 이 집합에 검색 질의를 수행했을 때 얻어지는 정확률과 재현율을 설명하기로 한다. [그림 9.4]에서 질의에 의하여 검색된 문서는 A+B이고 검색되지 않은 문서는 C+D이다. 정확률은 검색된 문서들 A+B 중에서 관련된 문서 A가 차지하는 비율이므로 A/(A+B)가 된다. 재현율은 관련 문서 A+C 중에서 검색된 관련 문서 A가 차지하는 비율이므로 A/(A+C)가 된다.

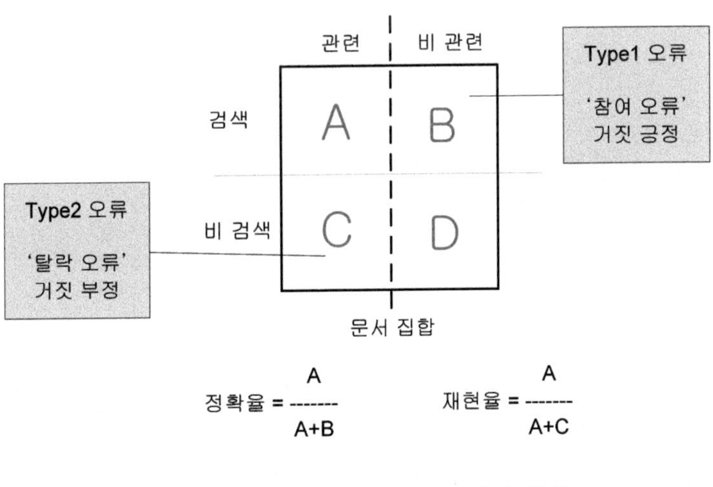

[그림 9.4] 관련 문서와 비관련 문서의 분할도

정확률과 재현율이 높기 위해서는 B와 C가 없거나 적어야 한다. 따라서 B는 Type 1에 해당하는 '참여 오류'로서 적을수록 좋고 '참여 오류'는 긍정적이어서 검색되었지만 관련성이 없는 것이므로 '거짓 긍정'이라고 말한다. C는 Type 2에 해당하는 '탈락 오류'로서 역시 적을수록 좋고 '탈락 오류'는 부정적이어서 검색되지 않았지만 관련성이 있으므로 탈락되지 말았어야 하므로 '거짓 부정'이라고 말한다.

>>> 예제 9.1: 정확률과 재현율 계산

[그림 9.5]의 문서 집합에는 10개의 문서가 있으며 그 중의 5개는 관련 문서이고 5개는 비관련 문서이다. 검색된 문서는 4개이며 그 중에서 2개는 비관련 문서이다. 정확률과 재현율을 계산하시오.

풀이:

정확률은 검색된 문서 4개 중에서 2개가 관련되어 있으므로 A/(A+B) = 2/4 = 0.5이고, 재현율은 관련된 문서 5개 중에서 2개가 검색되었으므로 A/(A+C) = 2/5 = 0.4이다.

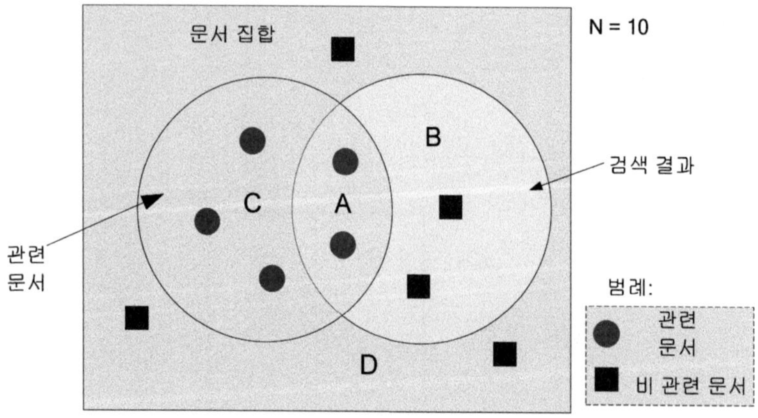

[그림 9.5] 정확률과 재현율의 실례

9.3.2 정확률과 재현율의 관계

사용자들은 정확률과 재현율을 모두 향상시키고 싶어 하지만 실현하기는 매우 어렵다. 그 이유는 정확률과 재현율의 관계가 일반적으로 [그림 9.6]과 같이 반비례 관계에 있으므로 어느 하나가 높으면 다른 하나는 낮아지기 때문이다. 어떤 검색 시스템의 정확률-재현율 그래프가 A라면 어떤 검색 시스템의 그래프는 B가 될 수 있으나 두 시스템 모두 정확률과 재현율의 관계는 항상 그림과 같이 반비례를 이룬다.

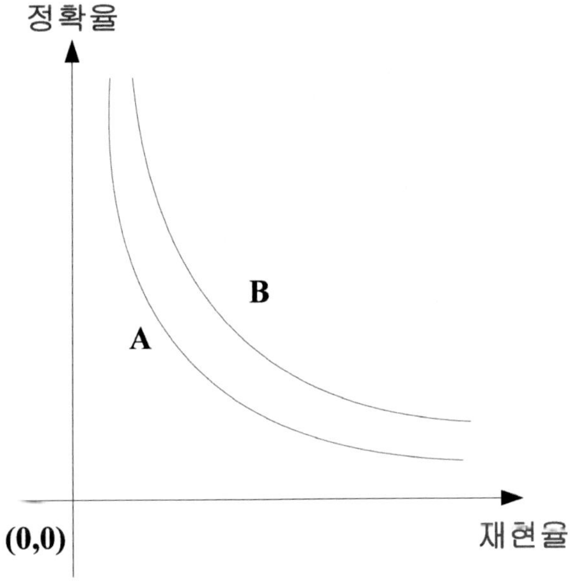

[그림 9.6] 정확률-재현율 그래프

재현율을 높이기 위해서는 모든 관련 문서가 검색될 때까지 검색을 계속해야 하고 검색을 계속할수록 문서 집합에 남아있는 관련 문서의 수가 감소하기 때문에 관련 문서가 검색되기 어려워지므로 정확률이 저하한다. 따라서 정확률을 높이기 위해서는 검색 횟수를 줄여야 하는데 검색 횟수가 적을수록 검색되는 관련 문서의 수가 감소하기 때문에 재현율이 감소한다. 따라서 둘 사이의 관계는 언제나 반비례 관계를 이룬다. 정확률과 재현율의 관계는 실제 자료를 중심으로 설명하고자 한다.

[표 9.4] 질의 q에 의하여 검색된 문서

순서	1	2	3	4	5	6	7	8	9	10	11	12	13	14	15
문서	**d30**	**d25**	d1	d99	d50	**d24**	d27	d45	**d65**	d51	d84	d94	d77	d67	**d56**

[표 9.5] 정확률-재현율 계산

검색 횟수	재현율	정확률	문서	관련
1	1/10	1/1	**d30**	R
2	2/10	2/2	**d25**	R
3	2/10	2/3	d1	
4	2/10	2/4	d99	
5	2/10	2/5	d50	
6	3/10	3/6	**d24**	R
7	3/10	3/7	d27	
8	3/10	3/8	d45	
9	4/10	4/9	**d65**	R
10	4/10	4/10	d51	
11	4/10	4/11	d84	
12	4/10	4/12	d94	
13	4/10	4/13	d77	
14	4/10	4/14	d67	
15	5/10	5/15	**d56**	R

(1) 재현율-정확률 곡선

실제 자료로 정확률과 재현율의 관계를 살펴보기로 한다. Rq는 질의 q에 대한 관련 문서 집합이며 다음과 같이 10개의 문서들로 구성된다고 가정한다.

Rq = {d10, d24, d25, d30, d56, d65, d85, d89, d95, d105}

질의 q에 의하여 새롭게 개발된 검색 알고리즘을 15번 수행하여 검색된 문서의 자료와 순위는 [표 9.4]와 같다고 가정하자. 검색된 관련 문서는 진한 색으로 표현하였다. [표 9.5]는 앞의 문서 집합을 대상으로 실제로 검색을 15번 수행한 결과를 보여준다. 첫 번째로 검색된 문서 d30은 관련 문서이므로 정확률이 100%이고 재현율은 1/10 이므로 10%이다. 우리는 10% 재현율에서 100%의 정확률이 나타났다고 표현한다. 재현율을 보면 이 문서 집합에는 10개의 관련 문서가 있기 때문에 검색할 때마다 재현율을 계산할 수 있으며 검색을 수행할수록 재현율이 향상되는 것을 알 수 있다. 반면에 정확률은 검색을 수행할수록 낮아지는 것을 알 수 있다. 그 이유는 검색을 많이 할수록 문서 집합에 남아있는 관련 문서들이 검색되기 때문에 재현율이 상승하는데 반하여, 검색을 반복할수록 문서 집합에 남아있는 관련 문서의 수가 줄어들어 정확률은 계속 저하될 수밖에 없다.

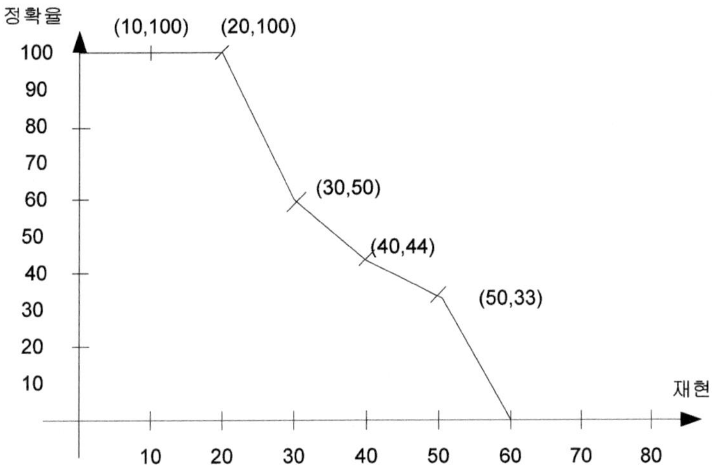

[그림 9.7] 11 표준 재현율 수준에서의 정확률 그래프

[그림 9.7]은 [표 9.5]의 자료를 그래프로 그린 것이다. 재현율이 증가할수록 정확률이 감소하는 것을 볼 수 있다. 재현율이 10% 증가할 때마다 정확률을 표시하는 그림으로 정확률의 변동을 확인하기 위한 그래프이다. 이런 재현율-정확률 곡선은 0%, 10%, 20%, ... ,100%를 기반으로 작성되므로 보통 '11 표준 재현율'이라고 표현한다.

(2) 평균 정확률

지금까지는 한 질의에 대한 재현율-정확률 곡선을 그렸다. 그러나 검색 알고리즘은 보통 여러 개의 서로 다른 질의를 수행함으로써 평가된다. 따라서 각 질의에 대하여 다른 재현율-정확률 곡선이 얻어진다. 모든 질의에 대한 검색 알고리즘의 성능을 평가하기 위해서는 각 재현율 수준에서의 평균 정확률을 구해야 한다.

각 재현율에서 평균 정확률을 구하는 식은 다음과 같다.

$$\text{평균정확률} = \sum_{i=1}^{N} \frac{\text{정확률}i}{\text{횟수}(N)} \quad \text{(식 9.3)}$$

재현율 20%에서(2, 3, 4, 5번째 검색)의 평균 정확률을 계산하려면 (식 9.3)을 이용하여 다음과 같이 계산한다.

$$\text{평균 정확률}_{20\%\text{재현율}} = (1+ 2/3 + 2/4 + 2/5)/4 = 64.3\%$$

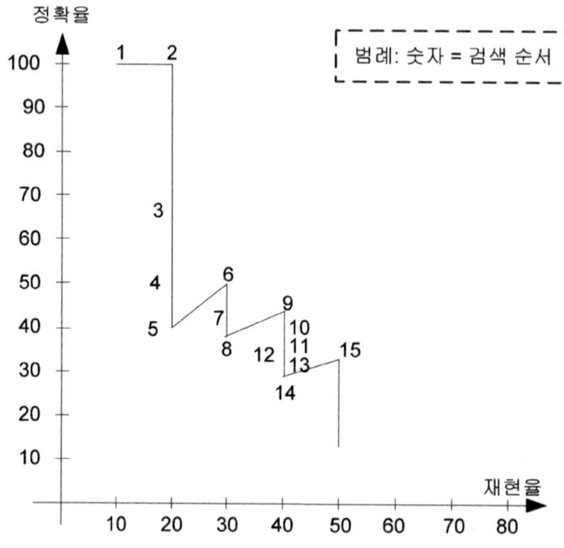

[그림 9.8] 재현율 고정 시의 정확률 변동 그래프

(식 9.3)을 이용하여 계산한 재현율 20% 수준의 평균 정확률을 그래프로 그리면서 풀이해보자. [표 9.4]의 정확률-재현율 표를 재현율을 기준으로 작성한 것이 [그림 9.8]의 그래프이다. 그래프는 1번부터 15번까지의 검색에서 각각 재현율과 정확률의 변화를 기록하였다. 첫 번째 재현율 10%와 두 번째 재현율 20%에서는 100%의 정확률이 유지되었고 세 번째는 검색에 실패하였으므로 2/3 = 67%, 네 번째는 2/4 = 50%, 다섯 번째는 2/5 = 40%의 정확률을 기록하였다. 이것은 [그림 9.8]에서 재현율이 20%에 고정되어 있는 상태에서 2, 3, 4, 5번째 검색 시에 정확률이 100%, 67%, 50%, 40%의 순서로 하강하게 된다. 따라서 재현율 20% 수준에서의 평균 정확률은 이들 값을 모두 합한 다음에 4로 나눈 값이 된다.

(3) 검색 시점에서의 평균 정확률

이것은 원하는 문서가 검색될 때마다 정확률을 계산함으로써 순위화에 대한 요약을 만들기 위한 평균 정확률이다. [표 9.5]와 [그림 9.7]의 실례를 다시 보면 각 관련 문서가 검색되었을 때의 재현율이 각각 10%, 20%, 30%, 40%, 50%일 때 해당 정확률은 각각 100%, 100%, 50%, 44%, 33%이므로 실수 값은 각각 1, 1, 0.5, 0.44, 0.33이다. 따라서 검색된 관련 문서에서의 평균 정확률은 (식 9.3)에 의하여 다음과 같다.

$$\text{평균 정확률}_{\text{검색시점}} = (1,\ 1,\ 0.5,\ 0.44,\ 0.33)/5 = 0.654$$

이 척도는 관련 문서를 빨리 검색하는 시스템을 선호한다. 물론 이 정확률이 좋다고 해서 다른 성능도 모두 좋다고는 할 수 없다.

(4) *R*-정확률

R-정확률은 R번째 검색 순위에서 정확률을 계산하여 순위화의 요약으로 사용하려는 것이다. 여기서 R은 현재 질의에 대한 전체 관련 문서의 수를 의미하므로 첫 번째 실례에서는 Rq = 10이므로 4가 된다. 즉 전체 관련 문서의 수가 10개이며 10번째로 검색된 관련 문서의 수가 4개(d30, d24, d25, d65)이므로 R 정확률은 40%가 된다. R 정확률은 실험에 있어서 각 질의에 대한 알고리즘의 동작을 관찰하는데 편리한 척도이며 모든 질의에 대한 평균 R-정확률을 계산할 수도 있다.

>>> 예제 9.2: 평균 정확률 계산

질의 q에 대한 관련 문서 집합 Rq는 다음과 같이 세 개의 문서로 구성된다.

$$Rq = \{d30,\ d45,\ d56\}$$

질의 q에 의하여 새롭게 개발된 검색 알고리즘을 15번 수행하여 검색된 문서의 순위는 [표 9.6]과 같다고 가정하자.

[표 9.6] 질의 q에 의하여 검색된 문서

순서	문서	재현율	정확률
1	d1	0	0
2	d25	0	0
3	**d30**	.33	.33
4	d99	.33	.25
5	d50	.33	.2
6	d24	.33	.17
7	d27	.33	.14
8	**d45**	.67	.25
9	d65	.67	2/9
10	d51	.67	.2
11	d84	.67	.18
12	d94	.67	.17
13	d77	.67	.15
14	d67	.67	.14
15	**d56**	1	.2

1) 재현율 20%의 평균 정확률을 계산하시오

[표 9.6]에 의하면 재현율은 0%, 33%, 67%, 100%밖에 없으므로 재현율 20%의 정확률을 정확하게 구하기 어렵다. 따라서 재현율 0%, 10%, 20%, 30%에서의 정확률은 재현율 33%시의 값을 사용하는 것이 비교적 합리적이다. 마찬가지로 재현율 40%, 50%, 60%에서의 정확률은 재현율 67%시의 값을 사용하고, 재현율 70%, 80%, 90%, 100%에서의 정확률은 재현율 100%시의 값을 사용한다. 이와 같이 밝혀진 재현율의 값을 이용하여 '11 표준 재현율' 수준에서의 정확률을 만든 방법을 '11 표준 재현율 수준에서의 보간된 정확률'이라고 한다. 이 보간된 정확률을 기반으로 작성한 것이 [그림 9.9]이다.

따라서 이 예제에서 재현율 20%의 정확률은 33%이다.

2) 검색 시점에서의 평균 정확률을 계산하시오.

관련 문서가 검색된 시점에서의 정확률은 각각 0.33, 0.25, 0.2이므로 평균 정확률은 (0.33 + 0.25 + 0.2)/3 = 0.26으로 26%이다.

3) *R*-정확률을 계산하시오.

예제에는 세 개의 관련 문서가 있으므로 *R*-정확률이란 *R* = 3이다. [표 9.6]에서 3 순위까지 관련 문서는 d30 한 문서만 검색되었으므로 *R*-정확률은 0.33이다.

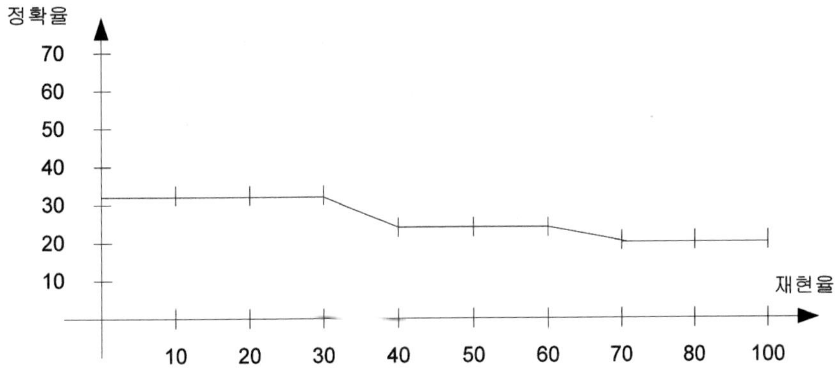

[그림 9.9] 11 표준 재현율 수준에서의 보간된 정확률

9.3.3 기타 평가 지표

검색을 평가하기 위하여 재현율과 정확률이 대표적인 척도로 많이 사용되어 왔으나 여기에도 문제점이 있어서 다른 척도들이 제시되고 있다. 이 절에서는 두 척도의 문제점을 논의하고 추가적으로 부적합률과 보편율을 소개한다.

(1) 재현율과 정확률의 문제

재현율과 정확률의 문제점은 [표 9.7]과 같이 크게 네 가지 측면에서 지적되고 있다. 첫째 재현율을 정확하게 계산하기 위해서는 문서 집합 전체에 대한 지식이 필요하다. 대규모 문서 집합에서는 이와 같은 지식을 얻는 것이 매우 어려우므로 정확한 재현율을 계산하는 것이 어렵다. 둘째 재현율과 정확률은 검색된 문서를 중심으로 다른 측면을 파악하는 척도이다. 그러나 대부분의 경우에는 재현율과 정확률을 결합하여 사용하는 것이 더 편리하고 합리적이다. 셋째 재현율과 정확률은 일괄처리 모드에서 질의에 대한 평가를 하는 것이다. 그러나 최근의 시스템들은 주로 대화식 모드로 작업을 처리하므로 현실에 맞지 않는다는 지적이 있다. 넷째 검색 결과가 많으면 사용자 편의를 위하여 순위를 부여해야 하는데 정확률과 재현율 방식에는 순위 부여가 적합하지 않다. 이러한 지적들로 인하여 다른 척도를 개발하는 노력이 이루어지고 있으며 다소 성과를 보이고 있다.

[표 9.7] 정확률과 재현율의 문제점

구분	문제점	내 역
1	재현율 파악	문서 집합 전체에 대한 지식 필요
2	검색된 문서 중심	재현율과 정확률은 검색된 문서 중심
3	일괄처리 방식	현재의 대화식 처리 방식에 부적합
4	순위화 부재	검색 결과가 많으면 순위화 필요

(2) 부적합률과 보편율

부적합률과 보편율 이외에도 많은 평가 지표들이 생산되고 있으나 그 중에서 가장 대표적인 부적합률과 보편율 척도를 논의한다.

1) 부적합률

부적합률(fallout)은 문서 집합에 있는 비관련 문서들 중에서 검색된 비관련문서의 비율이다. [그림 9.10]과 같이 부적합율이 낮을수록 시스템의 성능이 향상된다. 이것은 시스템이 검색에서 비관련 문서들을 제외시키는 능력이다. 이 개념은 재현율의 반대 개념이므로 재현율을 계산할 수 있어야 가능하다.

$$\text{부적합률} = \frac{\text{검색된비관련문서}}{\text{비관련문서}} \quad \text{(식 9.4)}$$

2) 보편율

보편율(generality)은 문서 집합에 있는 모든 문서들 중에서 특정 주제에 관련된 문서의 비율이다. [그림 9.10]과 같이 보편율의 값이 클수록 문서 집합에 관련문서의 수가 많으므로 검색할 때 더 많은 관련 문서들이 검색된다. 그러나 보편율은 검색 성능을 측정하기 보다는 데이터베이스의 품질을 측정하는 것이다.

$$\text{보편율} = \frac{\text{관련 문서}}{\text{집합의 모든 문서}} \qquad \text{.................................. (식 9.5)}$$

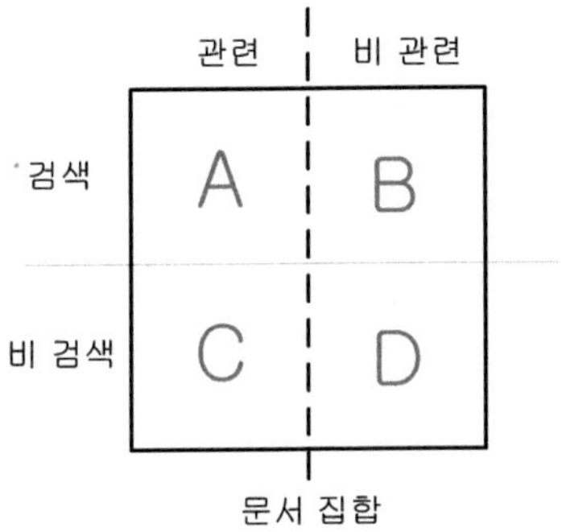

$$\text{보편율} = \frac{(A+C)}{(A+B+C+D)} \qquad \text{부적합율} = \frac{B}{B+D}$$

[그림 9.10] 부적합률과 보편율

[표 9.8] 관련 문서와 검색 문서의 관계

판단 / 결과	관련	비관련	소계
검색 문서	A	B	A+B (전체 검색 문서)
비검색 문서	C	D	C+D (전체 검색 안된 문서)
소계	A+C (전체 관련 문서)	B+D (전체 비관련 문서)	A+B+C+D (전체 문서)

부적합률과 보편율의 경우에도 검색되지 않은 관련 문서의 수를 알아야 평가 지표를 계산할 수 있다. 따라서 문서 집합에 대한 정확한 정보가 없으면 검색 평가 지표를 계산하는 것이 어려울 수밖에 없다.

[표 9.8]은 관련 문서와 검색 문서와의 관계를 보여주는 것으로서 비관련 문서와 비검색 문서의 관계도 보여준다. 정확률은 항상 검색된 문서를 위주로 평가하므로 A와

B가 가장 중요하고 재현율은 관련 문서가 중요하기 때문에 A와 C가 중요하다. 따라서 문서 집합에서는 비관련되고 비검색된 D가 가장 소홀하게 취급된다. 그러나 역으로 볼 때 D가 가장 많은 비중을 차지해야 검색 시스템을 성공적이라고 할 수 있으므로 D를 포함하는 평가 지표도 중요시된다.

연습문제

9.1 다음 용어들을 정의하시오.

1) 기능	2) 사용성	3) 재현율	4) 정확률	5) 평균 정확률
6) 부적합률	7) 유용성	8) 보편율	9) 사용성	10) 적절성

9.2 검색 시스템의 목적을 설명하시오.

9.3 검색 평가의 목적과 목표를 기술하시오.

9.4 기능 평가와 성능 평가의 목적과 차이를 기술하시오.

9.5 검색 평가 절차를 기술하시오.

9.6 컴퓨터 소프트웨어 시스템을 평가하는 기준을 기술하시오.

9.7 컴퓨터 평가에서 관련성과 적절성의 관계를 기술하시오.

9.7 검색 평가 지표의 종류를 나열하고 각 지표의 목적을 설명하시오.

9.8 정확률과 재현율의 필요성과 둘 사이의 관계를 기술하시오.

9.9 정확률과 평균 정확률을 비교하시오.

9.10 R-정확률을 정의하고 필요성을 설명하시오.

9.11 다음의 표를 보고 질문에 답하시오.

R ={d10, d25, d30, d33, d51} // 관련 문서

1) 각 질의 단계마다 재현율과 정확률을 계산하시오.
2) 11 표준 재현율 수준에서의 정확률 그래프를 작성하시오.
3) 재현율 고정 시의 정확률 변동 그래프를 작성하시오.
4) 재현율이 30%일 때 평균 정확률을 계산하시오.
5) 검색 시점에서의 평균 정확률을 계산하시오.
6) R-정확률은 계산하시오.

순서	1	2	3	4	5	6	7	8	9	10	11	12
문서	d25	d15	d47	d30	d4	d10	d70	d22	d51	d98	d82	d33
재현율												
정확률												

9.12 우수한 정보검색 시스템의 요건을 기술하시오.

9.13 재현율과 정확률의 문제점과 대책을 설명하시오.

9.14 평균 정확률의 필요성과 단점을 설명하시오.

9.15 부적합률의 의미를 설명하고 용도를 기술하시오.

9.16 보편율의 필요성을 설명하고 부적합률과의 관계를 기술하시오.

참고문헌

Baeza-Yates, Ribeiro-Neto 저 김명철외 공역, 최신정보검색론, 홍릉과학출판사, 1999년

Baeza-Yates, Frakes 저 류근호·김진호 공역, Information Retrieval: Data Structure & Algorithms, Prentice-hall, 1995

GRIGORIS ANTONIOU , FRANK VAN HARMELEN 지음 윤여름 , 이영진, 이주복 옮김, 시맨틱 웹 프라이머(SECOND EDITION), 시맨틱스, 2009년

Guojun Lu 저, Multimedia Database Management System, Artech House, 1999

HETING CHU 지음 장혜란 옮김, 디지털 시대의 정보표현과 검색, 한국도서관협회, 2010년

IET Inspec Thesaurus, 2010

JIM HENDLER 지음 김성혁 옮김, (온톨로지 개발자를 위한)시맨틱웹, DEAN ALLEMANG, 사이텍미디어

Neil Bradley, XSL companion, ASSISON-WESLEY, 2000

Nicholas Eric Craswell, Methods for Distributed Information Retrieval, Doctoral Thesis, The Australian National University, 2000

Nick Craswell, David Hawking, Web Information Retrieval, 2009

강병준, 류현정 저, 구글 VS 네이버 검색 대전쟁, 전자신문사, 2008년

고영만, 서태설, 온톨로지 기반 메타데이터 명명 규칙에 관한 연구, 정보관리학회지, 제22권 제4호, 2005

김중태, 저, 시맨틱 웹(웹 2.0의 기회), 디지털미디어리서치, 2006년

노상규, 박진수 저, 온톨로지, 가즈토이, 2007년

노영희 저, 개념기반 정보검색 기법, 한국학술정보, 2005년

니시다 케이스케 저, 김성훈 역, 구글을 지탱하는 기술, 멘토르, 2008년

성윤정 저, 예제로 배우는 XML, 대림, 2005년.

신기정영 지음 황석형 , 양해술 옮김, (시맨틱 웹을 위한)RDF/OWL 입문, 홍릉과학출판사,

오티스 고스포드네티치, 에릭 해체 공저, 강철구 주성진 공역, 루씬 인 액션, 에이콘, 2005년

이경호 , 정영미, 권도윤 저, 정보검색의 이론과 실제, 출판사 인쇄마당 2010년

이병욱 저, 데이터베이스 총론, 도서출판 그린, 2009년

이병욱 저, 융합의 이해, 생능출판사, 2010년

이영환 저, 웹3.0 세상을 바꾸고 있다, 보문각, 2010년.

이재호, 양정진, 시맨틱웹: 차세대 지능형 웹 기술, 제81호 TTA저널,

정도헌, 시맨틱웹을 위한 온톨로지 언어와 구현사례 연구, 정보관리연구, 한국과학기술정보연구원, 2003년

최기선 옮김, 온톨로지 공학 : 차세대 웹과 지식 처리의 핵심 기술, 두양사

최중민, 시맨틱웹의 개요와 연구동향, 정보과학회지 제21권 제3호, 2003

홍성용 저, XML 원리와 응용, 한빛미디어, 2003년

인덱스

(R)

(S)

(T)

(U)

(W)

(X)

(Y)

(ㄱ)

(ㄴ)

(ㅈ)

(ㅊ)

(ㅋ)

(ㅌ)

(ㅍ)

(ㅎ)

저자 약력

이병욱

- 연세대학교 공학사
- George Washington University 전산학과 석사
- 중앙대학교 전산학과 박사
- 한국인터넷정보학회 디지털 컨버전스연구회장
- 현재 : 가천대학교 IT대학 컴퓨터미디어융합학과

관심분야

- 데이터베이스, 분산 시스템, 디지털 컨버전스

도서출판 그린

정보검색론

인쇄일 ▶	2012년 8월 20일
발행일 ▶	2012년 8월 24일
저 자 ▶	이 병 욱
발행처 ▶	도서출판 **그린**
발행인 ▶	윤 덕 우
출판등록 ▶	제8-161호(1995. 5. 3.)
주소 ▶	서울시 서대문구 연희동 219-20 (우)120-828
전화 ▶	02)333-2574, 2575
Fax ▶	02)333-2561
E-mail ▶	greenpress@greenpress.co.kr
Homepage ▶	http://www.greenpress.co.kr

정가 : 20,000원

ISBN : 978-89-5727-180-3 (93560)